창세기 강해 (상)

박 종 안 지음

좋은 책으로 하나님의 사람을 만들어가는
엘   맨

머 리 말

　만물의 찌끼만도 못한 죄인을 들어 하나님의 거룩하신 강단을 지키게 하시고 부서지기 쉬운 시간들을 모아 서재에 앉아 하나님의 말씀을 강해할 수 있도록 섭리역사하신 하나님께 엎드려 감사드리오며 그 성호를 찬양하옵니다.

　수년 전에 에베소서와 갈라디아서를 묵상하면서 강해 출판하였고, 수년 동안 사랑하는 우리 시온성교회 성도들에게 창세기를 강해하면서 은혜의 깊은 세계에 잠겼던 자료들을 모아 이번에 창세기를 상중하 세 권으로 출판하게 되었습니다.

　여기에 이르기까지 누구보다도 나의 가장 사랑하는 아내의 헌신적인 뒷받침이 있었고, 우리 시온성교회 성도 모두의 정성된 기도의 후원이 있었습니다.

　저는 창세기를 골방에서 연구하였으나 창세기 속에서 구원의 광명한 세계를 보게 되었고, 신관·우주관·인류관·구원관에 이르는 아름다운 현관문들을 열어볼 수 있었습니다.

　저자의 바람은 이 책을 여는 모든 독자들이 확실한 신앙의 기준위에 위대한 믿음의 세계를 창조해 나가시기를 기대하는 것입니다. 저자는 미국에 이민하여 오랫동안 교민목회에 정열을 바쳐왔습니다. 각박한 이민 생활에 찌든 영혼들이 이 책을 통해서 놀라운 창조적 역사를 만들어 나가게 되기를 손모아 비는 바입니다.

　창세기의 저자는 모세입니다. 그것은 율법서의 내증이나 외증에서도 틀림없는 사실입니다.

　창세기는 계보·세대·기원·생성·출생이라는 의미가 있으며,　천지창조, 족장들의 계보 등이 소개되면서 구원계시의 장을 활짝 열어 주고 있습니다. 유일하신 하나님에 대해 분명하게 기록하고 있기 때문에 다신론이나 범신론이나 무신론을 절대부정합니다.

족장들과 이스라엘을 통해 범죄 타락한 인간들을 여인의 후손을 통해 구원하실 계획을 완성하시는 하나님이십니다. 그 내용은 태초의 역사(1:1-11:32)와 족장들의 역사(12:1-50:26)지만 전체의 흐름은 구원의 역사입니다.

강해방법은 미숙한 성도라고 할지라도 충분히 이해할 수 있도록 쉽게 풀었습니다. 되도록 딱딱한 신학적인 면을 피하면서 이해되고 은혜받을 수 있도록 부드럽게 한 것입니다.

또한 문자해석과 함께 역사적 근거 위에 해석하여 오늘날 우리의 삶과 연결시키도록 시도했습니다. 그러므로 과거적 성경이 현재적이면서 미래의 소망의 문턱으로 이끌어갈 것입니다.

끝으로 이 책은 강해 및 설교 형식으로 되어 있습니다. 교회에서 성직자들의 외치는 설교에서 받는 은혜 못지 않게 이 책에서 얻어지는 풍성한 은혜가 독자들의 영혼을 만족하게 하리라고 믿습니다.

이 책이 읽으시는 모든 사랑하는 독자 제위의 생애에 위대한 변화를 주어 삶이 기름지고 윤택하게 되기를 바라는 마음 간절합니다.

로스엔젤레스 시온성교회 제단에서
저자 박 종 안

추 천 사

　기독교는 "책의 종교", "성경의 종교"라고도 말한다. 성경은 기독교의 자랑스러운 경전이다. 성경은 우리를 영원한 생명이신 예수 그리스도에게 인도해 주며 우리를 하나님의 의와 진리로 인도하여 예수 그리스도의 장성한 분량에 이르기까지 성장하도록 한다. 신학자 헬만 바빙크(Herman Bavinck)는 그의 저서 <개혁 교회의 교의학>(Gereformeerde Dogmatiek)에서 "성경은 자증적(自證的) 권위를 가지고 있기 때문에 우리 신앙의 최종적 기초이다. 어떤 사람이 왜 당신은 성경을 믿느냐고 묻는다면 하나님의 말씀이기 때문에 믿는다고 대답할 수밖에 없다. 한걸음 더 나아가 어떻게 성경이 하나님 말씀임을 믿느냐고 묻는다면 더 이상 대답할 수가 없다"고 했다. 두고두고 음미할 만한 말이라고 생각된다.

　사실 성경의 권위를 어떻게, 어느 정도까지 받아들이느냐 하는 문제는 논리보다는 신앙의 영역에 관한 것이다. 그러므로 성서를 받아들이고 믿는 일은 성도의 신앙적 결단에 의해서만 가능한 것이다.

　성경전서는 한 권으로 되어 있으나 내용으로는 구약, 신약 66권으로 이룩된 책임을 잘 알고 있다. 그 중 일반적으로 구약이라고 부르는 책은 이스라엘이라는 특정한 민족의 역사적 상황 속에서 이스라엘 사람들에 의해 기록된 책으로서 그들의 민족 종교인 유대교의 경전이었다. 구약은 분량도 많고, 내용도 역사적인 기록이 많고, 단순치가 않아서 기독교인 중에서도 신약성경보다 못한 것으로 생각하는 사람도 있다. 그러나 이는 잘못된 태도이다. 구약이 그 짝인 신약과 합하여 본질적으로 다른 어떤 책보다도 비교할 수 없는 가치를 가지고 있다. 그것이 하나님의 말씀, 곧 신적 권위를 가진 책이기 때무이다.

특히 개혁신앙을 수립하는 데 필요한 중심적인 기초로서는 성경 가운데 창세기보다도 더 중요한 책은 없다. 창세기는 세계의 창조주이며 역사의 주인이신 하나님의 창조와 인류 구원의 행위, 그리고 하나님에 대한 신앙고백들을 기록하고 있다. 이러한 사실을 알기 쉽게 이해하도록 창세기 강해집이 출판되었다.

본 창세기 강해집의 저자인 박종안 목사는 이미 갈라디아서, 에베소서의 강해집을 출간한 분으로서 오랜 목회생활과 신학교 강단에서 가르친 경험을 토대로 이번에는 창세기의 주석서가 아닌 강해집을 내어놓았다.

저자는 창세기를 통하여 우리에게 말하고 싶어한다. 어려운 창세기를 쉽게 풀이하여 들려주고 싶어한다. 요즘 강단의 설교의 추세는 문어체(文語體)가 아닌 구어체(口語體)라 하던가?

어느 편에 치우침이 없이 복음적으로 성서를 바르고 쉽게 전하려는 저자의 노력을 깊이 사고 싶다. 잘 요리한 맛있는 음식상처럼 본서가 한국 교회 강단에 입맛을 돋구는 영의 양식이 될 것을 확신하며 동역자들과 성도들게 일독을 권한다.

김상우 목사(Litt.D., Th.D.)
California Union University
구약학 교수/교수부장
목회자 성경연구회 회장
크리스천포스트 발행인

차 례

천지를 창조하신 하나님

(창 1:1)

"태초"에 하나님이 천지를 창조하셨다.

여기 "태초"는 요한의 "태초"(요 1:1, 요일 1:1)와는 다르다. 요한이 말한 태초는 영원 전 태초를 의미한다. 말씀하신 하나님은 영원 전부터 계셨다는 것이다.

여기서의 태초는 시간의 시작, 즉 시계바늘이 작동하기 시작한 천지창조의 태초를 말하고 있다. 그러나 언제부터 태초가 있었다는 언급이 없기 때문에 아무도 천지창조의 태초를 알지 못한다.

"하나님이 천지를 창조하셨다"는 이 한 마디의 말씀은 성경 66권의 말씀을 그대로 믿게 하는 위대한 신앙의 토대요 기초가 된다. 따라서 무신론, 범신론, 진화론자들의 입을 영원히 막으시는 절대 제일의 신앙선언인 것이다.

1. 하나님이 창조하셨다.

창세기 1장은 31절인데 그 안에 "하나님(엘로힘)"이라는 호칭이 35회 나타나 있다. 이것은 하나님이 천지창조의 절대자임을 암시함과 동시에 천지만물 위에 창조주 하나님의 영광이 충만함을 알게 하는 것이다.

하나님은 인간을 창조하시고 그 속에 하나님의 형상을 담으셨듯이, 천지와 만물을 지으시고 그 속에 하나님의 영원하신 능력과 신성을 불어 넣으셨다(롬 1:20).

그러므로 높은 산이나 비탈진 계곡, 나무나 한 송이의 꽃을 통해서도 하나님의 숨결과 오묘, 사랑과 능력의 신성을 볼 수 있는 것이다.

하나님(엘로힘)은 "강하고 능력있는 전능자"라는 뜻이다. 이것은 절대적 존재를 나타내는 호칭으로 2000회 이상 쓰여졌다. 하나님께서 전능하신 신이 아니시면 어떻게 천지와 그 가운데 있는 만물을 창조할 수 있겠는가?

하나님은 말씀으로 천지를 창조하시고 "그의 능력의 말씀으로 만물을 붙드시고…"(히 1:3) 운행 섭리하신다. 지구, 태양, 달, 별들 모두가 우주의 공간에 떠 있다. 셀 수도 없는 많은 천체들이 매달려 있는 것이다. 그런데 그것을 하나님이 창조하시고 붙들고 계시고 섭리하시는 것이다.

예수께서 고향 회당에서 가르치실 때에 많은 사람이 듣고 놀라 "가로되 이 사람이 어디서 이런 것을 얻었느뇨 이 사람의 받은 지혜와 그 손으로 이루어지는 이런 권능이 어찌 됨이뇨 이 사람이 마리아의 아들 목수가 아니냐?"(막 6:1-3)고 하였다.

예수는 하나님이시다. 영원한 능력의 목수시다. 그러기에 천지와 만물과 우주 궁창을 그 목수의 손으로 지을 수 있었다.

하나님(엘로힘)은 단수가 아니라 복수이다. 또한 "인생의 목표가 되시는 신"이라는 뜻이 포함되어 있다. 하나님은 한 분이시지만 성부 성자 성령의 삼위가 있다. 다음 절까지 읽어가면 "성부 하나님의 말씀, 성자 하나님의 생명의 빛, 성령 하나님의 신"이 창조에 동사 동역하셨음을 알 수 있다.

창조물의 궁극의 목표는 전능하신 하나님이셨다. 들에 핀 백합화나 공중의 새나 산 속의 짐승이나 바다의 어류나 육지의 인간들은 오로지 하나님을 목표하여 하나님의 영광을 나타내는 것이다. 그러므로 다윗은 "하늘이 하나님의 영광을 선포하고 궁창이 그 손으로 하신 일을 나타내는도다"(시 19:1)라고 찬양한 것이리라.

2. 말씀으로 창조하셨다.

1장에 "하나님이 가라사대…"라는 말씀이 여러 번 나온다.

"하나님이 가라사대 빛이 있으라 하시매"(3), "하나님이 가라사대…
물과 물로 나뉘게 하리라"(6), "하나님이 가라사대… 물이 한 곳으로
모이고… 뭍이 드러나라 하시매"(9), "하나님이 가라사대 땅은 열매맺
는 과목을 내라 하시매"(11), "하나님이 가라사대 하늘의 궁창에 광명
이 있어 주야를 나뉘게 하라 또 그 광명으로 하여 징조와 사시와 일
자와 연한이 이루라 또 그 광명이 하늘의 궁창에 있어 땅에 비춰라
하시니"(14-15), "하나님이 가라사대 물들은 생물로 번성케 하라 땅위
하늘의 궁창에는 새가 날으라 하시고"(20), "하나님이 가라사대 땅은
생물을 그 종류대로 내되… 땅의 짐승을 종류대로 내라 하시고"(24).

26절 이하의 "하나님이 가라사대"는 인간창조와 인간에게 축복하
시는 말씀이다.

그리고 "그대로 되니라"(7, 9, 11, 15, 24, 30)는 하나님의 말씀대로
성취됨을 보여주고 있다. 하나님의 말씀은 "하나님이 가라사대" 하시
고 말하시기만 하면 "그대로 되니라"이다.

실로 놀라지 않을 수 없다. 이렇게 광대 무변 웅대 장엄한 천지를
말씀 몇 마디로 창조하신 것이다. 그러나 천지만물 창조뿐만 아니라
우리 인간을 새로운 피조물로 창조하실 때에도 "말씀"으로 하신다고
하였다(벧전 1:23-25, 요 3:5, 11:40-44, 5:24-29, 딛 3:5, 고전 4:15, 겔
37:1-10).

말씀으로 우리가 거듭나고 말씀으로 중생하여 천국에 들어가는 것
이다. 우리는 말씀으로 출생하였고 말씀으로 새 생명을 얻는다. 하나
님의 말씀은 "살았고 운동력이 있어 좌우에 날선 어떤 검보다도 예리
하여 혼과 영과 및 관절과 골수를 찔러 쪼개기까지 하기" 때문이다
(히 4:12).

3. 없는 것을 있는 것같이 부르셔서 창조하셨다(롬 4:17).

바울은 "아브라함이 믿은바 하나님은 죽은 자를 살리시며 없는 것
을 있는 것같이 부르시는 이시니라" 하였다.

1장에 나오는 "창조"라는 말은 세 개의 전문용어로 쓰였다.

"창조(바라)"는 하나님의 활동사역을 나타내는 단어로 아무것도 없는 데서 있게 하심을 의미한다.

더 읽어 내려가면 "만드사…"라는 말씀들이 수차례 나오는데 그것은 "야찰(만들다)", "아사(제조하다)"라고 하는 것이다. "야찰"이나 "아사"는 기존 재료를 가지고 만드는 것으로써, 토기장이가 진흙이라는 기존 재료를 가지고 그릇을 만들듯 하는 것이다.

"아사"는 "새긴다"는 뜻으로 영원세계에서 시간세계를 베어낸 것이고, 이미 지으신 자연계에 그 자연 법칙을 조각(새겨)해 놓으셨다는 것이다. 그리고 "형성한다", "산출한다", "육성한다"는 의미도 있다.

그러나 1절의 창조는 "바라"로 없는 데서 있게 하셨다는 것이다. 로마서 4:17에서는 "없는 것을 있는 것같이 부르셨다"고 하였다. 이것은 하늘과 땅, 궁창과 바다, 육지 식물과 천체, 공중의 새, 바다의 고기들을 말씀으로 부르시면 그대로 창조되었다는 것이다.

그리고 "바라"는 "무릎을 꿇다, 경배하다, 복, 감사, 창조"라는 뜻의 말에서 파생된 단어이다. 이것은 아무것도 없는 가운데서 창조하신 창조주 하나님께 무릎을 꿇고 경배하며 감사하는 사람이 하나님의 창조의 복을 받은 사람이라는 신령한 의미도 포함되어 있다.

사람들은 복을 원하고 있다. 그러나 진정한 복은 "하나님께 무릎을 꿇고 하나님을 경배하며 창조주 하나님께 감사하는 것"이다. 하나님은 우리를 하나님께 무릎꿇고 경배하며 감사하는 복있는 인생으로 창조하셨다.

수면에 운행하신 하나님

(창 1:2)

창조사역은 단수가 아닌 복수 하나님이 함께 하셨다. 다시 말해 전능하신 성부, 능력이신 말씀 성자, 수면에 운행하시는 성령의 합작이었다.

요한은 "태초에 말씀이 계시니라. 이 말씀이 하나님과 함께 계셨으니 이 말씀은 곧 하나님이시라. 그가 태초에 하나님과 함께 계셨고 만물이 그로 말미암아 지은 바 되었으니 지은 것이 하나도 그가 없이는 된 것이 없느니라"(요 1:1-3)고 하였다.

시편 33:6에도 "여호와의 말씀으로 하늘이 지음이 되었으며 그 만상이 그 입 기운으로 이루었도다"라고 하였다. 욥은 "그 신으로 하늘을 단장하시고 손으로…"(욥 26:13)라고 하였다.

성경은 우리에게 가르쳐 주기를 "삼위일체의 하나님이 창조의 창시자"(창 1:1, 사 40:12, 44:24, 45:12)라고 하였다. 성자 하나님이 창조의 사역에 참예하셨다는 것은 여러 곳에서 말씀하고 있고(요 1:3, 고전 8:6, 골 1:15-17 등), 성령 하나님이 창조사역에 참예하셨다는 것도 여러 곳에서 말씀하고 있다(요 1:3, 고전 8:6, 골 1:15-17 등). 또한 성령 하나님이 창조사역에 참예하셨다는 것도 많이 강조하고 있다(창 1:2, 욥 26:13, 33:4, 시 104:30, 사 40:12, 13 등). 그러므로 만물은 단번에 성부 하나님으로부터 성자 하나님을 통하여 성령 하나님 안에 있는 것이다.

1. 하나님의 신은 수면에 운행하셨다.

"하나님의 신"은 성령 하나님의 명칭이다. 하나님의 신은 "바람, 호흡, 공기, 하나님의 숨"의 뜻이다.

예수께서는 "하나님은 영이시다"(요 4:24)라고 언급하셨는데 히브리어 어원은 "루아흐"이며 헬라어 어원은 "프뉴마"이다. 이것은 "숨을 쉬다"와 같은 뜻을 가진 말에서 왔다. 그러므로 그것은 "호흡"(창 2:7, 6:17, 겔 37:5-6)이나 "바람"(창 8:1, 왕상 19:11, 요 3:8)으로 역술될 수 있다. 성령이 "바람, 호흡, 공기"라면 그것은 생명인 것이다. 인간은 "호흡, 바람, 공기" 없이는 살 수 없다.

하나님의 신, 성령은 쉬지 않고 "수면에 운행"하시는 것이다. 우리 인생의 마음 수면에 하나님의 신이 운행하지 않는다면 그 사람은 죽은 것이다. 하나님은 흙으로 인간을 빚으시고 성령의 생기를 그 코에 불어넣으셨다. 그것은 하나님의 생명이었다.

예수께서는 성령은 바람과 같은데 성령으로 중생하지 아니하면 천국에 들어갈 수 없다고 하셨다. 그리고 자신이 부활하신 때 제자들에게 오셔서 "숨을 내쉬며 성령을 받으라"고 하셨다.

에스겔의 환상 중에 죽은 뼈들이 하나님의 예언의 말씀과 함께 생기가 들어갈 때에 그 뼈들이 살아 일어섰는데 큰 군대였다.

오순절 다락방에 죽은 듯이 풀이 죽어 있던 120명 성도들에게 성령의 강한 바람이 급하게 강림했을 때 그들은 영적으로 살아서 큰 군대를 이루어 힘있게 복음을 전했다.

그러므로 성경은 "성령을 받으라"고 역설한다. 성령의 바람이 우리 심령의 수면에 운행할 때 그는 새 피조물이다.

성경은 하나님의 감동으로 된 것이다. "감동"이란 하나님이 숨을 불어넣으신 것이며 밀려간다는 것을 의미하므로, 성령의 바람에 밀려가는 사람들이 성경을 썼다는 것이다. "하나님의 숨"이 우리 속에서 운행하시면 성령의 바람에 밀려 성령의 지배 속에 살게 된다.

2. 하나님의 신은 혼돈, 공허, 흑암에 운행하셨다.

"혼돈하고 공허함"은 파괴되고 처절하며 황폐하여 절망의 상태에 있는 것을 의미한다.

이사야는 에돔의 황폐성에 대하여 예언하기를 "시내들은 변하여 역청이 되고 그 티끌은 유황이 되고 그 땅은 불붙는 역청이 되며 낮에나 밤에나 꺼지지 않고 그 연기가 끊임없이 떠오를 것이며 세세에 황무하여 그리로 지날 자가 영영히 없겠고 당아와 고슴도치가 그 땅을 차지하며 부엉이와 까마귀가 거기 거할 것이라 여호와께서 혼란의 줄과 공허의 추를 에돔에 베푸실 것이라"(사 34:9-11) 하였다.

예레미야는 "내가 땅을 본즉 혼돈하고 공허하며 하늘들을 우러른즉 거기 빛이 없으며"(렘 4:23)라고 한탄하였다.

"깊음"은 바다에 적용되는 말로써 혼란을 의미하고 "흑암"은 음산하고 어두움이 두껍게 깔린 상태로 사단의 지배 아래 있는 심령의 상태이다(엡 6:12, 마 13:25, 요 13:1-2, 눅 22:53). 그러므로 중생하지 못한, 즉 새로운 피조물로 지어지지 못한 영혼은 질서가 없고 생명이 없으며 생명의 빛도 없었다. 그런데 감격한 사실은 "하나님은 거기 계시면서 운행하셨다"는 것이다.

하나님의 신은 타락하여 혼돈하고 공허하며 불안하고 흑암에 있는 영혼 위에 배회하시고 운행하신다. 빛과 질서와 생명을 주시기 위해서 운행하시기를 쉬지 않으시는 것이다. 공허한 우상으로 허황해진 영혼이라도 영혼을 거스리는 사탄과 탐욕과 정욕의 깊음에 빠져 처절하고 비참한 절망 가운데 아우성치는 파도소리같은 뇌성을 들으면서도 성령은 떠나지 않고 배회하고 운행하신다. 다윗은 "내게서 주의 신이 떠나지 말아 달라"고 애원했다.

3. 하나님의 신은 계속 운행하셨다.

"운행하시니라"는 말씀은 몇 가지 귀한 뜻이 있다.

첫째, "내리덮는다"는 뜻이다. 비둘기와 같은 새가 날개를 펴서 새끼를 내리덮어 보호한다는 의미깊은 말이다. 예수께서도 예루살렘 시민을 연민의 정으로 바라보시면서 "예루살렘아 예루살렘아… 암탉이 그 새끼를 날개 아래 모음같이 내가 네 자녀를 모으려 한 일이 몇 번이냐?"(마 23:37)라고 하셨다.

성령은 인간의 허물과 죄마저도 덮어서 가리워 주시고 어미닭이 병아리를 날개 아래 내리덮어 사랑하고 보호하듯이 인간을 향하여 그리 하신다. 성경에 "사랑은 허다한 죄를 덮는다"고 하였다. 예수는 인간들이 당할 하늘로부터의 재앙을 몸소 다 받으시고 성도들을 덮어 구원하셨다.

둘째, 사랑할 때와 같이 떨린다는 뜻이다. 따라서 이 말은 어린 것을 아주 소중히 여긴다는 뜻으로 사용되는 것이다.

하나님의 신은 하나님의 새로 피조된 사람들을 지극히 사랑하셔서 소중히 여기시는 것이다. "떨린다"는 것은 상대방을 사랑할 때에 실수하지 않을까 조심하여 억양조차도 떨리는 상태를 말한다.

성령은 사람을 사랑하고 귀히 여기며, 소중히 생각하며, 떨리는 것 같은 심정으로 좋아하신다. 그러므로 사실 성령의 운행이 있는 성도는 항상 타인을 소중히 여기고 사랑해야 한다.

마지막으로, 새가 보금자리에서 너풀거린다는 뜻이다.

성령은 비둘기로 모형되기도 한다. 성령은 중생하고 새로운 인간으로 지음받은 사람의 마음에 보금자리를 정하시고 거기서 너풀거리며 노래하고 춤추며 하나님을 찬송하게 역사하신다.

신명기 32:11에 "독수리가 그 보금자리를 어지럽게 하며 그 새끼 위에 너풀거리며…"라고 하였다. "비둘기"라는 성령의 새는 더러운 곳에는 보금자리를 두지 않는다. 중생한 거룩한 심령의 수면에 성령은 둥우리를 만들고 거기서 너풀거리며 노래하고 춤추고 기뻐하게 하신다.

빛을 창조하신 하나님

(창 1:3-5)

하나님의 창조에는 "원창조"와 "재창조"가 있다. 원창조는 없는 데서 있게 한 것이고 재창조는 기존 창조된 것을 조각하며 진흙으로 그릇 만들듯이 하는 것이다.

"땅이 공허, 혼돈하고 흑암이 깊음 위에 있었으니"라는 것은 원창조 때의 상태이다. 그러므로 원창조와 재창조와의 시간은 얼마나 되는지 알 수 없다.

천문학과 지질학에서는 수억년을 말하고 있는데, 톰슨(W. Thomson) 경은 "태양은 적어도 백만년 동안 타고 있다"고 하였다. 그러나 이것은 하나님만 아신다.

태양만한 쇠덩어리를 불에 달구었다가 놓아두면 46년 만에 냉각된다고 하는데 하나님이 창조하신 태양은 지금도 식지 않고 있다. 태양의 열은 매일 원자탄 6백개를 터뜨리는 것과 같고 그 직경이 86만 4천 마일이며, 275일에 한 바퀴 돈다. 지구와 태양의 거리는 1,495억 Km이다. 지구에서 가장 가까운 항성에서 빛이 지구까지 오는데는 3년 이상, 조금 먼 곳에 있는 것으로는 수억년이 걸린다.

그러나 이같은 태양빛은 넷째날에 창조된다. 하나님께서는 태양빛이 아닌 빛을 먼저 창조하셨다. 그런데 그 방법은 "하나님이 가라사대 빛이 있으라"는 것이었다.

옛창조는 새창조에 대한 하나의 교훈을 주는 모형이다. 그것은 흑암에 앉은 인간 속에 빛이라는 생명의 예수께서 비춰신 것이다.

요한은 "그 안에 생명이 있었으니 이 생명은 곧 사람들의 빛이라"

(요 1:4)하였고, 바울은 "어두운 데서 빛이 비취리라 하시던 그 하나님께서 예수 그리스도의 얼굴에 있는 하나님의 영광을 아는 빛을 우리 마음에 비춰셨느니라"(고후 4:6) 하였다.

1. 빛은 첫날에 창조되었다.

"빛"은 다른 창조 전에 필요했기 때문에 첫날에 창조되었다. 하나님께서는 엿새 동안 창조사역을 하셨다. 첫날에는 빛, 둘째날에는 궁창과 물, 셋째날에는 마른 땅과 식물, 넷째날은 하늘의 일월성신, 다섯째날에는 새와 물고기, 여섯째날에는 짐승과 인간을 창조하셨다.

그런데 빛이 없이 궁창이나 바다, 산이나 물을 만드셨다면 암흑천지는 어떻게 될 것인가? 빛이 생명인데 생물들과 식물들, 동물들이 빛이 없다면 어찌될 것인가?

그리하여 하나님은 "첫째날"에 하루를 다 사용하시면서 빛을 창조하신 것이다. 빛은 만상을 아름답게 보이기 위하여, 생물들에게 생명을 주기 위하여 우선적으로 만드신 것이다.

또한 "빛"은 흑암을 정복하는 것이기 때문에 첫날 만드신 것이다. 하나님께서 재창조를 하시기 전에는 "땅이 혼돈하고 공허하며 흑암이 깊음 위에 있었다"고 했다. 그것은 새 인간으로의 창조에도 적용되는 말씀이다. 이사야의 예언을 마태가 인용한 말씀 중에 "흑암에 앉은 백성이 큰 빛을 보았고 사망의 땅과 그늘에 앉은 자들에게 빛이 비춰었도다"(사 42:7, 마 4:16)라는 말씀이 있다.

사울은 흑암 중에 다메섹에 달려가고 있었다. 그때에 홀연히 "큰 빛"(행 22:6)이 그에게 비춰었고 "어두움에서 빛으로 사단의 권세에서 하나님께로 돌아가게"(행 26:18) 했다. "흑암이 깊음 위에 있음"은 사단의 지배하에 신음하는 비참한 영혼을 의미한다. 그러므로 생명의 빛 예수께서 어두움을 몰아내고 생명을 얻게 하시는 사역이 첫날의 사역인 것이다.

마지막으로, "빛"은 하나님의 속성이기 때문에 처음에 만드셨다. 하나님은 빛이시다(요일 1:5). 그에게는 어두움이 조금도 없으시다.

그리고 하나님은 "가까이 가지 못할 빛에 거하시는 분"(딤전 6:16)이시다. 또한 "옷을 입음같이 빛을 입으셨다"(시 104:2)고 하였다. 그러므로 하나님은 인간들이 "빛을 발하기를 원하신다"(사 60:1)는 것이다.

2. 빛은 하나님 보시기에 좋았다.

"빛"은 만상을 아름답게 하기 때문에 하나님 보시기에 좋았다(전 11:7). 하나님이 창조하신 모든 만물, 천지, 우주 궁창의 모든 것들이 한없이 아름답고 신비하다. 그리고 그것들이 아름답고, 신비하다는 것은 하나님께서 빛을 창조하시고 그것으로 만상을 밝히 비춰주기 때문이다.

하늘이 하나님의 영광을 선포하고 궁창이 그 손으로 하신 일을 그대로 나타낸다. 그러나 그것은 빛이 있기 때문이다. 하나님은 "빛"을 좋아하신다. 왜냐하면 빛은 모든 것을 아름답게 하기 때문이다.

또한, "빛"은 소리없이 열매를 맺기 때문에 보시기에 좋았다. 빛은 하나님께서 말씀하시는 순간에 아무 소리도 없이 흑암을 이기며 세상을 밝혔다. "빛은 사람들의 생명"(요 1:3-6)이거니와 하나님의 빛이 있어 생명체들이 생명을 유지하고 각종 식물들이 열매를 맺는다.

바울은 말하기를 "빛은 모든 착함과 의로움과 진실의 열매를 맺는다"(엡 5:8-11)고 했다. 인간의 어두운 심령이라도 빛이 비춰면 암흑은 사라지고 선과 의와 진실의 열매를 맺는다. 그러면서도 그 빛은 아무 소리가 없다. 하나님의 은혜의 빛은 이렇게 조용하나 훌륭한 열매를 맺게 하는 것이기에 하나님은 그것을 좋아하신다.

"빛"은 소멸하고, 치료하는 광선이기 때문에 보시기에 좋았다. 하나님의 속성은 빛이시다. 하나님은 소멸하는 불이시다(히 12:29). 무엇을 소멸하시는가?

이사야는 "주께서 그 소멸하는 영으로… 더러움을 씻으시며"(사 4:4)라고 하였으니 더러운 인간의 죄악을 소멸하여 깨끗한 영혼이 되게 하신다. 말라기는 "치료하는 광선"(말 4:2)이라고 하였다. 하나님의 빛은 인간의 죄악을 소멸하며 육체의 질병을 치료하여 외양간에서 나온 송아지같이 자유와 건강 중에 활동하게 하신다.

사람에게 있어서 죄사함받은 기쁨과 건강한 중에 자유할 수 있다는 행복만큼 귀한 것은 없다.

3. 빛은 저녁과 아침으로 나누셨다.

빛은 어두움과 분리되었다. 하나님이 "빛과 어두움"을 나누사 다시는 그 둘이 합할 수 없게 하셨으니 그 둘은 서로 나란히 하며 사귈 수 없기 때문이다(고후 6:14).

그 둘이 서로 분리되어 "빛"은 낮이라 하였고 "어두움"을 밤이라고 칭하였다. 그러나 낮과 밤은 끊임없이 서로 교대하고 있다. 아침의 빛은 그것대로 만물에게 빛을 주어서 살게 하고 인간으로 하여금 일을 하게 하며, 저녁의 밤은 그것대로 만물에게 성장할 수 있게 하고 노동에 지친 인간에게 안식하며 단잠을 잘 수 있게 한다. 그러나 천국에는 영원한 빛이 있고 지옥에는 영원한 밤이 있다.

또한, "빛"은 밤과 함께 주의 것이다.

아삽의 마스길시에는 "낮도 주의 것이요 밤도 주의 것이라"(시 114:16)고 하였다. 그러므로 하나님은 낮과 밤의 주인이시다. 빛을 낮이라 했고 어두움을 밤이라고 하였다. 하나님은 밤과 낮, 곧 시간의 주인이시다.

우리 인생에게 있어서 가장 소중한 밑천이 있다면 그것은 우리에게 주신 낮과 밤이라는 시간이다. 한번 지나간 시간은 천만금으로도 되돌려 받을 수 없는 것이다.

예수께서는 "낮에 일하고, 빛이 있을 때 다니라"고 하셨으며 "밤에는 기도하고 안식하며" 사셨다.

낮이라는 시간이나 밤이라는 시간의 주인이 하나님이시니 인생은 잠시도 내 시간이라는 생각을 버리고 주의 일에 힘써야 할 것이다. 빛의 자녀로 빛의 갑옷을 입고 빛을 발해야 한다.

"빛"은 밤과 함께 조화를 이루었다. "저녁이 되며 아침이 되니"라고 하였다. 그때부터 지금까지 이 세상에는 이 양자가 서로 엇갈리고 있는 것이다. 날마다 낮에서 밤으로 밤에서 낮으로 옮겨간다.

빛과 어두움은 피조세계의 양극이다. 그러나 그것들은 아름답게 조화를 이루는 것이다. 하루의 시작은 저녁이었다. 유대인은 저녁 6시부터 한날의 시작으로 계산한다. 저녁이 아침보다 먼저인 것은 빛을 더욱 찬란하고 돋보이게 하기 위함이지만, 영적으로 생각할 때 십자가 고난의 밤이 먼저요 영광의 부활의 아침이 나중이다. 이처럼 인생에게는 고난과 불행 다음에 승리와 평화의 아침을 맞는다는 것이다.

고난의 밤에 기도하고 희락의 낮에 기뻐하며(약 5:13), 곤고한 날에 생각하고 형통한 날에 기뻐하며(전 7:14), 저녁에는 울음이 기숙하나 아침에는 기뻐한다(시 30:5).

그러므로 인생은 "저녁이 되고 아침이 되는" 이 두 가지가 병행한다는 조화의 섭리를 보면서 저녁을 맞으나 아침을 맞으나 그것을 주관하시는 하나님께 맡기고 살아야 할 것이다.

궁창을 창조하신 하나님

(창 1:6-8)

궁창은 둘째날에 창조하였다. 그런데 매일의 창조사역이 끝나면 "하나님 보시기에 좋았더라"는 말씀이 있으나 이상하게도 둘째 날에는 그 말씀이 없다.

랍비(Rabbis)는 "이 날에 천사가 타락했기 때문에 칭찬의 표현이 생략되었다"고 주장했고, 어떤 이들은 "타락한 천사가 하늘에서 쫓겨나 공중에서 권세를 잡았기 때문에 공중권세 잡은 사단의 영역이 하나님 보시기에 좋을 리가 없었다"고 말하기도 한다.

"둘째날에 시작한 일이 셋째날의 중간에 가서야 완전히 끝이 났다. 따라서 하나님의 칭찬의 표현은 셋째날에 나온다"(10절)고 칼빈 등이 주장했는데 이것이 바른 견해라고 생각된다. 유대인들은 무언가 하나가 끝나지 않으면 그리고 완성되지 않으면, 절대로 좋다는 말을 해서는 안된다고 한다.

또다른 해석이 있으나 그것은 받아들일 수 없는 것이다. 하나님은 궁창을 만드실 때 "궁창 위와 아래의 물"로 분리를 하셨으니 갈라놓는다는 행위는 좋아 보일 수 없다는 것이다. 그러나 빛과 어두움을 분리시키지 않았는가? 하나님께서 그렇게 실수하실 수 있는가?

다음 날의 창조 행위에 대해서 "좋았더라"는 말씀이 두 번이 나오고 있으니 우리는 칼빈(Calvin)이나 델리취(Delitzsch), 맥도날드(Macdonald), 알포드(Alford) 등의 주장을 찬성한다.

1. 궁창은 하나님이 만드셨다.

궁창은 "하나님이 가라사대" 하시는 말씀으로 만들어졌는데 다음 절에서 다시 "하나님이 궁창을 만드사"라고 하였다. 14-15절에도 "하늘의 궁창"이라 하고 20절에서도 "하늘의 궁창"이라 했다. 전자는 별들이 있는 높은 궁창이고 후자는 새들이 나는 낮은 궁창이다.

궁창은 "넓이"를 의미한다. 궁창이야말로 얼마나 넓은지 높이와 넓이를 헤아릴 수가 없다. 그것은 "하나님의 넓으심"을 영적으로 생각할 수 있을 것이다.

바울은 고린도교회에 부탁하기를 "너희 마음을 넓히라"고(고후 6:11-13) 하였다. 궁창은 보이는 세계와 보이지 않는 세계가 있다. 그만큼 넓고 높다는 것이다.

참으로 하나님은 광대 무변의 전능하신 신이시다. 말씀으로 "궁창을 있으라" 명하심에 따라 그것은 종이가 펴지듯이, 휘장이 펴지듯이 즉각 그렇게 되었으니 말씀의 능력을 알 수 있다.

궁창은 하나님이 만드셨다. 시편 8:3에도 "궁창은 하나님께서 손가락으로 만드신 것이라" 하였으니 하나님의 손가락의 기묘한 작품임을 보이는 것이다. 분명히 그것은 "하나님"이 만드신 것이다. 그러므로 창조주 하나님이 영원히 찬양 받으심이 마땅한 것이다. 인간은 궁창을 경배 대상으로 삼을 수 없다. 어떤 이들은 공중(궁창)은 공중 권세 잡은 사단의 영역이라고 생각하지만 천부당만부당한 생각이다. 궁창은 하나님이 지으셨기 때문에 하나님의 것이다.

궁창을 말씀으로 직접 만드셨다는 것은 다른 창조개념보다 다른 흔적이다. 그러나 그것들은 "그대로 되니라"고 끝마치고 있다.

2. 궁창을 물과 물로 나뉘게 하셨다.

하나님은 궁창의 기능에 대하여 "구름에 싸인 물과 바다를 덮는 물, 공중에 있는 물과 땅에 있는 물로 구분"하여 명하셨다. 지구의 물과 땅에서 올라오는 증기를 유지해서 떠 있게 하신 것인데 이것은 궁창 안에 "깨끗한 공기"를 두시려는 것이었다.

바람이 1년에 지구를 42회 돈다고 한다. 우주궁창 안에 대기가 깨끗하지 못하면 사람이 살 수가 없다. 대기권에 물기있는 구름이 없이는 식물이나 동물은 생존할 수가 없는 것이다.

궁창에 증발된 증기는 다시 비, 눈, 안개로 필요한 때에 땅 위에 내려지고 그것이 생명체들을 싱싱하게 한다. 하늘의 이슬도 궁창으로부터 내려온다(미 5:7). 뿐만 아니라 땅에 물을 대고, 눈과 우박의 창고를 삼으사 그것을 궁창에 저축했다가 전쟁터의 무기로 내려주신다(욥 38:22-23). 축복의 장마도(겔 34:25-27), 만나와 함께 내리는 이슬도(출 16:13-15) 궁창에서 온다.

그런고로 궁창이라는 하늘의 창고에는 우리 인간들에게 꼭 필요한 것들이 무진장 쌓여있다고 할 수 있다. 단 하루라도 궁창의 문이 닫힌다면 우선 깨끗한 공기를 공급받을 수 없기 때문에 인간은 전멸하고 말 것이다. 뜨겁게 지구에 비춰지는 태양열이 궁창의 공기를 거쳐오기 때문에 인간뿐 아니라 지구상의 모든 생명체는 살 수 있다.

궁창 위의 물이 궁창 아래로, 궁창 아래의 물이 궁창 위로 올라가고 내려오면서 궁창의 대기는 깨끗해지는 것이다. 성도의 마음 궁창은 성령의 신선한 공기가 오르내리는 때에 생명있는 생활을 할 수 있는 것이다. 그러므로 "마음의 궁창"을 넓혀야 한다.

3. 궁창을 하늘이라고 칭하였다.

궁창은 "높은 곳"이라는 뜻이 있다. 에스겔은 "하나님은 궁창 위에 그의 보좌를 가지고 계시다"(겔 1:26)고 하였다. 욥기 22:12에는 "하나님이 높은 하늘에 계신다" 했으니 궁창을 바라보면서 하늘에 계신 우리 아버지 하나님을 기억하게 되는 것이다.

궁창이 높음같이 하나님의 지존 막대하심을, 궁창이 넓음같이 하나님의 넓으신 사랑을, 궁창이 아름답고 깨끗함같이 하나님의 영광과 위엄과 순결하심을 우러러 볼 것이다.

또한 궁창은 우리 마음의 하늘이다. 공기없이 인간은 살 수 없다. 육신은 공기중에 있는 산소없이는 살 수가 없는 것이다. 대기는 짐승들이나 식물의 생존을 돕고 빛을 전하고 굴절시키며 분산시킨다. 그리하여 지구상의 모든 동식물을 살게 한다.

우리 마음의 궁창은 높은 곳 하나님 보좌로부터 필수불가결의 것들을 공급받으며 산다. 그러므로 우리는 숨을 쉬는 공기에 대해 감사하듯이 성령의 공기를 감사할 것이다.

"궁창"이 맑은 때 이슬이 조용히 내린다. 이슬은 하늘의 보물이요 하나님의 은택이다(신 33:13, 잠 19:12). 그것은 아무도 모르게 소리없이 대지에 내려 식물 속에 스며들어 살게 하고 차별없이 내리며 새벽에 내리고 시온의 산들에 쏟아진다(시 133:1-3, 134:3, 128:5-6, 겔 34:25-26).

그러나 한 가지 분명한 것은 이슬은 맑은 날에만 내린다는 사실이다. 우리의 궁창이라는 마음 하늘이 맑은 때에 하나님께서 축복의 이슬을 내리신다.

이스라엘은 "이슬"이 아니면 농업을 경영할 수 없다. 이슬은 하나님의 은혜요 하늘의 보물인 것이다.

바다와 땅과 나무를 창조하신 하나님

(창 1:9-13)

바다와 땅과 나무는 모두 하나님이 창조하셨다. 그러므로 이것은 하나님의 소유인 것이다. 바다에는 많은 자원이 있고 육지에도 동식물계의 자원이 무궁하다. 그 모든 것들을 인간에게 주셨지만 주인은 하나님이시다.

바다는 대양과 강 그리고 냇가로, 육지는 산과 언덕 그리고 골짜기로, 식물은 풀과 목초 그리고 나무로 구분되어서 하나님은 통일 속에서 다양하게 창조하신 것이다.

피조물 중에는 아주 큰 것도 있고 또 아주 작은 것들도 있다. 이와 같이 인간사회에도 여러 계층 다양한 구분으로 형성되어 있는 것이다. 교회 안에도 많은 은혜 속에 봉사하는 사람이 있고, 적게 받았으나 충실히 봉사하는 사람도 있다.

그러나 한 가지 잊지 말아야 할 것은 바다와 땅과 나무들이 하나님의 명령이 있자마자 그대로 되었다는 것이다. 신적 명령이 있을 때 그대로 즉각 복종했다.

"물이 한 곳에 모이라" 하니 그대로 되고 바다가 "뭍이 드러나라" 하니 그대로 되고 육지가 "풀이 자라고 나무가…"하시니 그대로 되었다. 그러므로 바다와 땅과 식물은 복종한 것이다. 모든 피조물의 첫째 의무는 하나님의 명령에 대한 즉각 복종이다.

지금까지 이것들은 하나님의 말씀대로 복종하고 있다. 하나님이 있으라 하신 위치에 그대로 있고, 하나님이 계속 열매를 내라 하시니 그대로 열매를 낸다. 한두 해가 아니다. 일이십 년이 아니다. 창조된 이래 지금까지 변함없이 계속이다. 그것이 중요한 것이다.

1. 바다를 천하의 물이 모인 물이라 하셨다.

2절에 보면 땅과 깊음의 물이 섞여 있어서 그것은 혼란하고 비참하기까지 했었다. 그러니까 원창조때 땅도 바다도 창조되어 있었으나 재창조에서 물은 한 곳으로 모아 바다라 하고 그 물이 빠져 나간 땅이 육지가 되게 하신 것이다. 다시 말하면 두 가지를 분리하여 질서가 있게 하신 것이다.

바다는 천하의 물이 한곳으로 모이라 하신 하나님의 말씀을 따라 즉시 질서있게 행해졌다. 시편 104:6-9에 "옷으로 덮음같이 땅을 바다로 덮으시매 물이 산들 위에 섰더니 주의 견책을 인하여 도망하며 주의 우뢰 소리를 인하여 빨리 가서 주의 정하신 처소에 이르렀고 산은 오르고 골짜기는 내려 갔나이다. 주께서 물의 경계를 정하여 넘치지 못하게 하시며 다시 돌아와 땅을 덮지 못하게 하셨나이다"라고 하였다.

여기서 "바다의 물"이 하나님의 말씀을 따라서 "도망하며", "빨리 가서", "주의 정하신 처소에 이르렀고", "경계를 정하여 넘치지 못하게 하였다"는 것을 볼 수가 있다. 창조 당시에 "그리하라"고 말씀하셨는데 지금까지 바다는 정해진 자리에서 경계를 넘어 육지로 오르는 경우가 없었다. 참으로 이것이 얼마나 귀한 교훈을 주는가?

바울은 "마땅히 생각할 그 이상의 생각을 품지 말고 오직 하나님께서 각 사람에게 나눠주신 믿음의 분량대로 지혜롭게 생각하라"(롬 12:3)고 하였다.

하나님은 새로운 피조물이 된 우리에게 정해주신 위치에 그대로 있고 옛날처럼 다시 돌아가 땅을 덮치는 일은 하지 말라고 하신다. 바다의 흉용한 파도가 금방이라도 육지를 덮어 버릴 것 같다가도 하나님의 말씀에 정해진 자리를 넘지 말라 하셨기 때문에 그 물결은 제자리로 돌아간다. 바닷물도 하나님의 말씀을 지켜 오랫동안 복종하는데 하나님의 형상을 가진 인간이 제 위치를 넘어 말씀을 어길 수 있겠는가?

또한 "바다"는 깊고 넓어 자원이 많은 곳이다. 바다에는 200만 이상의 종류가 번식하고 살아 있다. 그리고 바다에는 염분이 많아서 인류가 얼마든지 소금을 얻을 수 있는 많은 양이 저장되어 있다. 그러면서도 인간은 우리에게 얻을 수 있는 자원의 몇 종류만 얻어내고 있는 실정이다.

바다는 크고 작은 강물이나 냇물을 가리지 않고 받아들여서 한없이 넓고 깊은 세계를 이룬다. 하나님의 사람들의 심령 바다에는 많은 영적 자원이 있어야 한다. 그리고 이 사람 저 사람 크고 작은 어떤 사람도 넓은 가슴을 펴서 포용하고 관용하며 받아들이는 마음이어야 한다. 하나님은 우리의 "죄를 깊은 바다에 던지신다"(미 7:19)고 하셨으니 우리는 심지가 굳고 마음이 넓어서 어떤 죄인도 그 죄를 깊은 곳에 던져 버릴 수 있어야 한다. 바다는 항해하는 사람들, 무역하는 사람들에게 없을 수 없는 곳이고, 깊은 곳에 그물을 던진다면 많은 것을 얻을 수 있기 때문에 신앙의 깊은 세계로 항해하는 인간이 되어야 할 것이다.

물론 바다는 불안과 환난을 의미하기도 했으나(시 42:7, 69:2, 14-15) 광풍이 대작할지라도 바다 깊은 곳에는 요동함이 없는 것처럼 우리 신앙의 그물을 깊은 곳에 던지면 환난과 불안 중에도 요동치 않을 것이다.

2. 뭍을 땅이라 하셨다.

땅은 인간의 모태와 같다. 왜냐하면 인간의 육체는 땅에서 유래했기 때문이다. 땅과 육신의 부모 사이에는 유사점이 많아서 어머니의 태를 땅(시 139:15)이라고 했으며 우리가 묻혀야 할 땅을 우리의 모태라고 한다(욥 1:21). 인간의 기초도 땅이요 우리 육체도 땅의 흙으로 질그릇 빚듯이 만들어졌다. 우리와 친분이 깊은 것들이 땅에 있고 조상들이 땅에 묻혀 갔고 우리 또한 흙으로 돌아갈 것이 분명하다(창 3:18-19).

그러므로 흙에서 온 인간에게 가장 친숙한 곳은 땅이라는 것이다.

땅은 인간의 보금자리이다. 원창조 때에 땅은 혼돈하고 공허하며 흑암이 깊음 위에 있었다. 그때에는 우리 인간이 그 땅 위에 살아갈 수가 없었다. 그런데 하나님께서 말씀으로 질서있게 깊은 물을 빼시고 인간의 보금자리가 될 수 있게 하셨다. 그리고 인간이 살아갈 수 있는 것들로 가득 채우셨다. 지금까지도 땅은 많은 자원을 생산하고 있으니 땅은 죽은 것이 아니고 살아 숨쉬는 하나님의 농장인 것이다.

땅은 풀과 씨맺는 채소와 과목들이 있어 인간을 즐겁게 하고 있다. 하나님은 주도 면밀하셔서 짐승과 인간을 창조하기 전에 풀, 채소, 과목을 창조하셨다. 그리고 하나님의 섭리는 계속적인 창조이기 때문에 지금도 일하시고 자원들이 계속 생산되고 있는 것이다.

새로운 피조물이 된 인간의 마음 땅에도 씨를 통하여 열매를 맺어야 한다. 본문에 씨라는 말씀이 여러 차례 나온다. 하나님은 우리에게 씨를 주셨으니 그 씨를 통해 열매를 잘 맺어야 할 것이다. 마음의 땅이 옥토가 되면 100배의 열매를 맺을 것이다. 씨에는 물질(창 1:29), 사람(히 2:16), 말씀(벧전 1:23), 천국(마 13:31), 성령(갈 6:8), 믿음(마 17:20), 연보(고후 9:5-7) 등이 있다.

3. 하나님 보시기에 좋았다.

본문에는 특별히 "하나님 보시기에 좋았더라"고 하는 말씀이 두 번 나타나고 있다. 하나님은 질서와 조화를 좋아하신다.

위에서 궁창을 창조하시는 기사를 볼 수 있다. 그런데 거기서는 미완성으로 셋째날로 넘겨졌기 때문에 좋았더라는 말씀이 없다고 했다. 거기에도 하늘 위의 궁창과 하늘 아래 궁창으로 나누시고, 여기서도 바다와 육지를 나누신 후에 하나님 보시기에 좋았더라고 하셨다. 그것은 모두 하나님은 질서와 조화를 좋아하신다는 사실을 가르쳐준다. 왜냐하면 "하나님은 어지러움의 하나님이 아니시오 오직 화평의 하나님이시기 때문"(고전 14:33)이다.

하나님은 열매맺는 것을 좋아하신다. 물질의 씨를 통해서 맺는 나무의 열매와 사람의 혈통으로의 자식의 열매와 성령의 영적 열매가 있다. 물질적으로 많은 열매를 거두어서 잘 사는 것도 자녀를 낳아서 잘 교육하는 것도 믿음을 통해서 맺는 각종 신령한 열매도 하나님은 바라시는 것이다. 그리하여 가정에는 자녀의 열매, 교회에는 영적 성도를 낳는 열매, 개개인은 성령으로 심어 영생의 열매를 맺는다.

일월성신을 창조하신 하나님

(창 1:14-19)

　일월성신의 창조과정은 1절, 3절에서 언급되고 세 번째로 여기 다시 언급하고 있다.

　해는 지구보다 백만배 이상 크고 그 직경은 86만 4천 마일로서 275일 만에 한 바퀴를 돈다. 15조 km의 거리에 있으면서 빛이 태양에서 지구까지 비춰려면 8분 18초 걸린다. 지구의 무게는 60만조톤, 주위는 2만 5천마일, 직경이 7천 927마일, 1년에 도는 리수는 5억9천 마일이니 매초에 18만 마일씩 돌아간다.

　달은 직경이 2160리로 1시간에 2100마일을 달아나면서 달과 별의 인력으로 바다의 조수를 억제한다.

　별은 지구보다 1281배나 큰 목성, 80여배가 큰 천왕성 등 수없이 많고 지구에서 제일 가까운 별중의 인마좌 A는 400경 km 밖에 있다. 북두칠성이 가리키는 대각성은 직경이 1억 6천만 km인데 그 빛이 지구에 오기까지 40년이 걸린다. 더 멀리 있는 별은 천년 이상이나 걸린다. 그 빛이 1초에 19만 4188 마일을 달아나는데도 그렇다.

　하나님은 빛, 궁창, 바다와 육지, 식물을 창조하시고 이제 거기 대응해서 넷째날에 일월성신, 다섯째 날에는 궁창, 나는 새와 물고기, 여섯째 날에는 짐승과 인간을 창조하신다.

　우리는 넷째 날의 일월성신을 보면서 하나님의 능력과 존엄과 신비, 그래서 경외할 수밖에 없음을 느낀다. 일월성신을 보면서 신관이 확실해지고 동시에 인간의 작고 빈약한 한 티끌처럼 여겨진다. 우주의 신비함을 보면서 그것을 창조하신 하나님 앞에 숨을 죽이고 겸손히 찬양할찌어다!

1. 일월성신은 빛을 비취고 있다.

하늘의 궁창에 광명이 있으라고 명하신 대로 그때부터 줄곧 밝은 햇빛, 달빛, 별빛을 발하여 세상을 비춘다. 천체는 인간에게 빛을 주기 위해 창조된 것이다.

인간이 하루에 15km로 간다면 삼천 년이 걸리는 거리에 있는 천체들이 한번도 꺼지는 일 없이 비추고 있다. 그런데 성경은 천체를 영적인 표징으로 적용하고 있다. 태양은 하나님이시다(시 84:11). 시편 84:11에 "여호와 하나님은 해요…"라고 하였다. 말라기 4:2에도 "의로운 해"라 하였으며 그외에 여러 곳에 해는 하나님이심을 나타내고 있다. 태양은 예수 그리스도라고 하였으니 예수께서 친히 말씀하시기를 "나는 세상의 빛이라(요 8:12)… 생명의 빛을 얻으리라" 하였다.

그러나 "달"이나 "별"은 발광체가 아니면서도 태양의 빛을 반사받아 빛을 발하는 것이다. 어떤 경우는 우리 예수를 "별"(마 2:2, 민 24:17, 계 22:16 등)이라 하였고 교회의 사자들(계 1:16-20), 성도들(단 12:3)이라고 하고, 달은 하나님의 교회를 상징(막 6:10, 계 12:1)하여 태양빛 되신 하나님의 영광의 빛을 받는 대로 교회는 보름달, 반달, 초생달, 그믐달 모양이 되는 것이다.

아브라함에게 하나님은 그의 후손이 "하늘의 별과 같이 셀 수 없이 많으리라"(창 15:5) 하셨는데, 그 별은 성도들을 모형하고 있다.

해와 달과 별은 변함없이 빛을 비취고 있다. 그것은 하나님이 창조하신 위치에서 하나님의 창조의 목적을 그대로 수행하고 있는 것이다. 이와 같이 교회와 성도는 이 세상에 빛을 비취는 사명을 꾸준히 해야 할 것이다. 해와 달과 별이 그 위치도 변함없는 상태이듯이 교회와 성도는 어떤 경우에도 자신의 위치에서 빛을 나타내서 하나님을 영화롭게 해야 한다(마 5:13-16).

2. 일월성신은 밤낮을 구별하는 것이다.

하나님께서는 밤과 낮을 영원히 구별하여 놓으셨다. 그러면서 그것들은 서로 부족한 것을 도우면서 조화를 이루게 하셨다.

밤은 자연적인 좋은 변화를 가지고 온다. 인간에게는 휴식을 취하여 건강을 유지하게 하고 동식물계에는 성장할 수 있게 하는 시간이다. 그러므로 밤은 인간을 비롯하여 모든 동물과 식물 성장의 필요성에 부응하는 것이다.

밤은 영적인 의미도 있다. 밤은 하나님이 만드신 시간이다. 밤은 놀램이 있고 염병이 있는(시 91:5-6), 그리고 사단이 작회하고 가라지를 뿌리는 시간(마 13:25, 요 13:30)이며, 부끄러움을 모르고(계 3:17-18, 16:15) 도적이 모이는 때이다(살전 5:2, 계 16:15). 그러므로 밤은 고난과 시험, 환난과 역경, 실의와 절망, 그리고 세계의 종말 직전, 악이 득세하는 그러한 때를 영적으로 교훈하고 있다. 밤에 예수께서 겟세마네에서 분투하셨다. 그리고 악인들에게 붙잡히시고 밤에 재판받으셨다. 제자들은 그 밤에 흩어져 도망하였다.

그러나 밤에 주의 성실하심이 시행되는 것이다(시 92:2). 밤에 이슬이 내리고(민 11:9), 밤에 하나님이 화광으로 인도하시며(시 78:14, 출 13:21-22), 옥문이 열리고(행 5:19, 12:6, 16:25-34), 가로막고 있던 물이 물러간다(출 14:20-21). 하나님의 교훈, 권고, 감찰하심이 있다(시 17:3, 욥 33:15). 더욱이 밤에 하나님이 나타나셨다. 아브라함, 이삭, 솔로몬, 야곱, 다니엘, 나단, 기드온, 욥, 요셉, 바울 등 많은 사람들에게 밤에 나타나셨다. 그러므로 밤이라는 시험의 시간이 와도 우리는 기도와 찬송(시 42:8, 행 16:25-34)을 하고, 침상에서도 하나님을 찾고(시 63:5-6), 주님을 사모하며(사 26:9, 시 22:2), 진리를 탐구하고(요 3:1-2, 19:39), 회개하며(시 6:6), 주의 법을 지키며(시 119:55), 주께 감사하는 것이다(시 119:62).

낮은 우리를 보내신 이의 일을 하는 때이다(요 9:4). 낮에는 밝고 환하여 일하기 적합한 때이다. 그리고 낮(빛)은 바울의 말씀과 같이 "단정히 행하고… 오직 주 예수로 옷입는 때"(롬 13:13-14)이기도 하다.

낮은 희망찬 시간이다. 부활의 소망도 아침 빛과 함께 왔다. 데살로

니가전서 5:5-8에 "너희는 다 빛의 아들이요 낮의 아들이라… 그러므로 우리는 다른 이들과 같이 자지 말고 오직 깨어 근신할지니라… 우리는 낮에 속하였으니 근신하여 믿음과 사랑의 흉배를 붙이고 구원의 소망의 투구를 쓰자"고 하였다.

밤과 낮은 계속 교차되면서 인간의 생활을 건강하게 하고 아름다운 조화를 이루게 한다. 그러므로 밤이 온다고 해서 배척할 수 없고 낮이 온다고 해서 태만할 수 없다. 해와 달과 별이 지상에서 어떠한 변란이 일어난다 해도 변함없이 빛을 비추는 사명을 다하고 있는 것처럼 우리는 세상에 빛을 비춰라 하신 사명을 완수함에 변함이 있을 수는 없는 것이다.

3. 일월성신은 징조, 사시, 일자, 연한을 이룬다.

일월성신을 숭배하는 미신종교가 많이 있었으나 그것은 하나님이 만드신 피조물이라는 성경의 교훈을 모르는 무지에서 생긴 것이었다. 경배의 대상은 그것을 창조하신 하나님뿐이시다. 하나님이 세상을 만드시고, 빛을 비춰는 목적으로 해와 달과 별을 만드신 것뿐 아니라 징조와 사시사철과 시간을 이루기 위함이었다.

징조는 새겨진 것을 의미하는 말에서 왔는데 이것은 표이다. 즉, 전조자 경고, 교훈의 징표를 나타낼 때 쓰는 말로 천체에서의 중요한 변화의 표시나 징표, 사건 같은 것이다. 바다를 항해하거나 고기를 잡는 사람들 농사를 짓는 사람들에게 천체의 징표를 제공하므로 인간 영역의 여러 부분에 기여하는 것이 사실이다.

사시는 때를 정하는 것에서 기원했으니 새들의 이주 시기(렘 8:7), 축제의 때(시 104:19, 슥 8:19) 등이다. 일자와 연한은 시간계산에 필요한 것으로 위의 해, 달, 별은 시간, 밤낮 계절 등을 구분하기 위한 것이다. 그것들은 날씨의 변화를 보여준다(마 16:2-3). 그리고 바다의 조수, 밀물과 썰물마저도 달의 움직임에 따라 변하고 시간의 길고 짧음 즉, 낮시간이 길다든가 밤시간이 짧다든가 하는 변화는 태양에 관계된다. 봄, 여름, 가을, 겨울의 사계절도 그러하다.

그러면서 한 가지 분명한 사실은 해와 달과 별들이 창조된 목적은 인간과 자연과 동식물을 위한 하나님의 섭리라는 것이다. 사람이 살아가는데 봄이라는 계절만 있다든지 계속 여름이 지속된다든지 하면 지루하고 지쳐 의욕이 떨어질 것이다. 그러나 봄에 씨 뿌리고 여름에 성장하고 가을에 추수하며 겨울에 쉬고… 시간이 규칙적으로 흘러가는 것은 그 시간의 규칙 속에 생명체들이 움직이고 인간도 일어나야 할 때와 일해야 할 때, 그리고 휴식해야 할 때를 가르쳐 주는 것이다.

물고기와 새들을 창조하신 하나님

(창 1:20-23)

　　하나님의 지혜와 능력은 우리를 놀라게 한다. 우주 궁창의 해와 달과 별 등 육지와 각종 나무는 경이와 감탄 속에 창조되었다. 그런데 창조의 사역은 열등한 것에서부터 고등한 것으로 전진되고 있는 것을 볼 수 있다. 마침내 여섯째 마지막 날에는 피조물 중의 왕이라 할 수 있는 인간을 창조하심으로 최고의 걸작품이 되는 것이다. 아마 이것은 미미해 보이는 단계에서 영광스러운 완성의 단계로 나아가는 것을 보이는 것일 것이다. 그것은 세상에 인간이 만들어질 것을 예측하신 순서였다.

　　물에 사는 물고기와 공중을 나는 새들은 분명히 인간의 필요와 이용을 위해서 만들어진 것이다. 그러나 인간에게 필요한 물고기와 새들의 구체적인 이름이 나타나지 않고 있다. 단 한 가지 여기서 볼 수 있는 것은 큰 물고기라는 것뿐이다. 큰 물고기를 영역본에서는 "고래"라고 되어 있다. 히브리어로 큰 물고기는 '다보'인데 굉장히 크고 무서운 동물을 지칭하는 것이다. 성서에는 '다닌'이라는 말이 많이 나오는데 당시 사람들은 엄청나게 큰 동물을 신성시하는 버릇이 있었던 것 같다.

　　사람이 맨 나중에 만들어졌다. 이것은 사람이 교만할 수 없음을 말 없이 교훈하는 것이라고 생각된다. 왜냐하면 인간은 흙과 티끌에서 만들어진 이상 그 얼굴 색깔이 어떠하든지 차별할 수가 없고 개미나 모기나 나비같이 천해 보이는 것들보다도 인간은 나중에 만들어졌기 때문이다.

1. 말씀으로 명하여 창조하셨다.

1장에는 "가라사대"라는 말씀이 열 번이 있고 이중적으로 하신 말씀까지 찾는다면 열 마디 말씀이 넘는다. 하나님은 "물들은 생물로 번성케 하라… 하늘의 궁창에는 새가 날으라"고 명령하셨다.

첫째 날에 빛을 창조하시고 그것에 대조하여 넷째날에 해와 달과 별을 창조하신 하나님이 둘째날에 물과 공간을 창조하시고 그것에 대조하여 다섯째날에 물고기와 새들을 창조하신 것이다.

그것은 하나님의 지혜이다. 인간에 대한 깊은 배려이다. 물들은 생물로 번성케 하라고 하셨는데 그것은 물 자신이 어떤 창조나 생산의 능력이 있다는 것이 아니다. 다만 물 속에는 물고기, 물 밖에는 새들이 있게 하라는 것이다.

하나님은 살아계시고 하나님의 말씀은 생명을 주는 능력이시다. 물고기와 새는 사실 유사점이 많다. 양자가 모두 말씀으로 만들어졌고, 새는 날개로 공중을 날고 물고기는 지느러미로 물 속을 헤엄친다. 그리고 물고기와 새의 혈구는 같아 보인다고 한다. 어디 그뿐인가? 물고기는 모든 감각 중에서 후각이 가장 예민하다. 그러므로 상당히 먼 거리에서도 그들의 먹이나 적을 알고 어두운 곳에서나 심한 파도 가운데서도 길을 찾는다. 지각력이 있어서 자기 이름을 부르거나 어떤 소리를 주면 먹이에 모여들기도 한다.

공중의 새는 어떤가? 참으로 신기한 지각을 갖고 있다. 예를 들면 알을 낳고 부화시키고 둥우리를 짓고 자기에게 지정된 계절을 알아 멀고 먼 곳까지 이주한다. 누가 알을 부화시키는 법이나 집짓는 법을 가르치는가? 누가 계절을 따라 자기들이 서식할 수 있는 지역으로 날아가게 하며 누가 그들의 방향을 가르쳐 주는가? 지도나 나침반 이나 이정표도 없는데 말이다.

또한 물고기는 모든 동물들 중에서 수명이 긴 편에 속한다. 힘이 좋아 피로를 모르고 오랫동안 운동할 수 있다. 그리고 새들 중에서 독수리같은 새는 천 년을 살기도 한다. 물고기와 공중의 새는 속도에 대해서도 비슷하다고 할 수 있다. 독수리가 빠르게 날지만 상어 역시 뒤지지 않는다. 연어는 제비를 능가하며 써니(thunny)는 화살처럼 빠르다. 청어는 시속 16마일로 몇 주간을 물 속을 쉬지 않고 헤엄친다. 상어는 대서양을 횡단하며 예리한 작살에 찍혀도 고속의 배를 끌고 무서운 속도로 도망한다.

2. 종류대로 창조하셨다.

셋째 날에 풀과 씨맺는 채소와 각기 종류대로 씨가진 열매 맺는 과목을 창조하셨다. 육지에 씨와 열매의 종류가 얼마나 많은가? 풀과 나무와 채소와 여러 과목들, 그리고 땅 속에서 얻어지는 감자나 고구마, 땅콩 등. 참으로 세계는 하나님의 신비로 가득한 것이다.

하나님은 큰 물고기와 물에서 움직이는 모든 생물을 그 종류대로, 날개있는 모든 새를 그 종류대로 창조하셨다고 하였다. 하나님이 창조하신 어류와 조류도 그 종류가 다양하고 모양이 이상한 것들로 만들어졌다. 이날에 각종 곤충들도 만들었는데 그 또한 다양하다. 물고기류에서는 큰 물고기를 만드시고, 날아다니는 곤충 중에 아주 작은 것들을 보면서 창조주의 능력과 위대하심에 놀라지 않을 수 없다. 그리고 그것들의 몸을 기묘하게 만드신 것, 그들의 크기, 그들의 형태, 그들의 성질이 다른 것, 그리고 각기 다르게 감각기능의 능력을 부여받은 점 등은 하나님을 찬양할 수밖에 없게 하며 무신론을 침묵시키기에 충분하다.

생물의 종류는 1억만 종이나 된다고 하는데 식물계는 58만 종, 동물계 150만 종, 바다에는 200만 종류가 된다고 한다. 이렇게 종류가 다양한 사실에서 우리에게 주는 영적인 교훈은 무엇인가를 음미할 필요가 있다. 그것들은 하나님이 주신 본능을 가지고 생육번성하여 인간의 필요를 채워주고 생존을 위해 방어와 공격을 할 수 있는 무기가 있듯이 인간에게도 그러하다. 헤아릴 수 없는 종류의 것들이 하나님의 창조를 기뻐하므로 만물의 영장인 인간은 하나님께 찬양 감사할 수밖에 없는 것이다.

3. 복을 주어 생육번성 충만케 하셨다.

다섯째 날에 곤충류가 창조된 것은 곤충도 새와 같이 날개가 있어 날아다니기 때문이다. 곤충은 땅에서 서식하는 생물로는 가장 수가 많고 다양하며 10만 종류가 넘는다고 한다. 그러나 인간이 발견하지 못한 곤충까지 합한다면 50만 종도 넘을 것이라고 한다. 그것들은 개체로 떼어놓으면 보잘것없지만 집합적으로 보면 큰 군대의 힘보다도 강하다. 곤충 한 마리마저도 하나님에게는 필요치 않은 것은 없다. 그것들은 지극히 작은 것에도 하나님의 손길이 드리워짐이요 나비 한 마리에서도 인간의 부활의 날개를 연상할 수 있다.

하나님은 물고기와 새들에게 복을 주시면서 생육하고 번성하여 충만하라고 하셨다. 그것들은 엄청나게 많이 소모되고 있다. 바로 인간의 필요에 의해서이다. 그러므로 하나님은 그것들에게 번식하는 복을 주셨다.

물고기의 알은 수없이 많다. 대구는 한 번에 900만 개의 알을 낳고, 가자미류는 150만 개 가량, 고등어는 50만 개, 잉어는 20만 3천 개, 텐치라는 잉어의 일종은 35만 개, 로우치라는 잉어과의 물고기는 10만 개, 서대기는 10만 개, 창꼬치는 5만 개, 청어, 농어, 바다빙어는 3만 개의 알을 낳는다고 한다. 이렇게 어란이 풍부하다는 것은 번성하고 충만하도록 은혜를 주신 것이다.

물고기들은 본능의 신비한 힘에 의해 어떤 계절이 되면 굉장한 떼를 지어 종족 보존에 적당한 장소와 기온을 찾아 움직인다. 어떤 이는 말하기를 한 쌍의 청어에 의한 번식량을 그대로 둔다면 불과 몇 년 후에는 대서양을 메울 수 있다고 하였다. 공중의 새들의 번식에도 마찬가지이다. 그것들에게 생식의 본능을 주어서 계절을 따라 이리저리 옮기면서 수없이 많은 종족을 번식시키고 있다.

우리는 이러한 사실에서 하나님이 인간의 필요를 충족시키기 위해 그것들을 축복하사 번성케 하심에 대하여 감사해야 한다. 그것들이 번성하여 하나님 보시기에 좋았던 것같이 우리도 영적으로 선교하여 많은 신자를 낳아 하나님 보시기에 좋은 성도가 되어야 할 것이다.

짐승을 창조하신 하나님

(창 1:24-25)

동물들의 창조는 인간 창조 직전에 다른 피조물 창조의 마지막 순서에 있었다. 그것은 생명을 소유한 것들로 하나님의 능력을 더욱 구체화시키는 것이고 인간 창조의 완성으로의 접근을 시도하심이다.

모든 피조물의 목적이 하나님께 영광이요 사람을 위함이거니와 동물들의 창조 역시 인간에게 봉사하게 하시려는 목적이 있다. 따라서 인간이 동물을 마음대로 다스릴 수는 있으나 가장 늦게 창조되되 짐승들보다도 늦게 지음 받았으니 동물을 대함에 있어서 교만할 것이 없다는 것이다.

동물이 이 지구상에 번식함으로 해서 인간은 생명체 중에 최고의 생명으로, 피조물 중에서 최고의 왕관을 쓴 영장으로서 하나님의 대행자로서의 권위와 특권을 가지게 되었다.

1. 땅 위에 종류대로 만드셨다.

하나님께서 땅은 생물을 내라 하셨다. 그리고 다시 종류대로 만드셨다고 하였다. 따라서 동물을 창조하실 때는 말씀으로 명하시고 다음에는 만드셨다는 것이다. 물론 여기 만드시니(아샤)는 무에서 있게 하는 바라가 아니고 땅이라는 있는 재료에서 만드셨다는 뜻이다. 하나님께서 하나님의 말씀의 능력으로 명하시고 땅 위에 종류대로 있게 하셨다는 것이다.

땅은 생물을 내라고 했다 해서 땅이 동물들을 만들 능력이 있어서 땅에서 스스로 생겨났다는 것이 아니다. 하나님의 계획과 뜻에 맞도록 말씀 그대로 땅 위에 피조되었다는 것이다. "그대로 되니라" 하였으니 한번 더 말씀의 권위와 하나님의 오묘하신 지혜를 나타낸 것이다. 수천 가지의 종류라는 다양함은 동물들이 저절로 된 것이 아니라 하나님에 의하여 창조되었다는 것을 말한다. 또한 진화하는 것이 아니라 종류대로 번식할 뿐이라는 사실을 말해주고 있다. 따라서 말씀과 흙을 재료로 하여 손으로 만드신 것 같은 인상에서 인간 창조의 완전한 방법에 가까워짐을 알 수 있다.

2. 육축과 기는 것과 짐승을 만드셨다.

하나님께서 만드신 땅의 동물은 세 가지로 구분되었다. 첫째는 육축이고, 둘째는 기는 것이요, 셋째는 짐승이다. 따라서 육축이나 기는 것이나 짐승이나 그 종류대로 창조하신 것이다. 단지 그 형태만 다양하게 하신 것이 아니라 그 성질과 태도와 사료와 모양도 역시 다양하게 지으셨다.

육축은 문자적으로 해석하면 "젖먹이는 짐승"이라는 뜻으로 네 발 가진 큰 초식동물, 곧 포유동물을 의미하는 것이다.

"기는 것"은 움직이는 동물로 해석되는데 다리가 없거나 자세히 알 수 없는 많은 다리로 움직이는 작은 동물을 의미한다. 이 단어는 벌레나 곤충, 파충류도 해당되는 말이지만 여기서는 땅에서 기는 동물을 뜻한다.

"짐승"은 숲 속에서 배회하는 야생 육식성 동물을 의미하는 것이다. 즉, 짐승이란 야생동물이므로 집에서 길들인 육축과는 다른 것이다.

그런데 육축이나 기는 것이나 짐승이나 하나님께서는 생육하고 번성하도록 하셨다. 그것은 어떤 의미에서는 인간의 연구대상도 되겠지만 그보다도 그것들을 정복하고 인간이 필요로 하기 때문이다. 동물들이 그 종족을 번식시켜 나갈 때 인간의 삶의 필요에 유익하기 때문이다.

3. 하나님 보시기에 좋았다고 하였다.

가축은 인간의 필요한 노동력에 보탬이 된다. 또한 가축은 교통수단이 되고 식생활 건강에도 얼마나 유익한지 모른다. 멍에를 메고 순종하며 일하다가 죽어서 살코기를 주고 가죽까지 인간에게 주고 가는 소를 보면서 인간이 배우는 바도 크다. 불결의 상징으로 묘사되기는 하지만 개라는 가축도 주인을 위해 순종하고, 닭 한 마리의 울음이 때를 경고하고, 양들이 목자를 따르고, 힘센 말들이 사람을 태우고 달린다. 그러므로 하나님 보시기에 아름다웠다.

짐승은 인간에게 건강을 유지하게 하기도 하고, 어떤 짐승은 인간의 의복이 되기도 하며, 인간에게 주는 교훈 역시 많은 것이다. 코끼리, 낙타 등은 더운 지방에서 유익하고, 추운 지방에서 필요한 동물들도 많이 있다.

그것들은 하나님이 정해주신 경계를 넘지 않는다. 그것은 인간에게 좋은 교훈이 된다. 사자나 표범같은 작은 짐승을 잡아먹는 사나운 동물들이라도 그것은 사람에게 참으로 유익한 약재료와 털옷을 제공해 준다. 한 마리 토끼, 너구리가 우리에게 얼마나 좋은 것인가? 잘 변한다는 늑대나 응큼한 너구리 또한 인간생활에 어떤 유익을 주는가?

그러므로 하나님 보시기에 좋을 수밖에 없는 것이다. 우리는 이 세상에서 살다가 죽으면서 유익을 남기는 삶을 살아야 한다. 그것을 하나님은 기뻐하신다.

인간을 창조하신 하나님

(창 1:26-31)

인간 창조는 마지막날 짐승을 만드신 후에 있었다. 짐승이 흙으로 만들어졌는데 인간 역시 흙으로 창조되었으므로 인간은 육신을 입고 사는 동안 짐승과 같이 땅에서 살아야 한다. 그러나 짐승과 같이 산다 해서 짐승처럼 육신의 정욕에 빠져 살 수는 없는 것이다.

인간은 천지와 그 중에 지음받은 모든 피조물 중에서 맨 마지막날 마지막 순서로 창조되었다. 그것은 인간이 천지창조에 참예하지 않았다는 것을 알게 하여(욥 38:4) 겸손하게 하려는 것이다. 따라서 모든 것을 준비하고 창조하심으로써 기뻐하고 감사하게 하려는 하나님의 의도였을 것이다.

그리고 인간의 창조는 다른 피조물보다 차이가 있고 엄숙한 면을 보이고 있다. 우리의 형상을 따라 우리의 모양대로 우리가 사람을 만들자고 하신 것이다. '우리의 형상, 우리의 모양, 우리가' 라는 말씀을 읽을 때 성부, 성자, 성령 삼위 하나님이 인간을 만드는 일에는 함께 의논하시고 합의하셨다는 것을 알 수 있다. 그러므로 인간은 삼위 하나님이 진지하게 의논 합의해서 만드신 최고의 피조물인 것이다.

1. 인간은 하나님의 형상과 모양을 따라 창조되었다.

'형상, 모양'은 하나님을 닮았다는 뜻이다. 형상은 '그림자 비슷한 것'이라는 뜻으로 지정의의 인격적 요소이다. 모양은 '모양, 견본'의 뜻으로 해석할 수 있다. 그러나 이것은 사람이 시각적으로 하나님을 게 만들어졌다는 것이 아니고 인간의 정신, 성격, 마음 등이 하나님의 형상대로 만들어졌다는 것이다.

창세기 2:7에 보면 사람은 흙과 하나님의 생기로 구성되었다. 사람은 육, 혼, 영의 삼분설을 주장하는 사람도 있으나 육체(흙)와 영혼(하나님의 생기)으로 구성되었다는 이분설도 있다.

인간의 육체는 비천한 흙으로 지어졌다. 아담이란 말은 황갈색 흙, 티끌이라는 뜻이다. 그러므로 성경에는 사람을 네 가지 단어로 기록했다. '아담'은 흙이요, '에노쉬'는 약하다 병들다이며, '이쉬'는 2166회나 나타나는데 능력이 있다는 뜻이다. '께베르'는 강하다, 능하다라는 뜻이다. 그러므로 인간은 땅에서 살다가 땅에 묻힌다. 그러나 인간의 육체 속에 하나님의 생기를 넣었으니 곧 영혼이다. 하나님은 인간에게 오묘한 그리고 고결한 영혼을 불어넣어 주셨다.

육체는 땅에서 취하여 만들어졌고 영혼은 하나님께부터 왔다. 영혼은 흙집이라는 육체 속에 거한다. 그러므로 영혼이나 육체 어느 것이든지 무시할 수 없다. 육체의 재료가 흙이지만 하나님의 재료로 하나님의 손으로 직접 만드셨고, 영혼도 하나님을 닮은 형상으로 생기를 불어넣으셨기 때문이다.

육체는 흙이요 병들고 약할 수 있으나 영혼은 하나님의 생기로 강하고 능하다. 그러므로 양자가 서로를 거스리면 안된다. 우리 몸은 산 제사로 성령의 전으로(롬 12:1, 고전 6:19) 여기며 살다가 영광의 몸으로 변화를 입을 것이기 때문이다(빌 3:21).

이렇게 인간은 하나님의 형상과 하나님의 모양으로 지음 받았으므로 하나님을 닮아야 한다. 그것을 하나님은 기뻐하신다. 그는 아버지시고 인간은 자녀이기 때문에 더욱 그러하다.

2. 인간은 남자와 여자로 창조되었다.

창세기 1:27에는 '창조하다'는 말씀이 세 번이나 반복해서 사용되고 있다. 그것은 인간의 탄생에 대한 진화론을 단호히 배격하면서 인간이 신적 근원이라는 사상을 강조 선포하는 것이다. 그리고 한 절에서 이렇게 세 번씩이나 반복된 것은 창조적 말씀으로 되어진 아름답고 신묘막측한 작품을 생각하고 환희를 나타내는 것이라고 한다.

남자와 여자를 만드신 것은 생육 번성을 위해서이다. 본문에 "생육하고 번성하여 땅에 충만하라" 하셨다. 동물의 경우에 있어서도 하나님은 종의 증식을 축복하셨고 인간의 경우에는 인류가 땅에 충만해지기 위해 남녀를 지으셨다. 그러나 인간의 번식은 거룩한 족보를 따라 깨끗한 결합으로부터 되어져야 하는 것이었다.

남자는 흙으로 여자는 남자의 갈비뼈 하나로 만들었다(창 2:20-22). 이것은 두 사람이 서로 사랑하는 배필이 되게 하심이고 인권에서 동등하게 존중받아야 한다는 것을 의미한다. 가슴의 심장에 고동치는 부분의 갈비뼈인 만큼 더욱 그러한 것이다. 그러나 여자를 만드심이 종족 번식만을 위한 것이 아니고 남자의 돕는 배필이 되게 하심이기도 하다(창 2:18-20). '돕는 배필'이란 도울 뿐 아니라 성(城)과 같이 둘러싸서 보호한다는 뜻이다.

남자와 여자는 하나님 보시기에 좋았다고 했으며 "사람이 독처하는 것이 좋지 못하니"(2:18)라고 하셨다. 그러나 남자와 여자로 만들었을 때에 그것은 하나님 보시기에 좋았던 것이다. 밀튼은 "여성은 창조물 중에서 가장 아름다운 것이다. 가장 뒤늦게 만들어졌지만 가장 좋게 만들어진 것이다"라고 말했다. 아담은 그 아내를 하와(창 3:20)라 하였는데, 그것은 "모든 산 자의 어미(생명)"라는 뜻이다.

3. 인간은 만물을 다스리는 특권을 받았다.

하나님은 먼저 인간에게 '복'을 주셨다. 그 복의 내용은 "생육하고 번성하여 땅에 충만하라"는 것이다. 그런데 하나님은 여러 종족을 만들지 않으시고 한 남자와 한 여자를 창조하신 것이다.

이것은 어떤 의미가 있는가? 모든 인간은 한 부모의 피로 출생했다는 것을 보임으로써 인류는 한 부모의 자녀이므로 같은 형제요 한 가정식구로 서로 사랑하라는 교훈을 주는 것이다. 인간들은 이 세상 어디든지 거할 수 있는 복을 받았고 얼마든지 번성하여 세대를 끊임없이 이어가게 하신 것이다.

하나님은 바다의 고기와 공중의 새와 땅에 움직이는 모든 생물을 다스리라는 특권을 인간에게 부여하셨다. 땅을 정복하라 하심은 땅에 있는 무진장의 자원을 개발하고 농업·채광·지리학 및 과학적 발견 등을 의미한다.

그리고 하나님은 인간에게 모든 피조물을 다스리는 권한을 주셔서 절대적인 주권을 가지고 인간이 하나님의 뜻에 맞게 다스림으로 하나님은 영광을 받으시려는 것이었다. 그러므로 인간 외의 모든 피조물들은 인간에게 순종하고 인간을 주인으로 섬겨 봉사하게 하셨다. 세계의 땅을 주시고 셀 수 없이 많은 종류의 피조물을 주셨다. 그러나 그것을 거저 주셨으니 그것들이 인간에게 복종하듯이 인간이 하나님께 복종하는 것은 마땅하다.

4. 인간은 모든 식물을 거저 받았다.

"온 지면의 씨맺는 모든 채소와 씨가진 열매 맺는 모든 나무를 너희에게 주노니 너희 식물이 되리라 모든 짐승과 공중의 모든 새와 생명이 있어 땅에 기는 모든 것에게는 내가 모든 푸른 풀을 식물로 주노라"고 하셨다. 짐승이나 새나 땅에 기는 것들을 위해서는 풀을 식물로 주시고 인간에게는 모든 채소와 나무의 열매를 식물로 주셨다.

홍수 전까지 인간의 양식은 채소와 열매였다. 그것은 인간의 건강에 최상의 것이었다. 인간은 흙에서 창조되었기에 흙에서 나는 것으로 식물을 삼을 수 있다. 따라서 하나님이 이러한 음식을 인간에게 주심에 대하여 참으로 감사하지 않을 수 없다.

아담이나 하와는 채소와 열매로 식물을 삼았고 물고기와 새들과 짐승들을 탐하지 않았다. 인간은 식물생활에도 절제할 줄 알아야 하며 하나님께서 제한하신 범위 안에서 만족할 수 있어야 하는 것이다.

채소와 열매는 엄청나게 많이 생산되고 있다. 옥수수나 벼, 보리에 얼마나 많은 알갱이들이 열리는가? 사과나무, 배나무, 잣나무 등에서는 한 그루에 얼마나 많은 과실이 맺히는가? 참외, 수박, 오이, 고구마, 감자는 얼마나 매달리는가? 현대에 와서 스미마(Smyma)의 옥수수에서 1만 2780개의 옥수수가 생산된 기록이 있다고 하니, 8년간 계속된다면 옥수수 한 알은 전인류에게 빵을 1년 반 동안 공급할 수 있는 양이 된다고 한다. 실로 놀라운 곡창지대이다. 그런데 이러한 모든 식물을 거저 주셨으니 감격할 일이다. 인간의 육체건강을 위하시는 하나님의 사랑을 찬양할 일이다. 또한 하나님은 짐승들을 위하여도 음식을 마련해 두셨으니 하등 피조물에까지 돌보시는 하나님의 사랑에 영광을 돌릴 것이다.

안식하신 하나님

(창 2:1-3)

안식은 조용히 앉는 것을 의미하는 것으로 하나님께서 창조사역을 다 마치시고 평안히 쉬고 계시다는 것을 가르치는 말씀이다. 사람들도 하는 일이 끝나면 쉰다. 그것은 피곤하기 때문만은 아니다. 지금까지 했던 일은 끝이 났으므로 쉬면서 또다른 일을 구상하는 것이다.

그러나 하나님이 쉬신 것은 피곤하셔서가 아니다. 하나님은 피곤이나 곤비를 모르신다. 그러면서 하나님은 지금도 일하신다(요 5:17). 그러면 왜 하나님이 안식하셨다고 했는가? 그것은 창조사역의 완성과 피조된 만물에 대한 만족을 표시하신 것이다.

창조사역을 마치시기까지는 엿새가 걸렸다. 전능하신 엘로힘 하나님은 단 하루에도 천지를 창조하실 수 있으시다. 그러나 하나님은 서두르지 않으시고 신중하게 계획하시고 영원을 내다 보시면서 점차적으로 이루셨다. 그러므로 창조의 질서와 순서는 신성한 것이다. 그리고 하나님은 끝마치신 후 그것들을 보시면서 아주 만족하셨던 것이다.

창조물 중에서 인간이 제일 늦게 피조되었다. 그런데 하나님께서는 엿새 동안 일하시고 안식하시면서 인간을 그 안식에 참예시켰다는 것이다.

안식에는 두 가지가 있다. 그것은 하나님의 신적인 안식과 인간의 인간적 안식이다. 그러므로 안식일 제정의 목적은 두 가지로 하나님 자신을 위해서와 우리 인간들 자신을 위해서이다.

하나님 자신을 위해서라는 것은 온 인류로 하여금 천지창조를 기넘케 하고 이스라엘로 하여금 출애굽 역사를 기념하게 하며(신 5: 14-15, 출 19:5-6) 신약시대에는 그리스도의 구속과 부활을 기념하고 이 날에 모여 예배하여 성별된 삶을 살게 함이다. 우리 인간들 자신을 위해서라는 것은 엿새 동안 세속화되었던 우리가 안식일에 모여 예배하면서 성결해지고 이웃에게 사랑을 베풀고 영원한 천국 안식의 모형을 닮으면서 지상의 교회를 유지해 나가는 것이다.

1. 천지와 만물을 다 이루신 후에 안식하셨다.

천지만물 창조의 완성은 1장에 상세히 기술되어 있음에도 불구하고 2장에 또 다시 기록하고 있다. 그렇다고 해서 아무런 목표가 없이 제시된 별개의 두 가지 해석이 아닌가 생각하지 말아야 한다. 이 두 가지 창조설명은 서로 연계되어 있으면서 서로의 기사를 보완 설명한다.

1장은 영적인 진리 즉 전능성, 그의 인격성, 그의 질서를 보이고 있으나 2장은 하나님과 자연, 하나님과 인간, 인간의 정신과 노동에 대해서 보이고 있다. 2:1 이하에서 인간창조의 원인은 하나님이 지으신 땅을 경작하는 데 있어서 인간이 필요하다는 것이다. 그러므로 2:1이 없다면 인간은 이 세상의 지배자요 만물은 우리를 위해 창조되었다고 교만할 것이다. 인간은 가장 고귀한 위치의 피조물로 만들어졌지만 인간 창조의 목적은 다른 만물과 마찬가지로 만물의 발전을 위해 진력해야 한다는 것이다. 인간은 하나님의 창조과업을 수행하기 위해서 이 세상에 창조된 것이다. 결코 인간이 세상을 지배하고 만물을 우리 것이라는 오만으로 살라고 지음받은 것이 아니다. 하나님 보시기에 좋게 피조된 것 뿐이다.

만물은 행군대열로 잘 정돈된 군대를 의미하는 것으로 하나님이 지으신 만물은 하나님의 다스리는 군대이고 그 군대는 잘 정돈되어 있다. 하늘의 해·달·별·천군천사들, 심지어는 비와 눈과 우박도 하나님의 군대이다. 우주 궁창의 모든 만물은 하나님의 질서있는 군대로 하나님의 명령이 떨어지면 즉각 군대로 출동하는 것이다. 그러므로 그것들은 하나님을 섬기기 위하여 연합해서 명령을 기다리면서 행군 대열에 서 있는 것이다.

하나님은 이렇게 천지와 만물이 다 이루어진 때에 그것을 보시면서 만족해 하시며 안식하신 것이다. 여기에 맨나중에 만들어진 인간이 그렇게 만족하사 안식을 누리시는 안식에 참예하게 되었다. 어떤 공로나 무슨 연유에서가 아니다. 오로지 하나님의 은혜인 것이다. 그러므로 인간이 하나님의 안식에 참예할 수 있다는 사실이 얼마나 귀한 축복인지 모른다. 그것은 영원한 안식의 예표가 되기 때문이다.

2. 일곱째 날에 안식하셨다.

히브리어 원문은 여기 2:1-4까지 1장으로 되어 있고, 1장이 7개의 절로 나뉘어져 있다. 빛과 낮이라는 말이나 하나님 보시기에 좋았더라는 말도 일곱 번 있다.

유대인은 셋째날(화요일)에 좋았더라는 말씀이 두 번 있다 하여 대단히 행복한 날로 믿는다. 물이라는 말이나 동물이나 생물(하이)이라는 말도 일곱 번 나오고 있다. 성서에는 일곱이라는 수가 대단한 역할을 하고 있어서 일곱째 날에 안식일이 오는 것은 세상에서 안식일이 중요하다는 것이라고 생각한다. 바벨론의 선조들은 일주 7일제를 사용했고 천체들을 중심해서 날을 정했었다. 그것은 아브라함 전시대였다. 페르시안 힐두족, 중국인 등 셈족들도 그러했다.

로마에서는 일주일을 7일로 지켰는데 일요일은 태양의 날, 월요일은 달의 날, 화요일은 화성의 날, 수요일은 수성의 날, 목요일은 목성의 날, 금요일은 금성의 날, 토요일은 토성의 날로 했다. 역사가 요세프스(Josephus)는 희랍인이나 야만인이나 제 7일에 일은 그만두고 쉬는 날로 갖지 않는 도시는 없었다고 말했고 필로(philo)는 이 날을 모든 민족의 축제일이라고 하였다. 그리고 로마에 기독교가 들어온 후에 일주 7일제가 제정되면서 387년에 일요일을 주의 날(Lord's Day)로 공포했다.

안식일은 성서적으로 네 시기로 발달되었다.

첫째는, 아담 때부터 모세 때까지(창 2:1-출 20)로 안식일 제정기이다.

둘째는, 모세 때부터 그리스도 때까지로 이스라엘 국민을 상대로 한 안식법이다. 이 때 이스라엘은 490년 간 안식일을 범했으므로 그 1/7인 70년을 포로생활을 했다. 사울이 왕이 된 때부터 여호야김 왕이 폐위될 때까지가 490년이다.

셋째는, 안식일의 주인되신 예수께서 몸소 안식일을 실천해 보이셨으니 안식일 확립기이다.

넷째는, 신약시대 이후 오늘까지니 안식일이 주일로 바뀐 전환기이다.

그런데 볼테르는 기독교를 말살하는 길은 주일을 없애야 한다고 했고, 무신론자 잉거졸은 일요일은 악성 유행병이니 없애버려야 한다고 했다. 성경이나 교회사를 보면 일곱째날을 안식일로 지켰던 율법시대에서 주일을 성일로 지키는 것으로 전환되는 은혜시대를 알 수 있다.

예수는 율법을 완성하시려 오셨다. 그리하여 사도시대부터 주의 날, 성일(주일)을 신령한 안식일로 지켜왔다(계 1:10). 예수는 율법 하에서 죽으셨다. 그런데 예수의 죽음은 안식일이라는 토요일에도 계속되었다. 일요일, 즉 주의 날에 부활하셨다.

300년에 알렉산더 감독 베드로는 "우리는 주일을 그가 다시 살아난 기쁨의 날로 지킨다"고 말했다.

근대에 와서 웨스트민스터 회의에서 주일에 대해 정통적인 교리를 주장했다. 그것은 일주일 중 주님이 부활하신 주일이라고 했다. 바울은 "이 날을 저날보다 낫게 여기고 혹은 모든 날을 같게 여기나니 각각 마음에 작정할지니라 날을 중히 여기는 자도 주를 위하여 중히 여기고…"(롬 14:5-6)라고 하였다. 그렇다면 주일에 예수께서 사망을 이기시고 부활하시고 영원한 구원의 문을 여셨으니 우리는 그날에 영적으로 예배하며 안식함이 옳은 것이다. 그것은 초대교회 사도들 때부터였다.

3. 일곱째 날을 복주사 거룩하게 하셨다.

안식하신 날은 존귀한 여호와의 날이요 즐거운 날이며 성도의 성일이다(사 58:13, 출 31:14). 이날을 기억하여 거룩히 지키라고 했다. '거룩히'는 '구별해서 드린다'(구약에 830회) 또는 '불결한 데서 빼내서 하나님께 순결하게 바친다'는 뜻이다. 그러므로 성일에는 오락, 사사로운 말, 부정한 쪽으로의 발, 악행, 더럽힘, 슬피 울며 근심하는 일을 금지하라고 하셨다(사 58:13, 느 8:9 등).

안식일은 일을 쉰다. 그친다, 멈춘다는 뜻이므로 만나(양식)를 거두는 것까지도 금지시키셨고 그 전날에 갑절의 양식을 거둘 수 있게 하셨다. 그러므로 성일을 거룩히 지키려면 성일 외의 여러 날에 힘써 일하고, 성일에는 말씀 듣는 일과 예배, 친교, 찬양, 선한 일, 전도하는 일을 하는 것이다.

이렇게 거룩하게 성일을 지키면 하나님께서 그에게 복을 주시고 거룩하게 하신다. 개인이 복을 받고 가정이 번영하며 교회가 부흥한다. 이사야는 성일을 거룩하게 지키는 자는 복이 있다고 했다.

"나의 안식일을 지키는 고자들에게는 영원한 이름을 주고… 안식일을 지키는 이방인마다 나의 성산으로 인도하여 기쁘게 할 것이라"(사 56:4-6) 하였다. "여호와의 성일을 존귀한 날이라… 네가 여호와의 안에서 즐거움을 얻을 것이라. 내가 너를 땅의 높은 곳에 올리고 네 조상 야곱의 업으로 기르리라"(사 58:13-14).

예레미야는 "네가 만일… 안식일을 거룩히 하여 아무 일이든지 하지 아니하면 다윗의 위에 앉은 왕들과 방백들이 병거와 말을 타고 이 성문으로 들어오되… 모든 거민이 함께 그리할 것이요 이 성은 영영히 있을 것이며…"(렘 17:24-26)라고 하였다. 이것은 국가가 강대해지고 번영할 것을 가리킨다.

요한은 "주의 날에 주의 음성을 듣고 성령에 감동되고 영광스러운 주님의 모습을 보며… 계시를 받았다"(계 1:14) 하였다. 주일에 예수께서 부활하신 기쁨을 보았고 주일에 부활하신 주님이 오사 "숨을 내쉬며 성령을 받으라 너희에게 평강이 있을찌어다"(요 20:1-14, 19-23)

하였다. 또한 성일에 엠마오로 내려가던 두 제자가 부활하신 예수를 만나고 마음이 뜨거워지고 눈이 밝아졌다(눅 24:13-35).

그러므로 신령한 성일에 우리가 받는 축복은 큰 것이다. 거룩하게 살며 영육의 복을 받으니 성일을 잘 지켜야 한다. 이사야 66:23에 "여호와가 말하노라 매 월삭과 매 안식일에 모든 혈육이 이르러 내 앞에 경배하리라" 하셨으니 주일에는 하나님을 경배할 것이다.

시편 42:4에 "내가 전에 성일을 지키는 무리와 동행하여 기쁨과 찬송의 소리를 발하며 저희를 하나님의 집으로 인도하였더니"라고 하였으니 주일에는 전도하는 일을 할 것이다.

사도행전 16:11-15에는 "안식일에… 기도처… 모인 여자들에게 말하되… 주께서 그 마음을 열어… 청종하게 하신지라…" 하였으니 전도하고 기도하며 하나님의 말씀을 듣는 일에 힘쓸 것이다.

느헤미야 8:1-12에 "성일에 하나님의 말씀을 듣고 울었다"고 하였다. 그때에 "오늘은 여호와의 성일이니 슬퍼하지 말며, 울지 말라… 나누어 주며 살진 것, 단 것을 먹으며… 이날은 우리 주의 성일이니 근심하지 말라. 여호와를 기뻐하는 것이 너희의 힘이니라… 오늘은 성일이니 마땅히 종용하고 근심하지 말라"고 하였다.

그러므로 성일을 지키는 자들은 하나님으로 인하여 힘을 얻으므로 기뻐하며, 종용하며 근심하지 말고 서로 부족한 자들에게 나누어 주는 것이 옳은 것이다.

창조의 대략

(창 2:4-7)

'대략'이란 역사를 의미하는 말로, 본문에서부터 마지막까지 천지가 창조된 후 땅 위에서 이루어진 역사를 말하는 것이다. 어떻게 보면 1장과의 창조 기사가 별개인 듯해서 저자가 다르지 않나 의심할 수도 있으나 이것은 1장에 기록된 말씀을 저자가 또다른 각도에서 말하는 것뿐이다. 다시 말해 1장에서 다 언급하지 못한 몇 가지 세목을 밝혔다.

그러므로 1장과 2장은 단일성을 지니고 있는 것이다. 사람 창조에 있어서 1장은 인간의 신령한 면을 강조했으나, 2장에서는 물질적인 흙으로 만들었음을 강조하여 보완조치 하였다.

1장에서의 엘로힘 하나님은 전능하셔서 우주에 충만하시고 장엄하신 하나님이신데, 2장에서 아담 하와에게 오시는 하나님은 자신을 낮추시고 인간에게 찾아오사 교제하시는 분으로 묘사하였다.

1. 여호와 하나님이 천지를 창조하셨다.

여호와 하나님은 여기서 처음 나오는 하나님의 호칭으로 1장의 엘로힘 하나님과는 다르다. 1장의 '하나님(엘로힘)'은 전능하신 하나님으로 35회나 나오는데 '여호와 하나님'은 하나님에 대한 호칭 중에 최고의 위대한 그리고 어떤 다른 것에도 양보할 수 없는 이름이다. 여호와는 "스스로 있는 자"(출 3:14)라는 뜻으로 하나님께서 약속하신 바를 실행하려고 나타나셨을 때 알게 된 이름이므로 완전케 하시는 완성하시는 하나님인 것이다(출 6:3).

엘로힘이 전능하신 자이고 여호와는 절대적이고 자존하신 분이시다. 자신을 인간에게 나타내시고 특히 자신의 구속사역을 위해 계약 관계를 맺으신 분이다. 학자들은 "절대적인 자아 존재가 그 이름을 제시하는 기본 개념"이라고 결론을 내렸다. 델리취는 신적인 본성과의 관계에서 본질적인 맛보다는 계시에 관계를 시켜서 되어진 자로 간주했다. 맥도날드는 여호와를 구속과 관계시킨 오실 자로 보았으며 어떤 이는 존재케 하는 자, 완수자를 의미하는 것으로 간주한다.

2. 여호와 하나님이 땅을 농경지로 창조하셨다.

여호와 하나님이 땅에 비를 내리지 아니했고 경작할 사람이 없으며 들에는 초목이 없었고 밭에는 채소가 나지 않았고 안개만 땅에서 올라와 온 지면을 적시고 있었다. 초목과 채소는 1장에서 볼 수 없다. 그것은 자연 발생이 아니라 천지와 같이 하나님의 창조물이라는 것으로 1장에 없는 것을 여기서 보완하고 있음을 알 수 있다.

바로 앞에는 인간이 남녀가 창조되었다고 했고 또 바로 뒤에는 (2:7) 인간이 흙으로 빚어지고 하나님의 생기를 넣고 남자의 갈비로 여자를 만들었다는 것을 보완해서 설명한다. 2장의 창조는 천지가 인간 중심으로 발전하게 될 때의 땅의 형편을 묘사한 것이다. 그때 땅에는 나무도 풀도 없었다. 그것들이 없었다는 것은 지구의 대기 상태가 식물 성장에 적합하지 못했다는 것을 알게 한다. 그리고 농작물을 생산하는 농사일도 시작되지 않은 것은 경작할 사람이 없었기 때문이다. 그 때의 땅은 언덕에 한없이 펼쳐진 진흙덩이 그대로였다.

마른 땅이 물에서 갈라져 나온 후 대기층이 위에서 형성되었고 증발한 증기가 땅위에 다시 비가 되어 대지를 적셨다. 하나님께서 땅 위에 비가 내리게 하셔서 셋째날 마지막에 만들어진 식물이 생길 수 있는 준비를 하셨다. 여기에 하나님께서는 이제 창조될 인간이 장차 땅 위에서 살면서 흙과 더불어 일함으로써 하나님의 창조사역에 동참하는 것임을 보여준다. 농경의 원칙은 하나님과 사람과 땅이다.

땅은 하나님의 능력으로 되어졌다. 그러나 토양 속에서 스스로 성장하는 것이 아니다. 하나님의 활동 속에서 성장하는 것이다. 그리고 무진장의 자원은 사람의 수고와 노력으로 얻어지는 것이다. 농경에는 비와 습기와 노동이 있다. 하나님은 비를 내리시고 땅은 그것을 받아서 다시 습기를 올리며 사람은 부지런히 노동한다.

하나님은 안개라는 아주 약한 방편을 통해서도 농경을 돕는다. 이슬은 보물이요 은택이다(신 33:13, 잠 19:12). 그것은 아무도 모르게 소리없이 조용히 내려서 식물을 소성케 한다. 또한 새벽에 내리되 맑은 날에 내리고 시온의 산들에 쏟아진다(시 128:5-6, 133:1-3, 134:3).

영적으로 해석해 보면 하나님의 영적 창조는 아무것도 소산물을 낼 수 없는 땅과 같은 인간 심령 속에 비와 이슬과 안개같이 하늘의 신령한 성령의 은혜를 내려 구원의 열매를 맺게 하시는 것이다.

3. 여호와 하나님이 인간을 창조하셨다.

1장에서 인간은 하나님의 형상으로 하나님 말씀에 의해서 창조되고 남자와 여자가 같이 만들어진 것처럼 기록하고 있다. 그러나 2장에서 하나님의 손에 의해 흙을 재료로 하여 만드시고 여자는 남자의 갈비뼈로 만드셨다고 기록된 것은 이 부분에서 좀더 자세하게 보충하는 것이다.

흙으로 사람을 지으셨다고 하는 것은 문자적으로는 땅에서 먼지로 라는 것으로 인간의 출생 장소가 땅의 먼지로 되어졌다는 것이다. 땅의 티끌 위에는 바람이 일고 수증기가 생기고, 꽃이 피고 짐승이 다니고 벌레가 기어 다니는 더러운 곳이다. 흙은 성경에서 여러 가지 의미가 있다. 약점(시 109:14), 천한 것(창 18:27), 부정한 것(사 52:2), 수치(애 3:29, 욥 42:6), 애도(수 7:6), 죽음(전 3:20, 12:7) 등을 상징한다.

인간의 육체가 흙(티끌)로 만들어졌기 때문에 그것은 값으로 계산하면 몇 푼 안되는 무가치한 것이다. 체중이 65kg 정도의 사람은 98센트의 값이 있다고 한다. 그것은 석회가 새장 한 개 씻어낼 수 있을 정도이며 포타슘이 장난감대를 한 방 쏠 수 있는 정도이고, 마구네시아가 약 한 모금 먹은 분량이며, 인이 성냥개비 2천개, 철이 못한 개

정도, 설탕이 한 컵, 지방이 세수비누 다섯 개 정도(와이드하아트) 만드는 양이라고 한다.

그러나 인체의 몸값은 인체의 원소가 지니고 있는 잠재적 에너지가 파운드당 1140만 KW이므로 65kg 체중은 855억 달러 이상의 값이 된다고 하는 발표도 있다. 아무튼 인간의 몸이 흙으로 창조되었다는 것은 그만큼 비천하고 약하며 다 흙으로 말미암았으므로 다 흙으로 돌아간다(전 3:18-20, 욥 10:9, 103:14)는 마지막 운명을 예고하는 것이다.

손으로 사람을 지으셨다고 했다. 인간의 육체는 흙으로 되었기에 인간은 겸손해야 하고 흙으로 돌아갈 것을 각오해야 한다. 우리는 하나님의 거룩하신 능력의 손으로 직접 빚어져서 창조된 몸이니 육신을 학대하거나 훼손해서는 안된다.

인간이 다른 피조물과 다르다는 점이 이것이다. 하나님의 손으로 만드신 육체이기 때문에 인간의 몸은 고귀하고 그 몸을 하나님께 바쳐야 한다. 하나님의 지으심에 대해 "내가 주께 감사하옴은 나를 지으심이 신묘 막측 하심이라"(시 139:14) 하였다. "주의 손으로 나를 만드사…"(욥 10:8, 14:15) 하였다. 그러므로 "인생들의 영이 다 그의 손에 있고"(욥 12:10), "내 시대가 주의 손에 있으며"(시 31:15, 렘 18:6) 마지막에는 "아버지여 내 영혼을 아버지께 부탁하나이다"(눅 23:46, 벧전 4:19) 하면서 생을 마치는 것이다.

하나님의 생기로 사람을 지으셨다고 한다. 이것은 생명의 숨을 의미하는 것이다. 인간은 신적으로 생기를 불어넣는 특수한 사역에 의해서 생명을 받았다. 하나님의 신에 의해서 생기를 부여받은 것으로 인간의 육체는 영혼이 거하는 집이다. 육체는 땅의 먼지에서 왔으나 영혼은 하늘에서 왔다. 하나님께서 직접 영혼을 그 육체 속에 넣어주신 것이다(전 12:7). 영혼의 근원이 고상한만큼 썩어질 육체를 영혼보다 더 중요시하고 영혼을 멸시해서는 안된다. 육체도 하나님의 거룩하신 손으로 지으셨기 때문에 학대해서는 안된다.

인간의 거처

(창 2:8-14)

여호와 하나님이 동방의 에덴에 동산을 창설하시고 그 지으신 사람을 거기 두셨다. 에덴이란 환희, 기쁨과 즐거움, 유쾌한 곳을 의미하고 동산은 울타리로 보호되는 곳, 덮는다는 뜻을 가진 단어에서 기원되었으므로 에덴동산(정원)이라는 이름이 주어졌다. 여기에서 영어의 낙원(paradise)이 기원한 것이다.

그러면 동방의 에덴은 어디에 있었는가? 지형학상 우리가 알 수 있는 것은 티그리스강과 유프라테스강 근처의 한 곳이다. 지금 우리가 영적으로 해석하고자 하는 낙원의 의미는 우리 마음의 동산, 무죄시대의 에덴동산, 천상에 있는 영원한 낙원이 있다는 것이다.

에덴동산은 최초 인간의 주소요 거처였으니 집이 필요치 않았다. 죄로 말미암아 옷을 입음과 마찬가지로 집도 죄의 산물이다. 무죄시대의 인간에게는 에덴동산이 집이었다. 하늘은 지붕이요 땅은 마루바닥이며 천정에는 꺼지지 않는 해와 달과 별이 비췄고 나무 그늘은 안식처가 되어 그 아래 거실과 식당이 있었다. 정원에는 풀과 과실수와 강과 바다와 돌들이 아름답게 펼쳐져 있었다.

1. 보기에 아름답고 먹기에 좋은 나무가 있었다.

우리는 지상 낙원을 범죄로 인하여 잃었지만 천국이라는 하늘의 낙원을 우리의 영원한 처소로 갈 것이기 때문에 그곳에 소망을 두고 사는 것이다.

무죄시대의 에덴동산은 보기에 아름답고 먹기에 좋은 나무들이 자라고 있었다. 그것들의 향기, 아름다움, 색깔, 그리고 과일 등은 하나님 보시기에 아름다웠다고 하였다.

에덴은 인간의 어떤 고안에 의해 만든 정원이 아니고 하나님께서 만드신 자연 그대로 꾸며지고 단장된 동산이었기 때문에 하나님 보시기에 아름다웠다. 그것은 하나님의 지혜와 능력으로 만들어졌다. 꽃 한 송이, 풀 한 포기, 시냇물에 흐르는 가느다란 물줄기, 거기서 생겨나는 음율! 그것들마저 하나님의 창조에 대하여 찬양하고 있었다. 이제 막 피어나는 꽃의 환희가 있고 강들은 태양을 받아 은빛을 내면서 끊임없이 흘러가며 경치를 순화시키고 하늘의 질서를 완성시키고 있었다.

더 멀리에서는 망망한 대해가 물결치고 갈매기는 오르내리며 우렁찬 파도는 해변에서 산산조각 되어 흥분을 가지게 했다. 오솔길을 따라 웅장한 높은 산 앞에 서면 각종 동물들이 아담과 하와를 반기며 높이 하늘에는 새들이 찬양하듯이 노래하며 나는 정원이었다.

그러나 무엇보다 우리는 천상 낙원의 아름다움을 소망한다. 수정같이 맑은 생명수의 강이 길 가운데로 흐르고, 강 좌우에는 생명나무가 있어 열두 가지 실과를 맺되 달마다 그 실과를 맺고 그 나무 잎사귀들은 만국을 소성하기 위하여 있다. 하나님의 얼굴을 뵈오며 종들이 그를 섬기며 다시는 밤이 없다. 새 하늘과 새 땅이요, 신천신지인 것이다.

무죄시대의 지상의 에덴은 참으로 아름다웠다. 범죄 후에 아름다웠던 자연도 인간 때문에 아름다움을 잃었다. 그곳에는 좋은 나무가 나게 하였다고 하였다. 하늘나라 낙원에 있는 나무는 열두 가지 실과를 달마다 맺었다. 그리고 그 나무의 잎사귀들은 만국을 소성하기 위하여 있었다. 참으로 좋은 나무이다. 에덴동산에는 다른 곳에서는 볼 수 없는 좋은 나무가 있었다. 물론 하나님께서 심으신 것이고 자라게 하시는 것이다. 그 좋은 나무에는 높이, 향기, 모양, 색깔, 그 잎사귀와 꽃, 그리고 그 나무에 맺히는 열매까지 얼마나 아름답고 매혹적이었을까?

좋은 나무에는 좋은 열매들이 주렁주렁 달려서 맛있고 먹기 좋으며 건강에 유익했을 것이다. 하나님은 아버지시니 이 모든 것을 자녀들에게 주시고 생활을 염려할 필요가 없게 하셨다. 어디에 살며 무엇을 입고 무엇을 먹고 마실까 걱정할 필요가 없었다. 그러므로 에덴동산의 인간은 하나님을 찬양하고 감사하면서 즐겁고 행복하게 살 수 있었다.

2. 에덴은 생명나무와 선악과가 있었다.

동산 가운데는 생명나무가 있었다. 생명나무는 살아있는 나무(계 2:7, 20:19)와 비교할 수 있는데 살아있는 나무에 대한 히브리적인 표현이다. 루터는 문자 그대로 사람의 생명을 젊고 건강하게 만들어주는 나무라고 하였고, 칼빈은 어거스틴의 해석을 따라 생명나무는 그리스도 예수의 상징으로서 실제에 있었던 과수였다고 믿었다. 그래서 아담은 하나님의 은혜를 항상 기억하도록 하는 것이 필요했다는 것이다.

아담이 그 열매를 먹을 때마다 생명의 근원되신 하나님을 기억함이 필요했다고 한다. 아담이 계속 순종하면 생명의 하나님으로 말미암아 장수, 불멸, 영원한 축복을 받는다는 약속의 징표로 주신 것이다. 그러므로 생명나무를 먹고 참되게 살아야 했다. 예수는 생명의 나무시고(계 2:7, 22:2) 생명의 떡이시다(요 6:48, 53).

동산 가운데 선악을 알게 하는 나무가 있었다는 것은 하나님께서 선하신 뜻으로 사람을 시험하기 위해 두신 나무를 말한다. 사람에게는 시련을 통과하면서 선을 지키는 생활이 필요했다. 선악과 해서 유용한 지식을 갖게 하거나 더해주는 효력이 있어서 그렇게 부른 것이 아니다. 무죄시대의 계약도 은혜시대와 같이 행하면 살고 범하면 죽으리라는 경고가 이 나무를 통해서 아담에게 주어진 것이다. 선과 악, 축복과 저주를 함께 놓으신 것이다(신 30:19).

3. 에덴은 네 강이 발원하였다.

천국이라는 낙원에 생명나무가 있었으니 그것은 예수 그리스도의 십자가로(갈 3:13, 벧전 2:24) 모형되고 그것은 우리 영혼의 양식이 되며 힘과 건강과 교제를 가져다 준다. 네 강물은 전세계에 뻗어 나아가는 복음이다. 네 개의 강이 뻗어나감은 4복음과 연관될 수 있다. 그것은 천상 낙원의 강물처럼 생명을 주는 생명강수이다.

에덴동산을 상쾌하게 하고 열매를 풍성히 맺게 하며 땅을 기름지게 하여(창 13:10) 의의 나무들이 잘 자라게 하였다.

비손강은 하윌라 온 땅에 둘렀다고 하였다. 비손은 거저 준다, 충일하다는 뜻인데 인더스강을 말한다. 하윌라는 광활한 모래사장의 뜻으로 아라비아 지경이다.

그 땅의 금은 정금이요 진주와 호마노도 있었다. 그리하여 이 지역의 사람들은 정금과 진주와 호마노로 인하여 땅에서 자랑할 수 있는 값진 것들을 소유했던 것이다. 그들은 정금 진주를 가졌으나 우리는 영원한 복음의 보화를 가졌다.

네 강물은 네 복음의 상징이면서 우리의 신앙의 계단을 암시한다. 비손강은 우리의 중생을 의미한다. 기혼강은 구스 온 땅에 들렀다고 하였는데 기혼은 유출 풍부하다는 뜻인데 나일강이다. 구스는 애굽과 에디오피아 지경으로 이것은 영적으로 주님에게까지 성장함을 의미하는 것이다.

힛데겔강은 앗수르 동편으로 흘렀다고 하였다. 힛데겔은 급류, 결실한다는 뜻인데 디그리스강이다. 이 강은 유브라데와 함께 바벨론에 있는 강으로(시 137:1) 앗수르, 메소보다미아 즉 이란지경으로 "열매 맺는 성도"를 의미할 것이다.

유브라데강은 넷째 강이라 하였다. 유브라데는 맛, 감미, 능력의 뜻인데 물맛이 달고 상쾌해서(렘 2:18) 그렇게 이름지은 것 같다.

히브리인들에게는 큰 강, 바다, 하수(신 1:7, 단 10:4, 출 23:31) 등으로 알려져 있다. 이것은 신앙의 절정의 체험을 의미할 것이다.

풍부하게 흐르는 비손강, 넘쳐서 터지는 기혼강, 빠른 화살같이 신

속하게 흐르는 힛데겔강, 단맛이 나는 유브라데강 등은 인류 문명의
발상지가 되었다. 성도의 신앙발달은 생수의 네 강이 흐르는 유역에
서 가능한 것이다.

인간의 의무와 자유

(창 2:15-17)

하나님께서 아담을 이끌어 에덴동산에 두셨다. 이끌어들인 것을 보면 인간은 에덴동산이 아닌 다른 어딘가에 지음을 받은 것이 분명하다. 아담은 에덴동산 안에 있는 흙이 아니고 그 밖의 흙으로 지어졌고 그가 에덴동산 안에 들어가기 전에는 그 밖에서 살았다고 생각된다. 감사하게도 아담은 하나님의 이끄심에 의하여 에덴동산으로 옮겼으니 그 동산에 대한 소유권은 없으나 평안하게 유쾌한 생활을 할 수 있었다.

여기서 "하나님이 그 사람을 이끌어…두사"라는 말씀이 얼마나 독자들에게 깊은 인상을 주는 말씀인지 모른다. 무죄시대의 인간은 하나님의 거룩하신 손에 이끌려 그 하나님과 함께 걸으며 대화할 수 있었다. 천상의 낙원동산에 인간이 들어가는 것도 하나님이 그 안으로 이끌어 주시지 않으면 안되는 것이다.

에녹이 하나님의 이끌림 속에 300년 간 동행하다가 하나님이 천국으로 이끌어 올리매 죽지 않고 천국에 올라갔다. 아담이 하나님의 이끌림을 받아 에덴동산에 들어갔으니 그가 받은 위로는 얼마이며 그가 보는 광경은 어떠하며 그가 느낀 기쁨은 어떠했을까? 언제나 하나님은 우리를 이끄실 때 에덴이라는 행복한 동산으로 인도하신다. 그러므로 우리가 사망의 음침한 골짜기로 다닐지라도 두려워 하지 않는다. 왜냐하면 하나님이 전혀 인도하시어 아무런 해를 받지 않을 것이기 때문이다.

1. 인간의 의무는 동산을 다스리며 지키는 일이다.

일하는 것은 하나님이 주신 천직이다. 왜냐하면 일하는 것은 하나님의 동산을 다스리고 지키는 성스러운 노동이기 때문이다. 하나님은 인간을 만드시고 놀고 지내게 하시지 않으셨다.

하나님의 아들 예수께서도 "아버지께서 일하시니 나도 일한다"고 하셨다. 그러므로 일하시는 하나님의 피조물인 인간이 놀 수 없는 것이다.

하나님의 동산을 다스리고 지킬 일거리들이 많았을 것이다. 그러한 일이기에 성스러운 천직인 것이다. 인간은 하나님의 동산에 청지기이다. 예수는 신학자도 철학자도 아니었다. 문예인이나 과학자도 아니었다. 예수는 노동자였다. 노동으로 하나님을 찾으며 봉사하셨고 노동으로써 어려운 가정을 꾸려 나가셨다.

일하는 것은 자신에게 즐거움이다. 일은 좋은 습관과 질박과 순결을 필연적으로 생성하며 그 결과로 건강과 부와 진보적인 영재와 자비심을 부여한다. 그러므로 일하는 것은 자신의 생활을 즐기는 것이다. 일을 하지 않고 빈둥거리며 지내는 인간만큼 불쌍한 인간은 없을 것이다. 그러기에 루터는 "노동은 바로 기쁨이다"라고 말했다. 나태는 인간의 몸을 맥없이 만드는 적이며 노동은 인간에게 새로운 힘을 주는 최상의 벗이다.

일하는 것은 부요한 삶을 살게 하는 것이다. 스털링(stirling)은 "수복을 누리고 싶거든 부지런히 일하라 흐르는 물은 썩지 않는 법이다"라고 말했다. 노동은 물질적으로도 부요하게 한다. 그리고 노동은 단잠을 자게 하고 육체의 건강을 보장한다. 대개는 게으름으로 가난해진다고 하였다. 부지런하여 일심히 일하면 하나님은 그에게 부요한 축복을 주신다. 성경은 일하기 싫어하는 자는 먹지도 말게 하라고 엄히 경고했다.

2. 각종 실과는 임의로 먹으라는 자유를 주셨다.

임의로 먹으라는 것은 노동의 대가이기도 하다. 하나님께서 동산에 있는 각종 나무의 실과를 임의로 먹으라 하신 것은 에덴동산을 지키고 가꾸고 수고하는 데 대한 보수이기도 하다. 하나님이 원하시는 것은 그가 일하는 것이었다. 그가 일할 때 각종 나무의 실과는 마음대로 먹을 수 있었기 때문이다. 하나님은 언제나 인간에게 명령하시고 일을 시키신다. 분명한 사실은 그 땀흘린 것에 대한 응당의 보수를 먹게 하신다는 것이다.

임의로 먹으라는 것은 인간에게 자유를 주셨다는 것이다. 에덴동산에는 각종 실과가 있었다. 그것이 어떤 것이든지 아담이 원하기만 한다면 마음대로 먹을 수 있었다. 인간에게 이것을 먹을까 저것을 먹을까 하는 자유를 주신 것이다.

하나님은 우리의 자유를 억압하지 않으신다. 하나님께서 임의로 먹으라고 하신 말씀 안에서의 자유가 있는 것이다.

그러나 먹어서는 안될 실과가 있었다. 자유에는 "정치적(육적) 자유와 종교적 영적 자유(요 8:32-33)"가 있으나 남용된 자유도 있다. 아담 하와는 금단의 열매를 먹으므로 자유를 남용했고 탕자 아들도 그런 자유 남용의 실례가 된다(눅 15:11-24).

에디슨은 "현대인은 자유의 남용으로 자유를 잃었다"고 말했다. 실로 인간은 자유 때문에 자유를 상실하고 말았다.

3. 선악과는 먹지 말라는 법을 주셨다.

하나님께서는 인간에게 동산에 있는 각종 나무의 실과는 임의로 먹으라고 하셨다. 그러나 "선악을 알게 하는 실과는 먹지 말라 그 실과를 먹는 날에는 반드시 죽으리라"고 하셨다. 하나님의 말씀에 대하여 순종하는지를 시험하신 것이다. 하나님의 하신 말씀의 법을 순종하면 영원히 살 것이지만 그것을 지키지 못하고 불순종할 때는 반드시 죽으리라는 것이다. 임의로 먹으라는 것이 자유를 주는 것이었으나 이것은 하나님의 법을 지켜야 하는 위협적인 것이었다. 그것은 실증적인 법이었다.

선악과는 어떤 나무인가? 본문의 선악과는 포도나무, 무화과, 사과

나무인지 어떤 종류의 실과나무였는지는 알 수 없다. 그것을 먹지 말라고 한 것은 그 나무 실과에 독성이 있어서 그런 것도 아니다. 그 나무가 어떤 나무인지 몰라도 된다. 다만 그 나무실과를 먹지 말라 하신 하나님의 법이 중요한 것이다. "먹지 말라. 먹는 날에는 반드시 죽으리라" 하였다.

입법자는 하나님이시다. 그 법을 순종할 자는 인간이다. 하나님이 이렇게 금령을 내리신 것은 그의 감각적인 쾌락에 대한 욕망과 그의 호기심을 견제하신 것이다. 영혼에게 육신의 지배를 받고 영혼은 하나님께 지배를 받도록 하셨다. "죽으리라"는 죽어서 죽으리라는 것으로 3:19에 말씀대로 선고됨이다.

죽음에는 세 가지가 있다고 할 수 있다. 첫째, 영적 죽음으로 사람의 영혼의 죽음이다(엡 2:1). 둘째는 자연의 죽음으로 사람의 육체의 죽음이다. 이것은 육체와 영혼의 분리이다. 마지막으로 영원한 죽음의 지옥으로 내려가서 하나님으로부터 육체와 영혼이 영원히 갈라지는 것이다(마 25:41).

성경에는 '죽는다'와 '죽음'이라는 말들이 있다. 그것은 육체의 죽음뿐 아니라 영적 죽음도 의미한다. 또한 범법했을 때에 그 뒤에 따르는 그 마음의 상태, 그 죄의식, 정죄감, 불안초조, 비참함 등도 죽음에 대한 표현들이다.

참으로 안타까운 일이었다. 왜냐하면 하나님이 인간에게 주신 율법은 하나뿐인 금지사항이요, 단순하고 지키기 쉬운 명령이었음에도 불구하고 그것을 지키지 못하여 죽음에 이르렀기 때문이다.

여자를 지으신 하나님

(창 2:18-25)

여자라고 이름을 칭한 것은 아담이 한 것이다. 아담은 남자 '이쉬'이고 그가 칭한 여자는 '이사'이다. 그 이름이 남자와 대조가 되는데 그것은 남자의 권위를 의미하는 것이거나 아니면 그의 사회적 성격을 의미하는 말인지 알 수 없다.

바울은 여자가 남자에게서 났다(고전 11:8)고 했다. 곧 여자는 남자에게서 기인된 것이라는 의미이다. 도스또예프스키는 "여자를 교만케 하는 것은 그 미모이며 찬양받게 하는 것은 그 덕성이다"라고 했다. 밀튼의 말을 빌리지 않더라도 여성은 창조물 중에서 가장 아름다웠을 것이다.

우리는 남성을 ♂, 여성을 우로 기호를 쓴다. ♂은 마르스(Mars)의 방패와 창을 나타내는데 그는 가장 용감한 용사이기에 이렇게 표현하고 우는 아프로디테(Aphrodite)와 관련하여 그의 사랑, 연애, 미모, 여성미를 갖춘 그의 손거울 모양을 표시한 것이다. 위의 두 표는 용감한 남자와 아름다운 여자를 나타내는 것이다.

석가는 "여자의 탄생은 가장 큰 죄악의 탄생이다"라고 하였고, 아리스토텔레스는 "여자는 조물주가 남자를 만들다가 실패한 부산물이다"라고 했으며 쇼펜하우엘은 "여자는 남자라는 지배자 아래서만 자유를 누리는 노예"라고 하였다. 그러나 이러한 악언은 성경을 모르는 무지에서 나온 말이다. 아담이라는 말 속에는 여자들도 포함되어 있어서 남자와의 삶에서 뗄 수 없는 유일한 협력공존 관계에 있어서 인간의 완성을 성취하는데 가장 중요한 존재로 하나님 보시기에도 좋았다.

'어머니'는 여자인데 그 뜻을 살펴볼 때에 얼마나 아름다운 존재인지 모른다. 어머니(mother)에서 "M"은 수백만의 형언할 수 없는 은혜를 만드는 것이고(Million), "O"는 위대하게 사느라고 늙는 것이며(old), "T"는 고상한 여성의 눈물이니 그것은 말없는 감화의 언어이다(tears). "H"는 순결하고 아름다운 마음이고(heart), "E"는 언제나 자녀를 지켜보는 소망의 눈망울(eyes)이며, "R"은 항상 올바른 것만을 교육한다는 것이다(right).

1. 여자를 맨나중에 지으셨다.

성경의 창조역사를 자세히 읽어보면 천지만물 우주궁창의 창조에서 나중에 지으신 것은 인간이고, 여자는 남자로부터 나중에 만들어졌다. 밀튼은 여자는 가장 뒤늦게 만들어졌지만 가장 좋게 만들어진 것이라고 말하였다. 성경을 따라 한 말이라 하겠다.

사람이 독처하고 있을 때 그것을 보신 하나님은 보시기에 좋지 않다고 하였다. 홀로 있으면 인간은 위로 받을 길이 없고, 종족을 번성시킬 수도 없었다. 그리하여 하나님을 위해서라기 보다 아담을 위해서 여자를 만들어 주신 것이다.

하나님은 아담이 홀로 외로움을 절실히 느낌을 보셨다. 각종 들짐승과 공중의 각종 새들은 아담과 함께 있으면서 본능에 의하여 쌍쌍이 짝을 지어 번식하고 있는데 그것들을 관리하고 다스리며 그것들에게 이름을 지어줄 수 있는 지혜가 있는 아담은 그 대상자가 없었다.

그리하여 하나님은 창조물중에 가장 나중에 여자를 만들어 아담의 아내로 주셨다. 아담은 여자를 '하와'라고 이름하였는데, 이것은 '모든 산 자의 어미'(창 3:20)라는 뜻이다. 여자는 생명을 유업으로 받는 가장 귀중한 존재라는 것이다.

여자가 있어야 생육 번성하고 사회를 이루며 세계를 정복할 수 있다. 또한 여자가 있어야 장차 메시야가 여인의 후손으로 탄생할 것이었다.

여자는 맨 마지막에 창조되었으나 가장 아름답게 만들어졌다. 세상 피조물중에서 최고의 걸작품이 있다면 여자일 것이다. 마호메트는 "이 세상의 모든 것은 아름답다. 그러나 이 세상에서 가장 아름다운 것은 덕 높은 여성이다"라고 하였다. 여자는 남자보다 늦게 만들어지되 남자의 면류관으로 지어졌다. "남자는 여자의 하늘이다. 그러나 여자는 남자의 이력서이다"라는 말이 있듯이 여자 없이 남자는 위대해질 수 없다.

2. 여자를 "돕는 배필"이 되게 하기 위해 지으셨다.

돕는 배필이란 도울 뿐 아니라 성(城)과 같이 둘러 싸서 남자를 보호한다는 뜻이다. 히브리어로는 좋을 때나, 나쁠 때에도 돕는다는 뜻이 있다.

남녀가 결혼하여 가정을 이룬다. 가정은 신성한 데서 기원했다. 가정이 모든 조직의 단위가 되며, 가장 좋은 곳이다. 페스탈로찌는 가정을 도덕성의 학교라고 했다. 마음으로 가깝게 접촉하는 곳이 가정이기 때문이다.

여자는 한 가정의 구성요원으로서 가장이 되는 남자를 돕고 도성과 같이 둘러싸서 보호하는 역할을 위하여 지음받은 것이다.

남쪽 멕시코의 쫄족은 "여자는 영혼이 없거나 남자의 영혼보다 열등한 것으로 믿어 남자와 같은 묘지에도 묻지 않았다. 그리고 종교도 남자만 위해 있는 것이라고 하여 어떤 종교적 의식에 여자와 아이들은 절대로 참예시키지 않았었다고 한다.

"남자는 세계를 움직인다. 그러나 여자는 세계를 움직이는 그 남자를 움직인다"는 말이 있듯이 여자는 남자의 가장 위대한, 그리고 가장 큰 감화력이 있는 보호라고 성경은 예찬하고 있다.

영국에서는 "악처는 그 남편의 파멸이다"라는 말이 있고, 반면에 "어진 아내는 어진 남편을 만든다"는 말을 쓰기도 한다. 루터는 "나는 아내(카타리나)와 함께 있는 가난함을 그가 없는 어떤 재물과도 바꾸기를 원치 않는다"고 하였다. 단테는 "남자는 덕성을, 여자는 미를, 그리고 사랑은 이 둘을 하나로 만드는 힘이다"라고 말한 대로 정숙한 여인은 가세를 일으켜 세우고 남편을 유명하게 뒷바라지 하며 자녀를 교육하고 사회에 공헌한다. 그리고 "고운 것도 거짓되고 아름다운 것도 헛되나 오직 여호와를 경외하는 여자는 칭찬을 받을 것이라"(잠 31:30)는 기록을 남길 것이다.

3. 여자를 남자의 갈빗대 하나를 취하여 지으셨다.

여자를 만들 때, 아담을 깊이 잠들게 하시고 만드셨다. 이것은 예수께서 십자가에 죽으심으로 신부라는 교회가 탄생할 것을 암시하는 것이다. 아담의 갈빗대 하나를 취하셨으니 아담의 몸에서는 피흘림과 함께 살을 도려낸 고통이 있었을 것이다. 교회는 예수의 십자가상의 피흘림과 살찢음으로 죽어 잠드셨기 때문에 만들어진 거룩한 주님의 몸이다. 살 중 살이요, 뼈 중 뼈이다.

또한 아담의 갈비로 만드셨다. 남자의 발목뼈로 하시지 않으심은 여자가 남자의 지배하에 있는 노예가 되지 않도록 하신 것이고 손목뼈로 하시지 않으신 것은 여자가 남자의 어떤 수단의 존재나 놀이개감이 되지 않도록 하심이며 머리뼈로 하지 않으심은 여자가 남자를 주장하지 못하게 하신 것이다. 남자의 심장이 뛰는 가슴의 뼈로 만들었으니 그것은 그 두 사람이 서로 사랑하는 배필이 되도록 하심이고 인권에서 동등으로 존중받게 함이다.

아담의 갈빗대 하나로 만드셨다. 아담은 티끌로 만들어졌는데 그 몸에서 갈빗대 중에 한 개를 취하여 여자를 만들었으니 여자가 얼마나 "연약한 그릇"(벧전 3:7)인가를 알 수 있다. 베드로는 아내는 더 연약한 그릇이요 또 생명의 은혜를 유업으로 함께 받을 자로 알아 귀히 여기라고 하였다. 더 연약한 그릇이라 했으니 남자도 연약하지만 여자는 남자보다 더 연약하다는 것이다.

연약한 두 그릇이 합하여 하나의 강한 인격을 지향하는 것이다. 여자는 더 연약한 그릇이지만 생명의 은혜를 유업으로 받는 그릇이기에 귀한 것이다.

4. 여자를 지으셨을 때 아담이 내 뼈요 살이라 하였다.

하나님께서 여자를 아담에게로 이끌어 오셨다고 했다. 여자는 지음 받은 때에 제 마음대로 하지 않았다. 삼대 교훈이 여기 있으니 바로 아버지의 동의와 여자의 동의와 아담의 동의이다. 하나님이 만드셨으니 아버지시고, 하나님이 이끌어 오셨으니 아버지의 동의가 있었고, 여자가 동의해서 남자에게 왔고, 아담 역시 동의해서 결혼했다.

아담은 "이는 내 뼈 중의 뼈요 살 중의 살이"라고 했다. 이것은 하나님의 선물에 대한 찬양이며 동시에 감사이다. "여자"라고 칭한 것도 단지 성(性)에 있어서만 여자가 남자와 다른 것이며 그 본질에서는 다를 바가 없다는 것이다.

남자로부터 지음을 받았기 때문에 남자와 한 몸으로 결합한 존재임을 의미하는 것이다. 예수께서도 자신의 몸을 십자가에서 못박는 고통을 치르고서 신부라는 교회가 탄생했다. 교회는 내 몸이라고 하였으니 "내 뼈 중의 뼈, 살 중의 살"이라고 고백한 아담의 말과 같다.

남자가 부모를 떠나 그 아내와 연합하여 둘이 한 몸을 이룬다고 하신다. 이것은 결혼관계를 말하는데 결혼은 부모를 떠나는 것으로 인연을 끊는 것이 아니라 지역적으로 떠나는 것이다. 결혼은 아내와 연합하는 것인데 몸의 연합과 함께 인격이 연합하는 것이다. 여기서 결혼은 일부일처를 원칙으로 하고 있다.

결혼은 쌍방의 인격과 사랑의 결합이요, 서로 믿고 사랑하는 신뢰의 결속이다. 하나님이 주례하여 짝지어준 남녀의 영원한 만남이요, 행복의 찬가이다. 그래서 투르 나이젠은 "결혼은 종신 협동체"라고 말했다. 그들은 벌거벗었으나 부끄러워 아니했다. 그리고 옷을 입는다는 것은 죄의 소산인 것이다.

하와를 유혹한 뱀

(창 3:1, 6)

뱀은 수십 종류가 있고 번식이 왕성하여 한 번에 12마리 내지 50마리를 낳는다. 티끌에 기어다니면서(신 32:24) 흙을 먹기도 하고(사 65:25, 미 7:17) 포유동물을 먹는다. 뱀은 육식동물이다. 그래서 벌레, 곤충, 물고기, 개구리, 도마뱀, 다른 뱀, 새와 새의 알 등을 먹는다.

바위 위로 기어다니기도 하고(잠 30:19), 물 위로 다니기도 하며 어디든지 활동한다. 불같이 타오르는 뱀도 있고(민 21:6) 날아다니는 뱀도 있는 듯 하다(사 14:29, 30:6). 어떤 경우에는 땅굴 속이나(사 11:8), 은밀한 곳에 숨어 있고(전 10:8, 암 5:19) 길에도 자기의 몸을 감추고 있다(창 49:17). 뱀은 귀머거리이다. 소리를 듣지 못한다(시 58:4-5). 그러나 귀머거리지만 땅으로 전해오는 진동을 통해 지각하는 능력이 있다. 술사의 피리소리도 듣지는 못하고 그 술사의 동작을 보고 행동한다.

이사야 59:5에 "독사가 나오는 위험하고 곤고한 땅을 지나니라"고 하였는데 독사는 위험한 짐승이다. 뱀은 먹이를 씹지 않고 통채로 삼키며 죽은 것은 절대로 먹지 않는다. 그리고 동면에 들어가는 경우 1년 동안 먹지 않고도 지낸다.

뱀은 혀가 둘인데 대단히 날카롭다(시 140:3). 그 입술 아래는 독사의 독이 있고 그 혀로써 물기도 하고 쏘기도 한다(잠 23:32, 창 49:17). 뱀이 사람을 물면 그 독은 모세관을 파괴하고 혈구를 파괴시켜 심한 내출혈로 죽게 한다. 독성이 약한 뱀에게 물려도 인체의 내부기관이 서서히 꾸준하게 파괴되어 가다가 죽는다.

세례 요한이나 예수께서는 "독사의 자식"(마 3:7, 23:33)이라고 하였다. 뱀은 "용, 옛뱀, 마귀, 사단"(계 12:9, 20:2)이라고 하였는데 옛날 하와를 유혹했던 뱀이 지금도 무수한 사람들을 죽이고 있다.

여기서 뱀은 옛뱀이요, 용이요, 마귀요, 사단이다.

1. 뱀은 들짐승 중의 하나이다.

짐승은 교회 포도원을 해친다고 하였다(시 80:13). 하나님께서 이스라엘이라는 교회를 애굽에서 불러내사 가나안 땅에 심으셨으나 돼지와 짐승들이 포도원 교회 안에까지 들어와서 교회를 해쳤다.

계시록에는 짐승에 대한 기록이 많이 나온다. 다니엘 선지자도 사자, 곰, 표범, 무서운 짐승에 대해 예언한 바 있으며 짐승은 사단 마귀를 의미한다. 짐승들은 본래 잡혀 죽기 위하여 난 이성없는 짐승(벧후 2:12)이다.

짐승이라는 사단 마귀는 우는 사자같이 두루 다니며 삼킬 자를 찾는다(벧전 5:8)… 욥기 1:7, 2:2에 사단이 여기저기 두루 돌아다녔다고 하였다. 뱀은 못가는 곳이 없이 쉬임도 없이 삼킬 자를 찾아 돌아다니는 이성없는 짐승이다. 짐승들은 하나님을 향하여 훼방하면서 이적을 행하여 자기를 경배하도록 강요한다.

또한 짐승은 만국을 미혹한다고 하였다(계 12:9). 거기에 "큰 용이 내어쫓기니 옛뱀, 곧 마귀라고도 하고 사단이라고도 하는 온 천하를 꾀는 자"라고 하였다. 요한계시록 20:3에 "천년이 차도록 다시는 만국을 미혹하지 못하게" 한다고 하였고, 10절에 내려가 보면 "또 저희를 미혹하는 마귀"라 했고, 13:14에도 짐승 앞에서 받은 바 이적을 행함으로 땅에 거하는 자들을 미혹한다고 하였다. 짐승을 우상으로 만들어 경배하게 하고 그렇지 않으면 죽였다. 표를 받게 하고 그들의 표를 가지지 않은 자들에게는 매매를 못하게 했으니 그 짐승의 수는 666이었다(계 13:15-18).

짐승은 더러운 영으로 전쟁을 일으킨다(계 16:13-14). 짐승은 성도를 괴롭히고(계 9:4-5, 12:17, 13:10, 단 7:25). 살인과 폭동을 일으키며

(계 9:6, 15), 전쟁을 일으켜(11:7, 20:8) 수많은 사람을 죽게 한다. 개구리같은 더러운 세 영이 짐승의 입에서 나왔고, 무저갱으로부터 올라오는 짐승이 전쟁을 일으켜 저희를 이기고 또 죽일 것이라고 하였다. 그러므로 세계전쟁이나 교회 내부의 싸움은 마귀의 짓인 것을 알 수 있다.

2. 뱀은 들짐승 중에 가장 간교했다.

뱀이란 말은 파충류의 동물이 지나갈 때 나는 "쉿" 소리를 의미한다. 아마 뱀은 어떤 매력을 나타내는 듯한 소리를 냈던 것 같다. 뱀은 "속삭인다"는 것으로 마술사가 사용하고 점치는 데서 찾을 수 있다(창 30:27). 이것은 뱀의 지혜를 생각하게 하는데 하와에게 소리를 내며 가까이 와서 나즈막한 소리로 속삭였다.

예수께서도 "뱀은 지혜롭다"(마 10:16)고 하셨다. 뱀은 빛난다는 뜻도 있는데 뱀의 반점, 그리고 뱀의 색깔이 반들반들하기 때문인지 모른다. 그것은 바울이 말한 것과 같이 "간교한 뱀"(고후 11:3)이기 때문에 "한 천사"(고후 11:14)로 가장한 때문일 것이다. 뱀은 그 눈이 영롱하게 빛난다. 뱀은 "쪼갠다, 움직인다, 긴다"는 뜻이 있는 것으로 그 뱀의 습성을 짐작하게 한다.

또한 뱀이 가장 간교하였다. 뱀은 민첩한 시각과 기민한 동작과 자기 보존력의 능동성 등의 장점이 있고 우수한 지혜력과 간교성이 있다. 뱀이 간교하기에 아담이 아닌 여자에게 시험했다. 선악을 알게 하는 나무를 바라보면서 호기심에 젖고 혼자 서서 고독에 빠진 때에 자기의 정체는 광명한 천사인 것처럼 가장을 하고 하나님의 말씀을 의심갖게끔 공격했다.

혼자 있었다는 것, 그리고 하나님의 명령을 여인이 직접 받은 바 없다는 것, 호기심으로 서 있었다는 것, 그것이 간교한 뱀에게 유혹의 기회가 된 것이다. 뱀은 간교하게도 하나님의 말씀을 의심케 하여 말하기를 "하나님이 참으로 동산 모든 나무의 실과를 먹지 말라 하시더냐?"고 하였다.

그리고 하나님의 말씀을 도적질하며 말하기를 "너희가 결코 죽지 아니하리라"고 하였다. 그것은 거짓말이었으니 간교한 자의 특성은 거짓이다. 사단 마귀는 거짓의 아비요 최초 거짓말의 창시자이다. 끝으로 선악과를 먹으면 하나님과 같이 된다 하여 하나님께 도전하게 하는 교만을 심어주었다.

3. 뱀은 세상의 정욕으로 유혹했다.

뱀의 무기는 육신의 정욕이다. 하와가 뱀의 유혹의 안경을 쓰고 선악과 나무를 보니 그것이 먹음직하다는 것이었다. 사실 선악과 나무는 독이 있는 것도 아름다운 것도 아니었다. 그러나 정욕에 의해서 오염이 된 순수치 못한 안목으로 보니 그것은 "먹음직한 것"으로 보였다. 하와를 유혹했던 사단 마귀는 예수 그리스도를 시험할 때 똑같은 육신의 정욕, 즉 돌들로 떡을 만들어 먹으라는 무기를 사용했다. 그것은 물질적 시험이었다.

뱀의 무기는 안목의 정욕이다. 하와가 그 나무 열매를 보니 그것은 "보암직하다"는 것이다. 하와를 안목의 정욕으로 시험한 사단은 수천 년 후의 예수에게도 똑같은 무기로 시험했으니 성전 꼭대기에서 뛰어내리라고 한 것이다. 그것은 안목의 정욕으로 성전과 관계되는 종교적 시험이었다.

보암직하다는 것은 욕망(시 10:17), 탐욕(민 11:4)으로서 눈을 통해서 욕망을 자극하는 것이다. 예수께서 성전 꼭대기에서 떨어져서 상하는 데가 없으면 그것을 보는 사람들이 예수를 어떤 눈으로 추종했을까?

뱀의 무기는 또한 이생의 자랑이다. 지혜롭게 할 만큼 탐스럽기도 하다는 것은 바라본다, 본다, 신중해진다, 마음이 변한다, 이해하게 된다는 뜻이다. 사단이 예수에게 시험할 때에 "높은 산으로 데리고 가서 천하만국을 보이면서 나에게 절하면 이 모든 것을 다 네게 주겠다"고 하였다. 천하만국은 하나님의 것이지 사단의 것이 아니다. 그런데도 자기것인양 사기치고 거짓말을 했다. 이것은 "이생의 자랑"이니 곧 정치적 시험인 것이다.

　예수의 시험은 하와의 것과 똑같은 것이었다. 돌로 떡을 만들어 먹으라는 시험은 물질적인 시험이고, 성전 꼭대기에서 뛰어내리라는 시험은 종교적 시험이며 산에서 경배하라는 시험은 정치적 시험이다. 이것은 평지에서 성전꼭대기로, 산꼭대기로 점차 높아진다. 말세에도 세상에 있는 것은 세 가지라고(요일 2:16) 했는데 이 사단의 공격 무기를 이기는 비결은 예수님과 같이 하나님의 말씀의 검을 가지는 것이다(창 3:6, 마 4:1-11, 막 1:12-13, 눅 4:1-13, 요일 2:16).

인간의 범죄 타락

(창 3:1-6)

우리는 앞에서 가슴벅차고 행복한 에덴동산의 인간을 보았다. 거기에는 뱀과 같은 간교한 악은 없었다. 그런데 가슴치며 슬퍼하지 않을 수 없는 것은 3장에서 이렇게 인간이 힘없이 범죄하는가 하는 것이다.

1장에서 우렁차게 들리는 소리는 "하나님이 가라사대"라는 말씀이었다. 그것은 생명이요 능력이었기에 그 말씀대로 천지만물이 순종하고 그대로 되었다. 그런데 여기서 처음으로 사단 마귀가 등장하여 "뱀이 이르되…"라는 소리가 들린다. 하나님의 말씀에 마귀의 말이 뒤쫓아왔음을 볼 수 있는 것이다.

예수께서 세례받으실 때에 "이는 내 사랑하는 아들이요 기뻐하는 자"(마 3:17)라고 하나님이 말씀하셨다. 그런데 하나님의 말씀을 들었던 마귀가 다음 장에서(마 4:1) 예수를 시험하면서 "네가 하나님의 아들이라면…"하고 하나님 말씀에 의심을 가지게끔 질문했던 것이다.

참으로 사단은 간교하다. 하나님의 말씀에 뒤이어 등장해서 그 말씀을 뒤집는 것이다. 그러기에 사단은 지혜가 있는 자라고 한다(겔 28:12). 마귀는 하나님의 동산 에덴에 있었다(겔 28:13). 에스겔 28:14에 보면 마귀는 하나님의 성산에 있어서 화광석 사이에 왕래하였다. 여러 가지 점에서 사단은 하나님과 매우 흡사했던 것 같다(겔 1:15, 22, 25-26). 인간은 그 사단에 의해 범죄 타락했다.

1. 하와의 범죄가 있다.

하와는 혼자 있다가 범죄했다. 하와는 웬일인지는 모르나 남편으로부터 멀리 떨어져 있었고 반면에 선악과 나무 가까이에 서 있었다. 사단은 아담을 유혹 타락시키기 위해 먼저 하와를 유혹의 대상으로 삼았다.

언제든지 사단은 사랑하는 사람을 통해서 유혹한다. 욥이나 베드로의 경우가 그랬다. 사단은 연약한 여자를 유혹했고 하나님의 말씀을 직접 들은 바가 없어서 사단의 말에 쉽게 설복당했다. 남편과 함께 있었다면 이렇게 유혹 당하지는 않았을 것이다. 문제는 하와가 남편과는 멀리 있었고 선악과 나무와 가까이 있었다는 것이다.

동산의 모든 만물을 다스리는 권한은 아담에게 있다. 그런데 하와는 남편의 영역권에까지 그것도 혼자 와 있었다. 하와의 위치는 가정이요 남편과 함께 하는 자리이다. 어떤 사람이 혼자 여리고로 내려가다가 강도를 만났다. 성도는 신령한 남편이신 예수와 멀리 떨어져서 혼자 있으면 강도라는 사단 마귀에게 당한다. 그리고 하와가 선악과 나무 가까이에 있었다는 것도 문제이다.

우리는 가까이 할 것이 있고 멀리 할 것이 있음을 알아야 한다. 삼손은 들릴라에게 가까이 했다가 망했으나 요셉은 여인을 멀리하여 성공했다. 하나님을 가까이 하고 마귀를 멀리 해야 한다.

하와는 간교한 뱀과 가까이 했다. 하와가 가까이 할 대상은 하나님이어야 했다. 그런데 하와는 광명한 천사 모양을 하고 나타난 사단이라는 뱀과 가까이 하여 많은 이야기를 주고 받았다.

사단은 하나님의 명령은 허위라고 이간을 붙이는 말을 하면서 그것을 먹으면 하나님과 같이 된다는 거짓말로 교묘하게 꾀었다. 사단이 그렇게 처음 듣는 말을 하와에게 했더라도 하와는 빨리 그 자리를 떠났어야 했다. 그런데 하와는 사단과 신나게 맞장구를 치면서 하나님의 말씀보다 사단의 말을 더 믿었다. 언제나 비방하는 말이나 이간붙이는 말에 더 흥미를 느끼는 것이 인간의 습성이다.

빌라도는 "저 의인 예수를 해롭게 말라"고 말한 아내의 음성과 재판석에서 "십자가에 못박게 하소서"하는 군중의 요란한 음성을 들었다. 그런데 빌라도는 아내의 말은 버리고 군중의 말을 들어서 천추에

억만 성도의 고소를 받는다.

시편의(이삽의 시) 말씀에 "대저 주를 멀리하는 자는 망하리니 음녀같이 주를 떠난 자를 주께서 다 멸하셨나이다. 하나님께 가까이 함이 내게 복이다"(시 73:27-28)라고 하였다. 히브리서 기자는 "참 마음과 온전한 믿음으로 하나님께 나아가자"(히 10:22) 하였고, 야고보는 "마귀를 대적하라 그리하면 너희를 피하리라 하나님을 가까이 하라 그리하면 너희를 가까이 하시리라"(약 4:7-8)고 하였다.

하와는 하나님의 말씀을 가감했다. 하와는 하나님의 하신 말씀을 틀리게 말하였다. 예수께서도 사단의 시험이 있을 때 하나님의 말씀을 그대로 인용하여(마 4:1-11) 그 말씀으로 물리치셨다.

그런데 하와는 하나는 더 하고 둘은 감하였다. 하나님은 선악과 나무를 만지지 말라고 하신 적이 없으시다. 그런데 하와는 "만지지도 말고"라고 했다고 하여(창 2:17) 거짓말을 한 사단과 같이 거짓말 하고 동시에 잔인한 하나님으로 비난했다. 하나님의 말씀에 감하여 말한 것은 "임의로 먹되"(2:16-17)라고 하신 말씀을 "먹을 수 있으나"라고 하여 하나님의 은혜를 축소시켰다. 그리고 "정녕 죽으리라"(2:17)는 말씀을 "죽을까 하노라"고 하여 하나님의 말씀을 약하게 하고 의심을 남겼다.

사단의 삼중 교활이 사람의 삼중 어리석음과 대조되고 있다.

"하나님의 말씀은 다 순전하며… 너는 그 말씀에 더하지 말라. 그가 너를 책망하시겠고 너는 거짓말하는 자가 될까 두려우니라"(잠 30:5-6) 하였고, "만일 누구든지 이것들 외에 더하면 하나님이 이 책에 기록된 재앙들을 그에게 더하실 터이요 만일 누구든지 이 책의 예언의 말씀에서 제하여 버리면 하나님이 이 책에 기록된 생명나무와 및 거룩한 성에 참예함을 제하여 버리시리라"(계 22:18-19)고 하였다.

2. 하와의 범죄 단계가 있다.

첫째로, 하와의 범죄는 "보았다"는 것에 있다. 예수께서는 본다는 것 때문에 죄가 있다고 하셨다(요 9:41). 하와는 아예 보지 말아야 할 것을 호기심있는 눈으로 보았다. 수많은 죄가 우리의 눈을 통해서 들어오는 법이다. 눈은 인간의 마음을 죄짓게 하는 데 이용되는 것이다.

다윗은 왕궁 옥상에서 밧세바의 목욕하는 알몸을 보고 범죄하였다. 욥은 "내가 내 눈과 언약을 세웠나니 어찌 처녀에게 주목하랴…"(욥 31:1) 하였다. 그러므로 위험한 음욕이나 다른 어떤 것을 보지 않기로 눈과 언약해야 한다. 잠언에서는 "네 눈은 바로 보며 네 눈꺼풀은 네 앞을 곧게 살펴… 네 모든 길을 든든히 하라"(잠 4:25-26) 하였고 "포도주는… 보지도 말라"(잠 23:31) 하였다.

예수께서는 "여자를 보고 음욕을 품는 자마다 마음에 이미 간음하였느니라"(마 5:28)고 하셨다. "너희 눈은 봄으로 너희 귀는 들음으로 복이 있도다"(마 13:16)라고 하셨으므로 볼 것을 보는 눈, 들을 것을 듣는 귀는 복이 있다는 것이다.

하와는 보지 말고 하나님의 말씀을 기억하면서 눈길을 돌리며 "사단아 물러가라" 소리쳤어야 했다. 예수는 사단에게 물러가라 명령하셨다. 그러나 하와는 물러서라고 호통치기는커녕 가까이에서 많은 말을 했다. 그리고 그의 유혹된 눈으로 선악과를 보았다.

둘째로, 하와의 범죄는 "걸어 갔다"는 것에 있다. 선악과 나무를 보니 먹음직하고 보암직하고 탐스럽기도 했다. 그리하여 하와는 그것을 따먹기 위해서 그 나무 아래로 걸어갔다.

에녹과 노아는 하나님과 동행한 사람들이다. 하나님은 에녹을 죽지 않고 천국에 올라가게 하셨고, 노아는 홍수심판 중에 가족을 구원하게 하셨다. 신앙이란 하나님과 동행하는 것이다. 하나님과 함께 걸어가려면 방향이 같고, 발걸음의 보조가 맞고 마음이 서로 맞아야 한다.

아브라함은 말씀을 좇아 갔다(창 12:4)고 했다. 그것이 하나님과 동행하는 것이다. 하나님과 동행하는 걸음을 걷는 사람은 사단이 유혹하는 길에 갈 리가 없다.

"그런즉 너희 하나님 여호와께서 너희에게 명령하신 대로 너희는 삼가 행하여 좌로나 우로나 치우치지 말고 너희 하나님 여호와께서 너희에게 명하신 모든 도를 행하라. 그리하면 너희가 삶을 얻고 복을 얻어서 너희의 얻은 땅에서 너희의 날이 장구하리라"(신 5:32-33) 하였다.

"화 있을찐저 이 사람들이여 가인의 길에 행하였으며 삯을 위하여 발람의 어그러진 길로 몰려 갔으며 고라의 패역을 좇아 멸망을 받았도다"(유 11). 가인이나 발람이나 고라 등은 가지 말아야 할 길을 걸어갔다가 멸망한 것이다.

셋째로, 하와의 범죄는 "손으로 땄다"는 것에 있다. 선악과 나무 아래에 걸어온 하와는 주저함이 없이 그 선악과 열매를 손으로 땄다. 그것을 딴 것은 하와 자신의 행동이었으며 마귀가 그것을 따 주거나 그의 입에 넣어준 것이 아니다. 사단은 하와를 유혹했으나 강제로 따서 먹게는 하지 못했다. 마치 예수께 사단이 시험할 때 성전 꼭대기에서 뛰어내리게 못함과 같다(마 4:6). 어느 것 하나 하나님의 것이 아닌 것이 없지만 금단의 열매를 땄다는 것은 도적질한 것이므로 마땅히 하나님의 진노를 받아야 했다.

넷째로, 하와의 범죄는 "입으로 먹었다"는 것에 있다. 이제 하와의 입이 선악과를 먹었다. 그의 입은 조금 전까지도 마귀와 수다한 말, 그것도 거짓말을 했었다. 그런데 그 입으로 결국 그 선악과를 먹었다. 그것은 뱃속으로 들어가 죄가 잉태되었고 죄가 장성하여 사망을 낳고 말았다. 하와는 눈으로 보고, 발로 걷고, 손으로 따고, 입으로 먹고, 배로 죄를 잉태한 것이다.

히브리서 11:4-12에는 믿음의 대표적인 인물 다섯 명을 열거하고 있다. 아벨은 그 입으로 하나님을 증거하고, 에녹은 그 발로 하나님과 동행하며, 노아는 그 눈으로 미래를 내다 보았고, 아브라함은 그 손으로 아들을 바쳤고, 사라는 그의 배로 이삭(즐거움)을 잉태했다. 하와는 입, 눈, 발, 손, 배의 지체를 사단의 지배하에 타락하는 데 악용했으나 믿음의 사람들은 그 지체를 의의 병기로 선용한 것이다.

끝으로, 하와의 범죄는 "아담에게 주었다"는 것에 있다. 사단이 하와를 유혹하더니 이제는 하와가 범죄한 후 곧 남편을 유혹하게 되었다. 어떤 형벌이 내려진다 해도 남편에게 그것을 주어 먹게 한 것이다. 자기 혼자만 범죄한 것이 아니고 남편까지 범죄케 한 것이다. 사람은 선보다는 악한 것을 쉽게 배운다. 하와는 남편에게 주면서 하나님은 이것을 먹으면 반드시 죽으리라 하셨지만 나는 지금 죽지 않았다고 했다. 사단이 하와에게 한 말같이 하나님의 말씀을 의심나게 했을 것이 분명하다.

아담의 죄

(창 3:6)

하와가 실과를 따먹고 자기와 함께한 남편에게도 주었다. 아마 아담도 그 실과를 먹고 싶어 하고 있었기 때문에 여자가 줄 때 아무런 이의도 없이 받아 먹었을 것이다. 하나님께서 하와를 아담에게 아내로 주신 것은 돕는 배필이 되라는 것이었으나 돕기는커녕 아담을 송두리째 파괴하고 가정을 파괴하는 장본인이 되었다.

아담은 하와가 범죄한 죄에 가담하게 되었으니 여자의 유혹 때문이라기 보다는 사기의 명수인 사단에게 그대로 당한 것이다. 바울은 로마서 5:12-21 사이에 한 사람으로 말미암아 죄가 세상에 들어오고 죄로 말미암아 사망이 왔다고 절절이 강조하고 있다. "한 사람의 범죄를 인하여 많은 사람이 죽었은즉…"이라고 연거푸 기록하여 결국 하와의 범죄에 동참한 아담 안에서 모든 사람이 죽었다는 것이다(고전 15:22).

죄란 여러 가지 단어가 있으나 아담은 하나님을 반역, 배반했고(폐샤-80회), 실수했으며(샤가-38회), 곡해 타락했고(아봉-220회), 법을 어기고(아발), 월권하였다(말-). 안타까운 사실은 하와가 선악과를 따먹을 때에 아담은 어디 있었는가? 하와가 선악과를 주면서 먹으라고 했을 때 왜 덥석 받아 먹었을까 하는 것이다. 아담 안에 수많은 후손들에게 사망을 가져다 주고 에덴의 낙원에서 추방당하여 인간 역사를 이렇게 비참하게 만들었으니…

1. 하나님의 말씀을 순종치 않았다.

바울은 한 사람의 순종치 아니함으로 많은 사람이 죄인된 것이라고 하였다. 하나님의 말씀은 "선악을 알게 하는 나무의 실과는 먹지 말라 네가 먹는 날에는 정녕 죽으리라"(창 2:17)고 하셨다. 그런데 하와가 그것을 먹고 아담에게 먹으라고 주었으니 이 얼마나 엄청난 불순종인가?

그때에 아담이라도 그것을 먹지 않았더라면 어떻게 되었을까? 아담은 한 마디의 이의를 제기하지 않았고 왜 이 실과를 먹었느냐고 추궁하지도 않았으며, 하나님의 말씀을 어기는 처사라고 책망하지도 않았다. 오히려 먹고 싶던 차에 먹자는 생각이었던 것 같다. 아담은 하나님의 말씀을 생각하지 않았다.

아담에게는 두 음성이 들려 왔다. 하나는 "하나님의 말씀으로 선악과는 먹지 말라. 먹는 날에는 반드시 죽으리라"는 것이고, 다른 하나는 선악과를 따먹은 하와의 음성이니 "이것을 먹으세요. 나도 먹었어요. 하나님 말씀은 죽는다고 했지만 난 죽지 않았어요. 뱀이 그러는데 하나님과 같이 된대요" 하는 것이다.

아담은 하나님의 말씀은 순종치 아니하면서 하와의 말을 순종했던 것이다. 하와가 하나님의 말씀보다 사단의 말을 순종했듯이 아담이 하나님 말씀보다 여자의 말을 좋게 여겼다. 아담에게 하나님의 말씀에 대한 인식이 이만큼 약해 있었기 때문에 평소에 아내에게도 하나님의 말씀을 강하게 전해주지 못했음이 분명하다.

하와는 남편을 통해서 2:17의 말씀을 전해 들었던 것이다. 그런데 아담 자신도 이러하니 아내에게 말씀을 힘주어 강조하고 선악과 나무는 늘 시험받을까 조심하라고 일러줄 수가 없었다. 죄는 하나님의 말씀을 거역하는 것이다. 하나님은 그의 목소리 순종하는 것을 좋아 하신다(삼상 15:22). 하나님의 말씀을 순종한 세대와 국가와 개인은 한없는 축복으로 번영을 누렸으나 불순종하고 거역한 세대와 국가와 개인은 이스라엘이라고 해도 비참하고 욕된 삶으로 이어졌다.

2. 하나님을 사랑하지 않았다.

예수께서는 "아비나 어미를 나보다 더 사랑하는 자는 내게 합당치 아니하다"(마 10:37) 하였고, "내 이름을 위하여 집이나 형제나 자매나 부모나 자식이나 전토를 버린 자마다 여러 배를 받고 또 영생을 상속하리라"(마 19:29) 하셨다.

이 말씀의 의미는 하나님을 먼저 사랑하라는 것이다. 부모, 형제, 자녀를 사랑하되 하나님을 먼저 사랑하라는 것이고, 집이나 전토나 재산을 필요로 하되 먼저 하나님을 사랑하라는 것이다. 하나님을 사랑하는 자들은 "천대까지 은혜"(출 20:6)를 받는다.

하와도 하나님을 사랑하지 않았음이 드러났거니와 아담 역시 하나님을 사랑하지 않았다. 아담은 하나님보다 아내를 더 사랑했던 것이다. 마귀는 우리의 최대 약점을 이용해서 유혹한다. 아담은 아내를 사랑함이 하나님 사랑 보다 더했기에 사단은 그가 가장 사랑하는 자를 통해서 결정적인 시험에 깊이 빠지게 했다. 아담이 하나님보다 아내를 더 사랑했다는 증거는 하나님의 말씀은 거역하고 아내의 말을 따른 것이다.

그러면 하나님을 사랑하는 증거는 무엇인가? 출애굽기 20:6에 "내 계명을 지키는 자라"고 하였다. 하나님을 사랑하는 것은 하나님의 계명을 지키는 것이다. 아담이 선악과의 실과를 따먹지 말라는 하나님의 법을 지키는 것은 아주 쉬운 일이었다. 동산에 있는 모든 나무의 실과는 임의로 먹으라고 하셨으니 선악과 실과를 탐할 이유가 없었다. 그가 지킬 하나님의 법이 까다로운 것도 아니었다. 따먹지 말라는 말씀을 그대로 순종하면 되는 것이었다.

하나님은 사랑하는 자들에게 지기 어려운 짐으로 명령하시지 않는다. 이보다 더 어렵고 까다로운 계명을 주셨더라도 능히 지킬 수 있었을 것이다. 그럼에도 하나님의 은혜를 망각하고 아주 쉬운 계명마저 지키지 못했으니 한심하기까지 하다.

3. 분별력이 도무지 없었다.

하와가 선악과를 따먹었다고 해도 하나님의 말씀을 직접 받은 아담으로서는 이때에 하나님의 말씀을 중히 여겨 옳게 분별했어야 했다. 아내가 아담에게 "이것을 먹었는데도 죽지 않아요" 하고 말했을지 모른다. 그러나 아담은 "하나님의 말씀에는 반드시 죽는다고 하셨다"고 분별력있는 말로 아내를 꾸짖어야 했다. 아내가 "사단이 말하는데 이것을 먹으면 눈이 밝아지고 하나님과 같이 된다고 했어요" 하고 말했을지라도 아담은 그것은 뱀이 한 말이고 하나님의 말씀은 "반드시 죽는다"는 것이었다고 대답했어야 했다.

바울은 "네가 진리의 말씀을 옳게 분변하라"(딤후 2:15)고 하였다. 사람들은 곧잘 어리석게 말씀을 해석하려는 유혹을 받는다. 하와는 자기에게는 말씀의 적용을 약하게 말했다. "반드시 죽으리라"를 "죽을까 하노라"한 것이다. 하나님께 대하여는 잔인하게 적용하였으니 "만지지도 말라"는 거짓말로 한 것이다. 자기에게 유리하게 하나님의 말씀을 가감한 것이다.

아담 역시 하나님 말씀을 분별하지 못했다. 아내의 인정에 눈이 어두워지고 하나님같이 된다는 교만의 안경 때문이었을 것이다.

베드로는 "또 우리에게 더 확실한 예언이 있어 어두운데 비취는 등불과 같으니… 너희가 주의하는 것이 가하니라"고 하였다. 그리고 "먼저 알 것은 경의 모든 예언은 사사로이 풀 것이 아니니 예언은 언제든지 사람의 뜻으로 낸 것이 아니요 오직 성령의 감동을 입은 사람들이 하나님께 받아 말한 것임이니라"(벧후 1:19-21) 하였다.

수치와 공포

(창 3:7-10)

하나님께서 인간에게 처음으로 명하신 말씀은 "생육하고 번성하여 땅에 충만하라. 땅을 정복하라"(창 1:28)는 것이었다. 땅을 정복하라는 말씀은 대지와 여자를 정복하라는 두 가지 뜻이 있다. 남자가 여자보다 위대하다는 것이고 그것은 하나님이 그렇게 정하신 규율이다. 그러나 여자가 남자보다 강하거나 남자가 여자에게 정복당해 살면 에덴동산은 이루어질 수 없다.

유대 랍비들은 하와가 어떤 힘이 있어서 이렇게 남편에게까지 금단의 열매를 먹게 했을까 하고 생각했다. 첫째는 보통의 과일과 다름이 없다고 속여서 먹게 했다. 둘째는 하와가 울면서 전했기 때문에 아담의 마음이 움직여 먹었다. 셋째는 웃으면서 하와가 설명했다는 것이다.

어느 해석이 옳은지는 알 수 없으나 아담은 아내를 정복하지 못하고 정복을 당함으로써 에덴의 행복을 잃었다. 유대인의 전설에는 인간이 범죄한 직후에 태양과 나무와 우주의 모든 것이 슬퍼 울었다고 하는데 달은 울지 않고 웃었다는 것이다. 그래서 하나님은 달에게 벌을 주어 한달 내내 빛을 주지 않고 매달 새로이 태어나게 했다고 한다.

에덴동산의 범죄타락은 인간의 오래된 비극이다. 인간은 사고력을 가지고 세상에 태어난다. 따라서 인간은 머리를 쓰지 않으면 안된다. 그러나 그전에 하나님께서 정해주신 규율을 지키지 않으면 안된다. 인간은 죄악을 범했다. 지식이 하나님에 대한 생각보다 높은 위치에 있었기 때문이다. 범죄한 인간에게 수치와 공포와 무서운 심판이 선고된다.

1. 벌거벗은 수치를 보았다.

그들의 눈이 밝아져서 보았다. 사단은 "너희가 그것을 먹는 날에는 너희 눈이 밝아 하나님과 같이 된다"(3:5)고 하였다. 사단의 말대로 한 인간은 눈이 밝아졌다고 한다. 그러나 그것은 그들의 마음의 눈이 열려서 자신들이 순수하지 못하다는 것을 알게 했고 그들의 육신의 눈이 이전의 자신들이 아님을 보게 되었다.

그들은 눈이 밝아져서 자신들의 더러움을 보았다. 사단은 실로 고등 사기꾼이다. 왜냐하면 사단이 인간을 꾀일 때 "눈이 밝아진다"고 했기 때문이다. 그들은 눈이 밝아지기는 했으나 하나님과 같이 되는 것이 아니라 땅속으로라도 자신을 감추고 싶도록 수치와 슬픔에로 밝아졌다. 언제나 사기치는 자는 아름다운 말로 장황하게 말을 늘어놓는다. 우리는 영안이 밝아져서 하나님의 영광을 보아야 한다.

우리의 눈이 밝아지려면 실로암 못에 가서 씻어야 하고(요 9:7-), 안약을 사서 눈에 발라야 하고(계 3:18), 엘리사처럼 기도해야 하며(왕하 6:17, 20), 두 제자같이 말씀을 뜨겁게 가슴에 받아들여야 한다(눅 24:31-32). 그리고 예수의 말씀을 들을 때에 동산지기로 보던 눈이 예수를 바로 볼 수 있고(요 20:16-18), 해변의 한 손님으로 보다가 주님이시다 외칠 수 있으며(요 21:4, 7), 금식하며 회개할 때 밝아질 수 있다(행 9:17-18).

자기들의 몸이 벗은 줄을 알았다. 범죄 전에는 육신의 눈으로 자기들의 벌거벗은 몸을 보았으나(창 2:25) 부끄러움을 몰랐다. 그것은 하나님이 영광의 그들과 함께 하였기 때문이다. 그러나 이제 범죄하고 나니 하나님의 영광이 그들의 몸에서 떠나버려 그들의 벗은 몸이 보기에 부끄러웠다.

그들은 에덴 동산에서 입었던 하나님의 신령한 영광의 옷을 빼앗기고 말았다. 그들은 이제 영적 무장을 해제당한 것이다. 빛의 갑옷같은 영광의 옷을 벗기셨으니 그들을 보호하던 모든 것들이 사라져 버렸다. 하나님과 천사들 앞에서 부끄러워 견딜 수 없었다.

범죄가 주는 부끄러움의 대가는 지금도 치르고 있다. 잠언 14:34에 "의는 나라로 영화롭게 하고 죄는 백성을 욕되게 하느니라" 하였다. 예레미야는 "우리는 수치중에 눕겠고 수욕에 덮이울 것이니 이는 우리와 우리 열조가 어렸을 때로부터 오늘까지 우리 하나님 여호와께 범죄하여 우리 하나님 여호와의 목소리를 청종치 아니하였음이니이다"(렘 3:25) 하였고, "그럴지라도 네가 창녀의 낯을 가졌음으로 수치를 알지 못하느니라"(렘 3:3)고 하였다. 또한 "이스라엘의 소망이신 여호와여 무릇 주를 버리는 자는 다 수치를 당할 것이라"(렘 17:13)고 하였다. 스바냐는 "수치를 모르는 백성"(습 2:1)이라고 책망했다.

무화과나무 잎을 엮어 치마를 입었다. 엮어는 꼬아서, 동여매어, 묶어서라는 말로 무화과 나뭇잎을 허리띠 매는 부위까지 감싸는 것이다. 사실 자신들의 벗은 몸을 감싸려고 했던 수치심은 그들의 영혼이 겪은 죄의식 때문이었다. 순전함을 잃은 것이다. 도덕적인 수치심을 깊이 느껴서 그 수치를 감추려고 했다. 그러므로 인간의 최초의 의복인 나뭇잎은 죄의 산물이다. 그것은 대단히 어리석은 행동이었다. 왜냐하면 그것은 하나님께 용서받으려는 것이 아니고 사람 앞에서 신용을 얻어 보려고 애쓴 것이기 때문이다.

죄를 숨기려 했고 하나님께 자복하려 하지 않았다. 그런데 그것은 아담이 후손에게 물려준 유산물이기도 하니 인간은 누구나 자기의 죄악을 숨기려 하기 때문이다.

2. 두려워하여 숨었다.

날이 서늘할 때에 숨었다. 하나님은 에덴동산의 주인이시다. 그런데 에덴동산을 파괴시킨 범죄자들에게 당장 오시지 않으셨다. 인간은 낮에 밝을 때에 범죄했다. 하나님은 공포의 밤중에 오시지 않으시고 더위가 극심한 낮에 오시지 않으시고 저녁에 오셨다. 저녁은 고요함이 있고 휴식하는 때요 하루의 일을 반성하고 내일을 준비할 수 있는 시간이다.

그러나 영적으로 밤은 종말이요 죽음인 것이다. 하나님은 인간이 낮에 죄를 짓고 저녁 때까지 반성하고 생각할 기회를 주시고 급하게 노하시지도 않았다.

동산에 거니시는 여호와라고 하였다. 하나님은 동산에 거니셨다. 그것은 하나님의 임재와 하나님이 자연을 지배하신다는 사실을 암시하는 것이다. 자연은 하나님이 거니시는 하나님의 거처이다. 모세에게도 "이곳은 거룩한 땅이라"(출 3:5)고 하셨다. 예수님은 바다위를 걸으셨다. 그것은 바다에도 하나님이 임재하심과 바다라는 자연을 하나님이 지배하심을 보이는 것이다.

하나님은 "촛대 사이(교회)에 다니셨다"(엡 2:1)고 한다. 하나님의 교회 역시 하나님이 다니시는 하나님의 집이다. 하나님은 바람을 타시고 공중을 다니신다. 공중의 주인도 하나님이시다(욥 22:14). 그러므로 살아계신 하나님이 안 계신 곳이 없다. 하나님은 불 가운데 다니시며(단 3:25), 의인의 고난에 함께 하시고 그 옷을 더럽히지 아니한 자와 함께 다니시고(계 3:4-5), 빛 가운데로 다니신다(계 21:24).

아담과 하와가 여호와 하나님의 음성을 들었다. 음성은 하나님의 발자국 소리이거나 우뢰 소리거나 하나님의 입의 음성이거나 아니면 이 모든 것이 다 포함된 것일지 모른다. 아무튼 그것은 하나님이 아담을 찾아오시는 초자연적인 어떤 소리이다.

전에는 하나님이 오시고 같이 거닐며 교제했건만 범죄후에는 그 발자국 소리, 그 음성이 두렵기만 했다. 심판주가 자기들에게 다가오고 있기 때문이었다. 우리는 여기서 천상보좌에 영광 중에 계시는 영광의 하나님이 낮은 지상의 에덴동산에 내려오사 죄인을 구원하시기 위하여 심판하시는 예수 그리스도이심을 알 수 있다. 하나님 아들 예수는 말세의 해저문 저녁에 오신다. 그는 인간의 형태를 입으시고 오시며 최후의 날에 심판하신다. 걸어오시고 뛰어 오시거나 날아오거나 하시지 않았다.

그들은 여호와 하나님의 낯을 피하여 동산나무 사이에 숨었다. 사람은 하나님의 낯을 피하여 숨을 곳이 없다. 전에는 하나님이 오시면 반갑게 맞이하고 교제하며 동산을 거닐었는데 범죄 후에는 하나님이 무섭게 느껴졌다.

숲속에서 범죄하더니 결국 숲속으로 숨어버렸다. 죄인은 하나님을 두려워 한다. 그러나 하나님에게서 피할 곳도 없다. 요나(욘 1:8)가 하나님 낯을 피하여 도망했으나, 배 밑 층에 꼭꼭 숨었으나 하나님은 따라 가셔서 잡아내셨다. 가인, 다윗, 아합 등도 그러했다(창 4:9, 삼하 12:1, 왕상 21:20).

사단은 먹어도 죽지 않는다고 말했는데 이제 이들은 죽을까 두려워서 피하는 것이다. 지혜롭게 된다고 했으나 미련해졌으며, 하나님과 같이 된다고 했으나 하나님이 두려워 숲 속에서 떨고 있는 것이다.

시편 139:1-16에 보면 나의 안고 일어나는 것, 멀리 있어도 나의 길, 눕는 것, 모든 행위, 입의 말을 다 아신다고 했다. 그러므로 "내가 주의 신을 떠나 어디로 가며 주의 앞에서 어디로 피하리이까?" 하나님은 "하늘에도 음부에도 바다 끝에도 주의 오른 손이 붙드신다"고 하였다. "주에게서는 흑암이 숨기지 못하며 밤이 낮과 같이 비취나니…"라고 하였다.

여호와 하나님이 "네가 어디 있느냐?"고 부르셨다. 전지하신 하나님이 아담이 지금 어디에 있는지를 모르셔서 그의 소재를 묻는 것이 아니다. 네가 어떠한 상태에 있는가를 묻는 것이다. 아담 자신의 입으로 자기의 상태를 고백하게 하신 것이다. 마치 야곱의 이름을 아시면서도 "네 이름이 무엇이냐"(창 32:27)고 물으신 것과 같다 할 것이다.

그런데 "아담아 어디 있느냐?"고 하신 말씀은 위협적인 음성으로 물으신 것이 아니고 자상하시고 사랑스러운 음성으로 하신 것이다. 곧 하나님이 이미 그의 범죄 사실을 알고 스스로의 죄를 시인 고백하게 하기 위한 것이다. 왜냐하면 그러한 시인과 고백의 과정이 없이는 사죄와 구원이 있을 수 없기 때문이다(요일 1:9).

내가 벗었음으로 두려워 숨었다고 했다. 이것은 자신의 두려움을 잘못된 이유로 돌리는 것이다. 하나님의 음성이나 나뭇잎이라는 옷 때문에 두려운 것이 아니었기 때문이다. 아담의 완고함을 볼 수 있는 부분이다.

범죄 전에도 그들은 벌거벗었고, 하나님이 오셔서 음성을 듣고 동행도 했었다. 그때는 두렵지 않았다. 행복했다. 그런데 지금 하나님이 두려운 이유가 벗었기 때문이고 하나님 음성 때문이라니 참으로 아담은 완고한 고집으로 자기를 변명하는 것이다. 그러나 아담은 벌거벗었기 때문에 두려웠던 것도 사실이다. 옷을 벗었음으로 하나님 면전에 선다는 것이 무서웠다.

우리는 예수 그리스도의 의의 옷을 입어야(롬 13:14) 하나님께 담대히 나아갈 수 있다. 하나님 만날 준비를 하라(암 4:12)고 하였다. 말세의 저녁 서늘할 때 아무개야 어디 있느냐 하시면서 하나님께서 찾아오실 때 아멘 주 예수여 오시옵소서 하고 맞을 준비가 되어 있어야 한다.

죄인 심문

(창 3:11-13)

"네가 어디 있느냐?" 하는 하나님의 질문은 매우 상냥하고 친근하며 도덕적인 뜻으로의 물음이다. 이것은 아담에게만 묻는 것이 아니고 인간 전체에 대하여 하는 것이다. 아담아 네가 어디 있느냐? 하실 때 벌거벗은 수치 그대로 하나님께 직고하고 용서를 구했어야 했다. 그런데 그들은 그렇게 하지 않았다. 그것은 뻔뻔스러워서라기 보다는 너무 두려워서였다는 말이 가까울 것이리라. 부끄럽고 두려워서 어찌할 수가 없었을 것이다. 그러기에 하나님은 낮에 범죄한 사실을 아시면서도 저녁 서늘할 때에 찾아오신 것이다.

부끄럽고 떨리면서도 자신들의 죄를 깨닫고 철저히 하나님 앞에 용서받는 길이 무엇인가를 생각할 이유를 주시기 위함이었을 것이다. 사람에게는 양심이 있다. 그것은 인간이 범죄하면 떨리고 부끄러워서 본능적으로 숨으려고 하는 것이다.

바울은 "우리가 다 하나님의 심판대 앞에 서리라… 내가 살았노니 모든 무릎이 내게 꿇을 것이요 모든 혀가 하나님께 자백하리라… 이러므로 우리 각인이 자기 일을 하나님께 직고하리라"(롬 14:10-12)고 하였다. 범죄 전에는 그렇게 다정하게 하나님이 찾아오시면 동행했던 아담이 범죄 후에는 벌벌 떨고 숲 속에 숨어있다가 심문하시는 하나님 앞에 무릎을 꿇었다. 하나님은 우리의 죄를 찾아내시는 분이시다 (민 32:23).

1. 누가 너의 벗었음을 네게 고하였느냐? 하셨다.

인간이 동물과 다른 것이 있다면 서서 걷는 것 생각하고 말하고 자유의사, 양심이 있는 것, 울고 슬퍼하는 것 그리고 수치를 안다는 것일 것이다. 모든 동물의 머리는 옆으로 만들었으나 인간의 머리는 위로 지어진 것은 인간은 하늘에 계신 하나님을 바라보며 소망하면서 살라는 것이고 동물들은 인간에게 끌려 다녀야 한다는 의미가 있는 것이다. 인간이 피조물중에 최고의 자리에 있는 것이다.

그러나 하나님에게나 타인에게나 자신에게도 수치스러운 허물이 없으면 사는 것이 얼마나 행복하겠는가?

여기서 아담과 하와는 수치를 발견했다. 하나님은 "누가 너의 벗었음을 네게 고하였느냐?"라고 심문하시기를 시작하셨다. 그러나 그것은 누가 고하여서 그들이 그들의 벗었음을 안 것이 아니라 죄의 눈이 밝아지고 하나님의 영광스러운 광채로 입혔던 몸에서 그것이 사라져 버렸을 때 그들은 세 단계로 수치심을 느꼈다. 먼저는 자기 자신에 대한 수치요, 다음은 아내와 자기와의 관계의 수치며, 끝으로 하나님께 대한 수치였다.

사단이 그에게 고한 것은 "그것을 먹으면 눈이 밝아 하나님과 같이 된다"는 것이었다. 범죄 후에는 이렇게 수치스러울 것이라는 사실은 사단이 말하지 않았다. 그들은 스스로의 양심의 눈이 밝아져서 "우리가 지금 벌거벗었구나!" 함을 알았다. 하나님은 그에게 하나님의 형상을 주고 순전함과 빛과 영광으로 옷입혀 주셨던 것이다.

또한 만물을 다스릴 권세와 능력을 주시고 머리에는 왕관을 씌워 주셨다. 그런데 "누가 너희를 이렇게 타락하게 했느냐?"고 심문을 하시는 것이다. 아담의 타락한 것은 그 자신의 잘못이었다. 그런데 하나님은 인간에게 주신 명령을 엄숙하게 다시 깨닫게 하기 위해서 아담이 알고 의도적으로 죄지었다는 사실을 고백하도록 유도한다.

2. 아담을 심문하셨다.

아담에게 하나님은 "내가 너더러 먹지 말라 명한 그 나무 실과를 네가 먹었느냐?"고 심문하셨다. 하나님은 아담이 그 실과를 먹었다는 사실을 처음부터 알고 계셨다. 그러나 아담으로부터 직접 알아내시고 그의 죄를 직접 자신이 고백하게 하기 위하여 이렇게 심문한 것이다. 즉 하나님이 몰라서가 아니고 간사하고 교묘한 인간을 직고하게 하여 핑계할 수 없게 하심이다.

아담은 "내가 먹었나이다"라고 실토는 했으나 그것은 마지 못해서 하는 말이었다. 죄를 참회하고 마음에 괴로워함이 없이 오히려 자기의 죄를 감싸려는 비겁함으로 고백한 것이다. 오히려 그는 "하나님이 주셔서 나와 함께 하게 하신 여자 그가 그 나무 실과를 내게 주므로 내가 먹었나이다"라고 말했다. 참으로 어이가 없는 대답이 아닐 수 없다. 그의 말은 자기의 지은 죄를 남에게 전가시킨 것이다. 그의 책임전가는 첫째는 하나님께요 다음은 여자에게였다.

하나님에게 일부 전가시키고 여자에게 일부를 돌렸으니 그는 책임 회피하는 죄까지 더했다. 하나님이 그에게 아내를 만들어 주셨을 때는 그 여자가 얼마나 사랑스럽든지 "이는 내 뼈 중의 뼈요 살중의 살이라"고 하면서 하나님을 찬양했었다. 그런데 지금에 와서 죄는 자기가 지고 하나님을 비난하고 하나님께 책임을 전가시키고 있다. 아내에 대해서는 냉정하고 남남인 것처럼 말하면서 그 여자 때문이라고 하는 것은 아담은 참으로 한심한 인간이었다. 하나님을 공범자로 몰아 훼방했고 배은망덕, 불친절과 변명을 늘어 놓았다.

여기서 우리는 몇가지 배울 점이 있다.

먼저, 남편은 가장권을 가지고 있다는 것이다. 아담은 가장이었다. 아내가 잘못하여 선악과를 먹으라고 했더라도 가장으로서 하나님과의 말씀이 더 중함을 알아서 아내에게 가르치고 지도했어야 옳았다. 아브라함의 가정에 하갈로 인하여 불화가 생긴 때에 사라는 이 여종과 그 아들을 내어쫓으라고 하였다. 아브라함은 "그 일이 깊이 근심이 되었다"라고 하였다. 그런데 하나님이 "근심치 말고 사라가 네게 이른 말을 다 들으라… 아브라함이 아침 일찍 일어나…"(창 21:9–14)라고 하였다.

아내의 말에 근심하면서 쫓아내지 못했으나 하나님께서 그리하라 말씀하실 때에는 즉시 그대로 순종했다. 가장은 언제나 하나님의 말씀을 따라야 한다. 아내의 말을 하나님의 말씀보다 더 귀하게 여긴 것이 아담의 잘못이었다.

우리의 신앙은 절대 신본주의여야 한다는 것이다. 사단은 아담을 타락시키는 것이 최종 목적이었다. 간교한 자는 아담이 가장 사랑하는 아내를 통해서 아담을 유혹한 것이다. 하와가 선악과를 먹고 아담에게 주어 먹게 한 것이다. 아마 처음에는 아담도 마음이 내키지가 않았을 것이다. 그런데 아내가 졸라대며 "내가 먹었는데… 죽어도 같이 죽고… 아니 죽지 않아요 하나님 말씀이 틀리지 않아요!"라고 권했을 것이다. 결국 아담은 아내의 마음을 기쁘게 해주기 위해서 그것을 먹었다.

우리는 하나님을 기쁘시게 하는 것이 무엇인가를 알아서 그대로 해야 한다. 하나님은 하나님의 말씀을 순종하는 것을 기뻐하신다. 아내를 기쁘게 하기 위해서 하나님의 말씀을 불순종한다는 것은 인본주의이다. 바울은 "이제 내가 사람들에게 좋게 하랴 하나님께 좋게 하랴 사람들에게 기쁨을 구하랴 내가 지금까지 사람의 기쁨을 구하는 것이었더면 그리스도의 종이 아니니라"(갈 1:10)고 하였다.

하나님이 우리에게 주신 은사를 감사해야 한다는 것이다. 아담이 "하나님이 주셔서…"라고 하였는데 그것은 하와를 말하는 것이다. 아내를 얻는 것도 하나님의 은혜이다. 우리는 하나님이 우리에게 거저 주신 은혜를 감사해야 할 것이다. 그러나 아담은 하나님이 주신 그 여자 때문에 내가 범죄했다고 하나님을 불평했으니 어이가 없는 일이다. 하나님이 주신 은사를 악용해서도 안된다. 하나님은 우리에게 건강, 아내, 자녀, 부귀, 영화, 권세, 명예, 재물 등 다양한 은혜를 주신다. 그것을 악용하여 범죄에 이르게 해서는 안된다. 왜냐하면 하나님이 은혜를 주심은 은혜를 악용하여 범죄하게 하신 것이 아니기 때문이다.

3. 여자를 심문하셨다.

여자에게 하나님은 "네가 어찌하여 이렇게 하였느냐?"고 심문하셨다. 이 말씀은 무엇인가 이상한 것을 느끼는 사람이 쓰는 어법으로 더욱 힘찬 표현 즉 "네가 어떻게 이 일을 하였느냐?" 하는 것이다. 하나님은 범죄의 성격, 악화, 시간, 상황, 방법, 이유 등을 완전히 아시고 여자에게 이렇게 물으신 것이다. 하와는 모든 책임을 뱀에게 전가하였다.

"뱀이 나를 꾀므로 먹었나이다"라고 하였다. 이것 역시 아담이 하나님께 일부 책임전가를 시키는 것과 똑같다 할 것이다. "하나님이 지으셔서 낙원에 있게 한 저 간교한 뱀이 나를 꾀었나니다"라고 했기 때문이다.

하와는 자기 남편을 범죄케 한 일에 대해서는 한 마디도 없고 자신이 범죄하게 된 사유를 뱀에게 전가시켰다. "뱀이 꾀므로"는 나를 잊게 했다는 것이다. 사물을 잊게 하거나 사람을 잊는다는 말이나 나를 방황케 한다는 말에서 온 것이다. 그러므로 "그릇가게 한다. 정신을 잃게 한다"는 것이다. "먹었나이다"라는 말도 참회의 기색이 없는 억지 자백이다. 내가 선악과를 먹은 것은 사실이지만 그것은 내 잘못이 아니고 뱀 때문이다 라고 변명하는 말이다. 영원히 변명의 여지가 없는 것을 인간들은 변명하고 있고 죄의 책임전가를 타인에게나 동반자에게나 하나님이 그들에게 은혜로 주신 것들에게 하고 있다.

그러나 인간이 범죄사실을 어떻게 하든지 말소해 보려 했으나 중심을 꿰뚫어 보시는 하나님 앞에 그것은 실패했다. 하나님은 그들의 변명에 대하여 들으시고 응답을 하지 않으셨다. 어리석은 자들에게는 답변이 필요치 않기 때문이었다.

뱀에게 심판을 선고

(창 3:14-15)

하나님은 아담과 하와에게는 심문을 하셨으나 뱀에게는 아무런 심문이 없이 직접 심판을 선고하셨다. 선고하실 때에는 심문하신 순서의 반대로 뱀을 먼저 선고하셨고 다음으로 하와, 그리고 아담에게 하셨다.

뱀은 짐승이기 때문에 죄의식을 갖고 있지 않으며 마귀에게는 사죄의 소망이 없다. 뱀은 지은 죄상이 낱낱이 드러나 있었기 때문에 심문하는 절차가 필요없었다. 사람을 심문하신 것은 사람을 진실로 깨닫게 하고 겸손하게 하며 죄상을 뼈아프게 회개하면서 고백하게 하기 위함이었다. 그러나 뱀은 용서받을 희망조차 없고 뉘우치거나 회개할 죄의 의식이 없는 짐승이다. 뱀에게 판결하신 선고는 곧 사단에게 내린 것으로 하나님은 인간을 사랑하시고 인간의 죄를 미워하시는 것이다.

그리하여 하나님은 하나님의 형상을 닮은 인간을 범죄케 한 사단에 대하여 분노와 질투를 가지고 뱀에게 가차없이 저주를 선고하신 것이다.

1. 모든 육축과 짐승보다 더욱 저주를 받으라고 하셨다.

모든 육축이나 짐승들도 하나님이 지으신 피조물이다. 그것은 하나님을 위해 영광을 나타내고 사람을 위해서 봉사하면서 번성하라는 복을 받았다(창 1:22). 그런데 "뱀은 들짐승 중에 가장 간교"(3:1)하여 인간을 유혹하고 꾀어 세상에 있는 피조물 중에 가장 불행한 저주를 받았다.

죄는 복을 변하여 저주가 되게 하는 것이다. 하나님은 복과 저주를 놓으셨다. 하나님은 절대적인 권한을 가지시고 사단을 심판하신 것이다. 사단은 아침의 계명성이요 옛적에 에덴동산에 있어서 각종 황금 보석으로 단장하였고 그가 지음받던 날에 소고와 비파가 예비되었었다. 그는 기름부음을 받은 덮는 그룹이어서 하나님의 영광을 선포했고 하나님의 성산에서 화광석 사이에 왕래하면서 하나님의 면전에 있었다. 지음을 받던 날로부터 모든 길에 완전했었다. 그러나 그는 타락하였다.

그가 타락한 원인은 여러 가지지만 대표적인 것은 교만이었다. 이사야 14:12-17과 에스겔 28:15-17을 보면 "하나님과 비기리라"고 하였다. "내가 내가" 하는 말이 수차례, 에스겔 28장에서는 교만이라는 말이 수차례 나온다. 또한 사단은 유혹하는 죄를 범했기 때문에 에스겔 38:16에 "무역이 성하므로"는 동료를 악한 주장에 끌어들임을 의미한다.

하나님은 사단을 심판하셨다. 하늘에서 추방하고 음부, 곧 구덩이의 맨 밑에 빠지고(사 14:15), 땅에 던지워 사람들의 구경거리가 되게 했고(겔 28:17), 불을 내어 사르고 땅 위의 재가 되게 하였다(겔 28:18-19). 마침내 영원한 불못에 들어간다(마 25:41). 참으로 사단은 저주를 받았다(사 14, 겔 28: 참조)

2. 배로 다니고 종신토록 흙을 먹으라고 하셨다.

배로 다니고는 큰 고통과 고난을 의미하는 것으로 아담의 노동과 하와의 잉태와 해산이 그들에게 고통과 슬픔이 된 것같이 뱀도 배로 다니는 고통을 당하게 하신 것이다. 뱀은 지금까지는 서서 다닐 수 있었는지 모른다. 날개가 있어 날아 다닐 수도 있었다는 주장도 있다. 배가 땅에 붙어서 다니라고 한 것은 천박한 존재가 된 것을 의미한다. 영원한 정죄였다.

뱀은 "종신토록 흙을 먹을찌니라"고 하셨다. 뱀은 사실 흙을 먹지 않는다. 뱀이 티끌 위로 다니므로 흙이나 티끌이 그 입으로 들어 갈 수가 있지만, 뱀은 흙을 식물로 삼는 것이 아니다. 이것은 저주를 받아 극히 낮아지고 비열, 수치, 멸시를 받는 대상이 됨을 의미하는 것이다.

뱀은 인간이 먹어서는 안되는 실과를 꾀여서 먹게 했다. 그리하여 하나님은 그가 먹고 싶어하지 않는 것을 먹는 형벌을 그에게 선고하신 것이다. 미가 선지는 "뱀처럼 티끌을 핥는 자들"(미 7:17)이라고 하였는데, 뱀의 성품은 티끌까지도 탐낸다는 것을 알 수 있다(암 2:7). 이사야는 "뱀은 흙으로 식물을 삼는다"(사 65:25)고 했고 원수들은 "발의 티끌을 핥을 것"(사 49:23)이라 하였다. 그것은 심판의 수치를 의미했다(시 72:9).

3. 여자와 영원히 원수가 되게 하셨다.

"내가 너로 여자와 원수가 되게 하고 너의 후손도 여자의 후손과 원수가 되게 하리라"고 하셨다. 이 말씀은 미래와 현재 시제로 해석될 수 있어서 지금도 원수가 되게 하고 있고 또 앞으로도 원수가 되게 하겠다는 뜻이니 영원한 원수지간이라는 것이다.

뱀은 사람을 위해 지음받은 짐승이었다. 그런데 그 뱀이 사람에게 대적하는 자가 되고 사람이 또한 그와 영원히 원수가 되었으니 참으로 비참한 사실이다.

또한 여자와 뱀 사이에 원수가 된다는 말씀을 읽으면서 배울 수 있는 것은 지금까지 뱀과 더불어 교제하며 많은 대화를 나누는 등 아주 친밀한 관계였는데 범죄한 후의 지금은 원수가 되었다는 것이다. 언제나 악한 것으로 단합하여 손을 잡은 자들은 오래 가지 못하고 그것이 드러나는 날에 원수가 되고 만다.

우리는 개인간의 원수관계, 전체간의 원수관계, 특별한 관계의 원수관계가 있음을 볼 수 있다. 먼저 너로 여자와 원수가 되게 한다는 것이다. 이것은 현재 여자와 뱀이 원수가 된다는 것이다. 뱀이 여자를 유혹할 때의 동맹관계는 여기서 깨진 것이다. 이제까지는 뱀이 여자를 유혹해서 뱀이 시키는 대로 따라서 뱀의 편에서 움직였다. 뱀은 생각하기를 여자는 자기의 하수인이 되었다고 생각했다. 그런데 이제 그 여자는 달라졌다. 그 여자는 뱀의 하수인이 아니었다. 범죄했을망정 이제 그 여자는 하나님의 편이었다. 사단의 편이 아니었다. 그러므로 여자와 뱀의 관계는 원수간이었다.

너의 후손도 여자의 후손과 원수가 되게 한다는 것이다. 앞에서는 개인적인 싸움을 여기서는 전체적인 싸움을 말씀하신다. 너의 후손과 여자의 후손은 누구를 의미하는가? 예수께서는 두 후손에 대해서 아주 명쾌하게 말씀하셨다(요 8:33-58). 여자의 후손은 아브라함과 그 후손들이며 뱀의 후손은 마귀라는 아비의 후손들이다. 마귀는 처음부터 거짓말쟁이요 욕심쟁이며 살인자요 진리가 그 속에 없으며 거짓의 아비이다. 여자의 후손은 하나님을 아버지로 공경하는 교회의 성도들이요 뱀의 후손은 거짓의 아비 마귀의 후손들이다.

또한 예수께서는 가라지 비유를 말씀하시면서 "좋은 씨는 천국의 아들들이요 가라지를 심은 원수는 마귀"(마 13:38)라고 하시고 "뱀들아 독사의 새끼들아…"(마 23:33)라고 책망하셨다. 사도 요한은 그의 서신에서 "하나님의 자녀들과 마귀의 자녀들이 나타나나니"(요일 3:10)라고 하였다.

성도와 사단과의 싸움에서도 하나님의 자녀들이 이긴다. 그것은 예수께서 사단과 싸워서 승리하셨기 때문이다. 성경은 "네가 사자와 독사를 밟으리라"(시 91:13)고 하셨고, 예수는 "마귀를 멸하려 오셨다"(히 2:14, 요일 3:8)고 했다. "너희가 뱀을 잡으리라"(마 16:18) 예언하셨으며 바울도 "독사에게 물렸으나 해를 입지 않았다"(행 28:1-6)고 하였다.

여자의 후손은 네 머리를 상하게, 너는 그의 발꿈치를 상하게 할 것이라고 하셨다. 여자의 후손은 예수 그리스도로, 사단은 여자와 개인적으로 원수가 되고 여자의 후손과 전체적인 원수가 되고 이제 하나님의 아들 예수와 원수가 될 것이라는 말씀이다. 이 말씀은 최초의 복음이라 아니할 수 없다. 왜냐하면 구속주의 구원과 승리가 약속되어 있는 말씀이기 때문이다.

이제부터 하나님의 나라와 마귀의 나라 사이에 영원한 싸움이 인간 세계에 시작된 것이다(계 12:7). 하나님 나라는 천국이요 빛이며 사단의 나라는 지옥이요 암흑이다. 이 둘은 영원히 화해할 수 없다. 아브라함의 언약의 아들 이삭과 하갈의 소생 이스마엘이 한 집에서 싸우듯이 세상은 하나님의 언약의 자녀들과 마귀의 자녀들이 끊임없이 싸우는 전쟁터이다. 여자의 후손은 예수 그리스도시니 하나님은 타락한 인간을 위하여 그 분을 이렇게 준비하셨으나 밝히 그를 드러내놓지 않고 있다.

첫째로, "여자의 후손"은 예수의 성육신을 의미한다. 예수는 여자의 몸에서 인간의 족보를 따라 탄생하셨다. 복음서에는 요한복음이 영원한 족보를 말하여 태초부터 계신 하나님을, 마태복음이 유대인의 왕으로 나신 왕이라 하여 왕의 족보를, 누가복음은 아담의 자손임을 보이기 위하여 아담까지 올라가면서 족보를 기록했는데(눅 3:23-28), 이것은 예수는 여인의 몸에서 탄생하셨음을 가르쳐주는 것이다. 동정녀의 몸에서 성령으로 잉태되심으로써 예수는 육체로 오셨으나 죄가 없으시다. 참으로 하나님의 은혜는 놀라운 것이다(갈 4:4). 여인이 범죄하기는 했으나 그 여인이 해산함으로 구원을 얻게 하셨다(딤전 2:15).

둘째로, 여자의 후손은 뱀의 머리를 상하게 할 것이다. 뱀의 머리는 가장 중요한 부분을 의미하는 것으로 뱀이 완전히 죽어버리는 것을 의미한다. 이 말씀은 예수께서 마귀를 이기시고 마귀의 나라와 권세를 완전히 멸망시키고 만다는 것이다. 그 놈은 떨어지고(눅 10:18), 결박을 당하고(계 20:2), 끝내는 불 속에 처넣음을 당한다(계 20:10). 예수께서는 세상에 계실 때 사단의 시험을 이기시고 사단에게 잡혀있는 사람들을 구원하사 그 몸에서 사단을 내쫓으셨다(히 2:14).

셋째로, 뱀은 그의 발꿈치를 상하게 할 것이다. 발꿈치는 신체 중에서 제일 낮은 부분이다. 뱀은 발꿈치를 무는 잔악한 짐승으로 예수에게 약간의 상처를 주지만 죽을 만큼의 큰 상처는 아니라는 것이다. 그러므로 뱀(사단)은 예수의 인성(육체)을 조금 상하게 한다는 것이다. 즉, 예수께서 십자가에 못박히셨다는 뜻이다.

마귀는 예수를 향하여 끊임없이 도전해 왔었다. 광야의 시험, 가룟 유다의 배반, 베드로의 세 번 부인, 빌라도의 정죄 등은 모두 마귀가 한 짓이었다. 그러나 예수께서 살아나사 부활승천하여 사단을 정복하셨다. 우리는 이 한 구절에서 예수의 성육신, 예수의 고난, 예수의 부활 승리를 본다. 이것이 복음의 핵심이다.

하와에게 내린 선고

(창 3:16)

하와의 이름은 세 가지이다. 남자에게서 취했기 때문에 여자(창 2:23)라고 하였고, 창세기 5:2에서는 사람이라고 불렀으며, 산 자의 어미(창 3:16, 20)라고 하였으니 삶 혹은 부여된 삶, 살아있는 만물의 어머니이다. 이름의 의미는 커다란 의미를 갖는다.

하와는 지상 최초의 여성으로 남자의 보호를 받았다. 또한 아내로 불리운 최초의 여성으로 남편의 내조자 협력자로 남자와 동등의 지위를 가졌었다. 하와는 세상에서 가장 아름다운 여자였다. 하나님 보시기에 좋으셨고 남편이 보기에도 뼈 중의 뼈요 살 중의 살이었다. 하와는 무죄하게 태어난 최초의 여성이었으나 사단이 최초로 유혹한 여성이며, 최초로 나뭇잎 의복을 만들어 입은 여자였다. 하와는 계시를 받으며 하나님과 함께 걸으며 대화했다. 그러나 최초의 죄인이 되었고 세상에 고통과 사망을 가져 왔다. 그러나 그녀는 3:15의 약속을 받았다. 하나님은 공의로우신 심판을 하시고 하와에게 선고를 하셨다.

1. 어머니로서의 해산의 고통을 선고하셨다.

잉태하는 고통을 더하리라고 하셨다. 하와가 범죄하지 않았다면 잉태의 고통은 없었을 것이라고 생각된다. 그러나 범죄하므로 "잉태하는 고통을 크게 더하셨다"고 하였다. 임신하고 10개월 동안 여자가 겪는 고통이 어떠한가? 이 고통을 주시는 이가 다른 이가 아닌 우리하나님이시다. 하나님은 우리의 사랑의 아버지시다.

아버지 하나님께서 여인에게 이런 고통을 더하신 것은 여인의 쾌락과 교만을 충족시키려 했던 죄에 대한 응분의 벌이면서 동시에 그녀를 교화시켜서 겸손하게 하며 이 세상과 인연을 끊게 하시려는 것이다. 잉태의 고통이 아내에게 모두 똑같은 것은 아니지만 그것은 생명을 태동시키신 하나님께 겸손하게 하고, 상대자 남편을 사모하게 하며, 새 생명의 태동에 대해 경건하게 신비로움을 가지고 기도하게 한다. 그러므로 잉태의 고통이 더한 중에도 하나님의 은혜와 사랑이 있음을 알 수 있다.

수고하고 자식을 낳을 것이라고 하셨다. 미가는 "해산하는 여인처럼 고통함이냐… 애써 구로하며 낳을찌어다"(미 4:9-10)하였고, 바울은 "잉태된 여자에게 해산 고통이 이름같이…"(살전 5:2)라고 하였다. 요한은 "이 여자가 아이를 배어 해산하게 되매 아파서 애써 부르짖더라"(계 12:2) 했다. 이러한 말씀들은 하나같이 자식을 낳는 해산이 큰 고통이라는 것을 의미하는 것이다.

라헬은 "임신하여 심히 산고하더니 그가 난산할 즈음에… 그가 죽기에 임하여 그 혼이 떠나려 할 때에… 라헬이 죽으매"(창 35:16-19)라고 했으니 해산의 고통으로 죽음에까지 이르는 것을 알 수 있다. 시편 48:6에 "고통이 해산하는 여인 같도다"라고 하였고 바울은 "해산하는 수고를…"(갈 4:19) 말하였다. 호세아도 "해산하는 여인의 어려움"(호 13:13)에 대해 말하였다.

자식을 기르는 고통도 포함되었다. 여자는 자식을 낳을 때의 고통보다도 그 자식을 기르며 양육하고(창 50:23), 교육하기까지의 고통도 받아야 했다. 성경은 구약 끝에서 부모책임을 강조하고(말 4:6), 신약의 시작에서 부모책임을 강조했으니(눅 1:17) 성경 신구약은 부모책임의 지침서라 할 수도 있을 것이다.

훈(Horne) 교수는 인격양성의 세 요소는 유전, 환경, 의지라고 했다. 그리고 자녀교육의 효과를 말하면서 "아이는 태어나는 것이 1부요, 배워가는 것이 2부요, 성경을 통해서 자라는 것이 3부"라고 했다.

어거스틴은 "어머니 모니카가 자기의 육적 해산보다 영적 중생에 더욱 수고했다"고 말했다. 멜랑톤은 "나태함은 마귀의 별장이라"고 했다. 어머니는 자식을 낳아서 일감되게 말고 일꾼이 되도록 부지런히 교육할 것이다. 그러므로 어머니의 품은 아이의 교회요, 사랑의 보금자리요, 어머니의 무릎은 어린이의 제단이다. 해산의 고통 그 이상으로 영육간의 고통을 겪으면서 자식을 양육하고 교육하는 것이다.

생육번성의 축복의 일부를 취소하셨다. 하나님은 사람을 지으시고 "생육하고 번성하라"(창 1:28)고 축복하셨는데, 그것은 첫 축복이었다. 인간이 범죄함으로 수명이 짧아지고 해산의 고통, 양육의 고통이 더해져서 범죄 전처럼 생육하고 번성할 수가 없었다.

이제부터 인간의 태어남은 죄악 중에 출생하는 것이다. 그러므로 각 사람은 세상에 태어날 때부터 죄의 불행과 슬픔을 안고 오는 것이다. 어머니라는 여자에게 그 자식들은 죄의 열매를 안겨다 주고 슬픔과 비애와 실망을 갖게 한다.

2. 아내로서의 종속을 선고하셨다.

남편을 사모하리라고 하였다. 사모라는 말은 달린다, 어떤 것을 갖기를 간절히 원한다는 말에서 기원되었는데 "그가 나를 사모하는구나"(아 7:10)와 같은 의미이다. 이것은 존경의 순종을 표시한다고 할 수 있다. 아마 여자가 남자에게 매달리면서 선악과를 먹게 했었기 때문에 그렇게 남편을 사모하게 하신 것인지 모른다. 어떻게 표현하면 달린다는 뜻이니 남편에게 매달리면서 남편을 섬겨야 한다는 의미인지도 알 수 없다. 아무튼 남녀가 동등하였으나 여자가 범죄함으로 인하여 이제부터는 여자는 남자에게 매달리는 위치로 바뀐 것이다.

남편이 다스린다고 하였다. 여자에 대한 절대권을 남자에게 일임하는 것이거나 창조시에 남자에게 부여한 그 권위를 확인하고 영구화하는 것이다.

여자는 남자의 배필로 남자에게 주어졌다. 남녀의 관계는 상호 독립적이었다. 그런데 타락하면서 신적인 기존 질서가 바뀌어 여자는 자기 고유의 영역인 종속적인 위치에 있게 되었다. 아내는 남편의 소유자로 예속자로 취급을 받았다. 남편이 여자의 주인이 되는 것이다.

아내가 한 서원을 남편이 마음대로 취소할 수 있었다(민 30:6-8). 하나님께서 그랄왕에게 현몽하시고 "그가 남의 아내임이니라"(창 20:3) 하였다.

남편에게 복종하게 하였다. 베드로는 "아내된 자들아 이와 같이 자기 남편에게 순복하라… 전에 하나님께 소망을 두었던 거룩한 부녀들도 이와 같이 자기 남편에게 순복함으로 자기를 단장하였나니 사라가 아브라함을 주라 칭하여 복종한 것같이…"(벧전 3:1, 5-6) 하였다. 바울은 고린도교회를 향하여 "여자의 머리는 남자"(고전 11:3)라고 하였고, "여자는 교회에서 잠잠하라 저희의 말하는 것을 허락함이 없나니 율법에 이른 것같이 오직 복종할 것이요 만일 무엇을 배우려거든 집에서 자기 남편에게 물을지니 여자가 교회에서 말하는 것은 부끄러운 것임이라"(고전 14:34-35)고 하였다.

에베소교회에 대해서는 "아내들이여 자기 남편에게 복종하기를 주께 하듯 하라. 이는 남편이 아내의 머리됨이 그리스도께서 교회의 머리됨과 같음이니…"(엡 5:22-23), "…아내들도 범사에 그 남편에게 복종할찌니라…"(엡 5:24), "…아내도 그 남편을 경외하라"(엡 5:33)고 하였다.

골로새교회에게도 "아내들아 남편에게 복종하라 이는 주 안에서 마땅하니라"(골 3:18) 하였고, 디모데에게는 "여자는 일절 순종함으로 종용히 배우라 여자의 가르치는 것과 남자를 주관하는 것을 허락지 아니하노니 오직 종용할지니라… 이는 아담이 먼저 지음을 받고… 여자가 꾀임을 보아 죄에 빠졌음이니라"(딤전 2:11-14) 하였다.

3. 정절로써 믿음, 사랑, 거룩함에 거하면 그 해산함으로 구원을 얻으리라 하셨다(딤전 2:15).

이것은 마리아가 예수를 탄생시켜서 구원자 예수가 세상에 오셨음을 의미한다고 할 수도 있다. 그러나 여자는 교회나 사회적으로 남자의 위치와 동등한 어떤 권한을 생각하기보다는 애기를 낳아서 가정을 잘 지킴으로써 그 사명을 다하는 것이라는 의미일 것이다.

여자가 먼저 범죄하여 남자의 종속이 되고 해산과 자녀양육의 고통을 당하게 되었지만 바울은 "여자는 남자의 영광이니라"(고전 11:7)고 하였다. "남자는 여자의 하늘이다. 그러나 여자는 남자의 이력서이다"라는 말이 있으니 과연 그러하다.

여자들이 남자와 동등이 되지 못하는 위치에서 오히려 정절로써 믿음과 사랑과 거룩함에 거할 때 그처럼 아름다운 것은 없다. 잠언 31:30에서 "고운 것도 거짓되고 아름다운 것도 헛되나 오직 여호와를 경외하는 여자는 칭찬을 받으리라"고 하였다. 여인과 어머니는 다르다. 하와는 유혹의 도구가 되어 인류를 죄악에 던졌으나 어머니 마리아는 예수를 해산 양육하여 인류를 구원시켰다.

아담에게 내린 선고

(창 3:17-19)

아담은 장황하게 변명하였으나 하나님은 그것을 기각하시고 그가 행한 대로 심판하셨다. 아담은 하나님의 말씀을 받은 자로서 그 말씀을 지키지 못하였다. 아내가 매달리며 같이 먹자고 애원했다고 해도 아담은 그럴 수 없었다. 왜냐하면 그것을 먹는 날에는 반드시 죽으리라고 하나님께서 말씀하셨기 때문이다.

아담은 아내를 "내 살 중의 살이요 내 뼈 중의 뼈"라고 찬양하기까지 사랑하였다. 아내가 범죄하여 사망에 이르는 이때에 그 아내에게 하나님의 말씀의 중함을 강조하면서 아내로 하여금 회개하고 용서를 빌도록 권유했어야 옳은 것이다. 그러나 아담은 한 번도 하와에게 책망하거나 권면하지 않았다.

아담은 하나님의 말씀보다 아내의 말에 말려들어 무서운 죄의 자리에 동참하고 말았다. 하나님의 말씀은 "먹지 말라. 먹으면 반드시 죽으리라"고 하셨다. 아내의 말은 "같이 먹어요. 먹으면 죽지 않고 하나님 같이 된대요" 하는 것이었다. 하와의 말은 물론 사단의 속임수였다. 이때 아담은 하나님의 말씀을 들어야 했던 것이다. 간교한 뱀의 말이나 유약한 허영심에 차 있는 아내의 말은 들을 가치가 없는 것이었다. 그런데 아담은 아내의 말을 듣고 하나님의 말씀은 기억도 하지 않았다.

우리가 성경을 읽어보면 어리석은 여자(딤후 3:6), 남편에게 욕을 끼쳐 남편의 뼈를 썩게 하는 여자(잠 12:4), 사망보다 독한 여자(전 7:26, 28), 헤르디아같이 음란한 여자(마 14:3), 남편의 앞길을 가로막고 뒤돌아 보는 여자(눅 17:32, 창 19:26), 큰집에 살면서도 다투는 여자, 그래서 움막에서 혼자 사는 것이 낫겠다고 한탄하게 하는 여자(잠 21:9, 19, 25:24, 19:13, 27:15), 자기집을 헐어버리는 여자(잠 14:1, 신 25:19)들이 있음을 본다. 하와는 남편을 넘어지게 하는 아내였다. 그러나 더 안타까운 것은 자기를 넘어뜨리는 아내의 말에 한 마디의 이의도 없이 넘어가는 아담이 있다는 것이다.

아담은 하나님의 심판 중에도 아내와 하나님에게 그 책임을 전가시키고 뼈아프게 회개하려 하지 않았다. 그리하여 하나님은 공의로 그에게 심판하셨다.

1. 땅이 저주를 받으리라 하셨다.

아담으로 인하여 땅이 저주를 받는다는 것이다. 아담은 뱀과 같이 직접적인 저주를 받지 않고 땅만 그로 인하여 저주를 받았다. 하나님은 진노 중에라도 긍휼을 잊지 않으신다(합 3:3-). 그리하여 아담은 여전히 땅 위에 살지만 그 땅이 아담을 삼켜버리지 아니했다.

땅은 에덴동산 밖의 땅으로 그곳에서 아담이 지음을 받은 것이다. 그가 지음받은 땅이 저주를 받은 것은 아담에게 직접적인 것이 아니라 간접적인 것이어서 하나님의 진노 중에 긍휼을 엿볼 수 있는 것이다.

이제부터 땅은 과거의 상태와 다르게 되었다. "짜고, 메마르고, 가시덤불과 엉겅퀴"(욥 39:6, 시 68:6, 창 3:18)로 덮혀 황무하다가 마지막에는 하나님의 심판의 불에 타버리고 말 것이다(벧후 3:7-10). 땅에 나는 만산초목, 각종 열매 등은 땅에 뿌리를 내린 것으로 하나님의 능력과 신성을 아름답게 나타내고 있었으나(롬 1:20), 땅이 저주를 받으므로 피조물들은 하나님의 아들이 신천신지를 펴시는 날을 고대하면서 탄식하고 있다(롬 8:19-22).

우리는 자연의 아름다움을 노래한다. 그러나 그것은 겨우 표면에 드러나는 것일 뿐이다. 한걸음 더 깊이 자연의 숲을 헤치고 들어가보면 자연은 미가 아니고 추악이다. 뱀은 개구리를 삼키려 하고, 개구리는 벌레를 잡아 먹으려 하며, 벌레들은 서로 죽이고 있다. 뱀을 노리는 독수리, 그 독수리를 노리는 다른 새가 또 있다. 꾀꼬리 소리는 아름다우나 그 둥지에 뱀이 침입하여 그 알을 먹고, 매는 그 새끼와 어미새를 엿보아 잡아먹으려 한다.

봄의 숲과 여름의 삼림이 결코 에덴동산이 아니다. 고양이는 쥐를 희롱하고 족제비는 병아리를 습격하므로 땅은 무정하고 잔인하여 무서운 전쟁터이다. 꽃은 아름다우나 벌레가 있어 추하고, 소나무는 그 기상이 푸르나 송충이가 있으며, 벼는 곡식이나 그것을 죽이는 미균의 꿈틀거림이 있다. 실로 우리의 귀를 땅에 대고 들으면 무한한 자연의 탄식소리가 들린다. 그것은 땅이 저주를 받았기 때문이다.

"땅이 네게 가시덤불과 엉겅퀴를 낼 것이다." 땅이 저주를 받으니 땅은 황량하고 자연의 소산은 잡초요 가시덤불이며 엉겅퀴, 또는 독성이 있는 것들 뿐이다. 풍성하게 열매맺을 수 있는 것들이 가시덤불에 덮히거나 엉겅퀴에 걸려서 결실을 하지 못한다. 호세아는 "이스라엘의 죄된 아웬의 산당은 패괴되어 가시와 찔레가 그 단위에 날 것"(호 10:8)이라 하였고, 이사야는 열매맺지 못하는 포도원은 "질려와 형극"(사 5:5-6)이 날 것이라(사 7:23)고 하였다.

예수께서는 가시떨기(마 13:22)에 씨뿌리면 결실을 할 수 없으니 그것은 세상의 염려와 재리의 유혹이라고 하셨다. 마가는 "가시떨기에 말씀의 씨가 떨어지면 세상의 염려와 재리의 유혹과 기타 욕심이 들어와 말씀을 막아 결실치 못하게 된다"(막 4:19) 하였고. 누가는 "이생의 염려와 재리와 일락에 기운이 막혀 온전히 결실치 못하는 자"(눅 8:14)라고 하였다.

가시 덤불과 엉겅퀴는 저주받은 땅에서 나는 것이다(사 34:13-14). 그것은 짓밟히고(왕하 14:9), 내어버림을 당하며(삼하 23:6), 불사름을 당한다(히 6:8). 그것은 무엇을 의미하는가? 육체를 찌르는 가시니 질병이요(고후 12:7), 육체를 아프게 하는 가시며(행 26:14), 우리를 괴롭게 하는 것이고(민 33:55), 버림당하고 저주받음이며(히 6:8), 선하지 못한 것(믹 7:4), 아프게 하는 것(겔 28:24), 살을 찢는 듯한 고통

(삿 8:7)이며 마지막으로 가시는 사망의 쏘는 가시이다(고전 15:55).

그것은 음란한 자들의 가는 길을 막는다(호 2:6)고 하였다. 우리 범죄한 인간에게 가시는 아프게 하지만 깨닫고 은혜받게 하기도 한다고 할 수 있다. 하나님의 신비한 불은 가시덤불에 붙었고 하나님의 은혜의 아픔이 고여 겸손케 하시는 가시는 바울에게 꽂혔으며, 예수께 꽂힌 가시관은 저주가 변하여 영생을 주었으며, 가시에 찔리는 백합화 예수와 그의 성도들은 향기를 진동시킨다. 땅의 것을 끊고 위의 것을 사모하게 한다.

아담의 모든 행복의 조건과 여건이 땅에 있었다. 그의 육체도 땅의 티끌에서 만들어졌고 땅에 있는 모든 사물이 그가 얻고자 하는 모든 행복을 풍부하게 산출해 줄 수 있었다. 그러나 그가 범죄함으로 땅은 황무하고 무서운 전쟁터요 가시와 엉겅퀴가 나서 아담을 고통스럽게 했다. 가시라는 질병, 고난, 시험, 괴로움, 저주가 그의 사방에 생겨나고 엉겅퀴라는 얽어매는, 그리고 행복한 뿌리들을 물고 늘어지는 저주스러운 것들이 자신을 칭칭 감아 오는 때에 아담은 위에 있는 세계를 우러러 동경했을 것이다.

하나님은 인간의 죄를 벌하시면서 그 인간 자체를 사랑하신다. 그리하여 땅이 저주를 받는 형벌에도 인간은 위의 세계를 소망하면서 살도록 선고하신 것이다.

하나님은 해산의 고통을 당하는 인간을 위해서 예수의 사망 고통으로 구원하시고 저주의 가시와 엉겅퀴를 제거하기 위해 예수께서 가시관을 쓰셨다. 땀흘릴 인간을 위해 겟세마네의 기도에서 땀방울이 핏방울되기까지 하셨고, 죽음의 저주 아래 있는 인간을 위해 십자가의 저주의 죽음을 죽으셨다가 부활하셨다. 그러므로 성도는 저주받은 땅에 살지만 저 높은 하늘나라를 동경하는 것이다.

2. 종신토록 수고할 것이다.

종신토록 수고하여야 그 소산을 먹으리라고 하셨다. 솔로몬은 전도서에서 "사람이 해 아래서 수고하는 모든 수고와 마음에 애쓰는 것으로 소득이 무엇이랴. 일평생에 근심하며 수고하는 것이 슬픔뿐이라. 그 마음이 밤에도 쉬지 못하나니 이것도 헛되도다"(전 2:22-23)라고 하였다. 아담이 범죄하기 전에도 노동은 있었다. 그러나 그의 노동에는 즐거움과 만족이 있었다. 그리고 그것은 몹시 힘든 노동이 아니었다. 그렇게 힘들지 않으면서도 하나님이 하라고 명하신 노동에는 기쁨으로 잘해 나갈 수 있었다.

그런데 범죄 후에는 종신토록 수고하되 고생과 슬픔이 함께 하면서 땅을 갈고 산을 개간해야 했다. 몸에 병이 나도록 힘들고 지치는 중노동을 했다. 그것은 마음을 한없이 고달프고 아프게 하는 것이었다. 전에는 가시떨기 나무나 엉겅퀴가 없었다. 이제 그것이 땅의 대부분을 차지하고 있어서 얼마나 노동이 저주스럽고 힘든 일인지 모른다. 노동은 하나님이 남자에게 내린 당연한 형벌이기 때문에 참고 순종해야 하는 것이다.

인간이 범죄한 죄과에 비하면 노동의 형벌은 그렇게 무거운 것만은 아님을 알고 하나님께 감사하는 마음으로 노동할 것이다. 땅을 갈며 노동하면서 하나님의 섭리를 깨닫고 종국에는 그 땅 속으로 들어가 오랜 안식과 휴식을 얻으리라는 기대를 가지고 일해야 한다. 노동은 신성한 것이다. 하나님도 일을 계속 하시기 때문이다. 땅은 인간이 노동하는 만큼의 소산을 주어 인간으로 하여금 그것을 먹게 한다.

너의 먹을 것은 밭의 소산이라고 하셨다. 범죄하기 전에 그들의 먹을 것은 에덴동산에서 나는 나무의 맛있는 열매들이었다. 그런데 범죄한 후에는 낙원에 있는 맛있는 실과가 아니라 자신의 노동으로 씨를 뿌려서 얻는 질이 나쁜 생장물, 즉 밭의 소산이었다. 옛날의 특권은 박탈당하고 멸망받을 짐승들이 먹기에 알맞은 채소를 먹게 하심으로 짐승들의 동료로 격하시키신 것이다. 마치 소처럼 풀을 먹게 하셨으니 타락한 인간은 소같은 짐승만도 못할 때가 있다(시 49:20).

그러기에 이사야는 "소는 그 임자를 알고 나귀는 주인의 구유를 알건마는 이스라엘은 알지 못하고 나의 백성은 깨닫지 못하는도다"(사 1:3)라고 했다. 이 부분에서도 하나님의 사랑을 발견할 수 있는 것은 가시덤불과 엉겅퀴가 있음에도 불구하고 채소를 먹고 살 수 있게 하셨다는 것이다. 홍수심판 이후에 동물도 먹으라고 하셨으나 동물을 먹지 아니하고 채소를 주식으로 삼았던 시대의 사람들이 장수했음을 볼 때 이것은 하나님의 은혜이다.

얼굴에 땀이 흘러야 식물을 먹는다고 하셨다. 하나님은 인간이 식물을 얻기 위한 위대한 원칙을 세우셨다. 곧 얼굴에 땀이 흘러야 한다는 것이다. 땀을 흘리며 일해서 식물을 먹는 것이 하나님의 뜻이다. 놀고 먹거나 사기쳐서 돈을 벌거나 하는 생활태도는 지극히 악한 것이다.

루터는 "노동으로 말미암아 인간이 죽는 일은 없다. 그러나 빈둥거리면서 놀고 지내면 신체와 생명이 망쳐지고 마는 것이다. 왜냐하면 새도 날도록 태어난 것처럼 인간은 노동을 하도록 태어났기 때문이다"라고 말하였다.

노동은 가난을 쫓고 감사하게 하며 모든 불평과 원망을 사라지게 한다. 가장 고상한 사업이며 근심, 걱정을 알지 못한다. 기쁨과 만족을 함께 얻게 하며 모든 것을 정복한다. 노동은 새 힘을 주고 가장 좋은 삶의 스승이며 심신을 건강하게 한다. 위고는 말하기를 "노동은 생명이다, 사상이다, 광명이다"라고 했다.

3. 흙으로 돌아갈 것이다.

하나님은 아담에게 "필경은 흙으로 돌아가리니 그 속에서 네가 취함을 입었음이니라. 너는 흙이니 흙으로 돌아갈 것이니라"고 선고하셨다. 인간은 흙이라는 말씀이 네 번이나 나타나고 있어서 인간의 비참함을 다시 한번 생각하게 한다. 죽음이란 영혼과 육체의 분리이다. 육체는 흙인데 흙이란 티끌을 의미한다.

우리는 이 말씀에서 몇 가지 기억할 것이 있다. 인간의 육체는 비천하다는 것이다. 흙한줌, 더구나 티끌이라는 것은 이세상에 있는 것들 중에 그다지 중요하지 않다. 완전한 것도 흠모할 만한 것도 없다. 바람에 날아다니는 비천한 먼지와 같기 때문이다.

시편 103:14에 "우리의 체질을 아시며 우리가 진토임을 기억하심이로다"고 하였다.

인간의 육체는 허약하다. 다윗은 "바람 앞에 티끌같이 부숴뜨리고…"(시 18:42)라고 말하였다. 티끌은 바람이 부는 대로 날아간다. 어떤 것에도 맞서거나 대항하지 못한다.

욥은 병들었을 때에 고백하기를 "나의 기력이 어찌 돌의 기력이겠느냐. 나의 살이 어찌 놋쇠겠느냐"(욥 6:12)고 하였다. 그러므로 인간의 육체는 가느다란 바늘이나 가시에 찔려도 피가 나고 아프다. 병균에 못이겨 병들어 신음하는 것이다.

인간의 육체는 죽는다는 것이다. 인간의 육체는 흙에서 왔으므로 인간은 죽어 그 흙 속으로 돌아가는 것이다. 그것이 죽음이다. 인간의 육체 수명은 짧다. 그러나 여기에서도 하나님의 사랑을 알 수 있다. 인간이 사는 날이 적다는 것은 그만큼 고통을 적게 받게 하신 것이다.

바울은 "한 사람으로 말미암아 죄가 세상에 들어오고 죄로 말미암아 사망이 왔다"(롬 5:12)고 하였다. 아담이 범죄하지 않았더라면 죽지 않았을 것이다.

하와라는 이름

(창 3:20)

하나님의 선고 직후에 아담은 그 아내를 하와라고 이름하였다. 그 것은 아담이 직접 아내의 이름을 지은 것이다. 우리는 아내라는 여자 에 대하여 네 가지로 그 이름을 칭하고 있음을 볼 수 있다.

첫째, 사람(창 1:26-27, 5:2)이라고 하였으니 그것은 붉은 흙이나 티 끌, 먼지라는 뜻이다. 하나님께서는 사람이란 본래 근본이 흙이나 먼 지로 만들어진 것을 아시고 그 인간이 겸손하고 조물주를 의지하며 자랑치 못하게 하셨던 것이다. 여기 사람이라는 말씀 속에 "여자"도 포함되었다. 여자도 남자와 같이 흙으로 되었고 흙에 속하기 때문이 다.

둘째, 아담이 자기 갈빗대로 만들어진 여자를 보았을 때 이것을 남 자에게서 취하였은즉 여자(창 2:23)라 칭하리라 한 것이다. 남자(이 쉬)는 능력이 있다는 뜻이고 여자(이사)는 남자에게서 기원된 낱말이 다. 아담은 자기와 여자를 대조시키는데 남자는 권위나 사회적 성격 을 의미하고, 여자는 남자를 돕는 배필로서의 위치에 두는 것이다.

셋째, 아내(3:17, 20)라고 한 것은 짜는 사람, 엮어 만드는 사람이라 는 뜻이다. 이러한 의미는 아내는 집안에서 옷감을 짜는 일을 한데서 유래한 것 같다. 아내는 집 안에서 열심히 일하여 좋은 가정을 역할 을 만들고 좋은 것들을 짜는 역을 하는 사람이라는 것이다. 남편이 집 밖에서의 사회적 활동을 한다면 아내는 집 안을 열심히 엮어 만드 는 사람인 것이다.

넷째, 하와(3:20)라고 한 것은 숨을 쉰다, 호흡을 한다는 개념이 있는 말로 생명을 의미하는 것이다. 그러기에 산 자의 어미라고 한 것이다. 아담은 대단히 지혜로웠다. 그것은 그가 짐승들의 이름을 지은 것을 보아서 알 수 있다. 육지의 짐승, 공중의 새, 바다의 생물들에게 모두 이름이 주어진 것은 아담에 의해서였다. 여자에 대한 칭함에 있어서도 여자(2:23), 하와(3:20)라고 하였다. 하나님은 죽음의 선고를 하셨는데 아담은 산 자의 어미-생명을 말하는 것이다. 그러면 아담이 그 아내를 하와라 이름한 것에서 우리는 무엇을 배울 수 있는가?

1. 선고받은 후에 하와라 이름하였다.

아담과 그의 아내에 대한 사실 심리, 논고, 판결이 끝나고 이제 그들은 에덴동산을 떠날 준비를 하였다. 추방당하면 아담은 힘든 노동의 생애를 시작해야 하고 하와는 해산의 고통, 슬픔, 남편에게 복종하는 생애를 시작하고 경험해야 했다.

두 사람은 얼마 동안은 사망이 연기되어 있었다. 이때에 아담이 그 아내를 하와(생명)라고 이름했다. 이것은 아담이 아내의 말을 듣고 범죄하여 남편으로서의 권위를 어느 정도 박탈당했다고 할지라도 자기가 아내의 머리라는 사실을 확인한 것이다. 본문에는 그런 말씀이 없지만 아내가 생각하기에는 자기의 말대로 따라준 남편이기 때문에 여성상위를 상상했을지도 모른다. 아담은 처음에 남자와 여자를 창조하신 하나님의 창조질서에서 남자가 머리라는 사실을 잃지 않으려고 한 것이다.

하나님의 심문을 받을 때에 아담은 "하나님이 주셔서 나와 함께 하게 하신 여자 그가"(3:12)라고 하여 아내를 맹렬하게 비난했지만 그대로 그녀는 자기의 한 몸이었다. 그의 뼈중에 뼈요 살중에 살이었다. 창조질서대로 남편은 머리였다. 아담은 이것을 분명하게 확인시킨 것이다.

아내의 말을 듣고 공범자, 슬픔의 동반자가 되고 말았지만 남편은 그녀의 머리인 것이다. 성경에 "여자의 머리, 아내의 머리는 남편"(고전 11:3, 엡 5:22-23)이라고 하였다. 아담이 자기가 아내의 머리라고 하여 아내를 종처럼 학대하고 복종을 강요하려 하지 않았다. 아내가 남편을 머리로 모실 때에 사랑과 희생과 존경으로 할 것이기 때문이다.

바울은 "여자는 남자의 영광이니라"(고전 11:7)고 말하여 여자의 존재를 높이 평가한 바 있다. 부부란 육체적 만남으로 하나님이 창조하신 성과 만나는 신성함이 있고, 정신적 만남으로 가장 큰 희망을 만들어 나가는 생의 반려자이다. 인격적 결합의 일심동체요 영혼의 하나로서 아름다운 멜로디를 창조한다.

우리 속담에 "된장 신 것은 1년 원수요, 아내 못된 것은 백년 원수라"는 말이 있는데 결코 부부지간이 원수가 될 수는 없다. 물론 살아가면서 부부사이에 불화할 수가 있다. 이해 부족, 애정 부족, 생활이념의 차이, 상호 존경심의 부족, 대화단절 등 여러 가지 요인들이 있을 수 있다. 그렇다고 해서 창조질서의 원칙이 무너져서는 안된다. 남편은 아내의 머리요 아내는 남편의 뼈중의 뼈요 살중에 살이라.

2. 흙으로 돌아가라 선고받은 후에 하와라 이름했다.

아담이란 붉은 흙이라는 의미로 그 육체는 죽을 몸으로 선고받고 조만간 죽어 흙으로 돌아간다는 것이다. 그러나 하와란 살아있는 생명(영혼)이라는 뜻을 지니고 있는 것이다. 아담이 아내를 이름하여 하와라고 한 이유는 그녀가 모든 산 자의 어머니가 되어야 했기 때문이다. 전에는 아담이 그녀를 여자라고 칭했으나 여기에서는 어머니로서의 하와(생명)라고 했다.

이것은 하나님의 말씀을 믿는 아담의 신앙의 고백이다. 하나님께서는 "너는 흙이니 흙으로 돌아가라"고 하셨다. 그러나 하나님은 오래 참으사 집행유예의 축복을 주어 그 죄인들이 자녀를 낳고 부모가 되어 인간창조 때 생육하고 번성하라 하신 하나님의 축복을 실현할 수 있게 하신 것이다.

아담은 사형선고를 받았으나 아내를 통해서 생명의 유업을 이어 만세에 하나님의 자녀들이 충만할 것을 믿었던 것이다. 베드로는 "남편된 자들아 이와 같이 지식을 따라 너희 아내와 동거하고 저는 더 연약한 그릇이요 또 생명의 은혜를 유업으로 함께 받을 자로 알아 귀히 여기라"(벧전 3:7)고 하였다.

아담은 범죄타락하여 사형을 선고 받았으나 하나님은 생육하고 번성하라는 축복에 대한 말씀은 달리 변경하여 말씀하시지 않으셨다. 아담은 자신들은 어느 기한에 죽지만 아내가 생명을 낳는 어머니가 됨으로써 이 하나님의 축복은 실현되는 것을 의심치 않았다.

창세기 5:3-5에 보면 아담은 죽었다. 930세를 향수하고 죽은 것이다. 너는 흙으로 돌아가라는 말씀대로 집행유예기간이 끝나면서 아담은 죽었다. 그러나 하와라는 아내를 통해서 130세에 셋을 낳아서 산 자의 어미라는 이름이 합당한 것이 되었다. 아담이 아내에게서 낳은 셋은 자기 모양, 곧 자기 형상과 같다고 하였으니 아담이 930세에 흙으로 돌아갔으나 아들을 통해 살아있는 것이다. 산 자의 어미로 말미암아 역사의 물줄기는 생명의 끝없는 강줄기를 이루어 흐르는 것이다.

아담은 범죄하였으나 하나님의 말씀을 믿는 신앙의 조상이었다. 죽으면서도 생명을 바라보는 놀라운 신앙인 것이다. 자기의 육체는 죽어 흙으로 돌아가나 영혼의 생명은 영원히 이어지는 것을 믿었던 것이다.

3. 여인의 후손이 약속된 후에 하와라 이름했다.

하나님께서는 뱀에게 "내가 너로 여자와 원수가 되게 하고 너의 후손도 여자의 후손과 원수가 되게 하리니 여자의 후손은 네 머리를 상하게 할 것이요 너는 그의 발굼치를 상하게 할 것이니라"(3:15)고 하셨다.

하나님께서 뱀에게 이렇게 선고하실 때에 아담은 그 모든 하나님의 말씀을 듣고 있었다. 하나님의 하신 말씀이 성취되려면 그의 아내가 어미가 되어야 했다. 여인의 후손은 장차 세상에 오실 메시야를 의미한다. 그가 여인의 후손으로 오셔서 사망의 선고 아래 있는 인간들을 구원하여 영생하는 생명을 줄 것이다. 그러므로 아담이 아내를 생명, 즉 산 자의 어머니라고 이름한 것은 먼 훗날에 되어질 것을 내다보는 산 소망을 고백한 것이다.

하와는 지금까지는 한 남자의 아내였다. 그는 어미가 되기까지는 완전할 수가 없었다. 한 남편의 아내, 그리고 산 자의 어미가 되어 인간이 계속 대를 이어 나가야 하고 하나님의 약속의 씨라는 메시야를 통해서 생명을 얻게 하는 것이 하나님의 구속의 섭리인 것이다. 이것이 모든 산 자의 소망인 것이다.

아담은 범죄하여 정죄되고 에덴동산에서 추방당하며 고된 노동으로 가시와 엉경퀴와 더불어 싸우며, 아내는 해산의 고통으로 슬퍼하고 비통한 경험 속에 살다가 끝내는 흙으로 돌아가고 말 것이라는 심판을 받았다. 그러나 하나님은 공의 이면에 긍휼을 베푸사 아내의 자녀 생산중에 뱀을 승리할 씨를 주신 것이다. 아담은 그것에 대한 소망이 있었다. 슬퍼하며 에덴을 떠날 준비를 하는 아내에게 "실망하지 마시오. 당신은 생명을 잇는 어미가 될 것이요"라고 위로하며 소망을 주었다.

산 자의 어미라는 말 속에 방대한 수의 인종이 나타나고 거대한 대양으로 큰 물줄기를 이루어 흘러들어가는 강같은 의미가 있다.

이처럼 인간세대들이 흘러왔고 그 속에 여인의 후손이신 인간의 영원한 생명이요 소망 예수 그리스도가 그 족보의 흐름에서 탄생하셨다.

지금 우리는 죽는다. 언제일지는 모르나 죽음을 선고받았다. 그 집행유예기간 동안 우리는 노동과 고통 속에 죄값을 치른다. 그러나 하와라는 아내로 말미암아 약속된 후손이 탄생할 것이다. 소망을 갖자는 것이다. 인간의 살고자 하는 욕망은 억누를 수 없다.

하나님은 "네가 죽으리라" 하셨으나 그는 영혼이 살고 싶다는 소망으로 가득하다. 역사는 살 소망마저 포기할 만큼 불행하고 처참했다.

가난, 질병, 전쟁, 사고, 고통 등… 그러나 여인의 후손에 대한 소망은 그것들을 이길 수 있었다.

모든 산 자의 어미(하와)라는 이름은 아담의 가슴 속에서 솟아나왔고 그 때 이후로 인간의 마음 속에 결코 죽은 적이 없는 살아있는 소망인 것이다.

가죽옷

(창 3:21)

아담과 하와가 따먹지 말라 한 나무의 실과를 먹었을 때에 그들의 눈이 밝아져서 자기들의 몸이 벗은 줄 알고 무화과 나뭇잎을 엮어 치마를 만들어 입었다. 인간이 만들어 입은 옷은 죄의 산물인 것이고 그 이후 인류사회에 의상이라는 문명이 매우 발달한 것은 죄와 더불어 발전한 것이다.

하와부터 이사야 시대까지는 대략 3천 3백년인데 여자들이 개인의 복과 장신구를 엄청나게 발전시켰다(사 3:16-26). 여자가 옷을 만들어 입는 것에 관한 성경기사는 많다. 여성의 속옷은 부나 지위에 따라 면이나 세마포, 비단 등으로 만들어졌고 외투와 치마는 다양한 빛깔의 실로 수를 놓아 섬세한 바느질로 만들어졌다. 그러나 이사야는 당시 여성들의 오만함과 지나친 몸치장에 대하여 비난하면서 사치풍조를 지적했다. 사람의 눈을 현란시키는 야한 옷이나 지나치게 외모의 장식에 신경쓰지 말라는 베드로의 말을 이해할 수 있다.

하나님께서는 범죄한 죄인들임에도 불구하고 땅에서 나는 채소를 먹으라 하셨고 옷까지 지어 입혀 주셨다. 그러므로 죄가 하나님과 인간 사이를 멀어지게 하였지만 하나님은 진노 중에도 사람들과 아주 의절하시지는 않으셨다.

탕자가 아버지집으로 돌아왔을 때 아버지는 제일 좋은 옷을 내어다가 입히고 손에 가락지를 끼우고 발에 신을 신기라(눅 15:22-23)고 종들에게 이르고 살찐 송아지를 잡으라고 했다. 탕자가 그동안 먹을 수 있었던 음식은 쥐엄 열매였고, 더러운 거지 의복을 입었었다. 그러나 아버지는 제일 좋은 옷을 입히고 좋은 음식을 먹게 하였다.

1. 하나님께서는 아담과 하와에게 가죽옷을 지어 입히셨다.

엘리야나 세례 요한이 약대털옷을 입었었다(왕하 1:8, 마 3:4). 그들이 입었던 가죽옷은 인간의 손길이 닿았었는지 알 수 없으나 하나님이 최초의 아담과 하와에게 지어입힌 가죽옷은 하나님의 사랑의 손길이 있었을 뿐이며 인간의 손은 닿지 않았다.

인간의 문명은 의상과 함께 발전해 왔다. 그것은 인간의 죄와 더불어 발전한 문명이다. 하나님은 가죽옷을 좋아하신다. 야곱이 아버지의 축복을 받으려고 했을 때에 "맏아들 에서의 좋은 옷, 털옷, 염소새끼의 가죽으로 된 옷을 입고"(창 27:15-16, 23) 아버지께 들어갔고 아버지는 음성은 야곱의 음성이나 손은 에서의 손이라고 하면서 축복하였다. 야곱의 아버지가 "그 옷의 향취를 맡고 그에게 축복하였다"(창 27:27)고 하였다.

요한은 계시록에서 "누구든지 깨어 자기 옷을 지켜 벌거벗고 다니지 아니하며 자기의 부끄러움을 보이지 아니하는 자가 복이 있다"(계 16:15)고 하였다. 그러므로 깨어 경성하고자 하는 자는 반드시 옷을 입고 자기를 지키는 자이다.

이사야는 "그가 구원의 옷으로 내게 입히시며 의의 겉옷으로 내게 더하심이…"(사 61:10)라고 하였다. 하나님이 우리에게 입혀 주시는 옷은 따뜻하고 오래 입을 수 있고 매우 검소한 것이다. 그들이 입는 옷은 하나님이 지어주신 옷인만큼 하나님의 구원, 하나님의 의를 나타내는 옷이다. 다시 이사야는 "찬송의 옷으로 그 근심을 대신 하시고…"(사 61:3)라고 하였다. 아담과 하와는 메시야의 약속에 대한 묵시를 받고 하나님이 지어주신 옷을 입었으므로 찬송의 옷으로 알고 하나님을 찬양해야 하는 것이다.

요한계시록 3:18에는 흰옷을 사서 입어 벌거벗은 수치를 보이지 않게 하라고 하였다. 하나님께서 아담 하와에게 가죽옷을 입힌 것은 그들의 벌거벗은 수치를 가리워 주고자 함이었다. 아버지로서의 자식을 사랑하는 사랑이 큰 아닌가? 그들의 육체는 장차 죽을 몸이지만 추위나 다른 피해로부터 보호받게 하신 것이고, 사치하지 않으면서 품위가 있는 옷을 입히신 것이다. 참으로 하나님의 세심한 배려에 감사해야 할 것이다.

2. 가죽옷은 하나님의 구속을 의미한 옷이다.

가죽은 벗어진다는 뜻에서 왔고 옷은 덮는다는 뜻에서 온 말이다. 즉 짐승을 잡아 가죽을 벗겨서 옷을 만들어 그들의 육체를 덮게 하셨다는 것이다. 이것은 의미심장한 옷이라 아니할 수 없다.

죄없는 짐승이 그들이 보는 앞에서 죽었으니 그것은 그들 자신도 짐승과 같이 죽는다는 사실을 부각시키기 위한 것이다. 짐승이 죽어서 자기들의 의복이 된 것을 생각할 때에 언제나 그들의 죄를 생각나게 하는 것이었다. 이때에 죽은 짐승들은 먹기 위해서 죽인 것이 아니고 제사드리기 위한 것이었다.

예수는 "세상 죄를 지고 가는 어린 양"(요 1:36)이시고 "우리를 위하여 자신을 버리사 향기로운 제물과 생축으로 하나님께 드리셨다"(엡 5:2)고 하였다. 예수께서 인간에게 구속의 가죽옷을 입혀주기 위하여 생축처럼 죽으셨다. 그러므로 그들이 입는 가죽옷은 곧 구속을 의미하는 것이다. "누구든지 그리스도와 합하여 세례를 받은 자는 그리스도로 옷입었느니라"(갈 3:27) 하였고, "오직 주 예수 그리스도로 옷 입고…"(롬 13:14)라고 하였다.

아담과 하와가 만들어 입었던 무화과나무 잎사귀 옷은 미련없이 모두 벗어버리고 하나님이 지어주신 구속의 옷을 입었으므로 우리는 우리가 만들어 입었던 옷을 벗고 구속의 새옷을 입어야 하는 것이다 (엡 4:24, 골 3:10). 예수께서 십자가에서 죽는 희생제물이 되어 벗겨지므로 우리의 부끄러운 부분을 덮어주는 구속의 옷을 입은 것이다. 엘리야의 겉옷을 입기 위하여 엘리사는 자기의 옷을 벗어 던졌다. 여리고의 소경은 예수의 구원의 옷을 입기 위하여 겉옷을 던져 버렸다.

제자들은 하늘의 능력이 입히울 때까지 예루살렘에 있었다(눅 24:

49). 욥이 "의로 옷을 삼아 입었으며"(욥 29:14) 주의 제사장들 또한 "의를 입었다"(시 132:9)고 하였다. 그들이 구속의 가죽옷을 입고 있는 한 자신들의 구원의 옷이 되시기 위하여 대신 죽으신 예수 그리스도를 잊을 수 없는 것이다. 그러므로 영원히 그의 구원을 감사하고 찬송하며 만방에 전파해야 할 것이다.

3. 가죽옷은 하나님과의 화해를 의미한 옷이다.

최초로 죽은 짐승은 희생의 제물이신 예수 그리스도의 모형이다. 이 제물로 죽은 짐승을 하나님께서는 둘로 나누셨으니 고기는 하나님에게 온전한 번제물로 드리고 가죽은 아담과 하와에게 옷으로 주신 것이다.

이것은 예수께서 자신의 몸을 향내나는 제물로 하나님께 바치시고 그때에 죄인은 그의 의를 옷입고 벌거벗은 수치를 가릴 수 있게 되었다는 것이다.

고기는 하나님께 드리고 가죽은 사람에게 입혔다는 것은 하나님과 사람이 나누어 가진 것으로 곧 하나님과 사람간의 화해를 표시하는 것이다.

예수께서 십자가에서 제물로 바친 때에 성전의 휘장이 위로부터 아래로 찢어졌다는 것은 하나님과 인간 사이의 막혔던 원수의 휘장이 없어졌다는 것이다.

바울은 "그는 우리의 화평이신지라 둘로 하나를 만드사 중간에 막힌 담을 허시고 원수된 것을 자기 육체로 폐하셨으니 이는 이 둘로 자기의 안에서 한 새 사람을 지어 화평하게 하시고 원수된 것을 십자가로 소멸하시고…"(엡 2:14-16)라고 하였다.

하나님은 옷을 입음같이 빛을 입으셨다(시 104:2). 그리고 흰옷을 입은 자와 동행하시고(계 3:4-5), 새 사람의 옷을 입으라고 하신다.

새사람이 입을 옷은 "빛의 갑옷"(롬 13:12)이며, 긍휼과 자비와 겸손과 온유와 오래참음으로 옷입는 것이다(골 3:12). 화평함과 거룩함을 좇을 때 하나님을 볼 수 있다(히 12:14). 범죄타락하여 에덴동산에서 하나님과 동행하며 화목할 수는 없었으나 믿음의 가죽옷을 힘입어 영혼의 하나님과 화평할 것이고 낙원에 들어가면 영원히 같이 할 것이다.

에덴동산에서의 추방

(창 3:22-24)

    에덴동산은 하나님의 거처였다. 아담과 하와는 에덴동산 밖에서 지음을 받고 하나님의 거처에서 살았다. 그러나 그들이 하나님의 말씀을 순종치 아니하고 범죄하여 전에 흙으로 그들을 만들었던 곳으로 돌아가라고 하신 것이다.죽음이란 영육의 분리요 하나님에게서 추방 당하는 것이다. 하나님과의 교제가 끊어지고 하나님의 집에서 쫓겨나는 것이 죽음이다.

    범죄한 그들이 거룩하신 하나님의 집에 산다는 것은 옳지 못하다. 그들은 에덴동산의 아름다움과 조화를 이루지 못했다. 인간은 자기가 살고 있는 곳에서 조화를 이룰 줄 알아야 한다. 그러나 그들은 이것을 깨고 말았다.

    순결한 사람만이 낙원에서 살 자격이 있다. 순결하지 못한 사람은 성스러운 낙원으로부터 추방을 당하여야 하며 하나님께 불순종 하는 자는 행복한 교제의 울타리로부터 멀리 쫓겨나야 한다.

    어떻게 보면 그들이 범죄하고 계속 에덴동산 안에 살았다면 오히려 그것이 그들에게는 최대의 불행이었을 것이다. 왜냐하면 하나님과 천사들과 같은 성스러운 존재들 앞에 떳떳이 설 수 없었기 때문이다.

    하나님께서 범죄한 아담과 하와를 에덴동산 밖으로 추방하신 것은 그들의 당연한 죄의 결과이며 하나님의 긍휼과 사랑의 배려라고 여겨지는 것이다.

    그 뿐이 아니다. 범죄한 인간이 낙원에 머물러 있으면서 영생한다면 그 추한 몸으로 죽음을 모른다고 할 때 그들은 차라리 죽음만 못한 영원한 형벌을 받는 것이다. 영원히 사는 영생이란 젊고 노쇠함을 모르는 하나님의 생명으로 영원히 하나님과 함께 사는 것을 의미한다.

그런데 하나님과의 교제가 끊기고 육체는 늙고 힘이 없으며 치아는 다 빠지고 허리는 꼬부라지고 기력은 없는데 그 상태로 죽지 않고 산다는 것은 큰 고통이다. 그것이 지옥이요 불행인 것이다. 하나님께서 인간을 에덴동산 밖으로 추방하신 것은 크나큰 하나님의 은혜요 사랑이다.

1. 추방 원인은 "생명나무 실과를 먹고 영생할까?"해서이다.

이 사람이 선악을 아는 일에 우리중 하나 같이 되었으므로 에덴동산 밖으로 추방하게 되었다. 사단이 인간을 유혹할 때에 "너희가 그것을 먹는 날에는 너희 눈이 밝아 하나님과 같이 되어 선악을 알리라"(창 3:5)고 하였다.

어떤 해석은 하나님께서 아담에게 이 말씀을 하신 것은 비꼬아 하는 것이라고 하지만 하나님은 인간 앞에서 비꼬거나 농담하시는 하나님이 아니시다. 더구나 하나님은 공의의 진노가 불같이 일어나시면서 인간을 추방하는 순간에 비꼬시며 아담을 회롱하실 수 있는가?

이 말씀은 사단의 말이 말짱 거짓말이라는 것을 그들이 깨닫고 회개하며 겸손해지게 하기 위해서 하신 것이다.

그들이 하나님 말씀에 순종치 않고 자율적으로 선악을 규정하는 권리 행사에 있어서 하나님과 같이 되어서 그들이 얻은 것은 무엇인가 하고 책망하시는 것이다. 그러므로 그들이 추방당하는 원인은 하나님의 말씀을 순종치 아니하고 마귀의 말을 따랐기 때문인 것이다. 그리고 사단의 속임수에 넘어간 결과가 이렇듯 무서운 형벌인 것을 깨닫고 이제부터라도 하나님께서 명하시는 말씀대로 순종하면 구원의 소망이 있음을 암시하시는 것이다.

생명나무의 실과를 먹고 영생할까 하여 에덴동산 밖으로 추방하게 되었다. 하나님께서는 인간이 범죄한 후에 생명나무의 실과를 먹는 것을 허락하지 않으셨다.

생명나무 열매를 먹는다는 것은 영생하시는 하나님과 교제하는 것을 의미한다. 인간은 범죄하여 하나님과의 교제가 이미 단절되었기 때문이다.

그러므로 인간은 하나님의 집 에덴동산에서 떠나야 했다. 하나님을 떠나는 것은 곧 죽음인 것이다. 그들이 죽어 묻혀야 할 창조될 때의 땅으로 가야 했던 것이다. 얼마의 집행유예기간은 있지만 죄인은 죽음의 땅으로 가야 하는 것이다.

생명나무의 실과를 죄인이 따먹을 수는 없다. 사실 이것도 하나님의 은혜라고 생각된다. 왜냐하면 사형언도 받은 죄인이 생명나무의 열매를 따먹고 영생한다고 가상해 볼 때 이같은 불행이 또 어디 있겠는가? 인간의 몸은 노쇠하는데 영원히 죽지 않고 살아 있다면 이 세상은 지옥이 되고 말 것이다. 하나님은 실과나무를 먹지 못하게 하기 위하여 에덴동산에서 인간을 추방하신 것이다.

2. 추방 장소는 "에덴동산 밖"이다.

하나님은 인간을 에덴동산에서 그밖의 땅으로 내어 쫓았다. 본문에 두 번이나 그 말씀이 언급되어 "하나님이 그 사람을 내어 보내어"라고 하고 다시 "이같이 하나님이 그 사람을 쫓아 내시고…"라고 하였다. 이 말씀은 힘으로 불쾌감을 가지고 강제로 쫓아내는 것을 의미하고 있다.

아담과 하와는 에덴동산 안에서 떠나고 싶지 않았을 것이다. 왜냐하면 그곳은 행복한 곳이기 때문이다. 그러나 하나님께서는 그들이 어떻게 생각하든 관계없이 불쾌한 마음으로 힘을 가지고 강제로 내쫓았다. 범죄하기 전에 누렸던 모든 축복이 단절된 것이다. 하나님과의 생명적 친교를 박탈당한 것이다.

여기서도 하나님의 은혜를 찾을 수 있는 것은 인간을 에덴에서 쫓아내시되 지옥으로가 아니고 인간이 지음받았던 그 땅으로 보냈다는 것이다. 그 땅은 어떤 곳인가? 에덴동산과 가까운 곳이라는 점이다.

언젠가는 영원한 낙원 에덴동산에 다시 들어갈 희망이 내다 보이는 곳으로 추방된 것이다. 그들은 무죄시대의 특권은 빼앗겼으나 영원히 버림받은 것이 아니라는 사실 앞에 하나님께 감사해야할 것이다.

하나님은 인간의 근본된 토지를 갈게 하셨다. 근본된 토지는 아담이 지음받은 곳이나 그의 죄 때문에 저주받은 땅이 되었다. 아담과 하와는 근본된 토지를 경작할 수 있었다. 가시와 엉겅퀴가 나서 땀흘리며 수고는 할지라도 지옥에 떨어져서 고통당하는 것에 비하면 불평할 이유가 없는 땅이었다. 그들이 근본된 땅을 갈면서 무엇을 배울 수 있을까?

우선 그들의 육체의 고향이 그 땅이라는 사실을 상기할 때에 그가 만들어진 흙과의 선한 목적으로 값있게 살자는 다짐이 있었으리라고 믿는다.

자신들의 근본이 이곳의 땅의 흙이라는 사실을 잊지 않을 때 흙덩이같이 연약한 존재임을 깨달아 겸손하게 살았을 것이다.

그리고 흙으로 돌아가라고 하나님께서 선고하셨으니 언젠가는 흙집으로 돌아갈 인간이라는 인간의 종말을 예상하고 죽음을 준비했을 것이다. 마지막으로 근본된 토지를 경작하면서 씨를 뿌리면 심은 대로 거두고, 노력하고 수고하는 만큼 열매를 받는다는 자연법칙을 경험했을 것이다.

죄값은 사망이다. 죄인이면서 동산 안에 거할 수는 없다. 차라리 범죄한 인간이 근본된 토지를 경작하면서 에덴동산을 사모하면서 그 동산으로 가는 길이 열리기를 소망하는 것이 행복하리라.

3. 추방 후의 처리는 "생명나무의 길을 지키게" 하셨다.

에덴동산 동편에 그룹들을 두어 지키게 했다. 그룹들이란 하나님과 가장 가까이 있으면서 하나님을 섬기는 존재이다. 그것들은 속죄소를 덮는 영광의 그룹들(히 9:5)인데 언제나 하나님의 존전에서 봉사하는 천사들이다. 물론 에스겔이나 계시록에 보면 네 영물로 하나님의 보좌를 호위하고 있다. 하나님은 하나님의 집 에덴의 낙원을 수많은 천사들을 두어 철통같이 지키게 하신 것이다.

두루도는 화염검을 두어 지키게 했다. 천사라는 그룹에 의하여 휘두르는 칼이 아니고 별도로 존재하되 그들 가운데서 불빛이 나와 회전하는 것이다. 이것은 신적 영광을 의미하는 것으로 하나님은 소멸하는 불 자체시다(히 12:29). 하나님은 이렇게 무섭고 당할 수 없는 강력한 힘으로 무장한 하나님의 군사들로 에덴동산을 지키게 하셨다.

생명나무의 길을 지키게 했다. 지킨다는 것은 살피거나 경계하는 것인데 인력으로는 도저히 생명나무의 길에 들어갈 수 없다는 것을 암시하는 것이다.

길을 지킨다는 것은 열려져 있기 때문에 지킨다는 것이다. 하나님은 에덴동산의 문을 철통같이 닫으셨으나 천국의 문을 활짝 여시고 인간 구속의 역사를 주도해 가시는 것을 알 수 있다.

에덴동산은 파괴되지 않았다. 그대로 보존되었다. 하늘나라의 낙원에는 생명수강이 흐르고 생명나무의 열매가 달마다 맺히고 있다.

인간의 힘이나 수단 방법으로는 생명나무의 길에 들어갈 수 없다.

그러나 여인의 후손이신 예수께서는 "너희는 마음에 근심하지 말라 하나님을 믿으니 또 나를 믿으라 내 아버지 집에 거할 곳이 많도다… 가서 너희를 위하여 처소를 예비하면 내가 다시 와서 너희를 내게로 영접하여 나 있는 곳에 너희도 있게 하리라 내가 가는 곳에 그 길을 너희가 알리라… 내가 곧 길이요, 진리요, 생명이니 나로 말미암지 않고는 아버지께로 올 자가 없느니라"(요 14:1-6)고 하셨다. 그러므로 천국 낙원의 생명나무 길은 예수께서 여시는 것이다.

히브리서 기자는 "우리가 예수의 피를 힘입어 성소에 들어갈 담력을 얻었나니 그 길은 우리를 위하여 휘장 가운데로 열어놓으신 새롭고 산 길이요 휘장은 곧 저의 육체니라"(히 10:19-20)고 하였다.

아모스는 "길을 여는 자가 그들의 앞서 올라가고… 그들의 왕이 앞서 행하며 여호와께서 선두로 행하시리라"(미 2:13)고 하였다.

구속의 가죽옷을 입히심은 예수의 속죄로 구원의 옷을 입으면 다시 하늘 낙원에 들어가고 생명나무의 실과를 먹으며 영생할 것이다.

그러므로 아담과 하와를 추방하심은 절망에 던지심이 아니고 화염검을 제거하시고 생명의 길을 여실 메시야를 통하여 영생을 얻도록 은혜를 주시는 것이다.

두 아들의 출생

(창 4:1-2)

종교(re-ligo)라는 말은 '나는 묶인다'는 뜻으로 진리의 말씀에 묶여서 하나가 되는 것이다. 결혼한 부부가 진리의 말씀에 묶이듯이 하나님의 말씀에 서로가 묶여져서 하나의 인간으로 살아가야 한다.

쉴러(Schiller)의 말대로 결혼이 없다면 인생의 초기에 도움이 없고 그 중간에 기쁨이 없고 그 말년에 위안이 없을 것이다. 결혼은 쌍방의 인격과 사랑의 결합이요 서로가 믿고 사랑하는 신뢰의 결속이다.

하나님이 직접 짝지어 주신 아담과 하와의 결혼은 더욱 그러하다. 남녀의 영원한 만남이요, 행복의 노래이다. 결혼은 종신 협동체요 그들의 사랑은 둘을 하나로 만드는 힘이며 결혼생활은 하나의 위대한 창조이다. 이제 에덴동산 밖에 삶의 터전을 삼은 아담과 하와는 비로소 체험적 부부간의 자식을 갖게 되었다.

무죄시대에는 후손의 잉태가 유보되어 있었다. 그것은 경건한 후손으로 할것이냐? 아니면 타락한 후손으로 할 것인가의 문제가 남아 있었기 때문이다. 그러나 여기서 타락한 후손으로 후손이 태어나기 시작하는 것을 볼 수 있다. 그리고 부부간의 성행위는 단순한 육체관계가 아니라 서로를 이해하고 애정을 나누는 정신적인 관계이어야 함을 교훈하고 있다. 부부의 정신적, 육체적 결합이 있다고 해서 자손을 잉태하는 것이 아니다. 본문에 하와가 아들을 낳고서 내가 여호와로 말미암아 득남하였다고 하였다. 그 뜻은 "하나님의 도우심으로 말미암아"라는 것으로 자손은 하나님의 크신 은혜요 선물인 것이다.

1. 아담과 하와가 두 아들을 낳았다.

하나님의 은혜로 두 사람 아담과 하와는 가인과 아벨을 잉태하고 낳았다. 그것은 하나님께서 인간에게 주신 축복의 말씀(창 1:26-27)의 시작이었다. 생육하고 번성하는 축복인 것이다.

성경을 더 읽어 내려가면 아담과 하와에게는 "아들과 딸들이 많이 있었다"(창 5:4)고 이해되는데, 가인과 아벨은 그중에 첫째와 둘째인 것 같다. 이제 아담의 가정에는 새 식구들이 출생됨으로 가정이 이루어졌다.

영어 단어 가운데 가장 아름다운 세 개의 단어는 어머니(Mother), 집(Home), 천국(Heaven)이라고 한다. 그러므로 가정은 신성한 데서 기원한 것이다.

하나님께서 세우신 제도는 가정과 교회라고 할 수 있다. 한 핏줄로 형성된 무엇으로도 끊을 수 없는 사랑의 피로 세워졌다. 우리는 아담의 가정에서 세상과 교회를 엿볼 수 있다. 모든 인류는 아담으로 대표되고, 세상의 악은 가인으로, 교회의 선은 아벨로, 마귀의 자식, 하나님의 자녀로 구별되어 세계라는 넓은 집으로 확대되어 가게 된다. 페스탈로찌는 "가정이여 너는 도덕상의 학교"라고 말했다. 마음으로 가깝게 접촉하는 곳이 바로 가정이다. 그런데 아브라함 가정과 노아의 가정은 예배를 중심으로 했으면서도 이스마엘과 함이라는 아들들 때문에 시험이 왔다. 하나님의 가정이라는 교회에도 이삭의 후손이 있고 이스마엘의 후손이 있어서 시험과 핍박이 있는 것이다.

아무튼 하와는 아들들을 얻고 여호와 하나님의 은혜라고 고백한 것을 보면 해산의 고통이라는 형벌 중에도 하나님의 은혜에 감사하는 신앙이 있었음을 알 수 있다. 아쉬운 것은 아들들이 성년이 되기까지 어떻게 양육했는가에 대한 기록이 없다는 것이다. 심리학적으로 자녀 교육은 듣는 데서 10%, 보는 데서 50%, 실제 말해 보는 데서 70%, 실제 행동으로 옮겨 보는 데서 90%라고 하는데 이를 실천할 수 있는 곳이 가정이요 부모들이다.

아담과 하와는 생육번성하라는 축복을 취소당하지 않았다. 자녀는 큰 은혜와 축복이기 때문에 감사해야 한다. 아브라함은 외아들을, 이삭은 두 아들을, 야곱은 열두 아들을 얻었다.

2. 가인은 "소유", 아벨은 "공허"라는 뜻이다.

하와는 가인과 아벨이라고 두 아들의 이름을 지었다. 가인은 소유라는 뜻이고 아벨은 공허, 무익이라는 뜻이다. 이들의 이름에는 종교적인 진리가 담겨있다고 할 수 있다. 이름은 인격과 본성을 나타내고 직업이나 예언적인 특징을 담고 있고 대개는 출생 직후에 이름을 짓는데 그의 생애는 그 이름 뜻과 같이 살게 된다.

하와가 첫아들을 낳았을 때에 "가인(소유)"이라고 한 것은 분명히 하와는 이 아들이 여인의 후손(창 3:15)에 대한 약속의 성취로 이해하고 가인이라고 한 것이다.

하와는 죄값으로 고통 중에 해산했으나 그중에서도 하나님의 은혜에 감사했다. 아들들을 낳고 그가 받은 위로는 큰 것이었다. 하와가 둘째 아들을 낳고 아벨(공허, 무익)이라고 했다. 첫아들에게 큰 기대를 가졌으나 둘째에게서 인간의 허무함과 무익을 느꼈던 것이다.

실로 아벨은 무상하게 허무를 느끼게끔 죽임을 당했다. 인간이 오래 살면 살수록 소유, 획득한 것들이 많아도 공허하고 허무함을 느끼는 것이라는 진리를 배우게 한다. 그리고 예수 그리스도를 소유했다면 그 분 외에 다른 것들은 아무리 많이 소유하고 획득했다 해도 허무한 것 뿐이다. 그러므로 인간은 처음에 소유한 것으로 만족해 하지만 후에는 아무런 쓸모가 없는 것임을 알아야 한다.

한 가지, 하와가 두 아들의 이름을 지은 것에 대해 생각할 것이 있다. 부모들은 종종 옳지 못한 자녀를 좋게 평가하고 좋은 자녀들을 나쁘게 평가하는 실수를 저지른다는 것이다. 인간의 판단은 정확할 수 없고 하나님만 아신다. 하나님은 가인보다 아벨을 더 좋아하셨고 에서보다 야곱을 더 사랑했고 형들보다 다윗을 더 아름답게 보셨다.

결론을 내리면 가인은 소유와 획득, 아벨은 공허와 무익이라는 뜻으로 인간은 무엇인가 획득하고 소유하고자 하는 본능이 있다. 권세나 명예나 재물이나 지식 등을 소유하려 한다. 그러나 세상적인 소유는 인생 말년에 아무 것도 아닌 공허뿐이어서 바람을 잡는 것과 같은 것이다. 신앙적인 면에서 예수를 소유하면 세상에 어떤 것들이 주어진다고 해도 그것은 무익한 것이다.

3. 가인은 농업, 아벨은 목축업을 하였다.

아벨은 양치는 자였고 가인은 농사하는 자라고 하였다. 두 형제의 직업에 대해서는 이름이 바뀌어 있는데 웬일인지는 알 수가 없고 짐작컨대 아벨이 먼저 직업에 종사하였기 때문이 아닌가 생각한다.

두 형제는 직업을 가지고 있었다. 그들 형제시대에는 방대한 대지가 그들의 노동을 기다리고 있었다. 하나님께서는 이마에 땀을 흘려 노동하며 땅의 소산을 먹고 살라고 말씀하셨다.

아담 하와는 자신들이 일하듯이 자식들도 일하도록 교육했을 것이다. 인간에게는 누구에게나 할 일이 있다. 세상에 태어나서 놀고 먹는다면 그것은 하나님의 뜻을 정면으로 거역하는 것이다. 일하기 싫어하는 자는 먹을 권리가 없다. 그러므로 우리가 자녀들에게 주어야 할 것은 경건한 믿음을 유산으로 물려주고 신성한 노동으로 사회에 참여하여 하나님의 뜻을 이루게 가르치는 일이다.

두 형제는 각기 다른 직업을 가지고 있었다. 형은 농사하는 직업이요 아우는 양을 치는 자였다. 그들의 직업은 서로 다르지만 귀중한 일들을 하는 것이었다. 왜냐하면 형제의 직업이 다르기 때문에 서로 교역하면서 살 수 있었다. 서로가 사는데 필요한 것들이기 때문에 교환할 수 있고 사랑을 계속 할 수 있었다. 곡식과 의복의 교환이라든지 제사를 드릴 때에 곡식과 양을 교환하는 일 등 두 형제는 참으로 서로에게 유익한 직업을 가지고 종사했다.

두 형제의 직업은 하나님을 봉사하는 데 유익했다. 양치는 일은 모세와 다윗같이 조용한 때에 하나님과 교제할 수 있고 가죽옷을 입혀 주신 구속의 그림자로서의 예배생활에 알맞은 직업이었다. 농사짓는 일은 기름진 토양에 하나님이 주신 씨앗을 뿌리고 그것을 가꾸며 추수하고 그것에 감사하면서 얼마든지 자연 속에 숨쉬시는 하나님을 뵐 수 있는 직업이었다. 직업에는 귀천이 없다고 한다. 그러나 어떤 직업이 하나님을 잘 공경할 수 있을까를 선택해야 한다.

두 형제의 제사

(창 4:3-5)

가인과 아벨은 같은 점들이 몇 가지 있었다. 그들은 같은 부모 밑에서 출생했고, 형제의 관계이며, 부지런히 일하는 직업을 가졌고, 종교적인 면에서 두 사람 다 하나님께 제물을 드렸다.

여기 4장에서는 두 사람이 가정에서의 형제, 노동장에서의 형제, 제단에서의 형제로 나타나고 있다. 아담과 하와의 다음 대로 이어지면서 죄가 무섭게 발전하여 형제를 시기질투, 살인하는 기사가 있다. 가인과 아벨은 세월이 지난 후에 여호와께 제사를 드리게 되었다.

세월이 지난 후에란 마지막 날이라는 뜻으로 정확하게 어느 날이라고는 할 수 없다. 그러나 가인과 아벨이 자기들의 직업에 얼마의 경험을 쌓은 후에 어떤 성일에나 추수를 마치는 날이나 1년 중 마지막 날에 하나님께 제사를 드렸을 것이다. 그들은 아담으로부터 가정에서 제단을 쌓는 예배생활에 대한 교육을 받았을 것이다. 아브라함같이(창 12:8), 욥과 같이(욥 1:4-5), 고넬뇨같이(행 10:1-), 가정예배를 드리면 하나님께서 강림하사 복을 주시고(출 20:24, 마 18:19-20), 천사가 오르내리면서 기쁜 소식을 전해준다.

히브리서 11:2에 보면 선진들이라는 말씀이 나오는데 그 말씀은 '앞서 있다(장로)'는 뜻이다. 아벨이 최초의 명단에 나오고 있고 가인도 나오고 있다. 그렇다고 해서 가인도 당시 장로였다고 단정적으로 말할 수는 없으나 아벨은 믿음으로 산 최초의 장로였음을 의심할 여지가 없다. 이것은 아벨이 어린시절에 순교한 것이 아니었다는 의미도 있다고 할 수 있다.

그러므로 여기 세월이 지난 후에라는 말씀은 그들의 나이가 청장년 시절이었다는 것을 암시한다고 할 수 있다.

오늘날 우리 교회 안에는 두 부류의 예배자가 있다.

1. 가인의 제사는 열납하지 않으셨다.

땅의 소산으로 드렸기 때문이다. 가인의 직업이 농업이었기 때문에 자신이 추수한 땅의 소산물을 중에 제물로 바쳤을 것이다. 무죄시대에는 땅의 소산으로 제물을 삼아 드렸을지 모를 일이다. 그러나 지금은 범죄타락하여 속죄를 받지 못하면 구원받을 수 없는 시대이다.

하나님께서는 피흘림이 없은즉 사함이 없느니라(히 9:22)라는 유죄시대의 사함받은 제사를 가죽옷을 입혀 주심으로 이미 계시하셨던 것이다.

하나님의 계시하신 대로 제사드리는 종교를 계시 종교라 하고, 가인과 같이 하나님의 계시를 무시하고 자신은 죄가 없고 속죄도 필요 없다고 교만한 마음을 갖고 감사제 정도에 형식을 갖추는 종교를 자연종교라 한다. 가인은 피흘림이 없는 땅의 소산으로 드렸다. 하나님은 그 제물을 열납하시지 않으신 것이다. 악한 자가 드렸기 때문이다 (요일 3:12). 여기 "가인과 그 제물은 열납하지 아니하신지라" 하셨으니 가인의 인격이 악한 자였기 때문에 그가 드리는 제물은 물론이거니와 드리는 가인 자신부터 받지 않으셨다는 것이다.

잠언 15:8에 "악인의 제사는 하나님께서 미워하신다"고 했다. 이사야는 "손에 피가 가득한 제물은 다시 가져오지 말라…(사 1:13-15)"고 경고하였다. 가인의 인격은 한 형제라도 질투의 돌을 던져 쳐죽이는 악한 사람이었다. 그가 악한 인격의 소유자였으므로 땅의 소산물을 가져올 때도 자기에게 필요없는 것이나 제일 좋지 않은 것으로 했을지도 모를 일이다.

믿음으로 드리지 않았기 때문이다. 가인은 겸손하지 못했다. 회개하는 마음도 없었다. 가정에서 제사드리는 날에 빈손으로 올 수는 없고 자기 자신을 보라는 듯이 나타내려고 생각하고 제물을 가져왔다.

제사는 하나님이 기뻐하시게 드리고 하나님이 영광을 받으시도록 해야 하는데 가인은 자기를 나타내는 기회로 삼았다.

믿음으로 드리지 않은 제물이기 때문에 하나님은 받지 않으신 것이다. "열납하지 아니하신지라"는 쳐다보지도 아니하셨다는 뜻이다. 하나님께서 가인과 그의 제물에 대해서는 관심이 없었다는 것이다.

2. 아벨의 제사는 열납하셨다.

아벨은 의인이었기 때문이다. 마태는 의인 아벨의 피(마 23:35)라고 말하였다. 참으로 그는 당대에 의인임에 틀림이 없다.

요한은 아벨의 행위는 의로움이라(요일 3:12)고 했다. 정직한 자의 기도는 그가 기뻐하신다고 하였다(잠 15:8). 그리고 "여호와는 의로우사 의로운 일을 좋아하시나니 정직한 자는 그 얼굴을 뵈오리로다"(시 11:7)라고 하였다. 아벨의 인격이 의인이요, 정직한 사람이요 그의 행위는 의로워서 하나님이 좋아하시고 항상 하나님의 얼굴을 뵙는 생활을 한 것이다.

아벨은 더 좋은 제물을 드렸기 때문이다(히 11:4). 아벨은 가인보다 더 나은 제사를 하나님께 드림으로 의로운 자라 하시는 증거를 얻었다고 하였다. 아벨은 가죽옷을 입혀주신 하나님의 속죄종교의 계시에 대하여 진실로 자신은 죄인이요 피흘림의 제사를 통해서 속죄함을 받는다는 것을 믿고 하나님이 제정하사 계시해 주신 속죄제물로 양을 잡아 피제사를 드렸던 것이다.

그 때의 그 양의 희생제물은 세상 죄를 지시고 십자가에서 피흘리신 예수 그리스도의 그림자였다. 그러므로 "오직 자기 피로 영원한 속죄를 이루사…"(히 9:12). "…흠없는 자기를 하나님께 드린 그리스도의 피가 어찌 너희 양심으로 죽을 행실에서 깨끗하게 하고 살아계신 하나님을 섬기게 못하겠느뇨?"(히 9:14)라고 하였다.

아벨은 믿음으로 드렸기 때문이다(히 11:4). 히브리서 11:4에 "믿음으로 아벨은… 더 나은 제사를 하나님께 드림으로"라고 하였다. 히브리서 11:6에는 "믿음이 없이는 기쁘시게 못하나니…"라고 하였으니 하나님은 믿음으로 하는 모든 것을 기뻐하신다. 하나님은 믿는 자의 하나님이시기 때문이다.

아벨은 회개하는 마음과 겸손한 자세로 하나님이 기쁘시게 받으시도록 정성을 다하여 믿음으로 제사했다. 오늘도 하나님은 믿음의 예배를 받으시고 축복하신다.

3. 가인이 분하여 안색이 변했다.

가인은 자기의 제물은 열납되지 못하고 아벨의 제물은 열납되어 제물이 완전히 태워지는 것을 보고 심히 분하여 안색이 변하였다. 안색이 변하여는 얼굴을 강타하다는 뜻으로 극심한 분노나 불만에 의해서 안면근육이 경직된 것을 의미한다. 마음에 분을 품으면 안색에 변화를 주는 것이다. 원한과 분노로 가득찬 가인은 참으로 악한 인간이다.

이때에 가인은 눈물로 회개하고 자신을 나무라면서 통분히 여겨 가슴을 찢어야 했다. 그런데도 그는 회개는커녕 하나님과 동생에게 분을 품고 안색이 변한 것이다. 이것은 하나님을 두려워하지 않음이요 동생을 시기함이다. 요한은 "가인은 악한 자에게 속하여 그 아우를 죽였다"(요일 3:12)고 하였다. 죄가 이렇게 무섭게 발전하는가를 알 수 있다.

"그 형제를 미워하는 자마다 살인하는 자니 살인하는 자마다 영생이 그 속에 거하지 아니하는 것"(요일 3:15)이라고 하였다.

가인은 회개할 수 없을 만큼 악에 빠져 있었다. 분하여 하는 것과 안색이 변하는 것은 동시현상인데 시기질투하고 분을 품는 것은 사망의 문에 가장 가까이 서 있는 것이다. 가인의 후예들이 훗날 하나님의 아들 예수를 시기질투하여 십자가에 죽이는 것이다. 하나님의 교회라는 아담의 가정에 이렇게 의인과 악인이 함께 살고 있으니 의인들이 핍박을 당하지 않을 수 없다. 우리는 나보다 남을 낮게 여기고 나보다 남이 잘되는 것을 감사해야 하는 것이다.

질투는 무서운 죄악이다. 요셉을 시기한 형들(창 37:11, 행 7:9)은 요셉을 팔았고 예수를 시기한 유대인이 예수를 넘겼고(막 15:10, 마 27:18), 모르드개를 시기한 하만이 유대인을 전멸하려 했다. 그러나 그들은 요셉 앞에 무릎을 꿇었고, 예수 죽인 피값을 역사의 강에 쏟았고, 하만이 그 장대에 달렸다. 모세와 아론을 질투하매 "땅이 갈라져 그들을 삼키며 아비람의 당을 덮었으며 불과 화염이 악인을 살랐다"(시 106:16)고 했다.

가인을 문책

(창 4:6-7)

　　하나님을 공경하는 가정은 화목해야 한다. 화목하지 못하면 하나님의 자녀가 될 수 없다(마 5:9). 형제는 사랑하고 협동하고 이해하고 돌보는 애정관계이기 때문에 시기하고 질투하는 것은 멸망을 자초하는 것이다. 아브라함 가정에 사라와 하갈, 그리고 이삭과 이스마엘간에 불화했을 때 하나님이 개입하셨고, 야곱의 가정에 열 아들들이 요셉 하나를 시기하고 미워하여 오랫동안 슬픔의 구름속에 아픔을 겪었다.

　　특히 아담의 가정은 "종교문제" 때문에 불화가 생겼는데 그것은 제사 후에 가인의 분내는 것과 안색이 변한 것이다. 하나님의 눈은 숨길 수 없다. 그리고 사람의 중심을 꿰뚫어 보신다. 그러기에 가인이 속으로 분내는 것과 안색이 변한 것을 아신 것이다. 가족 중에서 가인이 이러하다고 고한 것이 아니다. 하나님이 먼저 아셨다.

　　하나님은 우리의 언행심사를 다 아신다. 마음 속의 노여움이나 얼굴의 노기나 시기를 아시므로 누구도 하나님의 눈을 피할 수 없다. 그러나 하나님은 인내 중에 은혜를 베푸신다. 하나님께서 가인의 행동을 계속해서 주시하셨고, 빨리 자신의 어리석은 마음을 깨닫게 되기를, 아벨같이 선하고 편한 마음을 가지게 되기를 기다려 주셨다.

　　하나님은 어떤 죄인도 회개하여 구원에 이르고 한 사람이라도 멸망에 들어가기를 원치 않으신다. 우리는 누가의 탕자에 관한 이야기를 감화깊게 읽는다. 그런데 두 아들은 모두 다 탕자라고 할 수 있다. 큰 아들은 유대인이요, 둘째 아들은 세계 이방인이며, 아버지는 하나님이시다. 큰 아들은 집안에서 아버지를 이해못한 탕자요, 둘째아들은 타국에 나가서 아버지의 재산을 탕진한 탕자이다.

작은 아들이 돌아왔을 때 큰 아들은 "노하여 들어가기를 즐겨 아니 하거늘… 내게는 염소 새끼라도 주어 나와 내 벗으로 즐기게 하신 일이 없더니… 이 아들이 돌아오매…"(눅 15:27-30)라고 하였다. 아버지에게 노하고 동생을 내 동생이라 하지 않고 이 아들이라고 하여 자기와는 남남인 것처럼 불평했던 것이다. 언제나 하나님의 교회 안에는 "두 아들 탕자"가 있다.

1. 네가 분하여 함은 어찜이뇨? 라고 하셨다.

얼굴은 마음의 창과 같아서 사람의 마음 상태를 나타내주는 계기이다. 가인은 안색이 변했다. 그것은 마음 속에 분을 품었기 때문이다. 그가 분하여 함은 아벨의 제물이 열납되고 자기의 것은 무시당했다는 데서 비롯되었다.

하나님은 "네가 분하여 함은 어찜인가?"라고 문책을 하신 것이다. 가인의 가슴 속에 분노가 일었을 때 살인은 그의 손에 미쳐 있었으니 분노와 살인은 멀리 있지 않다.

하나님께서 그의 제물을 열납하지 않았을 때 그는 자기 자신에 대하여 분하여 하고, 안색이 변하려면 눈물을 흘리면서 회개하는 자의 안색이 되었어야 했다. "네 안색이 변함은 어찜이요?"라는 질문은 "네가 먼저 네 자신을 돌아보았느냐?"는 것이다. 사람은 언제나 자기 자신을 돌아볼 줄 알아야 한다. 자신의 제물은 거절하시고 동생의 것은 기쁘게 받으셨다면 자신을 돌아보아 잘못된 것을 시인하고 고쳐야 하며 동생에게 가서 모범적인 제사를 배워야 하는 것이다.

그런데 악한 성품의 소유자인 자신을 돌아보지 못하고 시기와 질투로 그의 손끝에는 살인의 돌멩이를 움켜쥐고 있는 것이다. 잠언 27:4에 "분은 잔인하고 노는 창수같거니와 투기 앞에야 누가 서리요"라고 하였다. 가인의 분노와 질투 앞에 아벨은 설 수가 없었다. 그리고 자기 마음의 분노를 당장에 나타내는 것은 미련한 자(잠 12:16)이다. 미련한 자의 분노는 돌보다 모래보다 더 무거운 법이다(잠 27:3).

분을 쉽게 내는 자는 다툼을 일으켜도 노하기를 더디 하는 자는 시비를 그치게 하고, 노하는 자는 다툼을 일으키고 분하여 하는 자는 범죄함이 많다(잠 15:18, 29:22)고 하였다. 분을 내어 범죄치 말고(시 4:4), 분을 그치고 노를 버리며(시 37:8), 분을 내어도 죄를 짓지 말며 해질 때까지 품지 말 것이다(엡 4:26).

분내는 것은 땅에 있는 지체이고(골 3:8), 육체의 일(갈 5:20)이며, 심히 두려워 할 죄목이다(고후 12:20). 그러므로 마땅히 회개하고 선한 양심을 가져야 한다.

2. 선행하면 어찌 낯을 들지 못하겠느냐?라고 하셨다.

이것은 죄를 짓지 아니한 자는 떳떳이 행동할 수 있다는 것이다. 내가 죄가 없다면 또는 네 자신을 살펴서 네 제물과 뜻을 고친다면 얼굴을 높이들 것이고 의기양양한 얼굴일 것이라는 의미가 되는 것이다.

아벨과 같이 계시적 제물을 믿음으로 드렸다면 양심에 조금도 꺼리낄 것이 없었을 것이다. 선을 행하는 것은 하나님께서 열납하신다. 선을 행한다는 것은 하나님이 받으시는 제물을 드리는 것이다. 그것은 선한 인격에 속죄의 피를 드리는 회개와 경건과 믿음으로 드리는 예배를 의미한다.

옛 사람들은 제물없이 하나님께 나아갈 수 없었고 제물없이 제사 드릴 수 없었다. 제물이란 그렇게 귀중한 것으로 장차 오실 그리스도의 그림자였다.

세상에 선은 그리스도시다. 속죄제물을 드릴 때는 먼저 죄를 자복하는 회개가 있어야 했다(레 5:5-6, 시 51:17). 예수 그리스도는 갈보리에서 죽으시고(레 4:12, 히 13:11, 12), 제사장은 손가락으로 피를 일곱 번 찍어 뿌려서(레 4:17) 제물드리는 자의 죄를 완전히 속하셨다(히 10:14).

그러므로 히브리서 기자는 우리가 마음에 뿌림을 받아 양심이 악을 깨닫고 몸을 맑은 물로 씻었으니 참 마음과 온전한 믿음으로 하나님께 나아가자(히 10:22)고 하였다. 믿음으로 속죄제물을 드리는 것이 곧 선을 행하는 것이다. 이러한 제물을 드리는 자는 양심에 거리끼는 것이 없기 때문에 하나님앞에 떳떳하게 설 수 있는 것이다.

3. 선행치 아니하면 죄가 문에 엎드린다고 하셨다.

"선행치 아니하면"은 마음에 선한 경향을 가지지 아니하면이라는 뜻이다. 가인이 분내며 시기하고 있는 동안에 죄가 야수같이 마음의 문에 엎드리고 있어서 문이 열리면 금방 뛰어들어 가려고 한다고 문책하신 것이다.

죄는 뱀, 곧 사단을 의미한다. 엎드린다는 것은 짐승이 웅크리고 있는 모습이다. 죄라는 짐승은 잔인하고 교활하며 숨어있다가 소리지르며 나타난다.

그것이 악한 양심의 마음으로 차 있는 자의 문에 엎드려 있다가 어떤 기회가 오면 들어가는 것이다. 엎드리고 있으니 잠복하고, 쭈그리고 있다가 먹이가 생기면 잔인하게 물고 찢는다. 이렇게 사단은 인간의 마음 문에 침입해서 악으로 그를 정복하려고 기회를 노리고 있는 것이다. 문은 양심의 문이다, 영혼의 문이다, 낙원의 문이다, 우리들의 집의 문이다, 마음의 문이다. 그러므로 우리는 문을 잘 지키지 않으면 안된다. 그러나 선행하는 자의 문에는 무엇이 있는가?

요한계시록 3:20에 "볼찌어다 내가 문 밖에 서서 두드리노니 누구든지 내 음성을 듣고 문을 열면 내가 그에게로 들어가 그로 더불어 먹고 그는 나로 더불어 먹으리라"고 하였다. 선을 행하고자 하는 자의 문에는 예수께서 서 계시다. 그 분이 들어 오시면 그와 더불어 먹고 마신다.

다윗은 "문들아 너희 머리를 들찌어다… 영광의 왕이 들어가시리로다… 강하고 능하신 여호와시요 전쟁에 능한 여호와시로다"(시 24:7-10)라고 노래하였고 예수께서는 "내가 하나님의 성령을 힘입어 귀신을 쫓아내는 것이면 하나님의 나라가 이미 너희에게 임하였으니라"(마 12:28)고 하셨다. 그리고 "사람이 먼저 강한 자를 결박하지 않고야 어떻게 그 강한 자의 집에 들어가 그 세간을 늑탈하겠느냐"(마 12:29)고 덧붙이셨다.

누가복음에는 "강한 자가 무장을 하고 자기집을 지킬 때에는 그 소유가 안전하되 더 강한 자가 와서 저를 이길 때에는 저의 믿던 무장을 빼앗고 저의 재물을 나누느니라. 나와 함께 아니하는 자는 나를 반대하는 자요… 더러운 귀신이 나간 집은 비어두면 저보다 더 악한 귀신 일곱을 데리고 들어가서 거하니 그 사람의 나중 형편이 전보다 더 심하게 되느니라"(눅 11:21-26)고 하였다.

그러므로 우리의 문에는 누가 있는가? 우리의 문 안에 나를 정복한 세력자가 누구인가? 하는 것은 우리의 일생에 사느냐 죽느냐 하는 문제이다.

4. 죄의 소원은 네게 있으나 너는 죄를 다스릴찌라고 하셨다.

죄의 소원이란 죄가 너를 향하여 무섭게 달려들려고 한다는 것이다. 부모를 타락시킨 간교한 짐승, 우는 사자(벧전 5:8), 빛나는 뱀 사단이 간교하게, 사납게 광명한 천사처럼 가장하고 계속 가인에게 달려들고 있다는 것이다. 그러므로 그 죄를 다스리라고 하는 것이다. 곧 안팎으로 일어나는 죄의 욕망을 물리치고 다스리라는 것이다.

가인은 대단한 위험에 처해 있다. 뱀이 엎드리고 문에서 기회를 보고 있기 때문이다. 어떻게 하면 이 무서운 죄를 이기고 다스릴 수 있는가?

위에서 신약성경을 인용했거니와 가장 강한 자, 예수 그리스도를 문 안에 모셔들이는 일이다. 하나님의 성령을 힘입어 귀신을 쫓고 하나님의 나라가 이루어지면 절대 사단이라는 악령은 우리의 문 근처에도 접근하지 못한다. 그러므로 "우리 마음에 어떤 분을 왕으로 모시는가?"에 따라서 승리할 수도 있고 패망할 수도 있는 것이다. 죄인이 어찌 죄를 다스리랴!

동생을 죽인 형

(창 4:8)

이 부분에서 우리는 아우라는 말을 많이 볼 수 있다. 왜 이렇게 "아우"라는 말이 거듭해서 나오는 것일까? 그것은 형제 살인, 즉 형이 아우를 죽인 가인의 죄의 흉악함을 강조하고 있고, 아담이 지은 죄의 영향이 급속히 발전하여 형제간의 불화와 살인으로 이어졌다는 것을 지적하기 위한 것이라고 생각된다.

하와는 외부적인 대상으로 시험을 받았고 가인은 자신의 마음 속의 질투의 독으로 범죄했다. 어머니는 지적인 이익을 구하려다 마음으로 인해 불순종했고 그 아들은 동생의 잘되는 것을 파괴하려고 죄를 범했다. 어머니는 세상에 최초로 죽음을 몰고 왔고 아들은 최초로 살인을 낳고 말았다. 전자의 죄는 하나님에 대한 것이었으나 후자의 죄는 하나님과 형제에게 대한 것이었다. 그 두 가지 죄는 모두가 마음의 탐욕스러운 욕망이 그 원인이 되었다.

가인이 아벨을 살해한 때는 하나님으로부터 경책을 받고 얼마 후였다는 것을 알 수 있다. 인간은 실제의 삶과 투쟁을 극심하게 한 시대였다. 많은 형제들을 낳았고 사람이 늘어나면서 죄악은 전염병처럼 퍼져나가고 있었다.

악이 세상에 들어오면서부터 선이 도전을 받았고 그것은 심령과 가정과 사회를 파괴시키고 있었다. 가인은 본성에서나 행위로나 언사로 보아 선이라는 것은 찾아볼 수 없었고 자신의 죄를 인정하려고도 하지 않았다.

죄란 구약성경에 124회씩이나 "속죄제"라고 번역되는 낱말이다.

그런데 가인은 속죄제를 인정하지도 않은 그야말로 악마였다. 가인으로 인하여 세계는 반목과 질시, 살인과 폭력이 난무하게 되었다.

1. 형 가인이 아우 아벨을 죽였다.

아벨이란 이름이 허무, 무익이라는 뜻으로 하와의 소원이 첫아들 가인에 의해서 이미 사라지기 시작했다는 것이다. 인류의 비극을 내다 보고 지은 이름인 듯하다. 형에 의해서 아벨이 일찍 죽은 것은 슬픔이 깃들인 이름인 것이다.

아벨은 가인의 형제요 자기의 친부모의 아들이었으며 형 가인이 당연히 보호하고 지켜주어야 할 대상인 동생이었다. 아벨은 가인에 대하여 어떠한 잘못이나 감정을 살 잘못도 하지 않은 의인이었다. 그런데 형이 동생을 죽였다.

아담과 하와가 범죄하여 동산에서 추방당한 후 사망이 지배해 왔으나 아담 가정에서 처음으로, 그것도 늙은 부모가 아닌 자식이, 사고사가 아닌 형의 돌에 동생이 맞아 죽는 장례가 생긴 것이다. 지구상에 첫 무덤은 의인이요, 아들이요, 동생이요 청년이었다.

요한은 "가인같이 하지 말라. 저는 악한 자에게 속하여 그 아우를 죽였으니 어찐 연고로 죽였느뇨 자기의 행위는 악하고 그 아우의 행위는 의로움이니라"(요일 3:12)고 하였다. 악한 자는 마귀의 별명이고(약 4:7), 죽였으니는 잔인하게 죽인 것을 의미하는 것이다. 가인은 두 말할 것도 없이 마귀의 앞잡이였다. 마귀의 악한 영향이 동생을 잔인하게 죽인 것이다.

예수께서는 "너희는 너희 아비 마귀에게서 났으니 너희 아비의 욕심을 너희도 행하고자 하느니라. 저는 처음부터 살인한 자요 진리가 그 속에 없으므로… 거짓말쟁이요 거짓의 아비가 되었음이니라"(요 8:44)고 말씀하셨다. 마귀는 처음부터 하나님을 거역하고 반역했으며 아담과 하와를 거짓말로 유혹했다. 가인은 마귀의 앞잡이가 되어 의로운 것이 없고 거짓말을 하여 동생을 나오게 하여 죽였다.

그러나 아벨은 죽었으나 지금도 말하고 있고(히 11:4), 하나님께 호소하고 있으며(창 4:10), 하늘 제단 아래에서 흰 두루마기를 입고 영광스러운 순교자로서 잠시동안 쉬고 있다(계 6:9-11)고 하였다.

2. 들로 나오게 하여 계획적으로 죽였다.

"아벨에게 고하니라"는 말씀은 70인역이나 공동번역에는 "들로 가자"라는 말로 기록되어 있다. 가인이 하나님의 문책을 받고서도 회개는커녕 더 마음이 악해져서 동생을 죽이려고 들판으로 나오게 하여 죽였다. 이 살인은 우발적이거나 어떤 실수로 된 것이 아니라 치밀하게 계획했다는 것을 알 수 있다.

들판에서 죽여서 시체도 암매장해 버리면 아무도 모를 것이라고 생각했을 것이다. 그러나 아벨의 피는 호소하는 힘이 있어 "아우의 핏소리가 땅에서부터 내게 호소하느니라"(4:10)고 하였다. 아벨은 최초의 순교자의 피를 흘렸다. 그의 박해자는 자기 집안 식구 형 가인이었다.

예수께서는 "사람의 원수가 자기 집안 식구리라"(마 10:36, 미 7:6, 시 41:9, 55:12-13, 요 13:18)고 하시더니 가룟 유다의 마음 속에 마귀가 들어가서(요 13:1-2) 예수를 팔아 넘겼다.

가인이 아무리 신앙이 없었다 해도 친동생을 이렇게 처참하고 잔인하게 죽일 수 있겠는가? 그것은 살인자 마귀의 자식이었기 때문이다(요 8:44). 의인의 피는 힘이 있어 가인의 살인 암매장도 하나님 앞에 발각되었다. 절대로 죄는 숨길 수 없는 것이다(민 32:23). 영광스럽게도 "아벨의 피는 예수의 뿌린 피"(히 12:24)와 나란히 기록하여 예수 그리스도의 그림자로 묘사하고 있다.

아벨의 피는 어떤 피인가? 타락한 인간의 악한 행위를 보여주는 피이다. 살인자의 처벌을 호소하는 피이다. 가인의 마음에 두려움과 공포를 주었다. 예수의 뿌린 피는 어떤 피인가? 죄를 속하는 희생제물의 뿌린 피요, 용서와 사죄와 구원을 주는 피이며 하나님의 사랑, 그리고 형언할 수 없는 기쁨과 만족을 주는 것이다.

3. 아벨을 쳐서 죽였다.

쳐서 죽였다는 것은 죽일 의도를 가지고 때렸다는 뜻으로 잔인한 방법으로 죽였다는 것이다. 살인자 가인의 마음이 완전히 살인의 아비 마귀에게 정복당해 있었음을 증거하는 말이다. 사람을 죽이는 방법은 여러 가지가 있다.

손으로(칼) 요압이 아마사를 죽이고(삼하 20:10), 마음으로 미워하여 죽이고(요일 3:15), 혀를 가지고 중상 모략, 위증을 하여 예수를 죽이고(요 18:30), 붓(글)으로 다윗이 요압에게 편지를 써서 우리아를 죽이고(삼하 11:15, 12:19), 음모를 꾸며서 나봇을 죽이고(왕상 21:9-10), 점·무당·박술 등 미신으로 죽이고(신 18:10-11), 무정함으로 죽이고(신 24:6), 권세로 죽이고, 마약·독약·산아제한·전쟁 등으로 죽이니 그 죽이는 방법은 악과 나란히 발전해 가는 것이다.

모세는 살인하지 말라고 십계명에서 강조하였으나 예수께서는 "형제를 노하는 자는 살인한 것"(마 5:21-22)이라 하시고, 요한은 "형제를 미워하는 자는 살인하는 자"(요 3:15)라 하였고, 분노와 시기 등으로 사람을 죽이고 있다(창 49:6, 37:20, 마 27:18).

살인죄는 얼마나 큰 죄인가? 하나님을 모독하는 큰 죄악이다. 악마가 하는 짓이다. 진노를 사는 죄요 저주받은 죄이다. 무엇보다도 호소하는 죄이다. 그러므로 살인은 막아야 한다.

본문을 중심해서 생각할 때 노하지 말고 참고, 하나님 앞에 자복 회개하며, 더 나아가서는 형제간에 화목하며, 함께 예배하며 예물 드리면 선으로 악을 이길 수 있어야 한다.

사람의 생명은 천하보다도 귀하다. 왜냐하면 생명은 하나님의 형상대로 창조되었고, 온 인류는 한 피 받은 한 형제요 가족이기 때문이다. 살인하는 자마다 영생이 그 속에 거하지 아니한다(요일 3:15).

네 아우 아벨이 어디 있느냐?

(창 4:9-10)

하나님께서는 거룩하신 긍휼과 인내로 가인에게 몇 차례나 문책성 있는 질문이나 회개를 촉구하는 물음을 하셨다. "네가 분하여 함은 어찜이뇨?", "네 아우 아벨이 어디 있느냐?", "네가 무엇을 하였느냐?"가 그것이다. 하나님은 그가 분하여 하는 이유, 아벨이 쳐죽임을 당하여 땅 속에 묻힌 일, 가인이 아벨을 죽인 사실을 잘 알고 계셨다.

그러나 하나님은 먼저 "내가 아노니…" 하시고 말씀하시지 않으심은 가인 스스로가 자기 입으로 솔직하게 직고하게 하여 그의 죄를 뉘우치게 하려 하심이었다. 그러니까 그의 살인행위에 대한 심판으로서의 질문이 아니고 회개를 촉구하시는 질문이었다. 최초에 하나님께서 타락한 아담에게 하셨던 질문 "아담아 네가 어디 있느냐?(창 3:9)"와 같은 것이다.

참으로 하나님은 사랑이시다. 더 이상 어떤 기대도 가질 수 없는 가인에게도 회개할 기회를 주시고 쉽게 포기하지 않으셨다. 그러나 하나님의 이 질문은 그룹 사이에서 하나님이 직접 하신 음성인지 아니면 아담을 통해서 그에게 물었거나 또는 가인의 양심에서 들려온 소리였을 것이라고 한다.

당시에는 하나님의 자녀들이 예배하기 위하여 모였다. 어느 안식일에 아벨의 자리가 비는 것을 보고 하나님께서 하신 말씀이라고 생각된다.

하나님은 예배에 모이는 사람들중에 같이 계시고(마 18:20) 그들의 모든 것을 아시기 때문이다.

가인의 아버지 아담은 "아담아 네가 어디 있느냐?"라고 하나님이 물으실 때 "두려워서 숨었나이다"라고 대답했었다. 똑같은 질문을 가인에게 하셨는데 그의 대답은 너무나도 뻔뻔스럽고 반역하며 거짓말을 했다. 마귀는 처음부터 살인자, 거짓말쟁이. 반역자였다는 사실을 알 수 있다.

1. 내가 알지 못하나이다 라고 대답했다.

"내가 알지 못하나이다"라는 가인의 대답은 고의적인 거짓말이다. 자기의 살인죄를 은폐하려고 그렇게 대답한 것이다. 아담이 범죄하고 숲 속에 숨어있었는데, 그 아들이 또한 자기의 범죄사실을 감추려 한 것이다.

하나님은 거짓말을 못하시고 오히려 거짓말을 미워하신다. 왜냐하면 하나님은 진리의 신이시기 때문이다.

"거짓말"은 사단이 그 아비이다(요 8:44-). 따라서 거짓말쟁이의 사단에 유혹되어 타락한 인간이기 때문에 사람은 다 거짓되다(롬 3:4). 사람의 마음이 거짓되니(렘 17:9) 그레데인은 다 거짓말쟁이라고 했다(딛 1:12).

왜 거짓말을 하는가? 하나님을 믿지 않기 때문이다(요일 5:10). 하나님을 사랑한다면서 그 형제는 미워하기 때문이다(요일 4:20). 그 속에 진리가 있지 않기 때문이다(요일 2:4). 어두운 가운데 행하기 때문이다(요일 1:6). 양심이 화인 맞았기 때문이다(딤전 4:2). 하나님을 향한 정한 마음이 없기 때문이다(시 78:36-37).

요한은 "사단의 회 곧… 거짓말 하는 자를…"(계 3:9)이라고 하였다. 사단의 총회는 거짓말 총회라는 것이다. 거짓말로 조직된 사단의 총회에서는 하나님의 백성들을 거짓말로 미혹하기 위하여 세계 각처에 두루 돌아다니는 것이다. 거짓의 아비에게 속아서 타락한 인간의 후손들은 "모태에서부터 거짓말 한다"(시 58:3)고 하였다. 그것은 인간은 "죄악 중에 출생하였음이여 모친이 죄중에 잉태하였기 때문"(시 51:5)이다. 그리하여 하나님을 거슬려 거짓말하고(호 7:13), 거짓말로 하나님을 에워싸고(호 11:2), 거짓으로 피난처를 삼고(사 28:15, 17) 거짓말로 영혼을 죽인다(겔 13:19).

거짓말의 결과는 어떤가? 벌을 면치 못하고 하나님이 치사 망하게 하며, 화가 미치고 하나님의 목전에 서지 못하며 형통하게 되는 것이 없다. 공회에 못들어가고, 약속의 땅에 못들어가고, 호적에도 기록이 되지 못한다. 어떤 간구에도 응답이 없으며 수치를 드러나게 한다. 아무것도 못하게 되고 적막한데 처하고, 심판이 엄하여 마침내는 영원한 유황불에 들어간다(계 21:8, 27, 22:15). 마귀와 그 사자들을 위하여 예비된 영영한 불에 들어간다(마 25:41).

2. 내가 내 아우를 지키는 자니이까 라고 했다.

이것은 무책임한 말이 아닐 수 없다. 형이 동생을 지켜주는 일은 너무나도 당연한 의무인데 가인은 내가 아우를 지키는 자냐고 대답했다.

사람은 어떤 의미에 있어서 자기 형제를 지키는 자가 아닐 수도 있다. 모든 사람은 하나님 앞에서 각자의 행위에 대해 자신이 책임을 져야 한다. 그리고 누구도 타인을 구원할 수 없다. 그런 점에서 사람은 다른 사람을 지키지 못할 수 있다고 할 수 있다.

그러나 이러한 생각은 잘못된 것이다. 그것은 모든 인간은 다른 사람에 대해 관심을 갖도록 되어 있으며 다른 사람을 향하여 선을 행할 힘을 가지고 있고 네 이웃을 네 몸 같이 사랑하라고 하였기 때문이다. 한 걸음 더 나아가서 "우리는 형제를 지키는 자"라는 이유는 예수께서 우리에게 형제를 지키는 자로서의 모범을 보여 주셨기 때문이라고 할 것이다.

만일 우리가 가인과 같이 뻔뻔스럽다면 그것은 법을 만드시고 우리에게 그렇게 하기를 요구하시는 하나님의 권리를 부인하는 죄가 되는 것이다. 우리는 우리의 행위대로 되돌려 받는다. 우리가 이웃을 지켜 줄 때 그 이웃이 나를 지켜줄 것이다. 우리는 구원의 계획과 정신이 곧 다른 사람에 대한 관심과 사랑에 근거하고 있다는 것을 알아야 한다.

예수께서 가버나움의 회당에 들어가셨을 때 더러운 귀신들린 사람이 있어 소리질러 가로되 "나사렛 예수여 우리가 당신과 무슨 상관이 있나이까?"(막 1:22-24)라고 하였다. 그말은 그 사람 속에 있는 더러운 귀신이 한 말이다. 하나님의 아들 예수가 귀신들린 사람과는 무슨 관계인가? 더러운 귀신을 내쫓고 온전한 사람이 되게 할 책임이 예수에게 있는 것이다. 구원시킬 의무가 있다는 말이다. 그런데도 더러운 귀신은 "당신과 무슨 상관이 있나이까?"라고 하였다. 가인이 내 아우가 나와 상관이 있느냐고 말한 것은 가인 속에 살인자, 거짓의 아비 마귀가 그렇게 한 것이 분명하다.

예수께서는 선한 사마리아 사람에 대해 예화를 들어 말씀하셨다 (눅 10:30-38). 거기 강도는 인간 영혼을 강도질하는 마귀의 모형이다. 그 놈은 거반 죽게 해놓고는 가버렸다. 그러나 사마리아 사람은 죽어가는 이웃과 관계가 있다고 믿었으니 구원할 의무였다. 하나님을 사랑하고 이웃을 사랑하는 것이 우리의 책임이다.

3. 당신의 책임이 아닙니까 라고 하였다.

"내가 내 양을 지키는 자니이까?"라는 가인의 말 속에는 "나는 모릅니다. 당신의 책임이 아닙니까?"라고 하는 교만함이 내포되어 있다고 생각된다. 아벨을 죽여 암매장해 놓고서 그의 행방을 물으시는 하나님께 트집을 잡아 그 책임을 하나님께 전가하려 했다는 것이다.

들에서 감쪽같이 아무도 모르게 죽여 매장했으니 이렇게 변명해도 잡히게 되지 않을 것이라고 생각했다. 그러나 하나님은 "네가 무엇을 하였느냐 네 아우의 핏소리가 땅에서부터 내게 호소 하느니라"고 말씀하셨다. 가인이 거짓말한 사실을 완전히 아셨다는 것이다.

항상 살피시고 보시고 전지하신 하나님은 다시 한번 더 "네가 무엇을 하였느냐?"고 물으신 것이다. 그것은 네가 말한 것처럼 내가 아벨의 행방의 책임자가 아니라 네가 그를 쳐서 죽여 숨겨 매장하는 일을 하였다고 지적하신 것이다.

"예수의 뿌린 피"(히 12:24)와 달리 "아벨의 피"는 우선 "네 동생의 피들"이라는 뜻이니 아벨 한 사람의 피만 아니라 그의 후손들의 피까지 포함된 것이다. "피들"은 흘려진 모든 핏방울이니 후세에 의인들이 순교의 피를 흘릴 것을 암시한다. "아벨의 피"는 호소하는 피로 피가 흙 속에서 울부짖는 것이다. 가인은 시체와 피를 감추기 위해서 땅속에 묻었으나 땅 속에서 그 피가 호소하니 그 잔인한 살인죄는 천하에 드러난 것이다(계 6:9-11).

그 아벨의 피는 오히려 죽었으나 말하고 있다(히 11:4). 아벨은 죽어서 땅 속에 묻혀 있었다. 그러나 그 땅속에서 지금도 의로운 자의 죽음이라고 강력하게 말하고 있는 것이다. 살인자 가인은 땅 위에서 방황하게 떨고 있으나 아벨은 천상의 제단에서 안식을 얻고 있다(계 6:9-11).

가인을 선고

(창 4:11-12)

가인은 "소유와 획득"이라는 뜻 외에 "신들린"이라는 뜻이 있다. 그 이름의 뜻이 그의 성품을 잘 나타낸다고 할 수 있다. 그것은 마귀 신에 들려서 마귀의 하수인 노릇을 했기 때문이다. 가룟 유다의 마음속에 마귀가 들어갔을 때(요 13:1-2), 그는 자기의 은사를 싸구려 헐값에 배반하여 팔았다. 신들린 자들의 인간 본성은 얼마나 급진적으로 전염되어 갔는지 모른다.

가인의 계열은 계속해서 범죄했고 살인을 찬양하면서 일부다처의 음란한 죄로 발전해 갔다. 농사를 지으면서 흙에서 왔고 그 흙으로 돌아갈 인생의 종말에 대해서 생각하지 않았고, 가죽옷을 입고 살면서 구속받을 죄인이기에 속죄제물을 드려야 한다는 마음이 없었으며, 하나님이 형제들을 주셔서 죽음을 전제로 한 삶이라도 화평하게 살아야겠다는 다짐도 없었다. 아벨을 시기하고 미워하는 것은 하나님께 범죄하는 것이고 부모에게 불효하는 것이며 형제에게 있을 수 없는 일이라고 생각하지도 않았다.

하나님께서 수차에 걸쳐 가인을 경책하고 마음의 문을 지키라고 권하셨으나 하나님을 대적하였다. 마귀는 하나님을 대적하고 비난하며 의심을 갖게 한다. 가인은 마귀의 앞잡이가 되어 불의의 병기로 쓰여졌다. 한 가지 아쉬운 것은 이렇게 악하고 잔인한 성품의 소유자라도 부모들의 감화깊은 교육이 있었다면 어떻게 됐을까 하는 것이다.

가정(바이드)이란 천막(창 27:15), 성별된 집(출 23:17), 성전(왕상 6:5), 속에 있는 것(출 28:26), 건물과 구별된 거처(행 2:2), 궁전(마 11:

11:8), 가족(딤전 3:15), 후손(눅 1:27, 29) 등의 뜻으로 하나님께서 이루어주신 작은 사회이다. 하나님이 중심이 되는 신비한 거처이고 하나님은 가족의 하나님이시다(렘 31:1). 그러므로 가정의 제사장적 책임이 있는 아버지는 자녀교육을 잘해야 한다. 하나님의 말씀에 순종하게 하고 하나님이 주신 부모의 권위를 가지고 자녀를 축복하고 실족시키는 일없이 경건한 신앙의 모본을 보여야 한다.

사라는 이삭을 순종하는 아들로, 야곱은 요셉을 효자로, 요게벳은 삼남매를 지도자로, 한나는 영계의 거성 사무엘을, 나오미는 룻을 효부로, 엘리사벳은 세례 요한을, 마리아는 예수를, 로이스와 유니게는 디모데를 주의 종으로 양육했다.

1. 땅에서 저주를 받으리라고 하셨다.

아담이 범죄한 때에 하나님은 "땅은 너로 인하여 저주를 받으리라"(창 3:17)고 한정적인 저주를 하셨으나 여기 가인에게는 네가 땅에서 저주를 받으리라고 선고하셨다. 아담에게는 땅이 저주받으리라 하여 사랑과 긍휼을 베푸셨으나 가인에게는 땅이 아니라 땅에서 네가 저주를 받으리라는 저주를 내렸다. 한 치의 긍휼이나 자비를 두지 않으신 것이다.

땅과 인간은 깊은 관계가 있다. 땅에서 살아야 하고 농사짓고 문명을 발달시키며 땅을 떠날 수가 없다. 죽은 후에도 땅으로 돌아가 묻힌다. 인간은 땅을 떠나서는 살 수가 없다. 그런데 그 땅에서 네가 저주를 받는다는 것으로 가인은 땅이 아닌 어느 하늘로 증발하는 일 외에는 어디로 가나 그가 밟은 곳에서 저주를 받게 된 것이다.

하나님은 아브라함에게 "너는 눈을 들어 동서남북을 바라보라 보이는 땅을 내가 너와 네 자손에게 주리니 영원히 이르리라 내가 네 자손으로 땅의 티끌같게 하리니 사람이 땅의 티끌을 능히 셀 수 있을진대 네 자손도 세리라 너는 일어나 그 땅을 종과 횡으로 행하여 보라 내가 그것을 네게 주리라"(창 13:14-17)고 하셨다.

하나님은 아브라함같은 믿음의 사람에게는 동서남북 보이는 땅, 종

횡으로의 모든 땅을 주시겠다고 축복하셨다. 하나님은 야곱에게 "나는 여호와니 너희 조부 아브라함의 하나님이요 이삭의 하나님이라 너 누운 땅을 내가 너와 네 자손에게 주리니 네 자손이… 동서남북에 편만할지며… 내가 너와 함께 있어 네가 어디로 가든지 너를 지키며… 너를 떠나지 아니하리라"(창 28:13-15)고 하셨다. 이것도 역시 "그가 눕는 땅, 어디로 가든지 너를 지키며 떠나지 않고 축복" 하겠다고 하신 것이다.

하나님은 여호수아에게 "너는 이스라엘 자손에게 주는 땅으로 가라… 무릇 너희 발바닥으로 밟는 곳을 내가 다 너희에게 주었노니… 너의 평생에 너를 당할 자 없으리니… 너와 함께 있을 것임이니라 내가 너를 떠나지 아니하며 버리지 아니하리니"(수 1:2-5)라고 하셨다.

이렇게 축복을 받은 이들은 어디로 가나 동서남북 바라보는 곳마다 눕는 곳, 밟는 땅을 자손들과 함께 누리며 행복하게 살게 해 주시겠다고 하신 것이다.

그러나 저주를 받은 가인은 땅에서 저주를 받았기 때문에 땅에서는 어디를 가나 어디에 가서 밟거나 눕거나 저주를 받는 것이다. 가인의 이 저주는 영혼에 대한 저주인 것이다. 왜냐하면 땅이 그 입을 벌려 있고 아우의 핏소리가 땅에서 울부짖기 때문이라는 것이다.

호소한다는 것은 날카로운 소리를 지른다는 뜻으로 "사람 살려, 사람 살려"라고 부르짖는 비명 소리이다. 이제 가인은 살인죄 때문에 땅에 거하는 동안 어디로 가도 "사람 살려!" 하며 날카로운 소리로 비명치는 소리에 평생을 시달려야 했다. 그것은 영혼의 저주이다. 그의 영혼은 이렇게 핏소리의 비명소리 때문에 편할 수 없었다.

2. 땅이 네게 효력을 주지 않는다고 하셨다.

땅은 아터지때에 이미 저주를 받았다. 땅이 가시와 엉겅퀴를 내고 노동하는데 땀을 흘리지 않을 수 없게 하였다. 그런데 가인 때문에 또다시 그 땅이 저주를 받았으니 이중적 저주를 받은 것이다.

땅은 인간의 고향이요 어머니요 삶의 터전이요, 마지막에는 죽은 자의 돌아갈 무덤이다. 그런데 가인의 범죄를 인하여 하나님은 가인과 땅과의 정상적인 관계를 단절시켰다.

처음에 하나님은 토양에 무진장의 생산력을 주셨다. 그러나 인간의 범죄로 인하여 효력 즉 생산력, 능력 본질을 제어하사 정당한 노동의 소출을 허락치 아니하셨다. 식물로 삼는 각종 채소류나 곡물 등은 밭에서 나는 것으로 인간이 노동을 제공할 때 그만큼 수확을 얻을 수 있었는데 이중적 저주로 인하여 아무리 가인이 밭에서 노동한다 해도 헛수고라는 것이다.

모세는 "내가 오늘날 네게 명하는 그 모든 명령과 규례를 지켜 행하지 아니하면 이 모든 저주가 네게 임하고 네게 미칠 것이니 성읍에서도 저주를 받으며 들에서도 저주를 받을 것이요 네 광주리와 떡 반죽 그릇이 저주를 받을 것이요 네 몸의 소생과 네 토지의 소산과 네 우양의 새끼가 저주를 받을 것이며 네가 들어와도 저주를 받고 나가도 저주를 받으리라… 네 손으로 하는 모든 일에 저주와 공구와 견책을 내리사 망하며… 폐병, 열병, 상한과 학질과 한재와 풍재와 썩는 재앙으로 너를 치시리니… 네 머리 위의 하늘은 놋이 되고 네 아래의 땅은 철이 될 것이며 비 대신에 티끌과 모래를 네 땅에 내리시리니 그것들이 하늘에서 네 위에 내려 필경 너를 멸하리라… 네 토지 소산과 네 수고로 얻은 것을 네가 알지 못하는 민족이 먹겠고… 이러므로 네 눈에 보이는 일로 인하여 네가 미치리라… 네가 많은 종자를 들에 심을지라도 메뚜기가 먹으므로 거둘 것이 적을 것이며 네가 포도원을 심고 다스릴지라도 벌레가 먹으므로 포도를 따지 못하고… 네 모든 경내에 감람나무가 있을지라도 그 열매가 떨어지므로… 네 모든 나무와 토지 소산은 메뚜기가 먹을 것이며…"(신 28:15-68)라고 하였다.

저주받을 자들의 저주를 읽을 때 끔찍스럽고 비탄에 빠지게 된다. 가인이 받은 두 번째 저주는 노동의 실패이다. 그의 직업은 농업이었으니 직업에 내린 저주인 것이다. 그는 그의 직업에서 절대로 성공할 수 없고 저주만 따를 뿐이다.

3. 너는 땅에서 피하며 유리하는 자가 되리라고 하셨다.

가인은 당시 많은 사람들에게 얼굴을 들고 살 수가 없었다. 친동생을 쳐서 죽였다는 오명이 널리 알려지고 또한 그것이 첫 살인이었기에 사람들은 가인을 만날까 두려워 했고 가인을 불쌍히 여겨서 은신처를 제공하지 않았으며 냉대와 비웃음과 손가락질을 하였다. 그러므로 가인은 가정에서 거절 당하고 사회에서 거절당했다. 유리하는 자가 되었다.

첫 번째 저주가 영혼의 저주이고, 두 번째 저주가 노동실패의 저주이며, 마지막은 육체방황의 저주인 것이다. 평안한 안식처를 잃고 이리저리 방황하는 나그네같이 그는 방황하지 않을 수 없다. 유대인은 무죄하신 예수의 피를 흘렸다가 지상에서 수천년간 유리 방황하는 생활을 살고 있다. 그들은 가인의 후예들이다.

그는 어디로 가든지 살인자라는 공포와 불안, 양심의 외침 때문에 끊임없이 유랑하며 떠돌아 다녔다. 피하여 유리하는 자란 도망자, 피난자의 뜻으로 계속해서 도망치다, 흔들린다는 것이다. 그는 하나님께와 사람에게와 다른 피조물에게도 버림을 당하여 살았다. 죄의식에 사로잡혀 일생을 심적으로 쫓기는 삶을 살았다는 것을 암시하는 말이다. 그리고 한 곳에 안주할 수 없기 때문에 떠돌이 나그네 신세가 되어 방황했다.

가인의 절망과 탄식

(창 4:13-15)

섹스피어의 <맥베트>에 보면 왕위를 탐한 맥베트 부처는 자기집에 손님으로 온 던칸왕을 칼로 죽인 후 그 피묻은 손을 씻으려 하였으나 그것이 지워지지 않았다. 이때에 맥베트 부인은 그 피묻은 손을 들여다 보며 양심의 가책을 견디지 못하여 정신을 잃고 부르짖기를 "저라 이 무서운 피야, 저라, 나의 이 손은 다시 깨끗하여지지 아니하려느냐, 내 손은 아직 피비린내에 젖어 있다"고 하였다. 그 아내와 공모한 맥베트도 고민과 양심의 가책을 지우지 못하여 시의를 보고 "아 그대는 나의 병든 머리를 시원하게 고쳐줄 수 없는가. 내 맘 속에 꽉 들어찬 이 공포심을 씻어 줄 수 없는가 내 마음을 떨리게 하는 그 무서움을 없애줄 수가 없는가" 하면서 부르짖었다. 맥베트의 지혜로운 의사는 "그런 병은 병자 자신이 고쳐야 됩니다. 그러므로 그러한 이는 나같은 의사보다 하나님이 더욱 요구됩니다"라고 대답하였다.

언제나 죄인은 불안, 공포, 양심의 가책, 생명의 손실이 있게 되는 것이다. 가인은 하나님의 선고를 받고 "여호와께 고하되" 하였다. 고하되란 자기의 죄를 인정하고 회개 자백하는 고백이 아니고 형벌이 너무 중하다고 하면서 불평하며 절망 탄식하는 고함이다.

얼마나 철면피인가? 여기까지 왔는데도 하나님 앞에서 끝까지 불평하고 형벌이 무겁다고 한탄을 하다니 더 이상 이 악독한 악마에게 무엇을 기대할 수 있으랴! 아우 의인 아벨을 쳐죽인 중죄인이 형벌이 무겁다니 참으로 가소롭고 당장에 처형되었으면 한다. 그러나 하나님은 여기까지 참으시고 즉각 죽이는 것이 아니라 그곳에서 내어쫓으셨다.

하나님이 바라시는 것은 하나님의 은총의 부요함이요 그를 죽이는 것만이 전부는 아니셨기 때문이다. 가인은 잔악한 죄의 기념물로, 또 인간의 피를 흘린 살인에 대한 경고로써 살려두어야만 했던 것이다.

1. 죄벌이 중하여 견딜 수 없다고 하였다.

이 말은 자신의 죄에 대한 극악성을 개탄하는 것이 아니라 자신이 받는 형벌이 너무나 무겁다고 한탄 절망하는 것이다. "견딜 수 없나이다"라는 말은 "내려진 형벌을 순순히 받아들이지 못하겠다"는 뜻으로 무서운 죄를 짓고서도 하나님께 비난하면서 대들었던 가인의 뻔뻔스러운 언사를 회상시켜 주는 것이다.

하나님의 공의를 비난하고 하나님의 자비에 대해 모욕하는 언사이다. 자기의 죄에 대한 형벌은 받아들이지 않으면서 오히려 하나님의 선고에 대하여 도전하며 비난하는 것이다. 이렇게 간악하고 교만한 자를 어찌 용서할 수 있는가?

하나님의 은혜는 죄를 회개하는 자에게 내려진다. 자기에게 부당하다고 불평(원망)하는 자에게는 하나님의 용서의 은혜는 베풀어지지 아니한다. 하나님은 은혜로써 가인에게 대하셨는데 가인은 엄중한 형벌을 받고 있다고 생각하는 것이었다.

티베리우스는 양심의 가책으로 원로원에게 자신이 매일 죽임을 겪는 것 같다고 하소연 했고, 리차드 3세는 아무 죄도 없는 조카 둘을 죽이고 밤마다 무서운 꿈을 꾸고 칼을 빼들고 침실 주위를 미친 듯이 쫓아다녔다.

데오드릭 왕은 30년 간 왕위에 있었는데 혈기를 못이겨 무죄한 친구 두 사람을(보에디오스와 디메커스) 억울하게 죽이고 그것이 실수임을 항상 후회하였다. 어느 날 생선의 눈을 식탁 위에서 보고 자기가 죽인 친구의 눈알로, 생선의 이빨은 죽은 친구들이 이를 악물고 덤벼드는 것으로 양심에 가책을 심하게 받아 침대에서 다시 일어나지 못하고 삼일 후에 죽었다.

그러나 여기 가인이라는 최초의 살인자는 의인이요 친아우인 아벨을 잔인하게 죽이고서도 양심의 가책도 없었다. 자기가 받는 형벌만이 중하다고 투덜댔으니 지독한 악마의 종자가 아니고 무엇인가?

2. 내가 주의 낯을 뵈옵지 못하리라고 하였다.

이 지면에서 쫓아내신다고 하였다. 가인이 범죄하고 선고받은 그날 즉각 이 지면에서 추방되는 것이었다.

아담을 에덴동산에서 쫓아내신 하나님이 이제는 가인을 내어 쫓으신다. 아담은 에덴동산 안에서 밖으로 쫓아내신 것이고, 가인은 이 지면에서 쫓아내신 것이다.

가인은 이제 자기가 출생하고, 가정이 있고 농업을 하던 자기 집으로부터 추방당하는 것이다. 그가 쫓겨나므로 그와 동행하는 자도 없고 낯선 땅으로 아무런 희망도 없이 떠나야 했다. 그는 정착할 곳이 없고 전혀 안식을 얻을 수 없는 암흑의 세계로 가야 했다. 그가 가는 저쪽 끝에는 영원히 캄캄한 지옥의 문이 보인다.

칼빈은 "하나님의 낯을 피하는 것은 하나님에 의해서 관심의 대상이 되지도 못하고 하나님의 보살피시는 보호도 받을 수가 없는 것이다"라고 해석하였다. 하나님은 어디든지 계시지만 특별히 나타나신 장소, 곧 에덴의 문 곁에서 뵙지 못한다는 뜻이라고 생각한다.

"내게 토단을 쌓고 그 위에 너의 양과 소로 너의 번제와 화목제를 드리라. 내가 무릇 내 이름을 기념하게 하는 곳에서 네게 강림하여 복을 주리라"(출 20:24)고 하셨기 때문이다. 예수께서는 "저주를 받은 자들아 나를 떠나 마귀와 그 사자들을 위하여 예비된 영역한 불에 들어가라"(마 25:41)고 하셨다. 가인같이 저주받은 자는 하나님을 떠나지 않을 수 없다(4:16).

하나님은 "하나님을 버리며 언약을 어기는 자들에게는 얼굴을 숨겨 보이지 않게 하신다"(신 31:17) 하셨고, "다른 신을 쫓는 모든 악행을 인하여 반드시 얼굴을 숨기리라"(신 31:18)고 하셨다. 또한 "심히 패역한 종류요 무식한 자녀에게 그 얼굴을 숨겨 그들에게 보이지 않게 하겠다"(신 32:20)고 하셨다. 그리고 "오직 너희 죄악이 그 얼굴을 가리워서 너희를 듣지 않으신다"(사 59:2)고 하였고 "그들이 범죄하였으므로 내 얼굴을 그들에게서 가리우고"(겔 39:23)라고 하셨다. "주의 이름을 부르는 자가 없고… 주를 붙잡는 자가 없어서 주께서 얼굴을 숨기신다"(사 64:7)고 하였다. 주님께서 낯을 숨기시면 저희는 떨고 두려워 한다(시 104:29). 히브리서에는 "모든 사람으로 더불어 화평함과 거룩함을 좇으라 이것이 없이는 아무도 주를 보지 못하리라"(히 12:14) 하였으며, 예수께서는 "마음이 청결한 자는 하나님을 볼 것"(마 5:8)이요, "사람이 거듭나지 아니하면 하나님 나라를 볼 수 없느니라"(요 3:3)고 하셨다.

그런데 가인은 하나님을 반역하고 훼방했으며 살인한 이성없는 짐승같은 멸망자로 어찌 하나님의 낯을 뵈올 수 있는가?(유 10-12)

내가 땅에서 피하며 유리하는 자가 될찌라고 하였다. 유리하여 도망 다니는 자라는 말인데 범죄한 양심이 가책을 가져오고, 앞으로의 자기의 비참한 생애를 생각할 때 두려워하는 마음이 생겼다. 정착할 곳도 없이 방황하며 도망다니고 사람들의 낯을 피하여 다닌다는 것이 얼마나 비참한 일인가?

그러나 이 말 역시 자기가 지은 죄를 생각지 못하고 형벌에 대해서만 불평하고 절망하는 것이다. 이로써 가인은 하나님의 임재가 있는 교회에서 쫓겨나고 악한 자의 조상으로 유리 방황하게 되었다.

3. 나를 만나는 자가 나를 죽이겠나이다 라고 하였다.

그 때는 아담과 하와 사이에서 자녀가 출생되어 여러 지역으로 흩어져 살고 있었다. 성경이 그것을 알려주지 않는 것 같으나 다만 구속사에 필요한 인물에 대해서만 기록했을 뿐이다. 예수님의 18년 간의 공백기간 동안 무슨 일이 있었지만 그 또한 구속사에는 그다지 필요한 것이 아니기 때문에 성경에는 기록이 안된 것이다.

고대인들은 어떤 범죄로 저주를 받은 자는 추방을 당하고 법적 권한을 박탈당하였다. 따라서 그는 누구든지 자유로이 죽일 수 있었다.

히브리인들도 자기의 혈족이 억울하게 살해당했을 때에는 친척이 보복할 수가 있었다(민 35:19-21). 그러므로 가인은 유리방황하는 도망자로 살 때에 그 생명의 위험을 느껴야 했다.

지금까지의 주위의 사람들은 가까운 형제와 조카들 정도이다. 아주 가까운 한 가족식구들이지만, 아벨에게 잔인하고 하나님께 대들면서 뻔뻔스럽던 가인은 두렵고 떨렸다.

가인은 하나님의 보호에서 추방되었다. 가인의 생명에 위험을 주는 대상은 사람들만은 아니다. 모든 피조물들도 그를 대적하여 올 것이었다.

잠언에 "악인은 쫓아오는 자가 없어도 도망하나 의인은 사자같이 담대하니라"(잠 28:1) 하였고, 시편에는 "저희가 두려움이 없을 곳에서 크게 두려워 하였으니…"(시 53:5)라고 했다. 엘리바스는 "악인은 그 일평생에 고통을 당하며… 그 귀에는 놀라운 소리가 들리고 그 형통할 때에 멸망시키는 자가 그에게 임하리니… 칼날의 기다림이 되느니라…"(욥 15:20-24)고 하였다.

하나님은 가인을 죽이지 못하도록 표를 주셨다. 왜 하나님은 가인에게 이처럼 관대하게 대하시는가? 아벨의 빠른 죽음이 저주가 아니듯이 가인의 긴 세월의 삶도 축복이 아니었다.

하나님의 얼굴을 뵈올 수 없는 암울한 땅으로의 방황은 차라리 즉각 죽는 것보다 더 고통스러운 저주의 형벌이었다.

가인에게 준 표는 기념비, 증거, 깃발, 표시 등의 뜻으로 어떤 가시적인 표라고 생각된다. 모양은 십자형이니 하나님이 보호하신다는 표에 불과하고 사람들에게 살인자라는 것을 알리는 것으로 치욕적인 표이다.

가인은 하나님의 진노중에 보호를 받았다. 당장 죽이지 않으신 것은 목적이 있으셨다. 당장 죽였다면 사람들은 금방 끔찍스러웠던 살인죄를 잊었을 것이기 때문이다.

가인을 죽이는 자는 7배의 벌을 받는다고 하신 말씀도 가인을 살려 두고 그의 비참한 생을 보게 함으로 살인을 하는 자는 그보다도 7배의 벌이 있으니 그것을 방지하시기 위함이었다.

죽음은 하나님을 떠난 것이다. 하나님없이 사는 것은 영적 죽음이다. 가인은 이제 "여호와 앞을 영원히 떠났다"(4:16).

가인의 도성

(창 4:16-17)

가인이 여호와의 앞을 떠나 나아갔다. 하나님을 스스로 저버린 자들은 "저주를 받은 자들이여 내게서 떠나 영원히 저주받은 자들의 지옥으로 가라"는 심판주의 명령을 따라 떠나갈 수밖에 없었다.

예수를 판 가룟 유다가 예수의 면전에 있을 수 없었다. "나와 함께 만찬석에 떡을 떼는 이가 나를 팔 자라"(요 13:26-30)고 하실 때 유다가 그 조각을 받고 곧 나가니 "밤이더라"고 하였다. 이제 예수의 얼굴을 뵈올 수 없게 된 가룟 유다는 예수의 면전을 떠나서 "밖으로 나갔는데 밤이더라"고 한 것이다.

밤이라는 것은 사단이 지배하는 세계였다는 것을 의미한다. 사단은 흑암의 세력자이고 밤에 작회하는 악령이다. 유다는 그 마음에 사단이 들어갔으니(요 13:1-2) 마음도 밤이요 그가 떠나간 세계도 밤이었으므로 완전히 하나님이 없는 세계에서 활동한 것이다.

바울은 이렇게 말했다. "하나님을 모르는 자들과 우리 주 예수의 복음을 복종치 않은 자들에게 형벌을 주시리니 이런 자들이 주의 얼굴과 그의 힘의 영광을 떠나 영원한 멸망의 형벌을 받으리로다." 가인이나 가룟 유다는 주의 얼굴과 그의 힘의 영광을 떠나 영원한 멸망의 형벌을 받기 시작한 것이다. 가인의 경우에 어떻게 보면 하나님의 면전에서 떠나는 것이 다행이었을 것이다.

거룩한 무리들의 예배에 참석할 수 없고 가나안 땅과 같은 젖과 꿀이 흐르는 땅도 아닌 위험한 땅으로 떠났다. 사단에게 내어던져 준바된(딤전 1:20) 가인은 고향을 떠나 다시 돌아올 희망조차도 끊긴 채 떠나야 했다.

죄는 곧 하나님과 멀어지는 것이다. 그 죄의 형벌은 암흑한 세계에서의 방황이요 도망이다. 이제 가인은 무조건 하나님의 낯을 피하여 멀리 멀리 미지의 땅으로 간다. 물론 그땅에도 아벨의 비명소리가 가인을 괴롭힐 것이다.

1. 에덴 동편 놋땅에 거하였다.

놋땅에 대한 지리학적인 위치는 에덴의 동편이라고 하였다. 놋이란 말은 "요동한다, 들림의 땅, 유리하는 땅"이라는 뜻으로 그가 유리하며 도망하는 생활을 했기 때문에 거기서 파생된 것이라고 생각된다(시 56:8).

"거하였더니"는 "정착하다, 계속하다"는 뜻이니 "땅에서 유리하는 자, 피하는 자가 되리라"는 하나님의 저주의 말씀에 대항이라도 하는 듯이 한 장소에 정착하려 하였다는 것이다.

"떠나 나가"라는 말도 가인을 하나님께서 등을 밀쳐 떠나보내기 앞서 스스로 하나님께로부터 멀어지려는 의사가 강하여 밖으로 달아났다는 것이다.

놋땅은 아담과 하와와 경건한 신앙의 가족들이 사는 곳과는 멀리 떨어진 위치에 있었고 저주받은 자들과 거룩한 자들을 구별시키는 곳이었다(계 20:9). 놋땅은 에덴 동편이라고 했는데 그곳은 "그룹들과 화염검"이 빙빙 돌며 감시했다(창 3:24). 그러므로 가인은 하나님께 도전하고 보란 듯이 그땅으로 나가 자기 거처로 택한 것이다.

또한 놋땅은 "요동한다, 들림의 땅, 유리하는 땅"이라는 의미가 있다. 그곳에 정착했더라도 그 자신의 영혼이 끊임없이 요동하고 흔들리며 유리하였다는 것이다. 하나님을 떠나는 영혼은 언제나 어느 곳에 있으나 참된 평안과 안식을 얻지 못하고 영원한 요동 속에 빠진다. 히브리서에는 "그러므로 우리가 진동치 못할 나라를 받았은즉 은혜를 받자"(히 12:28)고 하였다. 그곳은 하나님의 나라요 가인의 거처는 진동하는 땅, 흔들리는 땅이었으니 평안과 안식을 찾을 길이 없었다.

에스겔은 "내가 그들과 화평의 언약을 세우고 악한 짐승을 그땅에서 그치게 하리니 그들이 빈들에 평안히 거하며 수풀 가운데서 잘찌라… 내가 그들에게 복을 내리며… 그들이 그땅에서 평안할찌라"(겔 34:25-27)고 하였고, 다시 "성벽도 없고 문이나 빗장이 없어도 염려없이 다 평안히 거하는 백성"(겔 38:11)이라고 했다.

소발은 "마음을 바로 정하고 주를 향하여 손을 들 때에 네 손에 죄악이 있거든 멀리 버리라 불의로 네 장막에 거하지 못하라 하라. 그리하면… 네가 소망이 있으므로 든든할찌며 두루 살펴보고 안전히 쉬리니 네가 누워도 두렵게 할 자가 없겠고… 그러나 악한 자는 눈이 어두워서 도망할 곳을 찾지 못하리니…"(욥 11:13-20)라고 하였다.

예수께서는 "나의 평안을 너희에게 주노니"(요 14:27) 하시고 "수고하고 무거운 짐진 자들아 다 내게로 오라 내가 너희를 쉬게 하리라"(11:28)고 약속하셨다.

2. 아내가 잉태하여 에녹을 낳았다.

가인은 아내가 있었다. 여기서 우리는 아담과 하와 그리고 가인, 아벨 외에 또다른 자손들이 출생하고 있었다는 것을 알 수 있다. 당시로서는 근친 결혼일 수밖에 없었을 것이라고 생각된다.

저주받은 가인에게도 약간의 위로가 있었음을 짐작할 수 있다. 그것은 슬픔을 함께 나눌 수 있는 아내가 있었다는 것이다. 모르긴 해도 가인의 아내는 살인사건 이전에 결혼했으리라고 보는데 그 이유는 처참하게 동생을 쳐죽인 살인자에게 시집올 여자는 없었을 것이기 때문이다. 아무튼 가인에게 있어서 아내가 동반하고 있었다는 것은 유일한 위로가 되었을 것이다.

루터는 "나는 아내(카타리나)와 함께 있는 가난함을 그가 없는 어떤 재물과도 바꾸기를 원치 않는다"고 하였다.

가인의 아내는 에녹을 낳았다. 가인의 불순종의 타락에도 생육번성의 축복은 계속되어 가인은 아들을 낳고 에녹이라고 이름했다. 에녹은 "헌신된, 시작된"의 뜻인데 "가르치다, 헌신하다"는 뜻의 낱말에서 기원한 것이다.

하나님과 동행하다 승천한 셋의 후손 에녹(창 5:22-24)과 동명이인이다. 선과 악간에 같은 이름을 지을 수는 있으나 하나님은 구별하신다.

이스라엘의 초대왕 사울과 초기 교회의 박해자 사울은 같은 이름이었고, 예수를 판 가룟 유다와 또다른 제자 유다도 있었다. 그러나 하나님은 그들을 구별하셨던 것이다. 이름 뜻은 같으나 그들의 생애는 반대였다. 한 가지 분명한 사실은 아무리 이름을 의인답게 지어준다고 할지라도 인간 최고의 교과서인 성경말씀으로 교육하지 못하면 악인이 될 수도 있다는 것이다.

어느 시인은 "어머니 젖가슴 사이를 눈물의 골짜기"라고 했다. 그 계곡에 어머니의 노래가 있고, 기도가 있고, 땀이 있고 눈물이 흐르고, 피가 흐르는 희생이 있다. 거기에 아버지의 사랑보다 농도짙고 지성보다 뜨거운 인간생명체들의 자양분이 있다.

몬타구 박사는 "모든 탁아소는 아이들을 어머니 품으로 돌려 보내라"고 역설했다. 이것은 어머니가 자녀를 양육하는 위대한 교사이기 때문이다.

3. 가인이 에녹성을 쌓았다.

가인은 성을 쌓고 있었으며 그 성의 이름을 자기 아들의 이름을 따서 지었다. 에녹성이라는 것이다. 가인이 아들의 이름을 에녹(헌신된 자, 시작한 자)으로 작명한 것은 그의 자식에게 헌신되어지는 인물이 되기를 원했던 것이라고 생각된다. 자기가 쌓은 성을 에녹성이라 한 것은 그의 사회적 번영의 결과가 에녹 때문이라고 생각한 것이 아닌가 싶다.

그러면 가인이 무엇 때문에 성을 쌓았는가? "성을 쌓았다"는 말은 "쌓이고 있었고"로 쌓기 시작한 것을 말하고 완성은 되지 못했다는 것이다. 그는 영원한 도성을 쌓으려 했으나 그가 하는 일에 저주가 내리고 도망자, 방랑자의 생활을 해야 했기 때문에 그것을 완성할 수가 없었다.

그러면 왜 그는 성을 쌓고 있었는가? 옛날의 고향으로 돌아갈 생각이 없었기 때문이다. 가인이 진실로 고향으로 돌아가려고 마음을 정했었다면 여기에 많은 공력을 들여서 성을 쌓을 필요가 없었다. 고향으로 돌아간다는 것은 하나님의 교회로 들어가는 것을 의미한다. 그런데 가인은 영원히 교회는 가지 않고 이탈하여 반대 세력의 결집처로 사단의회(계 3:9)를 만들기 위함이었다.

하나님의 선고에 대해 정면으로 반항하는 것이다. 하나님의 선고는 "네가 유리하며 방황하라"고 하셨다. 그러므로 가인에게는 어느 한 곳에 성을 쌓고 정착된 생활을 한다는 것이 하나님의 말씀을 거역하고 반항하는 것이었다. 이것은 하나님의 명령을 무시하고 제 고집대로 하려는 완악한 교만이었다. 언제나 그는 하나님의 말씀과 반대로만 행했다. 영원히 에녹성에 정착하기 위해서였다.

경건한 의인들은 세상에 있는 동안 천막을 치고 살았다. 그것은 장차 하나님께서 에덴의 낙원에 들어가는 길을 여시면 영원한 도성이 거기 있기 때문에 이 세상에서는 어떤 성이 필요치 않았던 것이다. 아브라함도 장막집에 살면서 영원한 도성을 소망했다(히 11:9-10).

그러나 가인은 하늘의 도성에는 마음이 없었고 오직 이 세상에 성을 쌓고 영원히 살려고 했다. "금생에서 저희 분깃을 얻고자 했고 주의 재물로 채우심을 입고 자녀로 만족하고 그 남은 산업을 그 어린 아이들에게 유전하는자"(시 17:14)였다. 성도는 의로운 중에 "주의 얼굴"을 보는 것이다.

가인이 생각하기에는 에녹성을 쌓으면 자신의 공포와 두려움에서 보호를 받으리라고 생각하였다. 그러나 진정한 하나님의 보호 그 자체가 도성인 것이다. 다윗은 "나의 힘이 되신 여호와여… 나의 반석, 요새, 피할 바위, 나의 방패, 구원의 뿔, 나의 산성이시라"(시 18:1-2)고 간증했다.

다윗은 "여호와는 나의 빛이요 나의 구원이시니 내가 누구를 두려워 하리요 내 생명의 능력이시니 내가 누구를 무서워 하리요 나의 대적 나의 원수된 행악자가… 내게로 왔다가 실족하여 넘어졌도다"(시 27:1-2)라고 하였다.

가인이 두려워한 적은 도대체 누구인가? 하나님이었다. 도성을 쌓는다고 하나님이 가인을 어찌하지 못하시겠는가? 물론 땅에서의 아벨의 울부짖는 소리가 무서워서 일을 하고 쟁기소리를 냈을 수도 있다. 빌라도가 예수 죽인 죄를 "손씻는다"고 씻겨지는가?

가인은 도성에서 부귀영화를 누려보려 하였다. 신앙의 의인들은 지금 초라한 장막에서 살고 있다. 그러한 때에 거창한 큰 성을 쌓으면 의인들을 누르고 자기의 명성은 높아지는 것이었다. 가인이 곳곳으로 방랑하는 줄 알았는데 저렇게 한 곳에 버젓이 살고 있고 도성을 웅장하게 쌓았다고 사람들은 의아해 할 것이다. 의인은 장막에서 사는데 악인은 도성에서 살았다. 어떻게 보면 세상에서는 악인이 더 잘되는 것 같다.

가인의 가계자손들

(창 4:18-24)

아담과 하와 두 사람이 부부가 되어 인간은 상당한 숫자로 증가하여 여러 지역으로 넓게 퍼져 가고 있었다. 가인의 가계만 보아도 에녹, 이랏, 므후야엘, 므드사엘, 라멕까지가 아담으로부터 7대손이 된다.

아담, 셋으로 이어가는 신앙자손의 가계에 있어서 7대는 하나님과 동행한 에녹이라고 했다(유 1:14). 이렇게 놓고 볼 때 가인계통의 무신론 자손들과 셋 계통의 의인 계통의 자녀 생산을 어림잡아도 백만 명은 넘지 않았나 생각한다.

여기에 여호와 하나님없이 산 가인계의 자손도 많이 번성했는데 사실 신적 명령이 떠난 인구 증가는 축복이라고 할 수는 없는 일이다. 인간계에 들어온 죄의 영향력과 그 가운데서 가인의 후예들이 죄악된 자식을 낳음과 함께 죄악된 문화를 발전시키면서 급속히 늘어나는 과정이 여기 나타나 있다. 가인의 후손들에 의해서 인간의 문화가 진보 발전한 것은 웬일인가? 하나님께로부터 버림당했다는 생각으로 그들은 자연을 탐구하고 예술이나 시, 그리고 음악에 몰두하면서 위안을 받지 않았나 생각된다.

가인이 이 세상에서 경작한 것은 저주뿐이었다. 그 후손들은 자립할 수 있는 용기로 이 세상을 가능한 한 행복하게 만들려고 온갖 노력을 다 했을 것이다. 그들은 세상을 정복하고 그들이 즐길 수 있는 것이 되도록 최선을 다했다. 그것은 몇 세대 위에 예술을 개발하고 공업을 발달시키며 산업과 새로운 생활양식을 창안했다.

그리하여 가인의 후예들은 지상의 찬란한 도성을 건설했다. 그러나 우리 주 예수 그리스도께서는 하늘나라에 새 하늘과 새 땅을 건설하셨으니 지상의 도성이 비교할 수 없다. 지상에 하나님없이 건설한 도성은 머지 않아 뜨거운 체질에 녹아져 간데 없이 사라지지만 천상의 도시는 영원히 영광의 빛으로 충만할 것이기 때문이다.

1. 가인의 후손은 이름만 있고 사적은 없다.

"가인이 에녹을 낳고 에녹이 이랏을 낳았고 이랏은 므후야엘을 낳았고 므후야엘은 므드사엘을 낳았고 므드사엘은 라멕을 낳았더라"고 하였다. 이것은 아담으로부터 7대손을 기록한 것이다. 셋 계통의 족보에도 7대손이 에녹(유 14:)인데 그는 하나님과 동행하다가 승천한 사람으로 가인의 자손 에녹과는 동명이인이다.

당시에는 이름의 부족으로 같은 이름이 많이 있었던 것 같다. 셋 계통은 5장에서 한 세대에 대하여 3절씩이나 기록하고 있다. 셋, 에노스, 게난, 마할랄렐, 야렛, 에녹이다.

그러나 가인의 후손에 대한 가계 기록은 이름만 적혀 있을 뿐 그들의 사적에 대한 언급은 한 마디도 없다. 이것은 의인의 족보와 비교해 볼 때 무가치하고 의미가 없는 가계라는 것을 암시하는 것이다.

가인은 "획득, 소유"라는 뜻으로 그 어머니의 희망에 반하여 죄악과 불신을 소유한 무신론의 조상이다. 에녹은 "개시, 시작"의 뜻으로 하나님의 도성과 반대가 되는 도성을 쌓기 시작한 자이다. 그의 이름에서 가인의 교만을 발견할 수 있다.

이랏은 "야생나귀, 읍이나 도시 사람"의 뜻으로 무신론의 도성을 쌓고 야생나귀를 타고 돌아다닌 문명 도시인을 암시하는 것이 아닌지 모르겠다.

므후야엘은 "하나님께서 대적하고 계시다, 하나님이 치신 자"라는 뜻으로 하나님의 치심을 당하는 악한 생활을 살지 않았나 생각한다.

므드사엘은 "하나님의 사람, 기도의 사람, 벗은 사람"의 뜻으로 다행히 그는 기도하는 하나님의 사람다운 생활을 했다고 생각이 되어진다.

라멕은 "강한 자, 힘센 자"의 뜻으로 폭력주의자였다. 그것은 22-23절에 잘 나타나 있다.

2. 라멕의 자녀들이 있다(20-22절).

라멕의 아내 아다의 소생은 형제이다. 첫째로, 야발이라는 아들이다. 라멕의 아내 아다는 "꾸민 자(지혜)" 또는 "장식한 자"라는 뜻으로 야발을 낳았다.

야발이란 "여행자" 또는 "생산자"라는 뜻으로 산보하기 위해서 간다, 생산한다는 것이다. 여행자라는 말에서 그의 유목생활을 나타내고 있고, 생산자라는데서 그의 목축업하는 직업이나 그의 부를 나타내고 있다.

야발은 인류사상 최초의 목축업의 조상이 되었다. 야발은 목축업이라는 재산으로 즐기고 유발은 음악으로 즐겼다. 그러나 보날(Bonal)은 "그들의 심각한 부패의 징조이고 가인의 후예가 수금과 퉁소를 만들었다는 것도 하나님을 떠난 소행"이라고 하였다.

멀리(Murphy)는 "가인계통의 여유있는 환경을 암시하는 것"이라고 했으나 칸드리쉬(Candlish)는 "비종교적이고 신앙심이 없는 사람이 소유한 고등한 문화의 예를 제시한다"고 말했다.

라멕의 아내 씰라의 소생은 남매이다. 첫째로, 두발 가인이라는 아들이다. 라멕의 아내 씰라는 "그늘진" 또는 "딸랑딸랑", "악기 다루는 자"라는 뜻으로 두발 가인을 낳았다. 두발 가인이란 "넘쳐흐른다"는 뜻으로 그들의 물질적인 번영과 풍성함을 암시하는 것이다. 그는 "동철로 각양 날카로운 기계를 만드는 자"라고 했으며 최초의 대장간을 운영하면서 공업을 발전시킨 시조이다. 전쟁무기를 만들었을 것이고 농사 기구를 만들어서 기술을 크게 발달시켰을 것이다.

둘째로, 나아마라는 딸이다. 나아마는 라멕의 두 아내에게서의 외동딸인데 "사랑스러운"이라는 뜻이다. 그의 사적은 없지만 그 이름에서 하와의 이름과 비교가 되는 아름다움을 본다.

당시에도 육체적 미를 신앙적 경건보다 더 귀중히 여겼다. 라멕의 사남매에서 우리는 목축업, 음악, 기계공업의 조상을 볼 수 있으나 믿음의 조상은 없다는 것을 알 수 있다. 또한 우리는 하나님의 은혜에서 떠난 자들도 여러 재능을 받을 수 있음을 본다. 일반은사는 악인에게도 주어진다는 것이다.

3. 라멕의 다처와 폭력이 있다.

가인이 첫 번째 잔인한 살인자이더니 라멕이 다시 사람을 죽이며 일부다처를 하면서 무서운 폭력으로 기고만장하는 기사를 읽게 된다. "두 아내를 취하였으니"는 "자신을 위하여"라는 뜻으로 이기주의적인 목적과 욕망을 드러내는 것이다.

태초에 하나님이 제정하신 법은 일부 일처이다. 그리고 하나님이 짝지어 주신 것을 사람이 나눌 수 없다고 못박았다(마 19:5, 말 2:15).

라멕은 힘센 자라는 뜻이고, 그의 첫째 아내 아다는 장식한 자, 꾸미는 자(지혜)라는 뜻이며, 둘째 아내 씰라는 딸랑거리는 자라는 뜻이다. 라멕의 가정은 인간의 힘과 지혜와 감정을 바탕으로 했다고 생각되어진다. 성경은 축첩 뒤에 따르는 고통과 비극을 말씀하고 있다.

라멕은 살인을 아내들에게 자랑했다. 라멕은 자기의 아들이 철공소를 했기 때문에 폭력을 행하기에 안성맞춤이었던 것 같다. 여기 "죽였고… 소년을 죽였다"고 한 것은 사람을 가리지 않고 죽였음을 알 수 있다.

그는 누구든지 내게 상처를 입혔기 때문에 나는 그가 누구이든지 간에 가리지 않고 죽였다고 아내들에게 자랑한다. 그는 지독하게 잔인한 성격의 소유자였고 건방진 인간이었다.

라멕은 자기를 위한 벌이 77배이리라고 하였다. 가인에게 하나님은 너를 죽이는 자는 벌을 칠 배나 받으리라(4:15)고 하셨는데 라멕은 누구도 나를 죽인다면 그 사람은 77배의 벌을 받을 것이라고 하였다.

친동생을 죽인 가인을 죽이면 벌을 칠 배나 받는다면, 자기는 친동생도 아니고 다른 사람들을 죽였고 가인처럼 나는 하나님을 노엽게 하지도 않았으니 나를 죽이는 자는 77배의 벌을 받음이 마땅하다는 것이다. 이것은 하나님의 관용을 악용하는 것이고 악한 방법으로 하나님의 보호하심에 대하여 참견하는 오만불손한 태도이다.

라멕은 무지한 인간이었다. 7배나 받으리라고 하신 하나님의 말씀은 가인을 보호하기 위한 말씀이 아니었다. 그런데 라멕은 그것을 하나님의 보호로 알았고 폭력에 대하여 특권으로 주신 것인 줄 오해했으며 하나님께서 살인을 묵인하신 것이라고 생각했다. 그러니까 이것은 하나님께 살인자의 편을 드셨으니까 나는 누구든지 죽이는 것을 주저하지 않겠다는 것이다.

라멕이라는 사람은 한심하기 짝이 없다. 아담의 7세손으로 의인 가계에는 에녹이 있다. 그는 하나님과 동행하면서 승천한 유명한 성도였다. 그런데 악인 가계의 7세손이 라멕인데 그는 결혼법을 위반하여 일부다처를 했고 살인을 자랑했다. 자기의 악행을 오히려 자랑하고 하나님의 보호 아래 있다고 떠들었고 죄의 대가나 하나님의 심판을 믿지도 않았다.

아벨 대신에 주신 다른 씨

(창 4:25-26)

　본문은 "여인의 후손"으로 이어 나아갈 하나님의 거룩한 자녀들에 대한 기사이다. 바로 위에서 우리는 가인의 후예들이 성을 쌓고 하나님을 도전하며 세상적인 문화와 예술을 발전시키면서 폭력과 살인과 일부다처의 음란한 기록들을 보았다.

　진실로 아담에서 가인계통으로 이어지는 7대손까지의 세계가 이렇게 무법시대의 암울함 중에도 인간 구속을 위한 하나님의 계획이 셋과 에녹을 통해서 이어지고 있음에 하나님께 찬양하지 않을 수 없다. 하나님은 인간의 실패와 범죄와 절망을 넘어 인류구원을 위한 계획과 섭리를 성취하시기 위하여 하나님의 의로운 사람 아벨 대신에 셋을 준비하셨던 것이다.

　한때 아담과 하와는 절망에서 몸부림쳤을 것이다. 왜냐하면 아벨이 형 가인의 손에 처참하게 죽었고 큰 아들 가인마저 그들의 곁을 떠났기 때문이다. 그러므로 그들은 두 아들을 다 잃은 슬픔을 안고 절망했을 것이다.

　야곱이 열두 아들 중에 가장 사랑했던 요셉이 죽었다는 열 아들들의 말을 듣고 "자기 옷을 찢고 굵은 베로 허리를 묶고 오래도록 그 아들을 위하여 애통하니 모든 자녀가 위로 하되 그가 그 위로를 받지 아니하여 가로되 내가 슬퍼하며 음부에 내려 아들에게로 가리라 하고 그 아비가 그를 위하여 울었더라"(창 37:34-35)고 하였다. 여러 해가 지난 후 야곱은 베냐민을 잃은 줄 알고 "그의 형은 죽고 그만 남았으니… 그 몸에 재난이 미치면 나의 흰 머리로 슬피 음부로 내려가게 함이 되리라"(창 42:38)고 하였다.

그런데 아담과 하와에게 하나님은 아벨 대신에 다른 씨 곧 셋이라는 아들을 주셔서 그들에게 얼마나 위로가 되었던가? 셋은 부모에게 소망이요 하나님의 크신 선물이었다.

1. 셋은 아벨 대신에 주신 씨였다.

아담과 하와 사이의 아들과 딸이 많았으나 구속사에 기록된 아들들의 이름으로 하면 셋은 그들의 셋째 아들이다. 다른 자식도 셋이라는 아들이 날때까지 가인의 길을 따르고 그들끼리 힘을 합하여 폭력적인 세계를 형성해 갔는지는 알 수 없다. 하와는 아벨과 같이 의롭고 경건한 믿음의 아들을 기대하고 소망했을 것이다. 여인의 후손에 대한 계시와 예언이 약속되어 있어 가인 계통으로는 이미 틀린 일이고 아벨은 허무하게 죽었기 때문에 그러한 기대는 더욱 강했던 것이다.

드디어 하나님은 아들을 셋째로 주셨는데 그가 아벨 대신에 주신 씨라고 하면서 하나님을 찬미했다. 그러므로 셋은 아벨의 씨가 되는 것이다. 그러면 아벨은 어떤 씨인가?

아벨은 "믿음의 씨"(히 11:4, 마 17:20)이다. 성경에 물질의 씨(창 1:29)와 자손이라는 씨(히 2:16)도 있으나 아벨은 믿음이 있어서 믿음의 제물, 믿음의 인격, 믿음의 증거, 믿음의 예배를 드렸고 믿음으로 의로운 자였다. 셋에게 아벨의 믿음씨가 이어지는 것이었다.

아벨은 "예수의 씨"(갈 3:16)이다. 성경에 보면 자손을 씨라고 하였으며, 예수님은 아브라함의 자손이기 때문에 씨라고 하신 것이다. 우리의 구주 예언의 후손되신 예수는 아벨의 씨가 되는 셋의 후손으로 세상에 오셨다. 그리하여 아벨의 피와 예수의 피(히 12:24)를 나란히 설명하고 있는 것이다.

아벨은 "천국의 씨"(마 13:31)이다. 예수께서는 천국은 마치 사람이 자기 밭에 갖다 심은 겨자씨 한 알 같다고 하셨다. 아벨의 피는 하나님의 천국이라는 교회(막 4:26)의 기초가 되었으며 예수의 피에 의해

완성된 교회 천국의 예표이다. 가인의 왕국은 사단의 집합체였다. 아벨의 순교적 피는 하나님 교회의 밑거름이 되고 하나님의 천국을 건설하는 씨와 같았다.

아벨은 "성령과 말씀의 씨"(갈 6:8, 벧전 1:23)이다. 아벨은 성령으로 심어 셋이라는 영생을 얻는 믿음의 씨들을 추수했고 말씀으로 심어 죽는 순간까지 하나님께서 말씀하시고 계시하신 방법으로 하나님을 예배하는 말씀의 씨를 셋에게 뿌린 것이다.

2. 셋은 "놓다, 두다, 자리잡다, 지정하다, 안정된, 정해진"의 뜻이 있다.

히브리 사회에서는 자녀의 이름은 대개 아버지가 짓는 것이 관행이었으나(다음 절) 어머니가 이름을 지어준 경우도 있다(4:1). 이것은 친히 해산의 고통을 겪고 낳은 자녀에 대한 모정과 기대를 드러낸 것을 암시한다. 셋은 아벨 대신 의인으로 지정하여 하나님이 출생시키신 것이다.

영광스럽게도 여기서부터 교회가 시작되는 것이다. 교회는 지정된 자, 선택된 자, 정해진 자들의 단체이다. 그리고 교회는 아벨 대신에 작정하신 씨들인 것이다.

셋이 태어남으로부터 엉망진창이 되어버린 가계를 재건하게 되고 사단의 왕국 도성에 대하여 영원히 승리하는 하나님의 의인 왕국을 건설하게 된 것이다. 여기서 우리는 배울 교훈이 있다.

먼저, 하나님의 구원은 선택에 있다는 것이다. 죄인이 구원받는 것은 은혜로(엡 2:8)라고 했다. 구원은 인간편의 어떤 공로나 수양과 수단 방법에 의한 것이 아니다. 하나님께서 천만인간중에 구원의 백성으로 지정했다는 선택에 있다는 것이다.

그리고, 하나님의 교회는 하나님이 지정해 놓으신 단체라는 것이다. 사단의 왕국은 가인이 그 도성을 쌓았으나 하나님의 교회는 하나님께서 지정하여 세워놓으신 아벨의 씨들이 모이는 거룩한 의인들의 단체인 것이다.

가인이 유리 방랑하는 죄인이 된 반면에 셋은 안정된 위치에 놓여서 교회를 이루었다. 그것은 그의 이름이 놓여진, 안정된 자의 뜻이 있기 때문이다.

셋이 아들을 낳고 그 이름을 에노스라고 하였다. "에노스"란 "병든 사람, 연약함, 죽거나 썩어질 사람" 즉 모든 인간에게 일반적인 이름으로써 인간의 연약하고도 시험 유혹에 빠지기 쉬운 상태를 의미하는 것이다.

이것은 하나님의 경건한 의인들이라 할지라도 연약하고 병들고 죽고 썩어질 비참한 인간에 불과하다는 것이다. 그러므로 셋의 후손이라 해도 혈통을 자랑할 것이 아니라 겸손해서 하나님의 영광을 나타내는 교회 성도가 되어야 한다.

3. 셋은 여호와의 이름을 부르게 하였다.

하나님께서는 언제나 여호와의 이름을 부르는 자들과 함께 하신다. 이제 셋 시대의 가정이 놀랍게 신앙으로 부흥되는 사실을 여기 한 절 속에 담고 있는 것을 볼 수 있다.

그 때에 신앙부흥이 일어났으니 "그 때"는 언제인가? 이 말씀 바로 위에 에노스의 출생이 있어서 셋의 아들 에노스가 태어난 때가 아닌지 모르겠다. 그러나 그때보다도 가인이나 라멕 계통의 악인들이 폭력을 일삼고 죄악의 도성에서 무서운 범죄를 서슴치 않았던 그때를 의미한 것이라고 생각된다. 세상의 악이 판치는 그때에 세상 사람들이 악해진 때에 셋의 시대 성도들은 그 슬픈 비극을 보면서 하나님께 예배했다는 것이다.

"그 때에 사람들이…"란 가인이나 라멕 계통의 사람들이 아니다. 아벨이나 셋과 같이 의롭게 믿음으로 사는 사람들이다. 하나님을 예배하는 사람들은 스스로 분별하여 신앙 부흥을 위해 힘썼고 가인의 후손들의 악함이 만연된 것을 보고서 더욱 신앙을 깊이 했다. 그리하여 자기들의 사가에서나 공적 집회에서 여호와의 이름을 불렀다. 그것은 공적 신앙의 고백이다.

그다음에 비로소 여호와의 이름을 불렀더라는 것이다. 여호와의 이름은(출 3:14) 스스로 존재하시는, 그리고 인생에게 자기를 계시하신 하나님을 의미한다. 여호와의 이름을 부르는 것은 예배와 기도와 찬송의 종교적 행위를 의미한다.

의인과 악인이 완전히 구별되었다. 가인의 계통자들은 하나님을 떠나 도성을 쌓고 사람의 아들들이 되고 셋의 계통자들은 장막에 살면서도 하나님께 제단을 쌓고 하나님의 아들이라는 칭함을 받아 신, 불신간의 구별이 분명하게 시작되었다. 셋 자손은 의인으로 종교적 행위를 제일의 목표로 살고 가인 자손은 악인 자손으로 세속적 문명발달에 기여했다.

그리하여 의인들은 의인 에녹같이 구속, 부활, 승천, 영생을 소망하여 장막에 살고 악인들은 문화와 문명을 위안삼아 세상 불신앙의 탑을 소망했다.

아담의 향년

(창 5:1-5)

5장 한 장 속에는 유명한 아담으로부터의 10대손의 전기가 기록되어 있다. 하나님께서는 인간을 중요하게 평가하시는 것을 알 수 있다. 그러나 전기라고 해도 하찮은 인물뿐이고 낳고 죽었다라는 아주 짧은 기록뿐 몇 사람을 제외하고는 별로 귀중하다고 할 기사를 읽을 수 없다.

하나님께서는 해와 달과 별, 그리고 지상의 각종 나무와 식물, 생물, 바다의 어류, 공중의 조류들을 창조하시고 창세기 1장에 그것을 모두 다 나타내심으로써 천체 숭배나 지상의 어떤 것을 우상화하여 섬기는 것을 막으시려 하셨다. 이와 같이 5장에서는 1장과 절수도 거의 비슷한 곳 지면에 인간의 10대 전기를, 그것도 가장 유명한 자들의 사적을 담음으로써 인간이 인간을 숭배하려는 것을 방지하심이라고 할 수 있다.

하나님은 사람을 창조하실 때에 하나님의 형상대로 지으시고 남자와 여자를 창조하셨고 그들에게 복을 주시고 "그들의 이름을 사람이라"고 일컬으셨다. 사람은 앞에서도 설명했거니와 "흙" 또는 "붉은 흙"이라는 뜻이다.

이것은 사람의 육체적 기원과 재료가 "흙, 먼지"임을 재강조시킴으로써 인간은 숭배할 대상이 될 수 없고 연약하고 깨어지며 끝내는 흙으로 돌아갈 존재이므로 인간속에 하나님의 형상을 주신 하나님을 경배하며 스스로 겸손해야 할 것을 의미한다. 유명한 인물 10대손 중에서 아담은 머리였다. 모든 인류의 대표자였다.

그러나 그는 흙에서 왔고 흙으로 갈 인간에 불과했다. 그러므로 인간은 자기의 족보에 있어서 머리라고 일컬을 수 있는 인물까지도 흙으로 된 인간이기에 자랑할 것이 한 가지도 없는 것이다.

1. 아담이 자기 형상과 같은 셋을 낳았다.

아담은 130세에 자기 모양 곧 자기 형상과 같은 아들을 낳아 이름을 셋이라고 하였다. "일백삼십세"에서 "세"는 "돌아오다, 반복하다"에서 파생된 말이어서 "태양의 일주기" 곧 오늘날의 나이 계산법에 의한 것과 같은 것이다.

모양은 성질이나 성격상에 있어서의 유사성, 환영, 그림자 등을 의미하는 말이다. 여기의 "모양"은 아담 자신이 창조될 때와 같은 그러한 신적인 형상이 아니고 그 자신의 타락한 본성의 모양이나 형상을 의미하는 것이다. 그러므로 셋은 죄에 의해서 변질되고 부패한 육신에 따라 죄인으로 태어난 것이다.

사람은 누구나 죄중에 태어난다. 물론 출생한 후에 성령으로 거듭나면 새 사람이 되지만 출생 때에는 모두가 다 죄인으로 태어난다. 영혼의 기원에 대해서는 세 가지 학설이 있는데 선재설, 유전설, 창조설이 그것이다.

선재설은 사람의 영혼들이 이전 상태에 존재하였으며 또한 이전 상태에서 생긴 어떤 일은 그러한 영혼들이 현재 발견되고 있는 상태를 설명한다는 이론을 제창한다.

유전설은 사람의 영혼들은 출생에 의해 신체와 함께 번식되며 따라서 부모에 의해 어린 아이에게 유전된다는 것이다. 창조설은 개별적인 영혼은 시간이 정확하게 결정될 수 없는 직접적인 창조 행위에 그 기원을 두고 있기 때문에 하나님의 즉각적인 창조로 간주된다는 것이다.

그러나 성경은 아담의 경우를 제외하고 사람의 영혼의 기원에 관해 직접적으로 진술하고 있지 않다. 우리는 성경에 기록된 것 이상으로 지혜로 둘 수 없음을 알아야 할 것이다.

"셋"은 "임명한다, 놓는다, 대신한다, 지정한다"는 뜻이다. 이때부터 가인계통과 구별되어 하나님의 선민으로 지정된 것으로 오늘 성도들의 조상이라 할 것이다.

그가 아담의 모양과 형상을 가졌으니 세상에서는 구별되고 의인으로 지정되어 하나님의 의를 실현하면서 살았다. 그러나 끝내는 아담의 모양대로 죽어서 흙으로 돌아갈 수밖에 없는 형상이었다.

2. 아담이 셋을 낳은 후 자녀를 낳았다.

4절에 "아담이 셋을 낳은 후 8백년을 지내며 자녀를 낳았다"고 하였다. 아담이 낳은 가인, 아벨, 셋 외에 이름이 기록되지 아니한 많은 아들과 딸들을 낳았다. 그런데 이렇게 많이 낳은 아담의 자녀들이 아담처럼 죄가 있고 유혹에 빠지며 죽어야 할 정죄를 지닌 비참한 자녀들이 되었다는 것을 생각할 때(시 51:5), 하나님의 형상을 자녀에게 물려주지 못하고 자기의 죄진 모양과 비참한 형상을 물려 주었다는 것을 생각할 때에 타락이라는 것은 피를 따라 계승하고 죄인은 죄인을 낳는다는 진리를 배울 수 있다.

아담의 죄는 영구적인 타락을 수반했고 그것은 인류의 연대성 때문에 아담뿐만 아니라 그의 모든 후손들에게 계속 물려지고 있는 것이다.

뿐만아니라 아담은 그의 모든 후손들의 대표자로서 범죄하여 후손들까지 사망하는 형벌을 받게 되었다.

그러한 의미에서 아담의 죄는 모든 사람의 죄인 것이다. 그는 모든 인류의 대표였기 때문이다(롬 5:12).

그러나 아담은 둘째 아담 예수 그리스도의 그림자요 "셋"은 교회와 성도들의 조상이니 하나님은 모든 사람들을 아담 안에서 범죄한 죄인으로 심판하심같이 모든 믿는 셋의 자손들을 그리스도 안에서 구속하시고 의로운 자라 판단하신다(롬 5:18-19).

그런데 셋이라는 지정된, 곧 선택된 자들을 하나님의 은혜로 구속하셔서 의롭게 하시는 것이다. "의인은 없나니 하나도 없다"(롬 3:10)

고 선언되었다.

오직 셋의 후손, 여인의 후손 제 2의 아담 예수께서 우리를 구속하시고 의롭다 인정하시고 양자되게 하사 영화롭게 하신 것이라.

3. 아담은 930세를 향수하고 죽었다.

아담은 장수했다는 것을 알 수 있다. 아담이 930세나 살았다는 사실에 대해서 이론이 분분하다. 순전히 신화적 개념으로 보는 이가 있으나 그것은 부당한 것이고 여러 사람이 빠졌으니 그들이 산 나이까지 포함한 것이라고 하지만 타당한 이론이라고 할 수 없다.

개인의 수명 숫자가 아니라 왕조수대의 연한을 말하는 것이라고 하지만 그것도 합당한 이론이 되지 못한다. 어떤 이들은 태양의 주기적으로의 1년이 아니고 한 달이나 더 적은 시간의 공간을 의미한다는 설도 있다. 그러나 성경을 도무지 믿지 못하는 이론이다.

우리는 짐작하건대 당시인의 신체구조의 원초적인 기력과 그들이 먹은 음식의 우수성이 그들을 장수하게 하지 않았나 생각한다. 그리고 그가 장수해야만 오래 살면서 자녀를 번식하고 가르칠 수 있었을 것이라는 생각도 할 수 있을 것이다.

성경에 "탐욕을 미워하면 장수한다"(잠 28:16)고 했다. 홍수 후의 인간의 수명이 급격히 줄어든 것을 보면 홍수 전의 사람들은 짐승의 고기 등을 멀리하고 채식으로 주식을 삼았기 때문에 장수했으리라고 생각된다.

모세는 "인간의 년수가 칠십이요, 강건하면 팔십이라도 그 년수의 자랑은 수고와 슬픔 뿐이요 신속히 가니 우리가 날아가나이다"(시 90:11)라고 하였다.

성경은 장수하는 비결을 말씀하셨으니 첫째로 "하나님을 경외하면 장수한다"는 것이다(잠 3:1-2, 4:10, 26, 9:11, 10:27, 22:4). 둘째로 "의롭게 살면 장수한다"는 것이다(잠 16:31). 셋째로 "하나님의 말씀을 순종하면 장수한다"고 하였다(신 30:20, 32:46-47). 넷째로 "부모에게 효도하면 장수한다"는 것이다(엡 6:1-3, 출 20:12).

그러나 사람의 육신의 나이가 아무리 장수한다고 해도 그것은 "밤의 한 경점과 같고, 지나간 어제 같고, 잠깐 자는 것 같으며 아침에 돋는 풀이 아침에 꽃이 되어 자라다가 저녁에는 벤 바 되어 마르는 것과 같다"(시 90:4-6)는 것이다.

하나님께서는 아담에게 "너는 흙이니 흙으로 돌아가라" 하셨고 선악과를 따먹으면 반드시 죽으리라고 말씀하셨다.

그가 금단의 선악과를 먹고 즉각 그 순간에 죽지도 않았으나 바로 그날부터 사형언도를 받고 이제 죽는 때까지 집행유예기간이었던 것이다.

그리하여 권리를 박탈당한 채 사형죄수로 지냈다. 그것은 즉각 죽는 것보다 더 비참하고 고통스러운 생애였는지 모른다.

아담으로부터 여러 유명한 후손들의 생애의 끝에 죽었더라는 말씀이 반복되어 있는 것은 아담 이후부터 죽는다는 하나님의 법칙이 불변한 것을 의미하는 것이다.

그리고 과거를 망각하거나 미래의 죽음에 대하여 무관심한 인간들에게 분명히 죽음이 있다는 엄숙한 사실을 경고하는 것이고 죽음을 알고 사는 사람들일지라도 그 죽음이 오기 전에 어떻게 살아야 하며 어떻게 죽음을 맞고 준비할 것인가를 생각하게 하는 것이다.

하나님의 말씀은 영원토록 변함이 없으며 한 말씀이라도 그대로 성취되는 것이다.

아담은 죽었다. 하나님의 말씀대로 된 것이다. 하나님은 인간을 영원히 포기하셨는가? 아니다. 하나님은 5장에서 "8회나 죽었더라"는 죽음의 행진을 슬픔으로 썼고, "낳았으며"라는 소망이 넘치는 말씀을 20회나 삽입하셨다.

이것은 비록 범죄해서 실패한 인간, 지구 위에 수많은 무덤을 만들어 놓는 처량한 인간이라 해도 하나님은 죽음을 극복하는 생명적 계승을 더욱 뚜렷하게 부각시키고 있는 것이다.

아담의 족보는 인간 편에서는 죽음과 실패지만 하나님 편에서는 생명과 소망의 기록이라고 할 것이다.

그러므로 하나님은 무덤 속에 죽어있는 자들을 생명의 부활로 부활시키실 제2의 아담 예수 그리스도를 이 족보 속에 감추어 두셨던 것이다. 죽음의 장송곡을 들으면서 부활과 영생의 주님을 바라본다.

셋에서 야렛까지

(창 5:6-20)

우리는 앞장에서 가인의 족보를 보았다. 거기에는 한절 속에 매우 간단한 계수만을 기록했다(창 4:18). 그러나 여기 지정된 자들, 즉 하나님의 교회 백성으로의 족보는 숫자뿐 아니라 자세하고 충분한 내용으로 기록되어 있다. 그것은 "여호와를 경외하면 장수하느니라 그러나 악인의 년세는 짧아지느니라"(잠 10:27)고 하신 말씀을 기억하게 한다. 악인의 이름은 없어지지만 의로운 자들은 성경이 전해지는 한 영원히 기억되고 축복을 받는다는 사실을 알 수 있다.

사람들은 말하기를 이보다 좀더 더 자세하게 기록되었더라면 좋을 것이라고 할 것이다. 아마 할 수만 있으면 한 사람의 인물에 대해서 길게 쓸 수도 있었을 것이다. 그러나 성경은 하나님의 말씀이요 사람의 사적을 소개하는 책이 아니다. 하나님의 책에는 부질없고 쓸데없는 말이 전혀 없다.

여기에 나타나는 셋, 에노스, 게난, 마할랄렐, 야렛 등 다섯 의인들은 홍수 심판 전의 사람이었고 가장 의롭게 산 대표적인 인물이었다. 그러나 하나님은 그들을 높이고 그들의 사적을 길게 나타내시기를 원치 않으셨다.

5장의 연대는 창조 이후 홍수심판 때까지 정확하게 1656년이 되는데 이러한 긴 역사의 인간 사적을 이렇게 짧게 기록함은 성경은 역사 책이 아니고 구속사라는 것을 독자들에게 알게 하는 것이기도 하다.

아담에서 노아까지의 10명은 원시시대의 하나님교회 지도자들을 상징하는 것이다. 그들은 가인의 후예들에게서 보는 것과 같은 재능이나 재산, 예술이나 음악, 성을 쌓고 향락하며 폭력적으로 자기들의 살인을 자찬하는 따위는 흔적도 찾아볼 수가 없다. 오로지 하나님을 신앙하며 여호와의 이름을 부르며 의로운 생활을 자녀들에게 보였다.

세상에서 존재한다는 것은 좋지만 하나님의 교회에서 산다는 것은 더욱 귀한 일이다. 본성에 의하여 아담의 후손이 되는 것은 영광이지만 구속의 은혜에 의하여 제 2의 아담의 후손이 되는 것은 실로 영광스러운 축복인 것이다.

1. 셋부터 노아까지의 이름이 주는 교훈

셋이라는 이름은 "지정된"이라는 뜻으로 하나님의 구원받을 백성으로 선택되어진 것을 의미하는 것이다. 셋 시대에 비로소 여호와의 이름을 불렀으니 그는 하나님의 교회의 부흥발전에 크게 공헌한 것이다.

구원은 하나님의 택한 자들의 교회 위에 머무는 것이다.

에노스라는 이름은 "약하다"는 뜻으로 하나님의 교회 백성이고 경건한 믿음으로 살지만 인간이기 때문에 약할 수밖에 없다는 뜻이다. 그러므로 연약하고 병드는 인간이므로 영생하시는 하나님을 더욱 의지하여 하나님이 주시는 새로운 힘으로 살아야 하는 것이다.

게난이라는 이름은 "대장장이 소유, 아이, 탄생된 자, 창조된 것, 피조물, 젊은이, 창 쓰는 사람" 등의 뜻이다. 그는 성령으로 중생하여 아이같이 다시 탄생된 자가 되고, 새 피조물이 되고, 은혜로 창조된 젊은이다운 성도였을 것이다. 그리고 그의 직업은 대장장이였거나 창을 쓰면서 쟁기를 취급했을 것이라고 생각된다.

마할랄렐이라는 이름은 "하나님께 찬송"이라는 뜻이다. 인간이 하나님께 찬송하는 것은 인간의 본분이요 의무인 것이다. 인간이 성령으로 중생하여 새 피조물이 되면 하나님께 항상 찬송을 드리는 것이다.

야렛이라는 이름은 "내려간다, 강하, 낮은 땅, 온순함, 물이 아래로 내려감"이라는 뜻이다. 이것은 우선 겸손하게 아래로 내려감을 의미한 것이 아니라면 하나님께 찬송하는 신앙의 절정에서 점점 신앙이 식어져서 내려가는 상태를 묘사하는 것일 수도 있을 것이다. 언제나 신앙에는 올라갔다 할 때 잘못해서 저만큼 아래로 내려가는 경험을 하게 된다.

에녹이라는 이름은 "헌신된 자, 교육받는 자, 시작하는 자"의 뜻으로 가인의 후손과 동명이인이다. 에녹은 하나님께 헌신하여 3백년 간 동행하며 신앙생활 하다가 죽지 않고 천국에 올라가는 자의 시작이 되었다. 에녹의 아버지 야렛이 "내려간다"는 뜻이어서 그것이 겸손을 의미한다고 했을 때, 한없이 내려가는 겸손한 그의 아들을 한없이 하나님이 높이사 천국에 올라갔다는 의미가 될 것이다. 시험에 빠져 신앙이 내려가 있었다 하더라도 아들대에 가서 높이 올라간 것이라고 받아들일 수 있지 않을까?

므두셀라라는 이름은 무기의 사람이라는 뜻이다. 부패해져 가는 세상에서 그는 무기의 사람이었다는 것이다. 홍수심판이 다가오는 그때에 그에게 있어서의 무기는 하나님의 말씀과 믿음이었다(요일 5:4-5, 엡 6:12-18).

라멕이라는 이름은 정복자, 강한 자, 청년, 야성적인 사람, 기도의 사람 등의 뜻이 있고 가인의 후손과 동명이인이다(창 4:19). 가인계통의 라멕은 여성정복자, 살인 폭력으로 자식이(두발가인) 동철로 날카로운 기계를 만들었기 때문에 그것을 무기로 삼아(창 4:22) 정복했다. 그러나 므두셀라의 아들 라멕은 기도의 사람이기 때문에 말씀과 믿음의 무기로 세상을 이겼다.

노아라는 이름은 안식이나 휴식이라는 뜻이다. 세상에는 심판이 있고 의인들은 구원을 받아 하나님 나라에서 영원한 안식에 들어가 휴식하게 되는 것을 의미하는 것이다. 이렇게 의인 열 명의 이름은 우리에게 신앙의 고차적 단계를 보여주는 것이라고 생각된다.

2. 셋의 후손들은 장수했으나 단축되었다.

아담이 930세에 죽었다. 셋은 912세, 에노스는 905세, 게난은 910세,

마할랄렐은 895세, 야렛은 962세에 죽었다고 하였다. 그리고 에녹은 365세로 갑자기 단명하였고(죽은 것은 아니지만), 므두셀라는 969세를 살아서 장수의 모형 인물로 인간 중에 제일 오래 산 사람이 되었다. 라멕이 777세를 향수하고 죽었고 노아는 950세(창 9:28-29)라고 하였다.

아담이 930년을 살았으니, 아담보다 야렛이 32년 더 살았고, 므두셀라가 69세를, 노아가 20년을 더 살았다. 셋은 8년을, 에노스는 25년을, 게난은 20년을, 마할랄렐은 35년을 덜 살았다는 것이다.

이상의 열 명의 산 햇수는 8575년이 되고 평균 수명은 857.5세이니 아담 이후 후손들은 장수하기는 했으나 점점 수명이 짧아졌다는 사실을 알 수 있다. 오늘날의 평균 수명은 얼마인가? 아무리 길게 잡아도 백 년도 되지 못한다. 그러면 무엇 때문에 인간의 수명이 점점 단명할 것일까? 성경에서 분명한 이유는 찾을 수 없다. 조금씩 단명했지만 아담의 10대손에 대해서는 그래도 장수했다는 것을 알 수 있다. 왜 그렇게 장수했는가? 그 또한 확실하게 말할 수는 없으나 악한 자들은 멸해지고 의인들이 생육하고 번성하여 땅에 충만하여 하나님의 뜻을 이루게 하려고 하면 오래 살면서 자녀를 많이 낳고 교회를 굳게 해야 만 했을 것이라고 생각된다.

홍수심판 때에 하나님은 각종 생물과 짐승들을 쌍쌍으로 방주에 몰아넣게 하시면서 불결한 것은 한 쌍, 정결한 것은 일곱 쌍까지 보존케 하신 것과 같다고 할 수 있다. 악인도 악한 날에 하나님이 필요하셔서 나게 하신다. 그러나 의인이 많이 번성하기를 원하신다.

3. 셋에서부터 에녹을 빼고 죽었다고 하였다.

"셋이 죽었더라"(8절)하였고 에노스(11절), 게난(14절), 마할랄렐(17절), 야렛(20절), 므두셀라(27절), 라멕(31절), 노아(창 9:29) 등도 모두 죽었더라고 하였다.

이 사람들은 장수했다. 당시의 땅이나 풍성한 소산물, 공중의 맑은 공기 등 자연적인 조건들이 인간의 건강에 크게 유익해서 장수했을 수도 있었겠다.

그러나 하나님의 말씀은 어길 수 없다. 인간은 죽어 흙으로 돌아간다고 하셨기 때문이다. 그러므로 죽음이란 하나님과의 영원한 단절이고 그것은 죄악의 결과이다.

하나님의 말씀은 불변하시며 그대로 이루어진다는 것이다. 하나님은 "선악을 알게 하는 나무의 열매를 먹지 말라 네가 먹는 날에는 정녕 죽으리라"(창 2:17)고 하신 말씀에 대하여 일점일획(마 5:18)도 어김없이 이루셨다. 인간이 범죄하매 하나님은 인간에게 매정하지만 "정녕 죽으리라" 하시고 흙으로 돌아가게 하여 여기 "죽었더라"라는 슬픈 단어들이 빈번하게 그 사람마다의 생애 끝에 나타나는 것이다.

이것은 인생은 누구나 죽는다는 사실을 알리는 것이다. 히브리서 저자는 사람이 죽는 것은 정한 것(히 9:27)이라고 하였다. 그리고 사람은 죽기를 무서워 하므로 일생에 매여 종노릇 한다(히 2:15)고 하였다.

그러므로 인간에게 있어서 가장 무서운 적은 죽음이다. 정녕 죽으리라는 말씀 앞에 사람 중에는 죽음을 막거나 물리치고 정복한 예는 없는 것이다. 그래서 인간은 죽기를 무서워 함으로 두려움 속에 산다.

장수하다가 죽었다는 것이다. 하나님은 빠른 시간 안에 의인의 번식을 위하고 하나님의 뜻을 실현하시기 위해서 그들에게 장수하게 하셨으나 사실 죽기를 무서워하므로 일생에 매여 종노릇하는 세월이 길수록 그것은 저주스러운 것이었으리라고 생각된다. 감옥에 갇혀 사형 집행을 기다리는 사형수는 사형이 집행되는 순간까지 얼마나 고통을 당하는가? 사형언도를 받고 수백년씩 집행유예 기간을 살았으니 죄값이 얼마나 비참한가를 알아야 한다.

인간에게는 죽음이 있고 그 후에는 심판이 있는 것이다. 사형언도 받고 집행유예 기간 동안 살지만 인간은 죽음 저편의 심판을 준비해야 하는 것이다. 그것은 셋의 계통의 선택된 자들처럼 믿음으로 준비하는 것이다.

하나님과 동행한 에녹

(창 5:21-24)

우리가 셋 계통의 족보에서 열 명의 유명한 의인들을 보면서 에녹의 승천 전에 죽은 사람은 아벨 외에 아담 한 사람 뿐인 것을 알 수 있다. 이것은 하나님께서 인간의 범죄 때문에 사망이 들어왔다는 것을 밝히고 동시에 이 사망의 권세를 이기고 영생의 세계에 들어갈 수 있는 방법을 제시하고 있는 것이다.

에녹의 승천은 아담 안에서 모든 인간이 죽으나 예수 안에서 그 모든 인간이 구원을 받고 영원히 사는 진리를 예시하셨다. 그리고 에녹의 승천은 노아의 홍수 심판 전에 있었다. 이것은 무서운 세상에 대한 하나님의 심판이 있기 전에 하나님과 동행하는 성도들은 지상에서 들림받아 공중 휴거되고 혼인잔치에 참예하게 된다는 사실을 예표했다.

에녹이라는 이름은 "교육받은, 바쳐진(헌신), 시작"이라는 뜻이다. 그의 아버지 야렛은 "온순하다, 겸손하다는 뜻이었다. 에녹에게 교육하기를 헌신하는 신앙생활에 대하여 가르쳤을 것이 분명하다.

"바쳐진(헌신)"이라는 말은 "하나님께 드리는 제사장"이었다는 것을 암시하는 것으로 우리는 에녹이 제사장이었다고 믿는다. 또한 "시작"이라는 뜻이 있으니 신령한 제사장의 시작이요 하나님과 동행하는 삶의 시작이요 죽지 않고 천국에 올라가는 영생의 시작을 했던 사람이라는 것, 그리고 죽지않고 영육이 하나님 곁에 가는 구원의 시작이라는 것이다.

우리가 하나님과 동행하는 것은 우리의 의무이다. 인간이 창조자이신 하나님과 동행하는 것이 인간의 첫째 의무이기 때문이다. 아담이 창조된 때에 동산에서 하나님과 동행하며 걸었다. 하나님과 동행한다는 것은 창조주 하나님께 대한 피조물로써의 존경이요 충성이기 때문이다.

하나님이 인간을 창조하신 목적은 동행하시고자 하심인데 인간이 하나님을 등지고 악마와 함께 동행한다면 그것은 배신이며 반역인 것이다. 이와 같이 하나님과 동행한다는 것은 성도들이 죄인들과 구별되고 세상의 자녀들과 구별되는 상징이다.

1. 에녹이 므두셀라를 낳은 후부터 동행하였다.

에녹은 65세에 므두셀라라는 아들을 낳았고, 그를 낳은 후부터 하나님과 동행했다. 아담은 130세에 셋을 낳고, 셋은 105세에 에노스를 낳았고, 에노스는 90세에 게난을 낳았으며, 게난은 70세에 마할랄렐을 낳고, 마할랄렐은 65세에 야렛을 낳고, 야렛은 에녹을 162세에 낳았다. 므두셀라는 187세에 라멕을 낳았고, 라멕은 182세에 노아를 낳았고 노아는 5백세 된 후에 셈, 함, 야벳을 낳았다.

그러므로 에녹은 청년시절에 아들을 낳았고 가정에 아들이 출생되면서부터 남다르게 하나님과 동행했다. 그전에 하나님과 동행했다는 기록은 어디에도 없다. 65세까지는 기록을 남길 만한 특출한 생활이 없었다.

그러나 므두셀라가 다른 자녀들을 낳으면서부터 세인들이 공인할 만하게 하나님과 동행했던 것이다. 가상적으로 생각해서 에녹의 아내가 누군지는 알 수 없으나 그 아내의 믿음의 영향을 받지 않았나 추측해 볼 수는 있을 것이다.

에녹은 가장으로서 하나님과 동행했다. 에녹은 독신자이거나 은둔자이거나 신비주의자는 아니었다. 평범한 다른 사람들과 다를바 없이 아내와 자녀들을 낳고 양육하면서 그 가정을 하나님과 동행하게 했다. 하나님은 우리 가족의 하나님이시다(렘 31:1). 가장이 이렇게 신앙생활을 할 때 그 가정의 자녀들 또한 큰 감화를 받았을 것이다.

에녹은 불의한 사회에 살면서 하나님과 동행했다. 유다는 "아담의 7세손 에녹이… 모든 경건치 않은 자의 경건치 않게 행한 모든 경건치 않은 일과 또 경건치 않은 죄인의 주께 거스려 한 모든 강퍅한 말을 인하여…"(유 14-15)라고 하였다.

여기에 "경건치 않은"이라는 말이 네 번이나 나온다. 아담에게는 그리스도의 초림이, 에녹에게는 그리스도의 재림이 확실했기에 에녹은 불경건한 자들이 판치는 사회에 섞여 살면서도 하나님의 재림, 심판을 예언하고 증거하면서 하나님과 동행했던 것이다. 하나님과 가까이에서 동행하는 사람이 아니고서야 어찌 그 하나님의 심판, 재림을 알 수 있는가?

에녹은 젊은 시절부터 하나님과 동행하였다. 당시 사람들의 나이로는 에녹이 제일 짧게 세상에 거하였으나 365세 중에 두드러지게 하나님과 동행하기 시작한 때가 65세부터이니 그 나이는 청년시절에 속한다고 할 수 있다.

요셉, 다윗, 사무엘, 디모데 등이 청년시절부터 헌신하여 하나님을 공경하였고 다니엘이나 그의 세 친구들도 청소년 시절의 신앙으로 우상의 나라에 포로되어 갔지만 신앙을 지킬 수 있었다. 에녹은 청년가장으로서 가정 전체를 믿음으로 다스리고 폭력이 난무하는 불경건함에 대하여 하나님의 심판을 경고했다.

2. 에녹은 3백년을 하나님과 동행하였다.

에녹은 365세를 세상에 있었고 3백년 동안을 하나님과 동행하였다. 이것은 그의 신앙의 지속성과 지구력을 말해주는 것이다. 시편에 "나의 평생에 여호와께 노래하며 나의 생존한 동안 내 하나님을 찬양하리로다"(시 104:33)라고 노래한 말씀이 있다. 에녹은 끝까지 참고 견디면서 자기 평생 동안 하나님과 함께 동행했다. 하루 이틀이 아니고 한두 해도 아니다. 어떤 때에 한두 번 하나님의 요청을 따라서 동행한 것이 아니다.

에녹이 아쉬운 때가 있어서 하나님과 동행한 것이 아니다. 봄, 여름, 가을, 겨울, 언제나 어떤 환경에나 변함없이 그것도 하나님이 하늘로 데려가시는 그 시간까지 하나님과 동행했던 것이다. 사랑에는 수고가, 믿음에는 역사가, 소망에는 인내가 있어야 하는 것이다. 3백 년간 에녹의 생애에는 파란만장한 사건의 연속이었을 것이다.

하나님과 동행할 수 없는 시련이 여러 번 있었을 것이다. 그러나 그는 꾸준했고 인내하며 하나님을 따랐다.

하나님과의 동행은 하나님을 기쁘시게 하는 것이다(히 11:5-6). 에녹은 믿음으로 하나님과 동행했으니 하나님을 기쁘시게 하는 것이었다. 왜냐하면 하나님과의 동행은 곧 하나님의 말씀에 대한 순종이기 때문이다. 그리고 그것은 하나님과의 교제, 묵상, 기도, 찬양이기 때문이다. 따라서 두 상대가 서로 의합하여(암 3:3) 서로 화해한 격없는 사이이기 때문이다. 친밀한 관계이기 때문이다.

사람이 동행하고자 할 때 상대에 대한 지식이 없으면 동행할 수 없다. 서로 의심한다든지 뜻이 의합하지 못하면 더욱 그러하다. 에녹은 하나님을 알고 하나님은 에녹을 아셨다. 성결하고 깨끗하여 하나님이 그와 함께 동행하는 것을 기뻐하셨다.

하나님과의 동행은 목표와 마음이 같아야 한다. 하나님은 동으로 가시고자 목표를 정하셨는데 동행하고자 하는 사람이 서쪽으로 가려고 한다면 그 동행은 이루어질 수 없다. 하나님이 원하는 목표로 지향하고 마음을 하나님 마음에 맞추어야 하며 발걸음의 보조도 맞아야 한다. 마음이 맞지 않는 나그네와는 동행할 수 없고 보조를 잘 맞추지 아니하면 같이 갈 수 없다. 그러므로 욥은 "나의 가는 길을 그가 아시나니… 내 발이 그의 걸음을 바로 따랐으며 내가 그의 길을 지켜 치우치지 아니하였고 내가 그의 입술의 명령을 여기지 아니하고…"(욥 23:10-12)라고 하였다.

하나님과의 동행은 축복받는 동행이다. 동행이라는 말은 인격적인 하나님과의 관계를 유지하면서 가장 가까이에 있는 상황을 암시하는 말이다. 아브라함이나 모세가 하나님의 친구와 같이 비밀이 없이 대화하시며 함께 하셨다. 그러므로 신앙의 행로는 전진하는 것이고 뒤로 물러서는 동행이란 있을 수 없다(히 10:37-39).

하나님과 동행하면 우리의 행로는 안전하다. 사망의 음침한 골짜기를 만난다 해도 걱정할 것이 없다. 곤경에 처할 때 인도하시고 세상 타락의 세력으로부터 보호를 받으며 연약할 때 상처를 입을 때 도움이 되고 위로가 된다. 잠언 3:16-17에는 "그 우편 손에는 장수가 있고 그 좌편 손에는 부귀가 있나니 그 길은 즐거운 길이요 그 첩경은 다 평강이니라"고 하였다.

3. 에녹은 하나님이 데려가신 곳에서 동행하고 있다.

에녹에게는 죽었다는 말이 없다. 범죄한 인간에게 가장 무서운 공포의 왕은 사망이다. 그러나 하나님은 에녹에게는 "죽으니라"라는 말씀을 하지 않으셨다.

엘리야 선지자도 불수레에 태워서 데려가셨다. 이것은 죽음이라는 고통을 모르고 하나님 나라에 올라갈 수 있는 성도들의 시작인 것이다.

예수같이 죽었다가 육체로 부활하여 천국에 갈 성도도 있고 모세같이 이상한 죽음으로 가는 의인도 있을 것이다. 예수께서는 "살아서 나를 믿는 자는 영원히 죽지 아니하리라"(요 11:26)고 하셨다.

하나님이 에녹을 데려가셨다고 하였다. 이것은 이 세상 외에 하나님 나라가 있다는 것을 분명하게 알려주는 것이다. 사람에게 죽음은 필연적이다. 그리고 하나님은 분명히 살아계셔서 의인들을 데려가신다는 것이다.

그러므로 이것은 아는 인간들이 하나님이 데려가실 하늘나라로 옮길 수 있도록 경건하게 살고자 하는 믿음을 가지게 한다. 인생 마지막에 하나님이 데려가신다는 사실을 믿을 때 우리는 죽음이 무섭지 않다. 왜냐하면 하나님과 영원히 동행하기 위하여 하나님께로 가는 것이기 때문이다.

하나님은 지상에 있는 에녹과 동행하시기 위하여 높은 천국에 내려오셨다. 그것이 예수의 성육신이다(마 1:23).

그러나 이제는 그를 하나님이 하나님 계신 처소로 영원히 데려가셔서 함께 사신다.

　예수는 "내 아버지 집에 거할 곳이 많도다… 내가 다시 와서 너희를 내게로 영접하여 나 있는 곳에 너희도 있게 하리라"(요 14:1-3)고 하셨다.

　에녹은 이 세상 어디에도 있지 아니했다. 이 땅 위에 사람들이 아무리 찾아봐도 찾을 수 없었다(왕하 2:17). 하나님은 불의한 세상에 사는 그를 보호하시려고 세상에 두지 아니하셨고 하늘에 올라갔다는 확실한 내세가 있음을 후세인들에게 가르쳐 주신 것이다.

　그리고 내세를 믿지 못하는 세대에게 경종을 주고 죄와 사망을 정복하고 영생하는 천국을 동경하게 하며 예수의 재림과 심판(유 14-15)을 준비시키는 것이다. 에녹의 승천은 영육의 구원을 확신케 하고 금생 내생에 유익하게 하며 청년 나이 때에 세상을 떠났으나 그것은 그만큼 빨리 영광의 세계에 동참했다는 영광인 것이다. 에녹이 하나님 나라에서 하나님과 함께 있다는 것이다.

　죄인들로 가득찬 세상을 떠나서 천사와 의와 영광의 빛이 찬란한 하나님의 세계에서 산 것이다. 에녹은 가인 계통보다 초라한 천막에서 살았으나 이제는 하나님나라 궁전에서 하나님과 함께 거니는 자가 된 것이다. 그는 세상에서 위험에 싸여 있었으나 하나님 나라에서 평화 중에 있다.

므두셀라, 라멕, 노아

(창 5:25-32)

　우리는 창세기 5장에서 많은 것을 교훈으로 얻는다. 그중에서도 가장 엄숙한 사실은 먼저 "낳고 죽었다"는 두 개의 단어라고 생각된다. 마태의 족보에는 "누가 누구를 낳고…"라고 하여 계대적 족보를, 마가는 "예수를 종"으로 묘사하다 보니 종은 족보가 없기 때문에 예수의 족보를 생략했다. 누가는 "그 이상은… 그 이상은 누구"하면서 마리아 쪽의 소급식 족보로 인류적 족보를, 요한은 영원전부터 계신 영원적 족보를 기록했다. 결국 우리 인간 세계는 "낳고, 죽고"라는 간단한 말로써 수많은 세월 동안 내려온 것이다.

　인간에게는 누구에게나 종말이 있다는 것이다. 그 종말은 시도때도 가리는 일 없이 다가온다는 것이다. 죽음이라는 종말은 나이가 어리거나 나이가 많거나 관계 없이 오는 것이다. 또한 그 종말의 형태도 각이하다는 것이다. 전쟁터에서, 지진 속에, 질병으로 사고와 재난 속에서, 공중에서 해상에서 심지어는 잠자는 중에 죽는 이들도 많이 있다.

　인간이 낳고 죽고 하는 인간사는 하나님의 장중에 있다는 것이다 (시 31:15). 사람이 생육하고 번성하는 것이나 무자하고 고독한 것이나, 또한 언제 어느 때에 어떻게 죽는 것까지 모두 하나님이 정해놓으신 것이다. 그러므로 우리는 인간사에 있어서 운명이라는 단어를 알지 못한다. 온전히 하나님의 섭리일 뿐이다.

　끝으로 인간이 종말을 맞은 후에는 내세의 삶이 있다는 것이다. 인간의 매일 매일의 삶은 대단히 중요한 것이다. 왜냐하면 그것은 내세를 준비하는 과정이기 때문이다.

에녹은 내세의 영생하는 하나님 나라 세계가 있음을 분명하게 보여주었으며 불의하게 사는 자들에게 하나님의 심판이 준비되어 있다는 것을 증명하였다.

"므두셀라, 라멕, 노아" 그들의 생활을 통해서 우리에게 무엇을 가르쳐 주고 있는가?

1. 므두셀라는 최장수자였다.

므두셀라는 969세를 향수했다. 그는 지상에 출생된 인간들 중에 가장 오래 산 사람인데 천 년 가까이 살았으나 죽음을 면하지는 못했다. 그가 오래 살았다는 것은 수치와 슬픔을 그만큼 많이 경험했다는 것이고(시 90:1), 제 2의 아담인 예수 안에서 얻게 될 영생의 예표가 된다고 할 것이다.

예수께서는 믿는 자는 영원히 살리라고 하셨다. 그러나 그의 아버지 에녹은 짧은 세월을 세상에 있었으나 영생의 나라로 옮기었으며 므두셀라가 세상에서 천년 가까이 당하는 수고와 슬픔을 몰랐다. 므두셀라는 장수하고 수고와 슬픔으로 끝내는 죽었더라는 말로 종말을 맞았다.

므두셀라는 홍수직전에 죽었다는 것이다. 하나님은 므두셀라를 에녹같이 대하지는 않으셨으나 곧 홍수심판이라는 큰 사건을 당하지 않게 하시려고 심판직전에 불러가신 것이라고 생각된다. 므두셀라는 영원히 죽지 아니한 아버지에 비하면 단명한 것이라고 할 수 있고, 그보다 못하게 산 사람들에 비하면 장수한 것이다. 하나님은 의인의 자식을 사랑하셔서 에녹도 홍수전에 내려가시고 그의 아들도 홍수 전에 데려가셨다. 그러므로 우리가 언제 죽더라도 우리의 죽음은 하나님께서 우리를 이 땅에 더 있음으로 당할 일들을 피하게 하시는 놀라운 은총인 것을 감사해야 하는 것이다.

므두셀라라는 이름은 "무기의 사람, 창 던지는 자, 그가 죽는다, 가시가 있다, 내뿜다" 등의 뜻이 있다. 이것은 우리에게 많은 것을 상상하게 한다. "무기의 사람, 창 던지는 자"라는 것은 그가 식물로만 음식을 삼은 때에 짐승을 사냥하여 짐승의 가죽으로 옷을 만들어 입고 제물을 하나님께 드리지 않았나 생각된다.

그의 아버지의 제사장 직분 행사에서 짐승을 잡아다가 제물로 드리게끔 협조한 것이라는 생각이다. 그는 실로 무기의 사람이었다. 성도의 무기는 하나님의 말씀, 성령의 검, 무시로의 기도, 세상을 이기는 믿음(엡 6:11-18, 요일 5:4-5)인 것이다.

"그가 죽는다"는 뜻은 아버지 에녹이 죽지 않고 하늘로 올라가므로 아들된 므두셀라도 죽지 않는 것이 아닌가 생각했을 듯하다. 주위의 사람들도 그렇게 믿었을 수도 있다. 그러나 하나님은 그의 이름을 "므두셀라"라고 하심으로 "너는 죽는다"고 죽음을 선언하신 것이다. 오래 사는 은총은 누렸으나 결국 그는 죽었다는 것이다.

"가시가 있다"는 뜻은 의인의 아들이요 믿음이 훌륭해서 나무랄데가 없었다고 해도 그에게도 가시가 있었으니 이 가시는 사망의 쏘는 가시요(고전 15:56), 육체를 찌르는 질병의 가시며(고후 12:7-12), 수고와 고통의 가시가(창 3:18) 있었으며, 많은 근심의 가시(딤전 6:10)에 찔렸을 것이다.

"내뿜다"는 것은 가시에 찔리면서도 복음의 향기를 더 많이 풍겼고(아 2:2) 하나님의 뜻을 내뿜는 성도가 되었을 것이다. "내뿜다"는 홍수심판 때의 홍수가 내뿜는 거품 등을 연상하게 하는 말이기도 하므로 므두셀라는 벌써 홍수심판을 내다 보며 살았던 것 같다.

므두셀라는 라멕과 자녀를 낳았다. 므두셀라는 187세에 라멕을 낳았고 그 외에 자녀들을 생산하면서 장수했다. 의인의 가정은 "종려나무같이 번성하며 레바논의 백향목같이 발육하고… 여호와의 집에 심겼으니 우리 하나님의 궁정에서 흥왕하리로다 늙어도 결실하며 진액이 풍족하고 빛이 청청하다"(시 92:12-14)고 하였다.

2. 라멕은 노아를 낳았다.

라멕의 아버지는 므두셀라이다. 라멕은 정복자, 강한 자, 청년, 야성적인 사람, 기도의 사람 등의 뜻이 있다. 그 아버지가 홍수심판 전에 죽게 될 것을 내다 보고 그의 아들은 기도의 사람, 정복자의 뜻을 가진 사람이 아니면 그 악한 시대를 이길 수 없으리라 믿어 그렇게 이름 지었는지 알 수 없다. 6장에서 읽을 수 있거니와 부패하고 네피림이라는 폭력자들이 난무하는 때에 아들을 낳은 므두셀라는 그 아들이 세상과 불의를 정복하는 사람이 되려면 강한 자, 청년같은 용기가 필요하고 또한 기도의 사람이 되는 것이라는 사실을 암시한 것이다.

라멕은 아들을 낳고 노아라고 하였다. 라멕은 182세에 노아를 낳았다. 저주받은 땅에서 수고로이 일하는 우리를 노아가 안위하리라고 설명되어 있다. 라멕이 아들의 이름을 노아라고 한 것에도 우리는 신령한 의미를 깨달을 수가 있다.

노아는 안식, 휴식이라는 뜻이 있다. 인간에게는 죄의 수고가 컸기 때문이다. 세상에 죄가 들어옴으로 땅은 저주를 받았고 죄인들은 전 생애를 죄로 인한 수고로움이 있다. 그러므로 라멕은 여기서 이 아들에게는 이러한 노동, 수고에서 안식이 있을 것이라고 하여 이렇게 이름지은 것이다. 또한 노아가 안위의 소망이라는 기대와 소망에서 그리한 것이다.

라멕이 노아를 낳고 "위로자, 안식, 휴식"이라는 이름을 지은 것을 보면 그 아들이 약속된 여인의 후손 메시야가 아닐까 하는 소망을 가진 것이다. 사실 노아는 홍수심판에서 구원해 낼 기대할 만한 의인이었다. 장차 노아가 큰 일을 하리라는 것을 하나님으로부터 계시받았었는지도 모른다. 마치 모세의 부모가 모세를 낳고 범상하게 보지 않았던 경우와 같았을 것이다.

라멕은 자녀를 낳으며 777세에 죽었다. 라멕이 777세를 향수하고 죽었다. 777이라는 숫자에 어떤 의미를 붙일 수 있을까? 분명한 것은 그는 저주스러운 땅에 살았으나 하나님의 약속의 후손에 대한 기대와 소망을 잊지 아니했고 그것에 대한 소망으로 고달픈 인생살이에서 위로를 받았다는 것이다.

3. 노아가 셈, 함, 야벳을 낳았다.

셈은 "이름, 명성, 유명하다"는 뜻이며, 함은 "뜨겁다", 검다, 짙은 색깔이라는 뜻이며, 야벳은 "아름답다, 확산, 확장한다"는 뜻이다. 셈은 동양인의 조상이요, 함은 흑인의 조상이며, 야벳은 서양인의 조상이다.

창세기 10:21에는 야벳이 장자이고, 여기서는 셈이 장자로 씌어 있으며(9:26), 야벳이 큰 형이고, 함이 막내라고(10:2-31) 했다. 그러나 칼빈은 셈을 야벳의 큰 형이라고(10:21, 9:24) 설명하였다. 본문에서는 육적인 장자로서가 아니라 영적인 위치 때문에 셈이 앞에 온 것 같다.

노아는 홍수심판에 대비하는 인물이었다. 히브리서 저자는 "믿음으로 노아는 아직 보지 못하는 일에 경고하심을 받아 경외함으로 방주를 예비하여 그 집을 구원하였으니 이로 말미암아 세상을 정죄하고 믿음을 좇는 의의 후사가 되었느니라"(히 11:7)고 하였다.

부모는 자식에 대해서 어떤 영감을 느끼는 것 같다. 노아의 아버지 라멕은 노아가 구원자가 되리라는 소망을 갖고 위로를 받았다. 노아는 보지 못하는 일에 경고하심을 받고 구원의 방주를 예비했다. 노아는 세 아들의 이름을 통하여 그들이 홍수 후의 조상이 될 것을 멀리 내다 보았다고 할 수 있다.

셈은 유명, 이름, 명성이라는 뜻이다. 영적으로 장자였으니 "셈의 하나님 여호와를 찬송하리로다"(9:26)라고 찬양했다. 왜냐하면 셈의 후손에서 예수 그리스도가 나셨기 때문이다. 예수의 이름, 명성, 유명함을 본 것이다.

함은 불효하여 그 후손들이 저주를 받고 종의 종이 될 것을 알았다. 야벳은 확장한다는 뜻이나 셈의 장막에 거하게 하신다(9:27). 하였다. 곧 야벳이라는 서양인들은 셈이라는 예수교의 장막 안에서 복을 받아 문화 문명을 확장시키겠다는 것이다.

영원히 함께 하지 아니하리라

(창 6:1-4)

　나의 신은 숨, 기운, 바람이라는 뜻으로 성령을 의미한다. 땅이 공허하고 혼돈하며 흑암이 깊음 위에 있을 때에도 하나님의 신은 수면에 운행하셨다. 그런데 여기서 "나의 신이 영원히 사람과 함께 하지 아니하리라"고 단언하시는 것이다. 이것은 무서운 경고의 말씀이다. 왜냐하면 하나님의 신, 곧 성령이 사람에게서 영원히 떠난다면 그것이 곧 사망이기 때문이다.

　밧세바를 범한 다윗은 회개하며 간구하기를 "나를 주 앞에서 쫓아내지 마시며 주의 성신을 내게서 거두지 마소서"(시 51:11)라고 하였다. 성령은 거룩하사 성도들의 마음 속에 함께 역사하기를 원하신다. 성령은 사람을 새롭게 하고 중생시키며 성결케 하시고 그 안에 거하신다(딛 3:5, 요 3:3-5).

　성령은 그리스도 안에 있는 자들을 죄와 죽음에서 해방하신다(롬 8:2). 성령은 속사람을 능력으로 강하게 하신다(엡 3:16). 그리고 거룩한 생애로 인도하신다(롬 8:14). 성령은 그리스도인다운 품성의 열매를 맺게 하시고(갈 5:22-23), 성령 안에 있는 자의 마음에는 하나님의 나라니 의와 평강과 희락이다(롬 14:17). 성령은 진리 가운데로 인도하시고 그리스도의 말씀을 생각나게 하며 심령에 깊은 감동을 주어 감사와 찬미 중에 하나님께 영광을 돌리게 한다.

　그러나 성령을 욕되게 하거나(히 10:29), 훼방하거나(마 12:31-32), 속이거나(행 5:3) 소멸하거나(살전 5:19), 성령을 근심케 한다면(사 63:10, 엡 4:30) 하나님의 신 성령은 그에게서 떠나고 말 것이다.

"함께 하지 아니한다"는 말씀은 "거하지 않는다", "다스리지 않는다", "지배하지 않는다"는 뜻이다.

하나님의 신은 지금도 창조하시고 생명을 부여하시고(욥 33:4, 시 104:30, 요 6:63, 겔 37:8-10) 성결케 하신다. 그러므로 성령이 사람에게서 영원히 함께 하지 않는다는 것은 저주요 절망이요 죽음인 것이다.

1. 하나님의 아들들과 사람의 딸들이 결혼한 때문이다.

하나님의 아들들은 여호와의 이름을 부르는 계통의 신앙의 후손들이고 사람의 딸들은 가인 계통의 불의한 후손들을 의미하는 것이다. 이 말씀은 셋의 후손과 가인의 후손이 잡혼을 했다는 것이다.

1절에 보면 사람이 땅 위에 번성했던 때이다. 이것은 분명히 하나님의 생육 번성하라는 축복의 결과이다. 잠언 29:16에 "악인이 많아지면 죄도 많아진다"고 하셨는데 특별히 악한 족속들이 득세하고 강성하였다.

셋 자손과 가인 자손은 단절하고 살았었다. 가인의 후손들은 빠른 세월 동안 땅을 정복하려는 듯이 다방면으로 확장되어 나아갔다. 그들은 여호와의 이름을 부르는 종교적 신앙에는 관심이 없었고 오로지 물질주의에 빠졌고 내세가 있는지 없는지, 왕국이 있는 것인지 없는 것인지 무지 속에 다만 그들이 처해있는 상황에서 보고 느끼고 즐기고 만질 수 있는 것을 최대한 이용하였다.

그러나 셋 자손은 도성도 쌓은 바 없고 장막을 치고 살면서 여호와의 이름을 부르는 종교생활에 전력했다. 가족이 모여 예배하고 보이지 아니하는 하나님의 나라를 보는 듯이 믿었으며 그들의 가계에서는 유명한 의인들이 대를 이어왔다. 이처럼 가인계와 셋 자손계는 완전히 떨어져서 교제없이 살았다.

사람의 딸들의 아름다움을 보고 아내로 삼았다. 오랫동안 교제없이 지내었으나 언제부터인가 하나님의 아들들은 사람의 딸들의 아름다움에 유혹을 받았다. 사실 셋 계통의 족보에서 우리는 여자의 이름을 한 사람도 찾지 못한다. 그러나 가인계통에는 몇 명이 나오고 있어서 그들 종족의 여자들이 외적인 매력에 특별한 관심을 둔 것이라고 생각된다. 아다와 씰라(창 4:20, 22)라는 여인이 있었는데 아다는 "장식, 아름다움"이라는 뜻이고 씰라는 "그늘"을 뜻한다. 이것은 그의 굵고 주렁주렁 달린 머리단을 의미한 것이 아닌가 짐작된다.

나아마라는 여자는 "즐겁게 하는"이라는 뜻이어서 남자를 사로잡는 어떤 매력을 암시하는 것이다. 여기서 우리는 셋 계통보다 가인 계통의 여자들이 더 예쁘고 멋을 잘 내고 값진 옷을 입고 몸을 치장하여 여자다운 매력을 발산하는데 많은 정성을 들였을 것이라고 생각한다.

자기들이 좋아하는 모든 자로 아내를 삼았다. 셋 자손들이 세속에 물든 여자들의 아름다움에 매혹되어서 가정에 어른들의 허락도 없이 좋아하는 여자와 결혼을 했다. 그들은 불신 이방인이요 불경건한 여자들이었고 셋 자손들은 감히 하나님의 아들이라는 칭호를 받을 만한 경건한 신앙의 자손들이었다.

그런데도 불구하고 의논이나 심사숙고 함이나 기도없이 아름다움에 타락한 욕정이 시키는 대로 아내를 삼았다. 신앙의 순결을 지키지 못한 것이다.

바울은 "너희는 믿지 않는 자와 멍에를 같이 하지 말라 의와 불법이 어찌 함께 하며 빛이 어두움과 어찌 사귀며 그리스도와 벨리알이 어찌 조화되며 믿는 자와 믿지 않는 자가 어찌 상관하며… 그러므로 너희는 저희 중에서 나와 따라 있고 부정한 것을 만지지 말라"(고후 6:14-17)고 했다.

이방인과 결혼하는 것을 하나님이 금하셨다. 모세는 "네가 그들의 딸들도 네 아들들의 아내를 삼음으로 그들의 딸들이 그 신들을 음란히 섬기며 네 아들로 그들의 신들을 음란히 섬기게 할까 함이라"(출 34:16) 하였고, "그들과 혼인하지 말찌니 네 딸을 그 아들에게 주지 말 것이요 그 딸로 네 며느리를 삼지 말 것은 그가 네 아들을 유혹하여 그로 여호와를 떠나고 다른 신들을 섬기게 하므로 여호와께서 너희에게 진노하사 갑자기 너희를 멸하실 것임이니라"(신 7:3-4)고 하였다. 여호수아는 "너희가 만일 퇴보하여 너희중에 빠져 남아 있는 이 민족들을 친근히 하여 더불어 혼인하며 피차 왕래하면… 그들이 너희에게 올무가 되며, 덫이 되며, 너희 옆구리에 채찍이 되며, 너희 눈에 가시가 되어서 너희가 필경은 …이 아름다운 땅에서 멸절하리라"(수 23:12-13)고 경고하였다.

에스라도 "이방여인과 결혼하여 범죄한 것을… 죄를 더하게 한 것이니 끊어버리라"(스 10:2, 10, 11, 14, 17, 18, 44) 하였고, 솔로몬왕은 이방여인을 취하여 악행하는 범죄를 했다(느 13:26-27). 그리하여 회개 자복하였다(느 9:2). 에서가 이방여인을 취하여 부모의 마음을 근심시켰고(창 26:34-35), 삼손이 이방 계집을 취하여 망했다.

2. 그들이 육체가 되었기 때문이다.

육체라는 것은 그들의 부패성을 말하는 것이다. 죄 있는 몸으로 타락하고 육욕적이고 심히 음탕하다는 것이다. "방황한다"는 의미와 연결되어 있어 그들이 육욕을 만족시키기 위하여 이 여자, 저 여자 찾아다니면서 색욕을 충족시키는 것을 암시한다.

결혼은 신성한 것이다. 그러므로 아브라함은 며느리를 맞을 때 "나의 거하는 이 지방 가나안 족속의 딸 중에서 내 아들을 위하여 아내를 택하지 말고 내 고향 내 족속에게로 가서…아내를 택하라"(창 24:3-4) 하였다. 우리는 성경 몇 군데에서 죄의 목록을 찾아 볼 수 있다. 예수께서는 마음에서부터 나오는 죄의 목록을 말씀하셨는데(막 7:21-23) 음란, 간음, 탐욕, 음탕을 강조하신 바 있다.

바울은 하나님을 배반하는 데서 오는 죄의 목록에서(롬 1:18-32) 여인들도 순리대로 쓸 것을 바꾸어 역리로 쓰며, 남자들도 순리대로 여인 쓰기를 버리고 서로 향하여 음욕이 불일듯하매 남자가 남자로 더불어 부끄러운 일을 행하였다고 하여 수십 가지의 죄를 열거하면서 음란한 행위를 비난했다.

또한 육으로부터 오는 죄의 목록에서(갈 5:19-21) 16가지를 열거하는 중에 이성에 대한 죄로 음행, 더러움, 호색을 말하였다. 그러므로 여기 육체가 되었다는 것은 짐승과 다를 바가 없는 육욕대로 세상에 방랑하면서 음탕한데 빠졌다는 것이다.

베드로는 "저가 또한 영으로 옥에 있는 영들에게 전파"(벧전 3:19)하였다고 하였다. 성령은 노아의 전도를 통하여 또한 당시인들의 양심의 가책을 통해서 인간들과 함께 있었다. 하나님은 오래 참고 인내하시면서 그들 속에 머물러 계셨다. 그런데 하나님의 신이 그들과 영원히 함께 하지 아니하리라 하시니 그들이 성령을 거슬러 불순종하므로 성령을 떠나게 한 것이다.

성령은 인간 속에서 역사하여 죄를 회개하고 돌이켜 하나님께로 돌아가게 하시고, 오래도록 참고 인내하면서 함께 계시고자 하나 끝내 성령을 훼방하고 거절하면 영원히 떠나신다. 성령이 떠나버린 영혼은 멸망할 수밖에 없다. 그들은 육체가 되었기 때문이다. 하나님의 자녀들이 불신앙의 딸들의 아름다움과 육욕적인 음욕으로 잡혼을 하고 육체와 육체의 쾌락에 빠졌다. 그것은 성령이 함께 계시는 것을 거부한다. 육체는 성령을 거스리기 때문이다. 성령은 육체를 거스리는 것이다. 성령의 다스림을 반대하고 육체의 욕망대로 정욕을 충족시킨다.

우리는 바울이 말한 세 사람을 기억한다(고전 2:14-3:3). "육에 속한 사람"이 있으니 동물적인 사람으로 거듭나지 못한 생태의 사람을 의미한다. 그는 성령이 함께 있지 아니한다. "육신에 속한 사람"이 있으니 거듭나기는 했으나 육으로 만들어진 자여서 육이 영성을 거역하는 인간이다. "신령한 자"는 육에 속한 사람의 반대로 성령의 사람이기 때문에 그 안에 성령이 내재하시는 사람이다.

그들의 날은 120년이 되리라는 것이다. 그들이 "육체" 곧 "육"의 동물적 인간이 되어서 성령이 영원히 함께 하시지 않겠다고 하시면서 120년의 집행유예 기간을 주셨다.

하나님은 진노 중에도 긍휼을 베푸시고 인내하신다. 120년이라는 것이 그 때 사람의 수명을 120년이라는 것이 꼭 한정하신다는 뜻이 아니다. 이것은 120년 후에는 홍수 심판이 있으리니 회개하면 살지만 회개하지 않으면 홍수심판으로 죽는다는 것이다.

3. 땅의 네피림과 유명한 용사들 때문이다.

당시에 땅에 네피림이 있었다. 네피림은 침략자들이요 폭군들이다. 그것은 "떨어진다"는 뜻에서 기원된 말로 "훼방놓은 사람, 배회하거나 무법한 행패꾼"으로 타인에게 해를 가하는 자, 즉 강도나 폭력을 사용하는 자이다. 그리고 땅이란 단순한 땅이 아니라 사람이 발붙이고 거하는 전 지역을 의미하는 것이다.

이스라엘이 애굽에서 떠나 광야에 있을 때에 모세가 보낸 정탐들이 가나안 땅에 대해 보고할 때에 "거기서 본 모든 백성은 신장이 장대한 자들이며 거기서 또 네피림 후손 아낙 자손 대장부들을 보았나니 우리는 스스로 보기에도 메뚜기 같으니 그들의 보기에도 그와 같았을 것이라"(민 13:32-33)고 하였다. 그리하여 온 회중이 소리높여 부르짖으며 밤새도록 백성이 곡하고 모세와 아론을 원망하고 애굽 땅으로 돌아가자고 아우성쳤다.

그 후에도 의인들이 사람의 딸들을 아내로 취했다.

하나님의 아들들은 이렇게 잡혼, 육욕에 빠져 살면 멸망하리라는 하나님의 경고를 받았으나 그후에도 여전히 사람의 딸들을 아내로 삼아서 자녀들을 낳았다는 것이다.

잠언서에 "지혜가 너를 음녀에게서 말로 호리는 이방 계집에게서 구원하리라"(잠 2:16) 하였고 "내 아들아 어지하여 음녀를 연모하겠으며 어찌하여 이방계집의 가슴을 안겠느냐"(잠 5:20) 하였다.

"네 마음에 그 아름다운 색을 탐하지 말며 그 눈꺼풀에 흘리지 말라 음녀로 인하여 사람이 한 조각 떡만 남게 됨이며 음란한 계집은 귀한 생명을 사냥 함이니라"(잠 6:24-26) 하였다. "대저 음녀는 깊은 구렁이요 이방 여인은 좁은 함정이라 그는 강도같이 매복하며 인간에 궤사한 자가 많아지게 하느니라"(잠 23:27-28) 하였다.

그들이 고대에 유명한 용사들을 낳았다. 용사는 강한 자, 성급한 자, 영웅(창 10:8)을 의미하는 말이다. 유명하다는 것은 좋은 의미에서의 유명이 아니고 나쁜 의미에서 악명을 날리는 사람으로 그들의 악한 것을 유명하게 하고 행패꾼의 소행을 사람들에게 널리 알리는 자들이다.

그러므로 이들 "유명한 용사"들은 하나님의 아들들과 세상의 딸들 사이에서 태어난 자들로 악하고 추한 것에 강하고 영웅이 되어 악명이 높아지는 것을 오히려 자랑삼는 것이었다. 인간의 심리가 영웅심에 있는 한 하나님의 신은 영원히 함께 하시지 않으신다.

죄악이 관영한 세상

(창 6:5-7)

여호와께서 미디안에서 모세에게 나타나셔서 "내가 애굽에 있는 내 백성의 고통을 정녕히 보고… 부르짖음을 듣고 그 우고를 알고 내가 내려와서… 건져내고 인도하여…"(출 3:7-8)라고 말씀하셨다. 하나님은 전지전능 편재하시다. 그러므로 하나님은 보시고, 들으시고, 아시고, 내려오시고, 건져내시고, 인도하신다는 것을 알 수 있다.

시편 저자는 "귀를 지으신 자가 듣지 아니하시랴 눈을 만드신 자가 보지 아니하시랴"(시 94:9)고 하였고 욥은 "주의 눈이 육신의 눈이니이까 주께서 사람의 보는 것처럼 보시리이까"(욥 10:4)라고 하였다.

하나님의 눈은 못보심이 없으시다. 왜냐하면 하나님의 눈은 온 땅에 보내심을 입은 하나님의 일곱 영이기 때문이다(계 5:6). 그러므로 스가랴는 "이 일곱은 온 세상에 두루 행하는 여호와의 눈이라"(슥 4:10)고 한 것이다. 여호와의 눈은 온 땅을 두루 감찰하사(대하 16:9) 살피시는 눈이다. 악한 일도 다 보시고(욥 11:11), 학대받는 것도 보시고(왕하 13:4), 이스라엘을 도울 자가 없음을 보시며(왕하 14:26), 곧은 백성을 보시고(신 9:13), 눈물을 보시고(왕하 20:5), 심지어는 한 여인의 총이 없음도 보신다(29:31).

인간의 중심을 보시고(삼상 16:7), 의로움을 보시며(창 7:1), 심장까지 살피신다(렘 17:9). 여기에 하나님께서는 "사람의 죄악이 세상에 관영함을 보시고"라고 하신 말씀이 있다.

이것은 "바라보다, 주목하다, 발견하다"의 미완료형으로 하나님께서 인간들의 소위와 그 생각하는 바가 어떠한 것인가를 오랫동안 계속적으로, 그리고 자세히 살펴보셨다는 것이다.

또한 죄악이라는 말은 하나님의 창조 질서를 어기고 하나님의 마음을 상하게 하는 모든 악한 행위로써 그것이 관영하다고 함은 크다, 너무 많다, 가득하다는 것이다. 이것은 그들의 죄악이 일시적인 것이 아니고 깊이 뿌리를 박고 지속적이었다는 것이다. 단순한 잘못이 아니다. 확고한 것이고 깊이 뿌리를 내리고 있는 죄악이다.

1. 사람의 죄악이 관영함을 보셨다.

죄악이란 "깨뜨리다"라는 뜻이다. 하나님께서 세워놓으신 창조질서와 기타 하나님의 법을 깨뜨리는 것이다. 깨치는 악이다. 하나님은 우주만상을 만드시고 다스리신다. 300억 이상이나 되는 천체, 조류 등이 있는 공중세계나 모든 생물들이 살고 있는 지상세계, 물속의 어류들이 있는 수중세계 모두를 법으로 다스리신다.

하나님은 궁창과 물, 바다와 육지, 하늘의 해·달·별·새, 육지의 생물, 바다의 물고기로 분별하여 질서있게 하셨고 빛과 어두움을 나누시고 성장하게 하시며 아담에게 법을 주셨다. 상하 좌우 선악과 빛과 흑암으로 구별하셨으니 이것이 질서이며 법이다.

그것들은 단 한번도 창조질서를 깨뜨린 적이 없었다. 창조 이래 지금까지 그러하다. 그런데 인간이 타락해서 하나님의 창조질서를 깨뜨린 것이다.

"율법(토라)"이란 말은 "질서"나 "줄"의 뜻이고 선악을 판단하는 표준, 지도, 교훈을 의미한다. 헬라어로는(노모스) 하나님과 사람에 관한 의무를 구분해 준다는 뜻이다.

더러운 귀신들린 사람이 무덤 사이에 거처했는데 여러 번 고랑과 쇠사슬에 매였어도 쇠사슬을 끊고 고랑을 깨뜨렸다(막 5:4)고 했으니 그것이 곧 하나님의 법을 깨치는 악행임을 의미한다. 시편에 보면 "열방이 허사를 경영한다"고 했는데 그들이 그 맨 것을 끊고 그 결박을 벗어 버리자고 논의한다(시 2:1-3).

세상에 죄악이 관영하면 사람들은 이렇게 하나님의 은혜에 대적하고 하나님의 법의 줄을 깨뜨리는 것이다.

죄악이란 "상하게 하는 것"이라는 뜻이다. 이것은 어떤 의미에서는 세 가지 대상에 대해서 그러한 것이다. 물론 더러운 귀신이 사람속에 들어갔을 때 "돌로 제 몸을 상하고 있었더라"(막 5:5)는 말씀처럼 죄는 제 몸을 상하는 것이기도 하다. 그러나 자신의 몸 보다는 영혼을 상하는 것이다.

예레미야는 "네 상처는 고칠 수 없고 네 창상은 중하도다… 네 상처를 싸맬 약이 없도다"(렘 30:12-13, 믹 1:9)라고 하였다.

베드로는 "죄가 있어 매를 맞고…"(벧전 2:20)라고 하였고, 이사야는 "어찌하여 너희가 매를 더 맞으려고…"(사 1:5)라고 하였다. 매를 맞고 고칠 수 없는 상처를 입는 것은 그들의 죄 때문이다(호 5:13). 그 상처는 슬픈 것이고 고통스러운 것이다(렘 10:19, 15:18).

그러나 참으로 회개할 때에 하나님께서는 그 상한 영혼을 고치신다(시 147:3, 사 30:26, 렘 6:14). 예수께서는 상한 갈대를 꺾지 않는 하나님의 인자하심을 말씀하셨다(마 12:20). 상한 갈대는 야수(마귀)에게 짓밟힌 영혼을 의미하는 것이다. 인간의 죄악이란 갈대를 야수가 짓밟은 것같이 그 영혼을 비참하게 상하게 하는 것이다.

죄악이란 "쓸모없게 하다"라는 뜻이다. 죄악으로 깨어지고 상하여 버린 인간은 쓸모가 없는 것이다. 사울이 이스라엘의 첫째 왕이 되었으나 하나님은 사무엘에게 말씀하시기를 "내가 사울을 세워 왕 삼은 것을 후회하노니 이는 그가 돌이켜서 나를 쫓지 아니하며 내 명령을 이루지 아니 하였음이라"(삼상 15:11, 23)고 하시고 폐위하셨다. 이 때 사무엘은 근심하여 온 밤을 여호와께 부르짖었다.

토기장이 하나님이 질그릇 만드시듯이 우리를 빚어 쓰시려고 하셨으나 죄악은 그것을 못하게 한다. 그래서 마침내 하나님은 그 쓸모없는 그릇인 인간을 파괴시키고 가루로 만드시는 것과 같다고 할 수 있다.

바울은 "누구든지 이런 것에서 자기를 깨끗하게 하면 귀히 쓰는 그릇이 되어 거룩하고 주인의 쓰심에 합당하다"(딤후 2:21)고 하였다.

바울이 말한 그릇은 다메섹 도상에서 뜨겁게 소명을 받을 때에 이 방인의 그릇(행 9:15)이라는 말씀을 연상하면서 이 말을 했을 것이다. 바울은 주님이 쓰시는 택한 그릇이었다. 그러나 더러운 죄악이 가득 담긴 그릇은 쓸모없기 때문에 하나님께로부터 버림을 당하는 것이다.

2. 마음의 생각의 모든 계획이 항상 악할 뿐임을 보셨다.

사람의 마음이 항상 악할 뿐이었다. 이 말씀에서 칼빈은 "인간의 전적 타락설"을 주장했다. 타락한 인간은 근본적으로 그 본성이 부패 하고 죄에 오염되었기 때문에 스스로는 아무런 선행도 행할 수 없다 는 것이다.

바울은 시편을 인용하여 "의인은 없나니 하나도 없으며… 하나님 을 찾는 자도 없고… 저희 목구멍은 열린 무덤이요 그 혀로는 속임과 입술에는 독사의 독이 있고 그 입에는 저주와 악독이 가득하고…"(롬 3:10-18, 시 14:1-3 등)라고 말하였다.

마음은 감정의 좌소이다. 마음은 애정과 마음의 감정이 생기는 자 리로서의 마음이다. 루이스는 "모든 사람이 가지고 있고 모든 사람에 게 도덕적 성격을 부여하는 정서나 심오한 모성애적 마음, 영혼의 상 태 등을 말한다"고 정의했다.

예레미야는 "만물보다 거짓되고 심히 부패한 것은 마음이라"(렘 17:9)고 하였다. 우리의 마음에는 모든 지각에 뛰어난 하나님의 평강 이 지키시고(빌 4:7) 예수를 모신 작은 천국이 되어야 할 자리임에도 불구하고 악한 죄로 가득하다. 그 마음의 자리에서 나오는 것은 "악 한 생각, 곧 음란과 도적질과 살인과 간음과 탐욕과 악독과 속임과 음탕과 흘기는 눈과 훼방과 교만과 광패니 이 모든 악한 것이 다 속 에서 나와서 사람을 더럽게 하느니라"(막 7:20-23)고 예수께서 말씀 하셨다.

사람의 생각이 항상 악할 뿐이었다. 생각이란 어떠한 문제에 대하 여 깊이 생각하고 열심히 연구하는 것을 의미한다.

사람이 짓는 죄의 대부분은 사람의 생각이 악할 때에 생긴다.

그러기에 예수께서도 열두 가지의 마음 속의 죄를 열거하시면서 "악한 생각"이라고 하셨다(막 7:20-23).

하나님께서는 "내가 이스라엘 집으로 세울 언약이 이것이니 내 법을 저희 생각에 두고 저희 마음에 이것을 기록하리라"(히 8:10, 10:16)고 하셨다. 사람의 생각은 하나님의 법에 머물러 있어야 하는 것이고, 사람의 마음은 하나님의 말씀으로 가득히 기록되어 있어야 하는 것이다. 그렇게 될 때에 성령이 생각하게 하시고(롬 8:27) 영의 생각은 생명과 평안(롬 8:6)이 되는 것이다.

그러나 육신을 좇는 자는 육신의 일을, 영을 좇는 자는 영의 일을 생각한다. "육신의 생각은 사망이요 하나님과 원수가 되어 하나님을 기쁘시게 할 수 없다"(롬 8:5-7)고 하였다.

예수의 십자가 고난에 대한 예고에 베드로는 "그리마옵소서"하고 간하여 막았는데 예수께서는 베드로에게 "사단아 내 뒤로 물러가라…네가 하나님의 일을 생각지 아니하고 도리어 사람의 일을 생각하는도다"(마 16:22-23)라고 책망하셨다.

사단은 "매복자, 복병"이라는 뜻이다. 사단은 인간 마음 속에 매복하고 숨어 있다가 이렇게 하나님의 일을 방해하고 사람의 일을 생각하게 하는 사악한 영이다. 사람의 모든 계획이 항상 악할 뿐이었다. 계획은 도자기를 만든다는 뜻에서 기원했으니 어떤 일을 시작하기 전에 미리 의도적으로 도자기를 고안하듯 기획하는 것을 의미한다. 이것은 그들이 행하는 바를 알지 못하고 단순히 부주의로 악행한 것이 아니라 어떤 악을 행할까를 계획하고 고의적으로 행한 것이다.

그들의 악한 계획의 실행은 홍수심판을 몰고 왔다(창 8:21). 인간은 어려서부터 계획이 악했기 때문이다. 하나님의 계획과 악인의 계획은 판이하다(욥 21:16, 22:18). "사람의 마음에는 많은 계획이 있어도 오직 여호와의 뜻이 완전히 서리라"(잠 19:21)고 하셨다.

3. 땅 위에 사람 지으셨음을 한탄하셨다.
하나님은 한탄하셨다. "한탄하사"라는 말은 "숨이 차다, 신음하다"

의 말에서 기원된 것으로 자신이나 타인의 비극 때문에 애곡하거나 슬퍼하는 것을 의미한다. '후회하다, 위로하다'의 뜻이 있으나 하나님 께 속한 환난이 아니라 인간의 비극적 타락에 대해 가지시는 하나님 의 심정을 인간의 측면에서 표현하는 말이다. 하나님은 전지전능하신 하나님이시기 때문에 결코 변개함이 있을 수 없고(삼상 15:29, 히 6:17) 후회하시거나 실수나 무지가 없으시다.

하나님은 마음 속으로 인간을 향하여 슬퍼하신 것이다. 그것은 인 간의 죄를 슬퍼하심이고, 하나님을 대하여 부당한 취급이나 모욕당하 심에 대한 분노인 것이다. 하나님은 마음에 근심하셨다. 이것은 "그의 마음에 새기셨다"는 뜻도 있는 말씀이다. 성령 하나님께서도 죄인을 "근심"(엡 4:30)하신다.

그러므로 이 말씀은 인간의 타락을 보시고 하나님 마음 속에 새겨 져서 도저히 지울 수 있는 아픔으로 느끼신다는 것이다. 하나님은 범 죄타락한 인간을 대해서조차도 사랑하시고 쉽게 버리지 않으신다는 것이다. 우리는 이 말씀에서 하나님의 변함없는, 계속되는 사랑을 배 신해서는 안된다는 사실과 하나님을 근심시키는 탕자가 되어서는 안 된다는 것을 배울 수 있다.

하나님은 사람과 육축, 기는 것과 공중의 새까지 지면에서 쓸어버 리겠다고 결심하였다. 땅 위의 사람을 멸하겠다고 하셨으니 마땅히 깨끗하게 살아야 할 자들이 쓰레기같이 쓸어 처넣음을 당하는 것이 다. 씻어서 닦아내거나 얼룩진 것을 씻어낸다는 뜻이다. 이것이 곧 홍 수로써의 심판을 의미한 것이다.

손으로 창조하신 사람을 지면에서 쓸어버리겠다고 하셨다. 내가 친 히 그를 창조했지만 그들의 죄악 때문에 용서할수 없다는 것이다(사 27:11). 인간을 지으신 창조주 하나님이 그들을 심판하겠다는 말씀이 다. 또한 육축과 기는 것과 공중의 새까지도 그러하리라 하셨다. 이것 들은 사람을 위해서 하나님이 지으신 것으로 사람의 멸망과 함께 멸 절되어야 했다.

이것들을 창조한 목적이 좌절되었기 때문이다. 사람은 육축이나 공중의 새들과 더불어 하나님을 섬겨야 했다. 그러나 하나님의 영광을 돌려야 할 지음받은 모든 것들이 멸절될 수밖에 없는 것은 인간이 그것들로 자기의 육욕을 채우는 데 썼기 때문이다.

노아의 사적

(창 6:8-12)

노아는 타락한 캄캄한 절벽의 시대에 살고 있는 한 줄기의 빛이었다. 홍수 전의 사람들은 몸집이 크고 사납고 폭력과 소요 속에서 자기 주위의 세상을 정복하기에 바빴다. 하나님이나 선한 양심은 내어던지고 자행자지하며 방종한 욕정과 교활한 경험이 합해져서 심판의 시간으로 정신없이 뛰어들고 있었다.

그러나 노아는 말라죽은 소나무숲에 홀로 푸르게 똑바로 솟은 나무처럼 홀로 서 있었다. 노아의 사역은 구시대의 악으로부터 새시대의 소망으로 이전하는 다리를 놓는다는 점에서 예수 그리스도의 구원 사역을 예표한다고 할 것이다. 노아가 방주로 홍수의 심판에서 구원하였고 예수는 하나님의 교회로 죄악의 심판에서 구원하셨다.

노아가 "안식, 휴식, 위로"라는 뜻이듯이 예수는 인류의 안식처시며 휴식이시며 위로자시다. 그러므로 노아는 세상 사람들과 구별되었고 신앙의 영광스러운 면류관을 쓰고 있었다. 순종치 아니하는 자들에게 듣든지 아니 듣든지 지옥에 갈 그 당시 영혼을 향하여 노아는 전파하였다(벧전 3:19).

하나님은 아무리 악한 세대라고 해도 의인들을 찾아 말씀하시고 동행하시며 돌보시고 사명을 새롭게 하신다. 갈대아 우르에서 아브라함을 보시고 불러내셨다. 모세의 시대에는 이스라엘은 애굽의 노예를 견디어 내기가 어려운 지경에 있을 때였다. 그 때 모세를 구원자로 세우셨던 것이다.

사무엘의 시대에는 "이상이 보이지 아니하고 불빛은 꺼질랑 말랑하고 있었다"고 한다. 엘리야의 시대도 바알 우상 앞에 절하는 죄악이 관영한 때에 사명을 다하게 하셨다.

왜 하나님은 이렇게 하시는가? 하나님은 아무리 악한 세대라고 해도 소수의 의인을 남겨두심으로써 인류가 일시에 멸망하는 것을 막으시고 의의 역사를 이어 나가게 하시려는 것이다. 캄캄한 밤하늘일수록 하늘의 별빛은 영롱하게 빛나듯이 하나님은 의인 노아를 높이 두사 세상에 빛을 비춰게 하셨다. 한 세대의 경건치 못한 인간들 속에서 한 사람의 의인을 발견한다는 것은 기쁜 일이다.

1. 노아는 여호와께 은혜를 입었다.

여호와의 눈에 기뻐할 만한 점이 있었기 때문에 은혜를 입었다는 것이다. 은혜는 "은혜, 호의, 선의, 우아함, 고상함, 아름다움" 등의 뜻이 있고, 동사(하난)는 "호의를 베풀다, 동정심을 베풀다, 불쌍히 여기다, 은혜를 주다"라는 뜻이 있다. 하나님께서는 경건한 자와 고생하는 자를 지켜 주시고(시 4:3, 6:2) 인도해 주시는 사랑과 은총과 자비의 하나님이다.

본문의 "은혜"는 경건하고 의롭지 아니하면 받지 못하는 것을 강조하고 있어서 조건을 필요로 하는 것이다. "은혜"의 어의는 여러 가지가 있다.

카리스와 헤세드가 있는데 전자는 "우아, 매력, 총애, 호의, 덕택, 자선, 감사" 등이고, 후자는 "열망, 사랑, 친절, 자비, 긍휼" 등의 뜻이다.

또한 투브와 라촌이 있는데 전자는 "선함, 유쾌, 기쁨, 행복" 등이며, 후자는 "즐거움, 만족, 의지" 등이다. 라하밈과 파님이 있는데 전자는 "인정, 동정, 사랑, 부드러운"이며, 후자는 "하나님의 얼굴을 돌이키시고 보심"을 의미하고 있다. 그런데 구약에서는 하나님께 대하여 사용된 말로 자비 149회, 친절 39회, 사랑 30회, 선량 12회로 씌어졌고 신약에서는 거저 주시는 선물로 183회 기록되어 있어 성경은 은혜의 책이라고 할만하다.

은혜를 입는 비결이 있다. 은혜는 하나님께서 주시고자 하는 자에게 주시는데(출 33:19), "주를 경외함으로 주께 피하는 자"(시 31:19)가 입는다. "성실과 공의와 정직으로 주와 함께 주의 앞에서 행할 때"(왕상 3:6, 대하 6:14) 입는다. 그리고 "하나님의 계명을 지키고(출 20:6), 정직히 행할 때"(시 84:11, 잠 14:19) 입는다. "겸손해야 하고(잠 3:34), 선한 지혜로"(잠 13:15) 입는다. "신자의 땅에 살면서 믿음이 있어야 하고"(시 27:13, 85:1), "전심으로 간구하며 선을 간구하는 자가"(시 119:58, 잠 11:27) 입으며 "인자와 진리를 떠나지 않는 사람"(잠 3:4)이 입는다.

"은혜를 받은 사람은 항상 은혜 중에 있어야 한다"(행 13:43). 은혜는 대단히 소중한 것이다. 왜냐하면 은혜로 구원받고 은혜로 의롭게 되고, 은혜로 열매맺으며, 은혜로 하나님의 거룩함과 진실함으로 살고, 은혜로 후사가 되고, 은혜로 감사하기 때문이다.

은혜를 받은 사람은 "은혜에 보답하며"(시 116:12) 살고, 절대로 "죄에 거하지 못하고"(롬 6:1, 14-15), "항상 기뻐하고(대하 6:41, 행 11:23)" 굳게 서야 한다(벧전 5:12). 은혜에서 떨어질까 조심하며(갈 5:4, 히 12:15) 받은 바 은혜를 헛되이 말것이고(고후 6:1), 항상 은혜 중에 머물러 있어야 한다.

노아가 받은 은혜는 하나님의 위로하심이었다. 노아라는 이름 뜻이 위로 휴식이다. 120년 동안 경고받은 기간 동안 휴식없이 방주를 짓느라고 고생했으나 홍수 심판 때에 방주 안에서 휴식하며 위로를 받았다.

그는 무서운 심판에 대한 경고를 계시받았다. 그것도 크신 은혜가 아닐 수 없다. 자녀들이 순종하여 방주 짓는 일에 동참하여 자녀의 은혜를 받았으며, 구원의 은혜에 이르렀고, 신천 신지에서 첫 제단을 쌓고 예배하는 은혜를 받았다. 노아와 같이 온 가족이 구원을 받는 축복이야말로 크신 하나님의 은혜가 아니고 무엇인가?

2. 노아는 의인이요 완전한 자였다.

노아는 의인이었다. 여기 노아의 사적이라는 말은 이제부터 노아를 중심으로 하여 이루어질 하나님의 구속 역사에 초점을 맞추었다는 것을 암시하는 것이다. 이것은 인류 전체에 초점을 맞춘 것이 아니라는 것이다. 이렇게 볼 때 지면에 무수히 많은 인종들이 살고 있지만 하나님은 노아와 같은 의인을 찾아 그를 초점으로 하며 구속사를 펼쳐 나가심을 알 수 있다. 그러므로 노아의 사적이라는 말이 노아에게는 영광스러운 구속사에 빛나는 것이다.

의인은 "곧다, 올바르게 행하다"는 말에서 왔으나 전혀 무죄하거나 완전하다는 뜻이 아니다. 당시의 사람들, 타락한 상태에서 볼 때, 인간적인 면으로 경건하고 정직하며 곧게, 올바르게 살려고 하는 사람이었다는 것이다. 이것을 "믿음으로써 하나님 앞에서 의롭다함을 입는 것"이라고 하는 것이다. 노아는 하나님에게나 사람들에게 정직하게 행하였고 의롭고 경건하게 살았다.

아브라함은 "의인을 악인과 함께 멸하시려나이까?"(창 18:23)라고 말하였는데 하나님은 이때에 의인을 악인과 함께 멸할 수 없어서 방주로 구원을 얻게 하셨다. 하나님의 눈은 "의인에게서 돌이키지 아니하신다"(욥 36:7)고 하셨다. 하나님은 의인에게 복을 주시고 방패로 함같이 은혜로 저를 호위하신다(시 5:12). 하나님은 언제나 의인의 세대에 계신다(시 14:5). 그러므로 어려서부터 늙기까지 의인이 버림을 당하거나 그 자손이 걸식함을 볼 수 없다(시 37:25).

노아는 완전한 자였다. 완전함은 온전하고 성실하다는 말에서 나온 것으로 사람이나 하나님께서 보시기에 부끄럽지 않은 그런 성실함이 있다는 것이다. 그 안에 완전히 새로운 사람이 형성되어 있었고 세상의 모든 애착을 용납하지 않았다.

"완전하다"는 것은 하나님과 참으로 바른 관계에 있는 마음이요 성령으로 말미암아 하나님의 사랑이 마음에 부어진 심령이며 사람들과의 진실과 성실로써의 관계를 맺는 인격인 것이다.

"당세에 완전한 자"라고 하였는데 그 당시는 어떠했던가? "당세에"란 "그의 동시대 사람들 가운데"라는 뜻이다.

그러므로 노아가 완전하다는 것은 절대적인 개념에서의 완전이 아니고 상대적 개념에서 완전하다는 뜻이다. 그 당세인들은 타락하고 강포하며 무법지경이었다.

그러나 노아는 그 당세인들 중에서는 완전한 자라 할만큼 온전하고 성실하게 살았다. 짠 바닷물이 고기를 짜게 할 수 없고 고기가 여전히 그 신선함을 간직하듯이 노아는 당세에 오염되거나 물들지 않고 변하지 않았다.

그는 완전한 데 나아가는 사람이었다(히 6:2). 하나님은 "내 앞에서 완전하라"(창 17:1, 신 18:13)고 명령하시고 요구하신다. 그리하여 시편 기자는 "내가 나의 완전함에 행하였고(시 26:1, 11) 완전한 마음으로 집안에서 행하리이다"(시 101:2) 하였다. 그 앞에서 완전함을 지키기 위하여 자신을 죄악에서 지켰다고 고백했다(시 18:23).

완전한 사람이 되려면 하나님 앞에서 하나님의 말씀에 들어가야 한다(삼하 22:31, 시 19:7, 18:30). 왜냐하면 여호와의 말씀은 완전하기 때문이다. 우리가 완전한 데 나아갈 때에 "그 길이 곧게 되고(잠 11:5), 그의 기업은 영원하며(시 37:18), 땅에 남아 있으리라"(잠 2:21)고 하셨다.

3. 노아는 하나님과 동행하였다.

노아는 온 땅이 패괴한 때에 동행했다. "온 땅"은 땅에 거주하는 자들을 뜻하는 은유적 표현인데 온전히 세상적인 상태가 되었기 때문에 인류를 땅이라고 부른 것이다. "하나님 앞에"란 공개적으로 공적으로, 악명높게, 외람되게 하는 행위이며, "패괴하여"는 도덕적인 의미에서 패괴함이다.

이상에서의 말씀은 "하나님 앞에서 부패"한 것으로 그들이 하나님을 예배하지 않고 우상을 세우고 섬기며 하나님에 대하여 뻔뻔스럽게 악의를 품고 멸시하는 것을 의미하는 일일 것이다. "패괴"는 우상숭배나 완고한 죄나 부패한 하나님의 경배 등에 적용하였기 때문이다(출 32:7, 신 32:5, 삿 2:19, 대하 27:2).

노아는 강포가 땅에 충만한 때 동행했다. 이것은 내적 음탕성에 대한 외적 표시로 인간에 대한 의무를 해치고 잔혹하게 행하는 범죄 행위, 곧 약탈이나 강도질 등이다. 그러한 강포가 더 이상 이 세상 땅에 채울 자리가 없어서 밖으로 흘러 넘칠만큼 꽉 찼다. 이것은 하나님의 공의의 심판을 한시라도 지체하실 수 없는 시대의 타락상이 무르익었음을 알 수 있다. 그러한 시대에 살면서 노아는 하나님과 동행했던 것이다.

땅 위의 모든 혈육있는 자의 행위가 패괴한 때 동행했다. 하나님은 이땅을 보셨다. 이 세상에 일어나고 있는 것을 언제나 보시고 아신다. 그러나 땅을 보셨다는 것은 그곳을 특별히 관찰하신다는 것이다. 그들의 "행위"는 패괴했다. 행위란 "걷다, 밟다"는 말에서 온 것으로 습관적으로 굳어진 행동을 의미한다. 당시인들의 생활습관은 패괴한 걸음을 걷고 패괴한 땅을 밟고 있어서 도저히 갱생시킬 수 없는 정도였다는 것이다.

행위라는 말에서 여행, 행위라는 말이 파생했다. 즉, 가인의 길(유 11)과 발람의 길(벧후 2:15)과 대조가 되는 것이다. 패괴는 파괴된다, 파멸되다, 멸망되다, 완전히 전복되어 전멸됨을 의미한다.

노아는 세 아들을 양육하며 동행했다. 사실 5:32에서의 기록이 여기 반복된 듯한데 그 진술 목적에도 다른 목적이 있다. 5:32의 세 아들 기록은 구속사의 주역이 될 새로운 족속의 시조 출현을 은근히 암시하는 것이고 여기서는 노아의 신앙이 그의 아들들에게도 영향을 미친 점을 암시하는 것이다.

노아의 아들 중 셈의 계보에서 신앙의 사람 아브라함이 태어날 것이었다. 진실로 노아는 가정생활에서 가족 식구들과 함께 하나님과 동행하는 의인이었다.

방주의 필요성

(창 6:13-14)

    1984. 8. 28(화) 한국일보 "메아리"란에 "노아의 방주"가 실렸는데 미국의 탐험대(대장-마빈 스테펀스)가 터키 동쪽 아라라트산의 해발 1700m 지점에서 방주를 발견하였다는 것이다.

    그 크기와 모양이 창세기의 노아의 방주와 비슷하다고 하였는데 아라라트산은 터키와 이란, 소련 접경에 높이 솟은 만년설의 사화산이라고 한다. 해발 5165m, 북쪽으로 전개된 아라스 골짜기는 에덴 동산이라고 전설에 전해진다고 한다.

    하나님께서는 노아에게 "방주를 지으라"고 말씀하셨다. 본문에 노아의 이름이 다섯 번이나 나오는데 그것은 하나님의 비밀을 종들에게 알리시기 때문이다(암 3:7). 그를 경외하는 자에게 함께 있으며(시 25:14), 하나님이 인정하는 의인은 어느 시대에나 하나님께서 필요로 하사 부르시고 사명을 부여하신다.

    히브리서 기자는 오직 노아 한 사람만이 방주를 만들라는 하나님의 명령을 받았다고 하였다. "믿음으로 노아는 아직 보지 못하는 일에 경고하심을 받아 경외함으로 방주를 예비하여…"(히 11:7)라고 한 것이다.

    진실로 의인은 하나님의 비밀을 볼 수 있다. 그렇기 때문에 다른 사람들이 도저히 이해하지 못하는 삶을 살게 된다. 노아는 높은 산상에다 방주를 짓고 있었다. 하나님의 비밀의 경고를 알았기 때문이다. 그러나 사람들은 노아의 일을 이해할 수 없었다. 정신 나간 사람이라고까지 비웃었을 것이다. 왜냐하면 배는 바다에 띄우는 것이므로 해변가에서 만드는 것인데 노아는 높은 산에서 만들었기 때문이다. 우리 성도들은 세인들이 알지 못하는 크고 놀라운 천국의 비밀을 알고 산다(마 13:11). 그러므로 우리의 관심을 세상에 두지 아니 하고 높은 천국에 두고 비밀한 기쁨을 바라보는 것이다.

1. 끝날의 심판 때문이다.

모든 혈육있는 자의 강포가 땅에 가득한 때문이다.

모든 혈육있는 자는 노아와 그의 가정을 제외한 모든 인류를 의미한다. 소돔성에 의인 열 명이 없어서 멸망하고, 예루살렘 성에 공의를 행하며 정직한 자 한 명이 없어서 바벨론 제국에 의하여 망하고 말았다.

신앙이 없고 성령의 역사가 전혀 없는 혈육으로의 타락한 인간들에 의하여 그 땅은 강포로 가득해져 하나님은 더 이상 참고 계실 수가 없었다.

바울은 "형제들아 내가 이것을 말하노니 혈과 육은 하나님 나라를 유업으로 받을 수 없고 또한 썩은 것은 썩지 아니한 것을 유업으로 받지 못하느니라"(고전 15:50)고 하였다. 하나님이 이렇게 말씀하신 이면에는 강포한 자가 아닌 의인 노아와 그 가족을 구원하시려는 의도가 있는 것이었다. 언제나 경건한 믿음은 강포한 자가 땅에 가득해도 특별한 보호와 구원으로서 보답된다.

그 끝날이 내 앞에 이르렀다고 했다. 끝날은 시간에 있어서의 끝, 즉 멸망의 때이다. "내앞에 이르렀다"는 것은 "내 얼굴 앞에"이므로 때가 임박했다는 히브리인들의 관용적 표현이다. 이것은 하나님의 면전에 이르는 악의 홍수가 공개적으로 범해졌음을 암시한다. 만사에는 때가 있다. 시작하는 때가 있으면 끝날 때가 있는 것이다.

하나님께서는 인간들의 더러운 죄악의 물결이 하나님의 면전에까지 넘실거리는 것을 보셨다. 이제 그들을 심판할 날이 임박했으므로 방주를 만들어 구원을 예비하라고 하신 것이다.

내가 그들을 땅과 함께 멸하리라고 하셨다. 하나님은 땅과 그곳에 거하는 자들을 멸하시겠다고 선언하신다.

하나님은 성전을 더럽히는 자를 멸하시고(고전 3:17), 주의 이름을 경외하는 자에게 상주시며, 또 땅을 망하게 하는 자들을 멸망시키신다(계 11:18).

하나님은 거짓말 하는 자를 멸하시고(시 5:6), 악인을 멸하시며, 저희 이름을 영영히 도말하셨다(시 9:5).

하나님은 주의 종의 영혼을 괴롭게 하는 자를 멸하시고(시 143:12), 이스라엘 땅을 대하여 손뼉을 치며, 발을 구르며, 마음을 다하여 멸시하며, 즐거워한 자를 멸하신다(겔 25:6-7).

2. 우리를 구원하기 위함이다.

너는 잣나무로 지으라고 하셨다. 잣나무는 불변하시는 예수 그리스도의 모형이다. 왜냐하면 잣나무는 절대로 변하지 않는 나무이기 때문이다. 예수는 어제나 오늘이나 영원토록 변함이 없이 동일하시다(히 13:8).

잣나무는 선박을 만드는 데, 아덴에서는 관을 만드는 데, 애굽에서는 미이라의 관을 만드는 데 사용되었다. 로마 베드로 성당의 문을 잣나무로 만들었다고 하는데 콘스탄틴 시대부터 지금까지 썩지 않는다고 한다.

잣나무는 "덮는다"는 뜻에서 온 말로 예수께서 우리의 모든 죄를 덮으사 죄없다 하시고 사죄의 은총을 주셨다는 것을 암시하는 것이다.

잣나무는 "막는다"는 뜻에서 온 말로 예수는 세상의 죄악의 홍수나 심판의 홍수물이 들어오지 못하도록 덮어주시고 막아주시는 것이다.

잣나무는 휘는 법이 없다. 우리 예수는 진리이시므로 어떤 협박이나 회유에도 굽히거나 타협하지 아니하신다는 것이다.

잣나무는 오랫동안 물 속에 두어도 썩거나 변하지 아니하는 나무이다. 예수는 세속에 물들거나 좀먹거나 변하시는 분이 아니시라는 것이다.

너를 위하여 지으라고 했다. 하나님께서는 구원의 안전한 길을 정해주셨다. 땅에 모든 기식있는 생물들은 죽을 것이지만, 노아에게는 방주가 너를 구원할 것이니 너를 위하여 지으라고 명하셨다. 구원의 길도 하나님의 말씀에 따라서 되어진다(롬 5:20). 이것은 노아의 믿음을 시험하시는 명령이기도 하다.

하나님의 모든 말씀은 "너를 위하여" 주신 명령이다. 우리는 그 말씀을 따르는 신앙이 있어야 한다. 교리만 외우고 주장하는 것은 신앙이 아니다. 방주를 짓는 순종, 그것이 구원에 이르는 신앙이다.

방주를 지으라는 것이다. 방주는 구멍을 판다는 뜻에서 생긴 것으로 물 위에 뜰 수 있는 상자나 큰 궤를 의미한다(출 2:3). 그런데 하나님께서는 이러한 방주를 너를 위해 만들라고 상세하게 제시하셨다. 구원은 하나님의 주권사역이라는 것(시 3:8, 욘 2:9)이다. 이러한 방주를 만드는 데의 인간의 다른 제안이나 창조적 재능이 개입되지 않은 것은 구원의 계획은 하나님에 의해서만 되는 일임을 암시한다. 성막을 제조할 때도 하나님이 지시하신 대로 했던 것과 같다.

방주는 작은 가정교회의 모형이다. 당시의 교회는 노아의 가족 뿐이었다. 방주라는 교회의 배 안에 있지 아니하면 구원을 얻을 수 없다(행 27:31). 기원에 있어서 방주는 하나님의 설계와 지시에 따라 만들었고, 교회는 하나님께서 세우셨으니 신적인 근거를 갖는다고 할 수 있다. 기능적 측면에서 방주는 홍수의 멸망에서 구원을, 교회는 죄와 사망에서의 구원을 주는 것이다.

운행자는 하나님이시다. 노아의 방주는 키가 없어 하나님이 직접 방향을 잡으셨다. 교회 역시 하나님이 그 방향을 잡으시고 인도하시는 것이다.

또한 사망을 정복한다는 점이다. 죄악된 생명체들을 멸망시킨 물 위에 방주가 떠있듯이 교회는 심판의 홍수 물 위에 떠서 아라랏산이라는 천국의 세계에 이르므로 생명을 구원한 성도들은 사망 권세를 이기고 승리의 찬미를 부르는 것이다.

3. 그 안에 간들을 막고 역청으로 안팎을 칠하라 하셨다.

먼저 그 안에 간들을 막으라는 것이다. 여기 방주가 교회의 모형이라는 사실은 베드로에 의해서도 확인된다(벧전 3:19-22). 그것은 말세의 심판에서 능히 구원하고도 남음이 있다.

그런데 방주 내부에는 "간들을 막으라"고 하셨다. 이것은 여러 개의 방으로 구분을 하여 여러 가지 종류의 피조물들에게 자리를 마련해 주어서 방주 내부에는 조금도 비는 곳이 없게 하기 위함이었다. 그 안에 방들은 사람들의 방과 짐승들의 방으로 구별했어야 했다. 그리고 사람들의 방 중에도 노아 내외의 거실, 세 아들들의 내외끼리의 거처가 따로 간이 막혀져 있어야 했을 것이다. 뿐만 아니라 1년이나 되도록 방주 안에 있는 사람들과 생명체들에게 공급할 식량 등을 둘 수 있어야 했다.

교회는 넓고 커서 자리가 얼마든지 있다(요 14:1-3). 그러나 그 교회 안에는 질서의 덕이 있고 개성이나 기질과 재능과 은사, 교파가 다른 사람들이 모여 있는 까닭에 간들이 필요했던 것이다.

"간들"은 피난처라는 의미도 포함되어 있다. 예수께서는 내가 너희 있을 곳을 마련한다고 하셨다. 그러므로 우리의 피난처는 예수 뿐이시다.

역청으로 칠하라고 했다. 여기 역청은 "그것을 덮는 것으로 덮으라"는 것으로 그 어근은 "덮는다"는 것이다. 이것은 "죄를 용서한다"는 뜻도 있어 하나님 앞에서 죄가 덮여진다는 것이다. 죄를 속한다, 죄를 가리울 수 있게 되었다는 의미이다. 속죄금(출 21:30, 30:12)으로도 쓰였고 속죄소에서 법궤를 덮는 것으로 사용되었다(출 25:17). 역청은 "속한다(레 17:11)"는 것이다. 그러므로 역청은 예수 그리스도의 속죄의 보혈이다. 그것은 밖으로부터의 죄악의 물, 심판의 홍수물이 스며들지 못하게 하고 안에서는 짐승들의 나쁜 냄새를 막을 수 있었다. 이스라엘이 애굽에서 해방될 때에 그들의 문설주에 양의 피를 뿌려서 천사의 사망을 막았다.

역청은 예수 그리스도의 피이다. 방주는 하나님의 교회이며, 우리들의 가정집이며 또한 우리 모두의 마음이다. 그러므로 우리 마음이나 가정이나 교회가 홍수 물결같은 죄악의 더러움으로부터 그것의 스며드는 것을 막고 악한 냄새를 차단하기 위해서는 예수 그리스도의 피로 우리의 문설주 안팎을 바르지 않으면 안된다. 성경에 "피"라는 말씀이 무려 8백번 이상 나타난다.

예수의 피는 자기의 허물을 사함 받고(히 9:7), 영원한 속죄를 이루사 죽은 행실에서 깨끗하게 하며(히 9:12-14), 피로써 정결케 되니 피흘림이 없은즉 사함이 없다(히 9:21-22)고 하였다. 예수의 피를 힘입어 성소에 들어갈 담력을 얻었으니 그 길은 새로운 길, 산 길이다(히 10:19).

우리의 조상의 망령된 행실에서 구속된 것은 그리스도의 보배로운 피로 한 것이고(벧전 12:18-19), 그 아들 예수의 피가 우리를 모든 죄에서 깨끗하게 하여(요일 1:7), 어린 양의 피에 그 옷을 씻어 희여진 자가(계 7:14) 천국에 올라가 그의 피로 우리 죄에서 해방이 되고 우리가 나라와 제사장으로 삼음바 되었다(계 1:5-6).

방주의 제도

(창 6:15-16)

　　노아의 방주는 예수 그리스도의 예표이다. 그것은 방주가 의인의 피난처가 되었기 때문이다(시 32:7). 따라서 방주는 의인의 집이었다. 모세는 "주는 대대로 우리의 거처가 되셨다"(시 90:1)고 기도하였다. 방주는 의인들이 예배하는 성전이었다. 1년 동안 노아의 가족들은 방주 안에서 하나님을 예배하였다.

　　방주는 수송의 한 수단이기도 했다. 의인들을 싣고 옛 죄악의 세상에서 떠나 신천신지로 갔던 것이다. 예수는 "나는 길이라… 나로 말미암지 않고는 아버지께로 올 자가 없다"고 하셨다. 예수라는 방주는 영원한 천국으로 올라갔다.

　　방주 안은 넓고 크기 때문에 생활하는 데 조금도 불편한 것이 없었다. 예수 안에는 거할 곳이 많다. 그것은 생명을 보전할 수 있었으니 예수는 생명이시기 때문이다. 그러나 사람들은 방주를 만드는 노아를 비웃고 하찮게 여겼을 것이다.

　　하나님의 구원의 진리를 외치면 세인들은 비웃기를 잘한다. 그러나 방주라는 구원의 계획은 하나님이 세우신 것이다. 노아의 방주는 교회의 예표이다. 방주는 하나님께서 재료와 구조를 정하셨으며 하나님의 교회도 하나님께서 설립하신 것이다.

　　방주는 120년 간 걸려서 만들었고 하나님의 교회도 오랫동안 준비되어 왔다. 방주가 넓고 컸기 때문에 많은 생명들이 들어갈 수 있었듯이 교회도 나아오는 사람들을 얼마든지 수용할 수 있다.

　　방주는 의인 노아의 가족만의 것이 아니었다. 어떤 죄인이라도 원하면 들어와서 구원을 받을 수 있는 것이다. 방주는 홍수에서 구원의 수단이 되었으나 교회는 장차 있을 불심판에서 구원을 받게 한다.

노아의 방주는 가정의 예표이다. 노아의 가족들은 방주에서 예배를 드림으로 가정예배의 기원이 되었다. 방주 안에 간들을 막았으니 질서와 체계있는 가정이다. 죄악의 세상에 오염되지 않는 구원을 성취하는 가정이었다.

1. 방주의 크기는 큰 삼층이었다.

방주의 평면은 규빗으로 하였다. 성경에서 말하는 한 규빗은 한자 반 곧 45cm이다(신 3:11). 그러니까 인치로 한다면 22인치이다. 길이가 3백 규빗이니 그것은 135m가 되는 것이고, 광(폭)이 50규빗이니 그 폭은 22.5m이며, 고가 30규빗이니 그 높이는 13.5m이다. 그러므로 이 방주는 3만 2천 8백 톤을 실을 수 있는 큰 배라는 것을 알 수 있다.

하나님께서 지시하신 대로 사람만 아니라 각종 생물들을 쌍쌍으로 하여 넣고 또 그것들이 1년 이상을 먹을 수 있는 먹이와 양식을 실어야 했기 때문에 이렇게 거대하게 만들었을 것이다. 하나님의 교회는 죄인들이 얼마든지 거할 수 있는 자리가 많이 있다는 것을 알 수 있다.

방주의 높이는 삼층이었다. 방주의 전체 높이가 13.5m로 똑같이 각 층의 높이를 3등분 했는지는 알 수 없으나 각 층마다 짐승이나 키가 몹시 큰 어떤 생물도 들어가기가 넉넉했다. 방주 안으로 들어오는 문은 하나 뿐이었고 방주 안에 들어가면 3층으로 구조가 되어 있었다. 아마 노아의 가족들은 3층에 있었을 것이고 동물들과 다른 생물들, 화물들이 아래층에 있었을 것이다.

3층으로 되어 있다는 것에 어떤 의미가 있을까? 물론 많은 것을 적재하기 위해서 3층으로 지었겠지만 하나님의 교회는 중생 1층, 성화 2층, 영화 3층으로 신앙의 계단이 높아지는 과정을 암시하는 것은 아닐까? 아니면 1층의 믿음, 2층의 소망, 3층의 사랑일까?

방주의 제작기간은 120년이다. 노아와 그 가족이 120년 동안 이 방주를 건조했다. 짐작컨대 목공 계통의 기술자들도 돈을 받는 조건으로 노아의 지시대로 일을 했을 것이다.

고대에는 인근에서 잣나무를 충분히 구할 수 있었는지 알 수 없으나 노아의 여덟 식구로서는 어려웠으리라고 생각된다. 물론 120년이라는 긴 기간이니까 소수의 사람들이라도 가능할 수도 있었지만 외부인은 비웃으면서도 품값을 받는 조건 때문에 일을 했을 것이다.

노아가 사람들을 구원하기 위하여 많은 기술자들을 쓴 것같이 예수께서도 하나님의 사람들을 세워서 교회를 짓게 하신다. 그런데 안타깝게도 그들 중에는 한 명도 방주 안에 들어오지 아니했다. 생쥐라도 방주 안에 들어오면 살았는데 방주를 만들기까지 함께 한 그들은 죽었던 것이다. 남들은 구원하나 자기는 구원하지 못하는 종의 모형이다. 성도는 남들을 구원하고 자신도 구원할 수 있어야 할 것이다.

2. 방주의 창은 위에서부터 한 규빗에 내었다.

창은 하나뿐이었다. 노아의 방주는 당시에는 상상도 할 수 없는 규모의 큰 배였다. 1층, 2층, 3층 모두 따로따로 창문을 낸다고 해도 많은 창문을 냈어야 했으리라고 생각된다.

그런데 이상하게도 하나님은 "한 개"의 창을 내라는 것이었다. 이것은 오직 한 분 뿐이신 예수 그리스도의 모형을 의미한다. 창이라는 말은 "비췬다"는 말에서 유래하여 "빛, 이중빛, 대낮의 빛"이라는 뜻이다. 하나님의 교회에 "대낮처럼 밝은 빛 되신 예수"께서 밝게 비춰고 있다는 신령한 의미가 있는 것이다.

예수는 생명을 주시는 빛이시다(요 1:4-5). 친히 말씀하시기를 나는 세상의 빛이라(요 8:12, 9:5)고 하셨다.

노아는 40주야동안 비가 내렸기 때문에 방주 안에서 1년을 갇혀서 살아야 했다. 지루하고 캄캄하고 얼마나 답답했을까를 생각해 볼 수 있다. 그러나 예수 그리스도의 생명의 빛이 창을 통해 그들에게 밝히 비춰어 주셨다.

창은 위에서부터 내었다. 만약에 그들이 창문을 마음대로 만든다면 위에다가 내지는 않았을 것이다. 옆으로 냈을 것이 분명하다. 왜냐하면 위에는 홍수의 빗물이 쏟아지는 위치이고, 옆에다 창문을 내면 많은 것들을 볼 수 있기때문이다. 그런데 하나님은 "위에다 창문을 내라"고 하셨다. 그것은 하나님의 크신 배려요 은혜요 사랑의 지시였다.

옆에다 창문을 내면 1년 동안 창문 밖에 보여지는 현상들은 참으로 비참한 것이었을 것이다. 아우성치다 죽은 사람의 시체들, 생축, 짐승, 각종 시체들이 세계를 덮고 있으니 그것들을 볼 때 방주 안에 있는 사람들은 얼마나 끔찍하고 비참했을까?

그러므로 하나님은 방주 주위의 현실을 보고 낙심하지 말고 오로지 "하늘의 세계, 위의 것, 빛이 비취고 있는 위에 있는 창"을 바라보면서 진정한 소망을 위에 두라는 것이다.

바울은 "그러므로 너희가 그리스도와 함께 다시 살리심을 받았으면 위엣 것을 찾으라 거기는 그리스도께서 하나님 우편에 앉아 계시니라 위엣 것을 생각하고 땅엣 것을 생각지 말라"(골 3:1–2)고 하였다. 야고보는 "각양 좋은 은사와 온전한 선물이 다 위로부터 빛들의 아버지께로서 내려오나니…"(약 1:17)라고 했다.

창은 한 규빗에 내었다. 하나님의 지시는 참으로 이해가 안되는 경우가 많이 있다. 노아의 방주는 크고 3층으로 되어 있는데 창문은 하나 뿐이요 그것도 위에다 내고 한 규빗으로 하라는 것이다. 방주의 등치에 비하면 창문은 아주 작다는 것을 알 수 있다. 예수는 세상에 오실 때에 작은 창문같이 보잘것이 없어 보였다. 목수들도 방주를 만들면서 창문이 작다는 것에 한번 더 비웃었으리라고 생각된다. 세인들은 예수는 작은 가문에서 탄생한 보잘것없는 평민으로 알았다. 그런데 그 작은 창문 같으신 예수께서 오늘은 전세계를 복음으로 빛을 비취고 있지 않는가?

노아는 하나님이 한 규빗으로 창을 만들라는 명령대로 순종했다. 이보다 더한 명령을 순종한 노아이다. 이해하기 곤란하다 하여 거역할 노아는 결코 아니었다. 하나님의 교회 안에서 일하는 종들은 하나님의 말씀이 있으면 그 말씀에 이의를 제기하거나 불평하거나 제 마음대로 고쳐서 할 것이 아니고 그 말씀대로 그 방법으로만 준수해야 한다는 것이다. 노아는 원근 각처에서 목재를 구입하고 산꼭대기까지 운반하여 올려야 했고, 기술자들을 구하기 어려워서 가족 식구끼리 비지땀을 흘리면서 방주를 만들었다.

언제든지 하나님의 사람들은 크고 어려운 명령에 순종해야 하며 작은 창문 하나 내는 데의 칫수까지 말씀대로 순종할 수 있어야 하는 것이다.

3. 방주의 문은 옆으로 내었다.

문은 오직 하나 뿐이었다. 예수께서는 "나는 양의 문이라"(요 10:7)고 주장하시면서 "문으로 들어가지 아니하고 다른 데로 넘어가는 자는 절도요 강도요 문으로 들어가는 이가 양의 목자라"(요 10:1-2)고 하셨다. 계속해서 말씀하시기를 "내가 문이니 누구든지 나로 말미암아 들어가면 구원을 얻고 들어가며 나오며 꼴을 얻으리라"(요 10:9)고 하셨다.

그러나 좁은 문이시니 그 문은 좁고 길이 협착하여 찾는 이가 적으나 생명으로 인도하는 문(마 7:14)이시다.

천성은 문을 통하여 들어간다(계 22:14)고 하였다. 베드로는 성령이 충만하여 "다른 이로서는 구원을 얻을 수 없나니 천하 인간에 구원을 얻을 만한 다른 이름을 우리에게 주신 일이 없음이니라"(행 4:12)고 하였다.

예수는 "나는 길이요… 나로 말미암지 않고는 아버지께로 올 자가 없다"(요 14:6) 하셨으니 진실로 예수께서만이 길이요 구원의 문이시다.

문은 넓게 만들었다. 노아의 방주는 거대했고 거기에는 사람들이 많이 들어갈 수 있어야 하고 생물들이 쌍쌍이 들어가 번식해야 했다. 그러므로 인간 생각 같아서는 배가 크니까 사람 드나드는 문이 따로 있고 육지 짐승, 공중의 새 등이 들어가는 문들이 여기저기 있으면 방주에 짐승들을 들여 보내기도 편했을 것이다. 그런데 하나님은 문은 오직 하나 뿐이라고 하셨다. 노아는 하나님이 문의 크기를 말씀하시지 않으셨으니 코끼리같은 큰 짐승도 들어갈 수 있는 만큼 넓게 만들었다. 광야에서 만든 교회의 모형인 성막의 문은 오직 하나였는데 길이 9m, 높이 2.25m 였다.

이것은 예수는 구원의 문이시므로 큰 덩치의 생물도 들어오고자 하면 지장이 없이 들어올 수 있게 문을 넓혔다는 것이다. 인간들이 업고 있는 죄의 짐이 아무리 크고 무거워도 예수의 문에 들어오는 자는 절대로 거절하지 않으시고 받아들이신다는 뜻이 있다.

문은 옆으로 냈다. 노아가 방주를 만들 때에 맨 아래층에 출입문 하나를 옆으로 냈다. 그것은 노약자나 어린 애기들이나 육중하고 비대한 생물들도 문안에 들어가는 데 편리하게 하기 위함이다. 구원의 문턱이 높다면 세상에서 교만한 자들과 권세자들과 돈 많은 자들 외에는 못들어갈 것이다.

구원의 문이 3층 꼭대기에 있다면 날센 사람, 수단 좋은 사람, 묘기 부리는 사람이 아니면 들어갈 수 없다. 그런데 구원의 문, 교회의 문은 옆으로 평지에서부터 들어갈 수 있도록 만들었으니 누구든지 주께로 오는 자는 다 들어갈 수 있는 것이다. 구원의 보편성을 의미한다.

구원은 특권층의 사람을 위한 것이 아니다. 다람쥐도 오리새끼도 어린이도 노인도 병든 이도 어떤 사람도 원하는 이들은 들어갈 수 있는 옆으로 난 문이다.

문은 하나님이 닫고 열으셨다(7:16, 8:16). 홍수 직전까지 노아의 손에 의해 기식있는 육체가 둘씩 방주로 들어갔으나 그 방주의 문을 닫는 것은 여호와께서 하셨다.

그리고 홍수심판이 끝나고 1년 후에 그 방주문을 열어서 홍수 때 들어갔던 노아의 가족들과 생축들이 나오게 하신 것도 하나님이 하셨다. 그러므로 하나님의 동역자들은 힘써 전도하여 구원의 방주인 교회로 인도하는 일을 하면 되는 것이다. 구원에 참예하는 것은 하나님이 하시는 일방적 사역이다.

하나님이 문을 닫았으니 인간 누구도 그 문을 다시 열 수 없었다. 구원의 하늘문은 언젠가는 닫히는 때가 있다는 것이고 인간이 마음대로 구원을 열고 닫는 것이 아니라는 뜻이다.

"아우성치며 문 좀 열어달라"고 방주에 기어 오르는 사람들이 있었겠으나 그 문으로 열고 닫는 이는 하나님 뿐이시다. 하나님이 닫으신 문은 하나님께서 열 때까지 안전했다. 1년 동안 홍수 물 위를 떠다녔으나 방주 안에서 위험을 느끼거나 불안하거나 그 문이 잘못 되어 놀랐던 적이 한번도 없었으니 우리의 구원은 확고하고 안전한 것이다.

생각할 것은 노아의 방주에는 "키"가 없었다는 것이다. "배의 키"는 방향을 잡는 도구이다. 또한 이 배는 돛도 달지 않았고 아무런 다른 기구가 없었다. 그것은 이 방주라는 교회는 하나님께서 친히 운행하시고(창 1:2), 방향을 잡으시기 때문에 사람들이 한 가지로 마음대로 할 수 있는 것은 없다는 것이다. 하나님의 교회는 하나님이 키가 되시고 운행하시는 하나님의 방주이다.

명하신 대로 다 준행한 노아

(창 6:17-22)

히브리서 기자는 "믿음으로 노아는 아직 보지 못하는 일에 경고하심을 받아 경외함으로 방주를 예비하여 그 집을 구원하였다"(히 11:7)고 하였다.

믿음과 순종(롬 1:5)은 같은 말이다. 노아는 믿음으로 하나님이 자기에게 명하신 대로 다 준행하였다고 했다. 이 말씀은 7:5에도 똑같이 나오는데 참으로 노아는 "다 준행하였다". 여호와께서 자기에게 명한 말씀을 읽을 때 말씀을 다 준행하는 대단한 믿음이었다.

당시 노아의 행사는 악한 자들에게 조롱거리였다. 왜냐하면 앞으로 홍수심판이 있다고 예언하면서 산 위에다 방주를 만들고 있었기 때문이었다.

마태는 "홍수 전에 노아가 방주에 들어가던 날까지 사람들이 먹고 마시고 장가들고 시집가고 있으면서 홍수가 나서 저희를 다 멸하기까지 깨닫지 못하였으니…"(마 24:38-39)라고 하였다. 홍수가 나서 저희를 다 멸하기까지 깨닫지 못하였다는 말씀을 볼 때 그 때 그 사람들이 홍수심판에 대해서는 하나님 생각조차 하지 않았다는 것이다. 먹고 마시고 장가가고 시집가는 일에만 관심이 있었다. 그러한 인간들에게 심판 예언을 하는 노아를 대하여 오히려 정신 나간 사람의 헛소리라고 비웃었다.

베드로의 말과 같이 "옥에 있는 영들"(벧전 3:19)이었다. 그러나 노아는 신앙으로 홍수심판에 대비하였고 장구한 세월 동안 변함없이 방주를 다 만들었다.

하나님께서 노아에게 다시 말씀하시기를 "내가 홍수를 땅에 일으켜 생명이 있는 육체를 천하에서 멸절하리니 땅에 있는 자가 다 죽으리라"고 하셨다.

하나님은 옥에 있는 영들을 위하여 오랫동안 참고 인내하시면서 노아를 통하여 그들을 구원하실 방도를 모두 다 갖추셨던 것이다. 노아는 우선 방주 지은 목수나 기술자, 가까운 친척이나 이웃들, 더 멀리에 있는 사람들까지 찾아 다니면서 하나님께서 하신 말씀을 그대로 권했을 것이 분명하다.

그러나 그토록 외치고 권면하였으나 아무도 노아의 말을 믿는 이가 없었다. 하나님께서는 최후의 순간까지도 참고 그들이 회개하여 방주로 들어오기를 기다리셨다. 작정하신 때가 되매 노아에게 몇가지 지시의 말씀을 하시고 노아는 하나님이 자기에게 명하신대로 다 준행하였다.

1. 네 가족이 방주로 들어가라는 명을 준행하였다(구원을 위해).

하나님은 "너는 네 아들들과 네 아내와 네 자부들과 함께 그 방주로 들어가라"고 명하셨는데 모두 여덟 명이었다(벧전 3:19-21). 이것은 하나님과 동행하는 노아가 하나님의 명하신 대로 방주를 준비한 것에 대한 하나님의 대가였다고 할 수 있다.

하나님은 의인 노아에게만 이렇게 직접 방주로 들어가라고 지시하셨다. 하나님은 언제나 믿음으로 순종하는 사람과 그 가정을 구원하시고 보호하시며 약속을 이행하신다.

노아의 가정은 하나님과 언약을 세웠다. 하나님은 노아에게 섭리의 계약과 은총의 계획을 세우셨다. 섭리의 계약은(창 9:8) 자연 진행 홍수에도 불구하고 끝까지 계속 되리라는 것이고, 은총의 계약은 하나님은 노아의 하나님이 되시고 그의 후손으로 자기의 백성을 삼으신다는 것이다. 하나님은 세상 인간들은 멸하시지만 노아와 그 가족들은 구원하시겠다고 하시면서 방주로 들어가라 하셨다.

노아는 그리스도의 모형으로 그리스도의 영은 노아에게 임하여 당시 옥에 있는 영들에게 전도하였다. 그러므로 노아는 그리스도의 영으로 감동되어서 하나님과 항상 교제하고 있었다.

에스겔은 화평의 언약(겔 34:25-28)을 맺은 자에 대해서 말하기를 "악한 짐승을 그 땅에서 그치게 하리니 그들이 빈들에서 평안히 거하며 수풀 가운데서 잘찌라. 내가 그들에게 복을 내리며 모든 곳도 복되게 하여… 복된 장마비를 내리리라"고 하였다.

노아의 가정은 경건하여 자녀들이 복을 받았다. 아직까지는 노아의 세 아들과 세 자부의 신앙에 대하여는 성경에 나타나고 있지는 않지만 한두 달, 한두 해도 아닌 120년 동안 여섯 명의 자녀들이 한 마디의 불평이나 거역한 흔적이 없이 아버지의 말씀을 따라 방주 짓는 일에 수고를 아끼지 않은 것을 볼 때, 경건한 부모가 자녀에게는 큰 행복이고 순종하는 자식, 믿음의 자식은 부모에게 큰 축복이라는 것을 알 수 있다.

결국 새 세계의 조상은 노아요, 그후 세계 인종의 조상은 그의 세 아들이 되었으니 서로가 축복이 되는 것이다. 더욱이 우리 마음에 은연히 감동을 주는 것은 자부들은 그 이름이 나타나 있지 않으면서 시부모와 자기들의 남편들에게 순복했다는 점이다. 세계 인류의 조상 할머니가 되었으나 그들의 이름은 없다. 참으로 신선한 감동이 아닐 수 없다. 왜냐하면 아무리 노아가 세 아들에게 신앙으로 양육했다고 하더라도 며느리들이 따라 주지 않았다면 온전히 가족 구원에 이르지 못했을 것이기 때문이다.

노아의 가정은 끈질긴 인내로 준비했다. 당시에는 시집가고 장가가는 육체적 쾌락을 일삼았다. 집을 짓는 물질주의에 깊이 빠져 있었다. 하나님의 말씀에는 귀를 기울이려고 하지 않았다. 그러나 노아의 식구들은 120년을 준비하는 데 바쳤다. 그것은 하나님의 말씀을 믿는 믿음이 아니면 도저히 그렇게 할 수 없었다. 우리도 시한부 인생을 사는 것이다. 그러기에 끈질긴 인내의 믿음으로 그 날을 준비하는 삶을 살아야 한다.

그들은 오로지 방주짓는 일, 홍수의 범람한 물 위에 방주가 둥실 둥실 떠다닐 날을 고대하면서 자신들의 세상살이에는 관심이 없었던 것이다. 소망을 그 날에 두고 인내했다.

2. 모든 생물을 방주로 들이라는 명을 준행하였다(생명을 보존).

17절에 "내가… 멸절하리라"는 말씀이 있는데 그 멸절될 대상들은 모두 "내가 만든" 곧 하나님이 지으신 하나님의 것이다. 그러나 그것들이 타락하여 이제 "내가 멸절하리라"고 말씀하신다.

하나님이 창조하신 것들이기 때문에 하나님이 멸절하신다. 처음에는 하나님 보시기에 좋았다. 선하고 아름다웠다. 그러나 이제 그 좋고 아름다웠던 것들이 타락하여서 심판하시는 것이다.

하나님은 여기서도 사랑을 나타내셨다. 암수 한쌍씩 방주로 이끌어 들이라는 것이다. 여기 보면 물고기는 심판 대상에서 제외되었는데 죄로 오염된 땅에 살지 않은 때문이 아닌지 모르겠다.

하나님께서 "암수 한쌍씩 방주로 이끌어 들이라" 하심은 신천신지에서 번성하여 하나님의 영광을 나타내고 세계에 충만할 인간에게 유익하게 하기 위함이었다. 어떤 생물이든 한 마리라도 인간의 것이 아니다. 하나님의 것이다. 왜냐하면 하나님이 그것들에게 번식할 수 있는 능력을 주었기 때문이다.

하나님은 인간을 사랑하여 각종, 모든 짐승과 공중의 새와 땅에 기는 모든 것과 바다의 모든 고기를 "너희의 식물이 되리라"(9:2-3)고 하셨다. "채소와 같이 내가 이것을 너희에게 주노라" 하셨으니 암수 한 쌍을 보존하여 새 세계에서 번식하게 하시는 것이다.

새, 육축 기는 것을 종류대로 생명을 보존케 하셨다. 하나님께서는 인간만 사랑하시는 분이 아니시다. 하나님은 최초에 창조하신 때의 좋으신 선한 모습을 다시 보시기 위해서 새와 육축과 기는 것들을 종류대로 보존해서 이 땅에 충만하기를 원하셨으니 하나님께서 자연을 사랑하시는 것을 알 수 있다.

결국 그것들은 먹을 수 있는 것이나 먹지 못할 것이라도 하나님의 오묘하심을 드러내고 인간의 삶을 즐겁게 하고 연구의 대상이 되게 하는 것이다. 하나님의 은혜는 새 한 마리, 육축 하나, 기어 다니는 미물에까지도 세심하게 내려지는 것을 볼 수 있다. 그러므로 인간은 어디까지나 문명 생활 속에서 살아도 자연을 보호하며 생물들의 증식을 끊어서는 안된다는 것을 알아야 한다.

"네게로 나아오리니" 하였으니 인간의 행위로가 아니라 하나님의 뜻으로 말미암아 노아에게로 나아왔다는 것이다. 하나님의 섭리로 그것들이 본능적 예감 때문에 노아에게로 나아왔다. 동물들의 주인은 하나님이시고 그것을 보존하시는 이도 하나님이시다.

노아가 어떻게 많은 각종 생물들을 방주에까지 끌어올 수 있었겠는가? 그것은 노아가 한 일이 아니고 하나님이 그것들에게 본능을 주어 방주가 있는 곳까지 스스로 가게 하신 것이다. 그러므로 한 마리의 토끼까지도 다스리고 움직이고 보존하는 것은 하나님이시다.

우리는 여기서 노아가 자기에게로 온 각종 동물들을 다만 이끌어 방주안으로 들어가는 수고를 했다는 것을 알 수 있다. 그것은 노아에게 있어서 큰 영광이었다. 곧 노아를 통하여 인류의 종족이 유지되었고 그로부터 세계와 교회와 메시야가 유래되었는가 하면 동물들을 보존하는 귀한 도구가 되었다. 그리하여 인류는 그를 통하여 동물들에게 새로운 권리를 가지고 이용하게 된 것이다(9:1-3).

3. 모든 식물을 저축하라는 명을 준행하였다.

각종 생물들의 양식을 저축하라는 것이다. 방주 안에 들어 있는 각종 생물들의 식물을 준비하라는 것이다. 방주 안에는 몇 종류, 몇 마리의 생물들이 들어갔을까? 짧은 반절속에 "식물을 저축하라" 하였으나 노아가 그 말씀대로 준행하는데는 얼마나 많은 기간과 얼마나 많은 어려움이 있었을까? 그것도 한두 때의 먹이도 아니고 1년의 양식이니 더욱 어려웠을 것이다.

예를 들어, 고기를 먹는 짐승도 있고, 풀을 먹는 짐승이 있으며 사람이 먹이를 만들어 주어야만 하는 짐승도 있다. 공중의 새의 먹이는 다같이 같은 것이 아니고 땅의 짐승, 기는 것들도 모두 그 양식이 다르다.

그것을 그 나름대로의 지식을 가지고 1년분 식물을 준비해서 저축한다는 것이 얼마나 어려운 일인가? 그런데 노아가 하나님이 명하신 대로 다 준행하였으니 참으로 놀라운 신앙이다.

노아의 가족의 식물을 저축하라는 것이다. 차라리 노아에게는 이것을 준행하기가 쉬웠을 것이다. 왜냐하면 사람의 식물에 대해서는 지식이 많기 때문이다. 그러나 이것은 역시 1년 동안의 주식과 부식을 준비해야 하는 것이기 때문에 그리 쉽지만은 않았을 것이다. 그러나 "노아가… 다 준행하니라" 하였으니 120년의 걸친 노아의 인내와 믿음과 소망이 응축된 말이다. 따라서 노아의 가정 식구들은 한 마음이 되어 아주 방주에 이삿짐을 싣고 새세계를 향하여 떠나려는 찰나이다. 예수님은 말씀하시기를 "너희는 무엇을 먹을까 무엇을 마실까 무엇을 입을까 염려하지 말라"(마 6:31)고 하셨다.

방주로 들어가라

(창 7:1-15)

　　세상은 점점 악해져갔고 하나님의 심판의 홍수는 저편에서 넘실거리고 있었다. 천오백년대의 아담으로부터 노아까지 이르는 기간동안 인류는 부패하고 타락하여 더 이상 하나님의 인내를 기대할 수 없게 되었다.

　　우리는 7장에서 하나님의 말씀은 그것이 예언이든지 언약이든지간에 일점일획도 어김이 없이 그대로 되어진다는 것을 알 수 있다. 6장에서 이미 홍수심판을 예고하시고 의인 노아를 통하여 의인들을 구원하실 방주를 예비케 하셨기 때문에 이제 여기서는 홍수가 시작되는 것이다. 그런데 과학의 절대성을 믿는 자들은 이때의 역사적 홍수사건을 하나의 가설이나 신화로 이해하여 하나님의 전능성을 깎아내리고 있다. 그리고 어떤 과학자들은 온세계의 홍수임에도 불구하고 부분 침수라고 주장한다. 그것은 하나님의 존재마저도 부인하려는 악의인 것이다.

　　홍수의 전면 침수에 대해서 성경은 수십 군데에서 분명하게 말하고 있기 때문에 우리는 그대로 믿는다. 하나님은 홍수심판을 준비하셨으나 그 속에 하나님의 사랑이 나타나고 있다. 의로운 노아와 그의 가족을 구원하실 뿐 아니라 자연을 보호하기 위하여 씨를 온 지면에 유전케 하셨고 오랫동안 참고 인내하심에서 그 사랑을 알 수 있다.

　　하나님의 공의는 하나님 자신이 만드신 땅 위의 모든 것을 쓸어버리고 말았다. 그것은 불의한 것을 용납하실 수 없는 하나님의 성품 때문이다.

어느 시대나 의로운 자가 있는가를 살펴보시고 의인을 찾으시면 그 얼굴을 의인에게 향하사 빛의 계시를 따르도록 요구하시고 그 의인 한 사람을 통해서 온 세계에 하나님의 뜻을 이루신다.

우리는 7장을 보면서 당시에 장수하며 자식을 생산했던 그때에 지구상에는 무수한 사람들이 살았을 것이나 그 가운데 오직 노아와 그 가족 식구 외에는 하나님의 얼굴을 뵙는 의인이 없었다는 데서 큰 경고를 받는 듯 하다.

1. 너와 네 온 집은 방주로 들어가라 하셨다.

얼마나 노아와 그 가족들이 기다렸던 명령인가? 120년 동안 쉬지 않고 만든 그 방주에 들어가라는 음성이 들려왔다. 감격스러운 은혜의 지시였다.

하나님은 "네가 이 세대에 내 앞에서 의로움을 내가 보았다"고 하셨다. 그것이 구원의 방주에 들어갈 수 있는 조건이었다. "네 의로움"이란 히브리서 기자가 설명하였는데(히 11:7) "믿음으로… 믿음을 좇는 의의 후사가 되었느니라"고 하였다. 즉 노아의 의는 믿음이라는 것이다. 하나님의 얼굴 앞에서 노아는 믿음으로 의롭다고 인정을 받았다는 것이다.

노아는 제 마음대로 방주에 들어가지 않았다. 노아가 장구한 세월 동안 정성을 다하여 만든 방주였지만 그 방주는 하나님의 것이었기에 노아는 그 방주 안에 함부로 들어갈 수가 없었다.

하나님께서 이제는 "들어가라"고 명령하셨다. 노아는 하나님과 동행하는 의인이었기 때문에 하나님과 함께 걸어들어갔다. 하나님은 우리의 한 걸음까지도 주장하신다.

노아가 방주 안에 가족과 함께 들어간 것은 지금까지의 수고에 대한 보상인 것이다. 믿음으로 하나님의 말씀에 순종하는 자는 구원에 들어가게 되고 생명을 보존받는 것이다. 노아는 온 집을 구원하는 의인이었다. "주예수를 믿으라 그리하면 너와 네 집이 구원을 얻으리라"(행 16:31)고 하셨다.

노아는 자신과 아내와 세 아들과 자부들까지 구원의 방주에 들어가라는 명령을 받았다. 거기에는 함과 같은 아들이 섞여 있기는 했다. 제자들 중에 가룟 유다, 다윗 왕가에 압살롬이 있듯이 교회 안에도 까마귀, 비둘기가 있다. 염소와 양, 쭉정이와 알곡이 섞여 있다. 그러나 악한 자녀도 믿음의 부모 때문에 은혜를 받는 경우가 있다.

노아는 하나님 앞에서 의로웠다. 하나님께서는 노아를 보시고 기뻐하시며 그의 믿음을 증거하셨다. 노아의 믿음은 하나님의 음성을 들었고 경외하여 믿었으며 예비했고 의의 후사가 되게 했다. 보지못하는 일에 대하여도 하나님이 말씀하셨으므로 그것을 그대로 믿었다. 그러므로 하나님은 홍수의 물결 속에서도 하나님의 자녀들을 보시고 아시고 구원의 방주로 들어가라 하신다.

2. 지금부터 7일이면 심판이 있으리라 하셨다.

7일간의 여유를 주셨다. 하나님은 120년이 지난 후에도 7일을 더 여유로 주셨다. 이것은 하나님은 노하기를 더디 하시며 죄인이 한 사람이라도 회개하기를 기다리시는 것을 보여주는 것이다.

노아는 "이제는 7일밖에 남지 않았다"고 외쳤다. 그런데 그 시대 악인들은 "노아가 방주에 들어가던 날까지 사람들이 먹고 마시고 장가들고 시집가고 있으면서… 홍수가 나서 저희를 다 멸하기까지 깨닫지 못했다"(마 24:38-39)고 한 그대로였다.

하나님의 마지막 주시는 기회마저 무시했고 노아의 마지막 경고에도 시집가고 장가갔다. 그러므로 구원받는 성도들에게는 하나님의 심판이 갑자기 임하지 않으며 멸망받을 죄인들에게는 하나님의 심판이 갑자기 임하는 것 같다.

사십 주야 비를 내려 쓸어버린다고 하셨다. 40이라는 숫자는 중요한 의미가 있다. 선민의 광야생활 40년(민 14:33), 정탐꾼의 가나안땅 40일간 정탐(민 13:26), 모세의 40일 산상기도(출 24:18) 엘리야의 브엘세바 광야 40주야(왕상 19:8), 니느웨의 40일간의 회개기간(욘 3:4), 예수의 금식기도 40일(마 4:2), 예수 부활후 지상에 계신 날짜 40일

(행 1:3) 등의 사실들로 보아 이 40이라는 수는 수난과 고난에 대한 상징기간이다. 그러나 마지막에는 꼭 선이 승리하고 있음을 알 수 있다.

노아의 가족이 방주에 들어가고 40일 주야로 홍수가 터져서 위에서 쏟아지고 지면에서는 창수가 나니 참으로 고난의 기간이 아닐 수 없었다.

더구나 지구상에 얼만큼 수위가 높아지자 사람들의 아우성 소리가 들렸고 죄를 심판하는 물은 피하는 죄인을 따라 올라갔다. 의인의 방주는 그것으로 인하여 뜨게 되니 십자가의 도가 멸망하는 자들에게는 미련한 것이요 구원을 얻는 우리에게는 하나님의 능력이다(고전 1:18).

나의 지은 모든 생물을 쓸어 버리겠다는 것이다. 하나님은 지면에 여러 생물들을 지으셨다. 그러나 하나님이 지으신 하나님의 모든 생물들을 싹 쓸어서 죽여 버리시겠다고 하셨다. 하나님의 변할 수 없는 결심을 보게 된다.

생물이라는 말은 "일어나다, 일어서다"는 말에서 왔고 서서 생활을 영위하는 것을 의미하는 것이다. 일어서서 생활을 영위하는 것은 동물과 인간이다. 하나님이 홍수로 모두 죽여 버릴 때에는 동물이나 사람의 죽음이 매일 반일 것이다. 왜냐하면 그들은 하나님의 지으신 생물에 불과하기 때문이다. 시편 기자는 "사람이 존귀에 처하나 깨닫지 못하면 멸망하는 짐승과 같다(시 49:20)"고 하였다.

3. 노아가 여호와의 명하신 대로 다 준행하였다.

정결한 짐승은 암수 일곱을 취하여 씨를 유전케 하라 하셨다. 전장 (6:19-20)에는 "암수 한 쌍", "각기 둘 씩"이라고 하셨는데 여기서는 "암수 일곱씩"이라 하셨다.

오래 전에 지시하실 때에는 세부적인 내용이 제시되지 않았으나 이제 방주가 다 지어지고 구체적이고 실제적인 때에는 이렇게 자세하게 하신 것이 아닐까 생각된다.

하나님께서 정결한 짐승은 암수 일곱을 취하여 방주에 넣음으로써 그 씨를 세상에 유전시키라고 하셨다. 짐승일지라도 정결한 것이 많이 번식하는 것을 좋다 하시고 또한 장구한 세월 동안 정결한 짐승의 유전이 많이 되어야만 성전의 제사용으로 바칠 것이기 때문이었으리라고 생각한다. 예수는 정결한 짐승의 생축으로 속죄양으로 죽으실 것이었다(엡 5:1-2). 그리고 정결한 생축, 짐승들이 일곱씩 남았다가 많이 번식되면 인간의 식물로 귀하게 쓰여질 것이기 때문이다.

　부정한 짐승은 암수 둘씩을 취하여 씨를 유전케 하라 하셨다. 부정한 짐승도 하나님이 필요해서 지으신 하나님의 것이다. 그러므로 암수로 보존하라 하심은 그것들이 부정하긴 해도 그것들도 적게라도 번식해야 하기 때문이다. 부정한 것을 암수 둘 씩이라 했으니 그것들은 많이 번식되기를 원치 않으신 것이다. 역시 부정한 것은 부정한 것이다.

　금수는 하나님의 지시를 받을 만한 능이 없기 때문에 인간이 보호해야 할 책임이 있다. 가장 천한 금수까지라도 보호할 책임이 인간에게 있고 멸종시킬 권리는 우리에게 없다. 왜냐하면 부정한 짐승도 하나님의 것이기 때문이다.

　공중의 새도 암수 일곱씩 취하여 씨를 유전케 하라 하셨다. "씨를 유전케 하라"는 말씀이 생물의 진화론은 있을 수 없는 주장이라는 것을 알게 한다.

　조류에도 하나님의 세심한 배려가 있어서 멀리에 사는 새들도 방주 근처까지 날아오게 하셔서 노아 자신이 이것들을 취하여 넣는 데의 어려움은 없었다.

　무가치하고 무익해 보이는 새 한 마리까지도 생존 번식케 하신 것은 하나님의 지으신 것에 대한 세심한 배려이다. 조류 역시 정결한 것은 많이 보존케 하시고 부정한 것은 적게 보존케 하셨으니 정결한 것이 인간에게 유익하고 하나님께 바치는 제물용이 될 수 있기 때문이다.

　노아는 여호와께서 금수와 조류들을 암수로 가리고 쌍쌍으로 하나님이 말씀하신 그대로 다 행하였다. 참으로 놀라운 신앙이 아닌가?

정결한 짐승, 부정한 짐승, 하늘을 나는 새들 중에도 정결한 새, 부정한 새를 구별하여 일곱씩, 둘씩 방주에 들여 보냈다. 이 지구상에 번식하는 정결한 짐승의 종류는 얼마인가? 그리고 부정한 짐승은 몇 종이나 되는가? 조류계에는 어떤가? 노아는 여호와께서 명하신 그대로 다 준행하였다. "다 준행하였더라"라고 우리도 말할 수 있을까?

홍수를 피하여 방주에 들어가다

(창 7:16)

이 부분에서 우리는 노아의 즉각적인 순종을 볼 수 있다. 홍수가 지금 당장 시작되는 어떤 징조도 없었으나 7일 후에 홍수가 내리리라는 하나님의 예고를 받고 방주로 들어간 것이다.

엘리야가 갈멜산상에서 불을 내려 제물을 태운 후에 아합왕에게 이르되 "올라가서 먹고 마시소서 큰 비의 소리가 있나이다"(왕상 18:41)라고 하였다. 그리고 그는 갈멜산 꼭대기로 올라가서 땅에 엎드려 그 얼굴을 무릎 사이에 넣고 사환에게 이르되 "올라가 바다편을 바라보라…", "아무것도 없나이다…", "일곱 번까지 다시 가라" 하고 "바다에서 사람의 손만한 작은 구름이 일어난다"고 하였더니 "큰 비가 오니…"라고 한 말씀이 있다.

"큰 비의 소리가 있나이다"라고 말할 때에 사실은 비가 올 만한 어떤 징조도 하늘에는 나타나지 않았었다. 3년 반 동안 비가 오지 않았을 때인데 구름이나 바람도 큰 비가 올 것이라는 징조도 없었다. 그러나 엘리야는 믿음의 눈과 귀로써 큰 비를 보고 큰 빗소리를 들었던 것이다.

노아는 홍수가 올 것 같은 구름도 바람도 어떤 다른 징조도 없고 해는 여전히 맑기한 했으나 하나님의 말씀이 일곱째 날부터 홍수가 일어나니 방주로 들어가라 하셨기 때문에 한 점의 의심도 없이 믿고 그대로 준행하였다. 기간이 짧은 것 같은 일주일을 부지런함으로 가족 식구가 방주로 이사해야 했고 각종 짐승들을 말씀대로 구별하여 방주 안에 들여 보냈다.

그러기에 그의 믿음을 일컬어 "믿음으로 노아는 아직 보지 못하는 일에 경고하심을 받아"(히 11:7)라고 한 것이다. 하나님의 말씀은 신앙의 지침서이다. 노아는 말씀하신 그대로를 다 준행하였으니 하나님의 말씀 실천인이다.

1. 홍수의 시작은 6백세 2월 17일이다.

노아의 나이 6백세 때였다. 노아의 나이 6백세 때는 창세로부터 1656년이 되는 해이다. 옛날에는 세상에 유명한 이들이나 장부들이 세상을 통치한 기간으로써 계산하지 아니하고 족장 의인들의 수명을 기준해서 계산했다. 하나님은 세상의 제왕 권세자보다 하나님의 백성들을 귀히 여겨 그들을 영원히 역사와 함께 기억하게 하기 위해서였다. 우리가 지금 쓰고 있는 "서기(주후)"도 예수님의 탄생하신 해를 기점으로 한 역사이다.

"노아의 나이 6백"은 어떻게 보면 고난의 나이로 해석할 수 있는데, 성경에서 "6"은 고난의 상징 숫자이기 때문이다. 예수께서 여섯째 날에 고난당하셨고 계시록에 있는 여섯인, 여섯 나팔 등은 고난의 주기를 가져오는 것으로 되어 있다.

"노아의 나이 6백"은 짧게 산 것이 아니다. 사람이 세상에 오래 살면 그만큼 이세상의 불행과 재난, 고통을 더 많이 겪게 되는 것이다. 그러므로 일찍 죽는다는 것은 "눈이 닥쳐오는 재앙을 보지 않게"(왕하 22:20) 되는 것이라고 할 수 있다.

2월 17일은 양력으로 10월 17일에 해당된다. 그런데 이렇게 정확한 노아의 나이와 2월 17일이라는 기록을 남긴 것은 그 사건이 분명한 것이고 사람이 적당히 만든 신화같은 것이 아님을 보여주는 것이다.

이때의 이 홍수심판은 성서적 입장에서는 말할 것도 없거니와 지질학의 증거로도 확실하다. 동양의 예기에도, 애굽의 전설에도, 인도의 전설에서도, 바벨론이나 헬라의 전설 등에도 홍수사건을 뒷받침해 주고 있다. 시실리섬의 San Ciro(산키로) 굴에 있는 코끼리의 뼈, 소의 뼈, 사슴뼈, 하마뼈의 무덤이 있어 그것들이 그때 홍수를 피하여

굴에 들어갔다가 죽은 것이 분명하다고 본다.

7일 후에 홍수가 땅에 덮였다(7:10). 이 말씀을 볼 때에 노아의 가족에게나 멸망받을 죄인들에게나 구원받을 기간은 충분했던 것을 알수 있다. 노아의 가족은 홍수가 쏟아지기 전에 방주에 들어가서 홍수심판이 이르기 전에 안전한 구원을 얻을 수 있었다는 것이다. 이것은 하나님의 최후심판에 있어서도 의인들이 하나님 나라에 들어간 후에 세상이 불로 심판받게 되리라고 볼 수 있다. 또한 멸망의 자식들은 7일의 충분한 기한에도 반응이 없었다. 그들이 멸망하는 것은 악해서가 아니다. 하나님의 말씀을 믿지 않음에 있다. 방주에 들어만 가면 구원을 얻는다. 그들의 공로와 행위가 아니고 믿고 들어가면 되는 것을 듣지 않아 망한 것이다.

아무튼 홍수의 심판은 망하는 자에게는 심판이지만 믿는 자들에게는 방주가 높이 뜨는 것 같은 구원이다.

하나님은 하나님의 백성을 안전한 곳에 피신시키기까지는 결코 심판을 행사하지 않으신다(창 19:22). 롯이 소돔성을 떠나 안전지대에 가기까지 하나님은 심판을 연기하셨다.

2. 홍수의 기간은 40주야였다.

큰 깊음의 샘들이 터졌다. "큰 깊음의 샘들"은 원래 지하수의 근원인데 아래 원천(창 49:25)이나 큰 바다(시 104:6)를 가리킨다.

하나님은 깊은 물을 곡간에 마련해 두셨다(시 33:7). 이제 그것을 터트리셨는데 바다를 다시 창조할 필요가 없을 만큼이었다. 하나님은 권능의 말씀으로 땅을 축복하셨으나 이제 하나님의 권능의 방법 앞에 이땅을 파멸하시는 것이다.

하나님은 바다를 창조하시고 그 바닷물에게 명하시기를 땅을 덮지 못하게 하셨다(시 104:9, 욥 38:9-11)고 하였다.

이제 하나님은 그 경계의 울타리를 제거하셔서 땅을 덮어버리게 하신 것이다.

물의 창조자시며 주관자이신 하나님은 인간에게 꼭 필요한 물을 이제 심판의 도구를 쓰셔서 위 아래 할 것 없이 사방에서 터지게 하셨다. 이것은 하나님의 진노의 표현이기도 하다.

하늘의 창들이 열렸다. 하늘의 홍수의 문이 비가 올 때에 열려졌다 (8:2, 왕하 7:19, 사 24:18, 말 3:10). 고대인들은 대기권 너머 이층 천에는 비와 우박과 눈 등을 보관한 하늘 창고가 있다고 믿었다. 홍수는 댐의 열린 갑문을 통해 물이 갑자기 쏟아지듯이 많은 량의 비가 한꺼번에 땅에 쏟아진 것이다. 하나님의 홍수심판은 천상과 지상과 지하의 모든 물들을 총동원하여 지구를 일시에 덮은 것이다.

욥기 38:22-23에 "눈 곳간, 우박창고, …내가 환난 때와 전쟁과 격투의 날을 위하여 이것을 저축하였노라"고 하셨다. 하나님은 "물을 빽빽한 구름에 싸시나 물밑의 구름이 찢어지지 아니한다"(욥 26:8)고 하셨다. 그런데 이제는 구름이 찢어지고 비가 계속해서 내렸다.

40주야를 땅에 쏟아졌다. 하나님은 세상을 엿새 동안에 만드셨다. 그런데 그것을 멸하시는 데는 40주야가 걸렸다. 왜냐하면 하나님의 심판의 비를 오랫동안 내리는 동안에 하나님의 진노도 더디신 것임을 알게 하심이다. 서서히 하나님의 심판의 물은 쏟아지지만 철저했다.

큰 깊음의 샘물이나 하늘의 창들이 열려 쏟아진 물은 우리 인간에게 생명이고 긴요한 것이다. 이것이 없이는 죽는다.

그러나 하나님은 범죄한 땅을 위해서 그렇게 유용한 물을 가지고 심판의 도구로 사용하셨다.

만물은 하나님이 쓰시고자 하는 바에 따라 우리에게 관계된다. 베드로는 "과거에 물로 심판하셨고 앞으로는 불로 심판"(벧후 3:6-8) 하실 것이라는 것을 말하였다. 땅 속에는 물이 있듯이 불도 있다. 또한 불은 하늘에서도 떨어진다. 물이 쏟아지듯이 한다.

따라서 때가 되면 이 두 가지 하나님의 심판이 무기가 되어 죄인을 두렵게 한다.

3. 노아의 가족이 들어갔다.

홍수를 피하여 여덟 식구가 들어갔다. 여기 본문에 "들어갔다"는 말이 여섯 번이나 나오고 있다. 그런데 그들은 홍수가 있기 전에 이미 방주에 들어가 있었다. 구름도 비바람도 없이 빛이 쨍쨍한데 방주에 들어가 있으니 사람들이 비웃고 조롱했을지 모른다.

그러나 그것이 노아의 믿음이다. 하나님이 닫으시는 시간까지 그는 드나들면서 전도했다. "여섯번이나 들어갔다"고 하여 노아가 얼마나 하나님의 명하신 말씀에 대하여 철저하게 준행했나를 알게 한다. 그런데 노아의 처와 세 아들과 세 자부에 대해서도 거듭해서 말하고 있다.

여기는 특히 셈, 야벳의 이름까지 밝혀 베드로는 8식구가 구원을 받았다고 했다(벧전 3:19-21). 이 8식구를 보면서 알 수 있는 것은 노아나 세 아들들이 모두 일부일처제의 결혼생활을 한 것이다. 참으로 창조질서를 지키는 경건한 가정이었다.

짐승과 새와 기는 모든 것을 종류대로 들여 보냈다. 이것은 노아의 영예에 해당되는 기록이다. 모든 생물들이 노아의 돌봄과 보호 속에 보존될 수 있었기 때문이다. 노아는 말씀으로 명하신대로 종류대로 암수로 정확하게 세어서 들여 보냈다.

그리고 그것들이 1년간 살아야 할 방을 배정하고 그동안 계속해서 그들에게 먹이를 주며 보살펴야 했다. 당시 생존했던 짐승은 "89가지 (Raleigh 라레이그)"였다고 한다. 현재에도 포유동물이 1,658종이고 방주에 들어갈 수 있는 정한 짐승은 4천 종류 이상이라고 한다. 6천 종의 새와 650종의 파충류, 55만 종의 곤충이 오늘날 동물학자들이 인정하는 종류이다.

방주 안에 들어간 짐승들, 새들, 기는 모든 것들은 "온유해지고 유순해져서 이리가 양과 함께 거함같이 사자가 소처럼 풀을 먹은 것같이"(사 11:6-7) 되었을지도 모른다.

그렇지 못하다면 모두 따로 따로 보호 양육했을 것이다. 1년 후에 그것들이 방주에서 나가면 옛날 근성을 그대로 가지고 나간다. 교회 안에 변화받은 듯이 얌전한 위선자는 세상에 나가면 근성이 나와 짐승처럼 사는 것이 아닐까?

여호와께서 방주문을 닫아 넣으셨다. 이것은 "그 위에서 닫으시니"라는 것이니 하나님이 그 뒤에서 방주의 문을 닫으신 것을 나타낸다. 세찬 홍수물과 사람들의 소란에서 그를 보호하려고 그리하신 것이라고 생각된다.

여기 하나님에 대한 두 가지 명칭이 있으니 엘로힘 하나님은 짐승에 관해서 그에게 명령하셨고, 여호와 계약의 하나님은 그뒤에서 방주의 문을 닫으시므로 노아의 안전을 주관하셨다.

하나님이 닫으신 것은 구원의 열쇠는 하나님이시고 사람이 아님을 보여주는 것이다. 또한 다른 모든 것이 들어오지 못하게 하여 영원히 안과 밖을 구별하신 것으로 열 처녀 비유에서 나중에 문좀 열어 달라고 애원한 미련한 처녀들을 닫힌 문 안쪽에서 "내가 너희를 알지 못하노라"(마 25:10-13) 하심과 같다. 하나님이 닫으셨으니 아무도 열 수 없는 것이다.

구원의 문은 항상 열려만 있는 것이 아니다. 구원의 방주 문안에 들어온 자는 하나님이 직접 닫으시므로 확실한 구원의 보장을 받은 것이다.

다시 한번 "여호와께서 닫아넣음"에 대해 정리해 보자.

1. 구원의 문은 하나님 한 분 뿐이라는 뜻이다(계 1:17-18, 3:7-8)
2. 구원의 문은 하나님이 절대 주장하신다는 뜻이다.
3. 구원의 문 안에 있는 이들은 하나님의 포로라는 뜻이다.
4. 구원의 문을 하나님이 닫으심은 안전보호의 뜻이다.
5. 구원의 문을 하나님이 닫으심은 아무도 열지 못한다는 뜻이다.

홍수에 잠긴 세상

(창 7:17-24)

홍수는 당시 악인들에게 위협적인 하나님의 진노였다. 노아를 통하여 홍수 심판에 대한 예고를 120년 동안이나 했으나 무슨 홍수냐고 농담으로 여기거나 정신나간 사람의 말로만 여겼다. 그러나 하나님은 신실하시니 말씀대로 실행하시는 분이다. 신실하신 하나님의 말씀에 준행한 노아와 그 가족 식구는 온전히 구원받았다.

하나님의 능력은 놀라운 것으로 미물의 짐승에게 본능을 주어 홍수의 위험을 알게 하사 방주에로 들이게 하시고 깊은 샘이 터지고 하늘의 문이 열리어 40주야를 쉬지 않고 비가 쏟아지게 하셨다.

그뿐이 아니라 가장 무서운 방법으로 죄인들을 멸절시켜 장수하거나 죽지 않으리라고 믿었던 자들에게 죽음은 반드시 죄인을 찾는다는 사실을 보여주셨다. 하나님께서 자기 사람에게는 얼마나 자상하시고 안전하게 피신시켜 보호하셨는가를 알 수 있다.

그것은 인간편에서 볼 때 순전히 하나님의 은혜였다. 우리가 구원을 얻는 것은 하나님의 은혜이다. 사람에게는 선택하지 않을 수 없는 양대 기로에 있다. 세상에는 넓은 길이 있고 좁은 길이 있다. 홍수는 터졌는데 어디로 갈까? 방주라는 피난처냐? 아니면 높은 산이나 어떤 탑으로 올라갈 것이냐? 예수를 믿을까, 아니면 자기를 믿을까? 넓은 길을 선택한 자들은 홍수 속에 멸망하고 말았고 좁은 방주문으로 달려간 노아는 살았다.

지금도 구원의 방주는 인간의 선택을 요하고 있다. 예수는 영원히 사는 길이요, 죄인들의 안전한 피난처시다. 노아와 그 가족들과 같이 길은 좁고 협착하여 의롭고 고달픈 길이지만 영원히 사는 방주의 문으로 가야 할 것이다.

1. 홍수가 온 세상을 덮었다.

물이 많아져서 방주가 땅에서 떠올랐다. 홍수는 40일 동안 잠시도 쉬지 않고 쏟아졌다. "물이 많아졌다"는 것은 크게 되었다는 것으로 그때에 방주가 물에서 떠오르게 된 것이다. 이것이 1단계 증가이다.

그것이 땅에서부터 높이 되었다는 것은 땅 위에 올라왔다는 뜻이다. 그러므로 이제부터는 방주만이 만물을 멸절 파괴하는 홍수를 견디어 낸 것이다.

방주만 홀로 남았다. 물이 불어날수록 방주는 하늘 가까이로 더 높아졌다. 그러므로 하나님의 재난은 불신자에게는 저주지만 의인에게는 영적 향상이 되는 것이다.

물이 더 많아져 창일하매 방주가 물 위에 떠 다녔다. "물이 더 많아져"는 강해져서, 강해진다는 뜻에서 된 말이다. 이제는 2단계 증가로 인하여 떠내려가는 것이다(시 104:26).

방주가 물 위에 떠다니는 것은 성도에게는 은혜의 구원의 빙거이고 악인들에게는 심판의 빙거이다(고전 1:18). 그러므로 죄인들이 물을 피하여 도망하면 끝까지 그 물이 죄인을 따라 올라가서 죽게 한다. 그래서 죄인이 심판의 홍수 앞에 몸을 피신할 곳은 없다.

물이 땅에 더욱 창일하매 천하에 높은 산이 다 덮였다. 그 물이 불어서 15규빗이 오르매 산들이 덮였다. 물의 증가 3단계이다. 그러므로 아무도 피하여 살아남을 수가 없었다. 15규빗이면 6.75m이다. 해면에서부터 측량하면 그 수심은 엄청나게 깊다 할 수 있다.

한없이 교만한 자들이 어리석은 생각에 높은 산으로 피신했다고 해도 그것은 허사이며 구원은 오직 하나님께 있다(렘 3:23). 하나님이 그 높은 산보다 그들 교만한 자들보다 더 높이 계신 것이다. 하나님의 심판이 미치지 못할 곳은 세상에 없다(렘 49:16, 욥 3:4, 시 21:8, 욥 28:25).

하나님의 심판을 피할 수 없다(시 139:7-12). 다윗이 영장으로 한 노래인데 "내가 주의 앞에서 어디로 피하리이까? 하늘에 올라가도 거기 계시고 음부에 내 자리를 펼지라도 거기 계시니이다. 내가 바다 끝에 가서 거할지라도 곧 거기서도 주의 손이…붙드시고…"라고 하였으니 물이 죄인들의 숨는 곳에 넘쳐 흘렀으며(사 28:17) 산과 바위에 숨고자 해도 허사이다(계 6:16). 산들은 떠나고 작은 산들은 옮겨지니 (사 54:10) 어디에 피할까? 독수리같이 보금자리를 높이 지었다고 해도 하나님이 거기에서 끌어내리리라(렘 49:16)고 하였다.

2. 생물들이 모두 멸망하였다.

땅 위에 움직이는 생물이 다 죽었다. 우리는 여기서 땅 위에 움직이는 생물을 다 죽인 심판의 비참함을 보게 되는데 그것은 똑같은 멸망의 사실을 여러 번 반복해서 기록하고 있다는 것이다.

홍수로 멸망하는 것은 인간의 죄 때문인데 하나님은 육지에 있는 모든 생물들을 방주 안에 씨종으로 보존된 것 외에는 하나도 남김없이 죽였다. 바울은 "자연도 인간으로의 회복"을 고대한다고 하였다 (롬 8:21, 22). 그것은 인간이 회복될 때에 자연도 회복될 것이기 때문이다.

우리는 육지에 있는 생물들을 멸하신 하나님을 볼 때에 죄인들과 그 죄인들에게 이용되는 생축마저도 멸하실 수밖에 없으셨다고 생각하며, 하나님이 만드신 하나님의 것이기 때문에 그 소유의 주인이 이렇게 하심에 대하여 오히려 인간의 죄악의 결과가 이렇게도 비참한 것인가를 배워야 한다. 따라서 하나님이 그것들을 모두 죽인 것은 구원받은 노아의 후손들을 위해서였다고 믿을 때 감사하지 않을 수 없다.

즉, 사람은 한 가정밖에 살아남지 못하여 이 한 가족이 지상에 번성하기까지는 많은 세월이 걸릴 것인데 육지에 있는 모든 생물들이 다 살아 있었다고 하면 그것들은 사람을 위한 것이기 보다 오히려 인간에게 두려운 적이 되었을 것이고 그것들이 땅 위를 지배할 것이다.

땅 위에 살았던 모든 사람이 다 죽었다. 모든 사람의 숫자는 알 수 없으나 노아의 여덟 식구를 제외한 모든 사람들이 짐승들과 같이 죽었다. 여기 모든 사람 중에는 노아의 가족과 함께 방주 짓는 일에 땀을 흘린 고용인들도 포함되는 말이다.

그들은 방주 안에 방들을 만들고 창고도 만들며 간을 막아 가축들의 처소도 만들었다. 그러나 그들은 구원의 자리 하나를 마련하지 못했다. 앞으로도 교회에는 잘 드나들다가도 마지막 하늘의 문이 닫히는 때에 그만 멸망될 인간들이 얼마나 많을까?

다른 사람들은 구원의 방주의 방으로 들어갈 수 있게 마련해 놓고서도 자신은 들어가지 못하는 불쌍한 인간이여, 모든 사람들 중에는 시집가고 장가 가다가 죽은 이들도 있을 것이다(눅 17:27). 모든 사람들 중에는 먹고 마시며 향락하다가 죽은 사람도 포함되는 말일 것이다. 모든 사람들 중에는 "사고 팔고, 집을 짓다가"(눅 17:28) 죽은 사람들도 있었을 것이다. 모든 사람 중에는 "심고 거두다가"(눅 17:28) 죽음을 맞은 사람도 있었을 것이다. 그들은 하나님의 말씀을 들었으나 귀먹고 눈이 먼 장님처럼 심상찮게 비가 쏟아지는 것을 보면서도 방주로의 피신을 거절한 한심한 인간들이었다.

모든 사람이 죽음을 피하려고 노력했다. 방심과 욕정, 물욕과 현실에만 빠져 있던 그들이라 해도 창세 이래 처음 있는 홍수에 늦게나마 노아의 경고의 말씀이 생각났을 것이다. 그리하여 살아보려고 온갖 수단과 방법을 다 하였을 것이다. 그것은 본능이기도 하다. 어떤 이는 키 큰 나무나 높고 높은 산이나 심지어는 노아의 방주 위에까지도 올라갔을 것이다. 그러나 그들은 다 죽었고 방주 위에나 방주의 어느 부분을 붙잡고 허우적거리던 자들도 죽었다.

왜냐하면 방주의 문을 하나님이 닫으셨기 때문에 노아가 열어주고 싶어도 그럴 수가 없었기 때문이다. 그러므로 구원은 방주라는 교회 안에만 있는 것이다. 예수 안에 있는 자는 영원히 살고 예수밖에 있는 자는 자력으로 구원 얻을 수가 없는 것이다. 공로나 업적이 많았다고 해도 방주 밖에서는 희망이 없는 것이다.

3. 노아와 그와 함께 방주에 있던 자만 남았다.

홀로 노아가 방주에 남았다. 성경에 "비록 노아, 다니엘, 욥, 이 세 사람이 거기 있을지라도 그들은 자기의 의로 자기의 생명만 건지리라"(겔 14:14)고 하였다.

노아는 하나님 앞에서 경건하고 의롭게 생활했기 때문에 홍수 심판에서 구원을 받았다.

노아는 하나님의 경고를 듣고 한편으로는 방주 짓는 일에, 또다른 편으로는 사람들에게 하나님의 심판에 대하여 예언하였다. 옥에 있는 영들에게 예수의 영이 노아를 통해서 전도하게 했다. 뿐만 아니라 그들을 위해 기도하고 가급적으로 가까운 친척이나 이웃에게는 더욱 설득시키려고 애쓰고 눈물로 호소했을 것이다.

그러나 소돔성의 멸망을 예고할 때에 롯의 사위들이 하나님의 말씀을 곧이 듣지 않고 농담으로 여겼듯이 노아에게 미치지 않았느냐고 비꼬았을 것이다.

이제 노아는 방주 안에 들어갔다. 오랫동안의 수고에 대한 대가로 휴식을 얻게 된 것이다. 밖으로부터의 비명 소리, 호소하는 소리, 후회자들의 울부짖음을 들으면서 악인의 보응당하는 모습을 목격했다(시 91:7-8).

노아와 함께 방주에 있던 자만 남았다. 노아는 할 수 있는 한 자기와 함께 방주에 있을 사람들이 많을 것을 기대하고 소망했었다. 노아의 아내와 세 아들과 세 자부들의 바람 역시 그들의 친척이나 친정 부모 형제, 가까이 지내는 친구들에게 전도했을 것이다.

그러나 그 전도는 무시당하고 거절되어 노아의 8식구만 방주 안에 들어와 특별한 보존을 받게 되었다. 이제는 방주 밖에서 거절했던 그들이 소리치며 "문 좀 열어 달라"고 외치고 있었다.

하나님이 문을 닫으셨으니 어찌 할 수 없다고 이제는 이들이 그들을 거절해야만 했다.

복 있는 사람은 악인이나 죄인, 오만한 자와 함께 앉지 않는다(시 1:1). 복있는 사람은 의인과 함께 한다.

방주에 있던 자만 구원을 받았다. 바울은 "아드라뭇데노"라는 배에 탄 276명이 풍랑을 만나 사경에 있을 때에 사공들이 도망하려고 종선을 타려는 것을 영감으로 알고 "이 사람들이 배에 있지 아니하면 너희가 구원을 얻지 못하리라"(행 27:31)고 외쳤다. 물론 바울의 말대로 하여 276명은 구원을 받았다.

　　방주는 예수 그리스도와 교회의 모형이다. 누구든지 그리스도 안에 있으면 새로운 피조물이고 영원히 산다. 그러므로 그리스도 밖에는 여하한 구원을 얻을 수 없다. 왜냐하면 "그리스도 예수 안"에 구원이 있기 때문이다(롬 3:24). 그리스도 예수 안에 있는 자에게는 결코 정죄함이 없다(롬 8:1). 그 분 안에는 생명의 성령의 법이 죄와 사망의 법에서 해방시키는 은혜가 있다(롬 8:2).

하나님의 권념

(창 8:1-5)

하나님께서는 노아와 그와 함께 방주에 있는 모든 들짐승과 육축을 권념하셨다고 하였다. "권념하사"라는 말씀은 "표를 한다, 찌른다, 새긴다"는 말에서 생겼는데 곧 "하나님이 기억하셨다"는 것이다.

이사야는 "여인은 혹시 자기 태에서 난 아들을 잊을지라도 나는 너를 잊지 아니할 것이라. 내가 너를 내 손바닥에 새겼다"(사 49:14-16)고 하였고, 하나님이 소돔성을 멸하실 때에 "곧 롯의 거하는 성을 엎으실 때에 아브라함을 생각하사 롯을 그 엎으시는 중에서 내어보내셨다"(창 19:29)고 했다. 하나님은 아브라함과 이삭과 야곱에게 세운 언약을 기억하사 이스라엘을 권념하시고(출 6:5), 그들의 열조와 맺은 언약을 기억하시며(레 26:45), 그 종 아브라함을 기억하시고(시 105:41), 옛적부터 얻으시고 구속하사 주의 기업의 지파로 삼으신 주의 회중을 기억하신다(시 74:2).

그리고 하나님은 하나님의 전과 그 모든 직무를 위하여 행한 선한 일을 기억하시므로(느 13:14, 22, 31) 주의 보시기에 선하게 행한 것을 기억하시고(왕하 20:3), 가난한 자의 부르짖음을 잊지 않고 기억하시며(시 9:2), 고넬료와 같은 의인의 기도와 구제가 하나님의 기억하신 바 되었다(행 10:4, 31). 하나님은 당내의 의인이요 완전한 신앙의 사람 노아와 그 가족을 기억하사 홍수의 물이 점차적으로 감해지게 하셨다.

그동안 노아의 가족은 방주 안에서 신앙의 연단을 받았다. 하나님을 사랑하는 자들에게는 모든 것이 합력하여 선을 이루는 것이다. 베드로는 "물은 예수 그리스도의 부활하심으로 말미암아 이제 너희를 구원하는 표니 곧 세례라 육체의 더러운 것을 제하여 버림이 아니요 오직 선한 양심이 하나님을 향하여 찾아가는 것이라"(벧전 3:21)고 하였다. 이제 노아는 깨끗이 물로 씻은 세계에 문이 열려지는 날 나아갈 시간을 기다리면서 하나님의 일하시는 시간표에 조용히 무릎 꿇었다.

1. 하나님이 권념하사 바람이 불게 하셨다.
바람은 하나님의 창조하신 자연계의 생명이다. 아모스는 "하나님이 바람을 창조하셨다"(암 4:13)고 하였다.

호세아는 하나님의 바람(호 13:15)이라 했다. 그는 그 곳간에서 "바람을 내시고(렘 10:13, 51:16)", "그 장 중에 모으시며(잠 30:4)", "그 말씀을 보내사…바람을 불게 하신즉 물이 흐르는도다"(시 147:18)라고 하였다.

시편 저자는 "하나님이 바람을 그 곳간에서 내시는도다"(시 135:7)라고 노래하였고 "바람 날개로 다니시며 바람으로 자기 사자를 삼으신다"(시 104:3-4)고 하였다.

욥기 28:25에는 "바람의 경중을 정하시며 물을 되어 그 분량을 정하시며 비를 위하여 명령하시고 우리의 번개를 위하여 길을 정하셨음이라" 하였다.

그리고 "바람 날개 위에 나타나시고"(삼하 22:11), "바람날개를 높이 뜨셨다"(시 18:10)고 했다.

하나님은 "바람이 여호와에게로서 나오게"(민 11:31)" 하시고 바람을 일으켜 유브라데 하수를 신 신고 건너가게 하셨다(사 11:15). 그리고 천사들을 바람으로 삼으시고(히 1:7), 바람으로 불지 못하게 하사 성도를 보호하시며(계 7:1), 바람을 명하여(눅 8:25), 잔잔하라, 고요하라, 잠잠하라(마 8:26-27, 막 4:41, 눅 8:24) 하시니 그대로 되었다. 인간은 바람의 길이 어떠함을 모르나 하나님은 만사를 성취하신다(전 11:5).

바람은 자연계의 생명이다. 바람이 없이는 생물들은 생명을 지속할 수 없다. 시편 78:39에 "가고 다시 오지 못하는 바람"이라 했다. 그러나 바람은 1년에 지구를 42회 돈다고 한다.

바람은 여러 가지의 사역을 행한다. 바람은 제어할 수 없는 힘이요(잠 27:16) 신비하여 불가사의한 것이다(요 3:9). 북풍은 하늘을 맑게 하고 별을 보게 하며 지면에 이슬을 내리게 한다(욥 37:21, 출 16:13, 잠 25:23). 남풍은 뜨겁게 하고 옷을 따뜻하게 하며 땅을 고요하게 하여(눅 12:55, 욥 37:17, 눅 12:54-55) 열매를 맺게 한다.

그외의 바람은 홍해를 가르고(출 14:21), 다시스의 배를 깨뜨리고(시 48:7), 비가 오게 하며(왕상 18:44-45), 메뚜기를 제거하고(출 10:19), 요나를 훈련시키고(욘 1:4), 예수님이나 엘리야는 바람을 타고 승천하셨다(왕하 2:11, 행 9:9-11).

그러면서 바람은 손에 잡히지 않고 보이지 아니한 것이기에 바람을 잡으려는 헛됨에 대해 교훈하고 있고(전 1:14, 17, 2:11, 17, 26, 4:4, 5:16, 6:9, 16 등), 바람 앞에 부숴지고(시 18:42), 바람에 흔들리며(사 7:2), 흩어지고 떠도는 티끌(사 17:13, 41:16) 같은 인간의 무능 무상도 교훈한다. 그리고 우리의 죄악이 바람같이 우리를 몰아간다(사 64:6). 이리 돌며 저리 돌아 불던 곳으로 돌아가는 것이 바람이다(전 1:6). 바람이 지나가면 하늘은 맑아진다(욥 37:21). 바람이 일어나서 큰 비가 내린다(왕상 18:45).

바람은 성령으로도 비유되어 있다. 하나님이 사람 속에 생기를 불어넣으셨고(창 2:7, 욥 33:4), 예수께서 부활 후에 제자들에게 숨을 내쉬며 성령을 받으라고 하셨다(요 20:22). 하나님의 말씀 성경은 하나님께서 불어넣으신 호흡 또는 바람(딤후 3:14-16)에 밀려가는 사람들이 성경을 기록했다는 뜻으로 "하나님의 감동"이라고 했다.

성령의 바람은 급하고 강한 바람이어서(행 2:2) 신비하고(요 3:8) 제어할 수 없는 힘이다. 이 바람이 사람을 변화시킨다. 성령의 바람이 불면 의심, 걱정, 두려움, 죄악의 구름을 몰아내고 하늘이라는 마음을 맑게 한다(욥 37:21). 하늘의 별을 볼 수 있고 심령의 땅에 이슬이라는 은혜가 내린다. 광야의 만나라는 말씀은 바람과 함께 이슬과 함께 내렸다(출 16:13-).

성령은 심령을 뜨겁게 하고(눅 24:32), 따뜻하게 하며(욥 37:17, 눅 12:54-55), 마음의 땅을 고요하게 하여 성령의 열매를 맺게 한다(욥 37:17, 갈 5:22-23). 성령의 바람은 저주의 홍수물이 물러가게 하고 그리스도의 향기를 만방에 전파하며, 죽은 뼈와 같은 영혼 속에 들어가서 부활하여 일어서서 큰 군대가 되게 하고 전쟁에서도 승리하게 한다. "뽕나무 위에서 들리는 소리(삼하 5:23-25)"는 바람소리니 성령의 바람 소리대로 싸우면 이긴다는 뜻이다.

2. 하나님이 권념하사 방주가 정박하였다.

하늘의 비가 그쳤다. 하나님께서 바람을 불게 하여 물이 감하였고 깊음의 샘과 하늘의 창이 막히고 하늘에서 비가 그쳤다.

이것은 홍수물이 쏟아질 때 3단계로 물이 증가한 것을 표현했듯이 이제는 그 물이 줄어드는 단계를 말하고 있다. "물이 되돌아 갔다", "물이 그치었다", "바람이 그치니라"(마 14:32, 막 4:39, 6:51)는 것이다.

"물이 땅에서 물러나고"는 썰물 때에 바닷물이 차츰차츰 나가는 것과 같은 현상을 의미한다. 깊음의 생물은 옛 자리로 되돌아가고 하늘의 창은 닫혔으니 점차적으로 물이 감소할 수 있었다. 물도 하나님이 명하시는 대로 되었다. 하나님은 열기도 하시고 닫기도 하신다. 이사야는 "내 입에서 나가는 말도 헛되이 내게로 돌아오지 아니하고 나의 뜻을 이루며 나의 명하여 보낸 일에 형통하리라"(사 5:5-11)고 했다. 이 세상에 40주야를 비가 내렸으니 단 하루 사이에 물이 마르는 것은 아니었다. 잠깐 동안에 물과 땅 사이를 구별하며 육지를 창조하신 하나님께서 이번에는 점차적으로 하심은 능력의 쇠함 때문이 아니고 하나님의 백성들을 점차적으로 해방하시기 위함이다.

150일 후에 감했다. 첫 단계는 물이 조용해지는 것이고, 다음 단계는 물이 감소하는 시작이며, 마지막으로는 물이 감해졌다는 것을 이제 그들은 인식할 수 있었다.

노아는 틀림없이 하나님이 하시는 구원의 사역에 대하여 일일이 노트에 그동안의 일들에 대하여 일기를 썼을 것이다. 그리고 지루하고 무섭지만 하나님의 세계에서 오는 소망의 빛을 바라보면서 물이 감해지는 속도나 육지가 보이는 것들에 대하여 상세하게 성경에 남길 수 있게 하였다.

150일 후에 "물이 감하였다"고 하였으니 다섯 달이었다. 우리에게는 "가깝하고 지루하며" 참고 견디어야 하는 때가 있다. 노아는 그러한 때에 불평하거나 짜증내지 않고 가족들과 더불어 하나님께 예배하며 지냈다. 구원의 방주를 주관하시는 이는 하나님이시기 때문에 전폭적으로 맡기고 그는 예배하는 일과 짐승들 생물들을 돌아보는 일을 하였다. 그에게 있어서의 몇 달은 가장 귀중한 신앙을 훈련받는 기간이었다.

7월 17일에 아라랏산에 머물렀다.

홍수가 시작된 날이 2월 17일(7:11)이었고 물이 빠지기 시작한 날이 150일 후부터 하루나 이틀째였을 것이다.

이 날은 아빕월(양력 4월) 17일이니 이스라엘이 홍해를 육지같이 건넌 날이다. 또한 예수께서 십자가에 죽으셨다가 사흘만에 부활하신 날이다. 참으로 우연이라고 할 수 없는 놀라운 일치점을 보면서 신천신지의 새 시대의 첫 날이라고 할 것이다.

방주는 교회와 예수 그리스도의 모형이다. 먼 훗날에 예수 그리스도께서 죽음에서 부활하시고 하나님의 교회는 사망의 홍수물을 타고 높은 천국의 산에 도착하게 될 것을 예표해 주신 것이다. 하나님의 구속의 계획은 날짜까지도 어김이 없으시다.

아라랏산에 머물렀다. 아라랏산은 알메니아의 urartu(우랄투)라고 하는 사람이 kurdistan(쿨디스탄)에 있는 산이라고도 하고, 어떤 이는 카스피안 해 남쪽에 있는 Elburz(엘벌츠) 산이라고도 한다.

그러나 우리는 그 산이 메소보다미아 지역에 있었다고 믿어지는데 그 이유는 그곳이 세계의 중심으로서 거기서부터 노아의 후손들이 퍼졌기 때문이다. 이 산은 아름답기로 유명하고, 세상에서 가장 높은 산들이 서로 얼싸안고 있다. 바위도 많고 정상에는 눈이 쌓인다.

얼음으로 된 봉우리는 하늘과 어우러져 장관을 이루고 있고 그 산의 아름다움만큼 그 산의 높이만큼 완벽한 산은 없을 것이라고 한다. 그러므로 자연세계에서 가장 장엄한 대상 가운데 하나이다.

그런데 아라랏이란 "거룩하다"는 의미가 있다. 허물과 죄로 죽었던 우리가 죄씻음 받고 물로 세례를 받아 중생하고 새 사람이 된 다음에 거룩해져서 부활의 은혜에 동참한 때에 영원히 머물러 거하며 정착할 곳은 높이 있는 거룩한 하나님의 산이라는 것이다(벧전 3:20-22).

우리가 예수와 함께 죽고 예수와 함께 부활하여(롬 6:3-11) 거룩한 산 하나님의 아라랏산에 머물게 된다는 사실은 진실로 감격이 아닐 수 없다.

방주에는 키도 없고 방향을 조정하는 아무런 시설도 없었으나 하나님께서 직접 아라랏산으로 방주를 운행하셨다. 우리가 죄악 세상에 자신을 매장하고 예수와 함께 살아 교회 방주를 타고 천국에 정박한다는 확신에는 한치의 의심도 없는 것이다.

3. 하나님이 관념하사 산 봉우리가 보였다.

물이 점점 감하여졌다. 이 말은 "물이 가고 감하여졌다"는 뜻으로 바람에 밀려간 것이고 뜨거운 바람에 의해 마르기도 했다는 것이다. 하나님은 바람이라는 사자를 통하여 물이 옛날 있던 자리로 돌아가게 하셨다. 또한 바람을 뜨겁게 하셔서 홍수물이 마르게도 하신 것이다.

하나님께서 지상의 악인들을 향하여 불을 쏟으시고 샘물 근원까지 터치셔서 심판하셨다. 하나님은 인간을 향하여 오래 참으시지만 심판을 실행하실 때는 그 노하심이 하늘도 땅도 바람도 물도 총동원해서 인간을 적으로 공격하신다.

이제 하나님의 진노의 홍수물은 그 목적을 달성했기 때문에 점점 감해져 가고 있었다. 인간 역사 1656년만에 진노의 홍수는 40주야 뿐이었다.

하나님은 인간의 회개를 기다리시며 인간에게 노하시는 기간이 짧다는 것을 볼 수가 있다. 진노 중에라도 긍휼을 잊지 않으셨다(합 3:2-3).

이제 산봉우리라는 소망의 세계가 보이기 시작했다. 10월 1일에 산봉우리가 보였다. 이 날은 홍수가 시작된지 224일이 되는 날이다. 이 날은 "새날이 떠오를 때에"와 "새로와진다"는 말에서 기원된 낱말이다(출 13:5). 여기 10월 1일, 즉 산봉우리가 보이기 시작한 이 날은 새 날의 떠오르는 것과 같고 새로워진 세계를 보는 것이다. 1년 동안의 방주 안에서의 생활에서 산봉우리를 보는 것은 처음이었다. 그동안 한없이 치른 홍수물과 황량하기 짝기 없었고 비참한 것들만 보였으나 이제야 새로운 산봉우리를 보게 된 것이다. 그것은 새 세계를 보는 것이다. 10월 1일은 7월 17일, 그러니까 방주가 아라랏산에 정박한 지 약 10주간이 되는 날이다. "물이 불어서 15규빗이 오르매 산들이 덮인지라"(7:20)고 했으니 하루에 3-4인치씩 물이 줄어든 것으로 계산할 수 있다.

이보다 더 중요한 것은 성경은 이렇게 날짜까지 정확하게 기록함으로써 역사적 사실을 강력하게 입증한다는 사실이다.

우리의 중생 후에 처음으로 보여진 것은 무엇인가? 산봉우리가 보였더라고 하였다. 이것은 산들이 물위에서 쑥 내밀었다는 것으로 "분명하게 보였다"는 뜻이다. 산들의 꼭대기들이 보이기 시작한 것으로 생각된다. 물이 10주간이나 빠지다 보니 이제는 방주가 그 밑에 있게 되었다. 노아는 이제 산봉우리들을 보고 큰 위로를 얻었다. 불안했던 마음이 사라지고 기쁨과 찬송이 터져 나왔다. 얼마만에 보는 산봉우리인가? 이제 하나님의 진노의 물은 물러가고 새로운 세계가 그의 시야에 보여졌던 것이다.

산봉우리는 신천신지의 모형이다. 다윗은 "여호와의 산에 오를 자 누구며 그 거룩한 곳에 설 자가 누군고"(시 24:3)라고 하였다.

"손이 깨끗하며 마음이 청결하며 뜻을 허탄한 데 두지 아니하며 거짓 맹세치 아니하는 자로다"(시 24:4)라고 대답하였다.

다윗은 "주의 성산에 거할 자 누구오니이까"(시 15:1) 하였고 "내가 여호와께 부르짖으니 그 성산에서 응답하시는도다(셀라)"(시 3:4)라고 하였다. "나를 인도하사 주의 성산과 장막에 이르게 하소서"(시 43:3) 하였고, 시편 기자는 "너희는 여호와 하나님을 높이고 그 성산에서 경배할찌어다"(시 99:9)라고 권했다. 이사야는 "나의 성산에서는 해함도 없겠고 상함도 없으리라"(사 65:25) 하였으며, 스가랴는 "만군의 여호와의 산은 성산이라 일컫게 되리라"(슥 8:3)고 하였다.

방주를 통하여 구원을 얻은 중생한 성도는 영적으로 하나님의 성산을 분명하게 바라보아야 한다. 왜냐하면 과거는 매장되고 미래에는 성산에서 살 것이기 때문이다.

까마귀와 비둘기

(창 8:6-14)

하나님께서는 홍수심판에 관해서 아주 자세하게 말씀으로 지시하셨으나 물이 마르고 산봉우리가 보이는 때에 있어서는 어떻게 하라 하시는 지시가 없었다. 그것은 노아의 믿음과 인내에 필요한 훈련이 되겠기 때문일 것이었다. 이제 노아는 40일을 지나서 방주의 창을 열었다. 하나님께서 방주의 문은 직접 닫으시고 여실 것이지만 창에 대해서는 아무런 말씀이 없으셨기 때문에 아무런 잘못이 없었다. 노아는 방주에서 빨리 나가고 싶어서 성급하게 행동하지 아니했다. 산봉우리를 보고서도 물이 감수하는 것을 감지하며 40일을 더 기다렸었다.

노아는 하나님의 어떤 별도 지시가 없는 때에 자신이 어떻게 처신하기를 하나님이 원하시는가를 알기 위해 사려깊고 현명한 방법을 생각하고 있었다. 하나님께서 지시하신 말씀 외에 그 신앙의 범주 안에서 인간이 할 수 있는 일은 지혜롭게 주선할 수 있어야 되는 것이다.

하나님께서 노아에게 까마귀와 비둘기를 이용해서 물의 빠져나감을 알아 보라고 말씀하시지 않으셨다.

또한 이제는 물이 다 빠졌으니 방주에서 뛰쳐나오라는 말씀도 아직 없으셨다.

노아는 주위의 변화된 상황과 그에 따른 자신의 처신에 대해 하나님의 뜻을 깊이 살피려 했다. 노아는 시간이 감에 따라 자신의 취할 일에도 변화가 있어야 한다고 생각한 것이다. 그것은 삶의 새로운 사실에 필수적으로 수반되어야 할 것이라고 느꼈다.

인생의 바른 길을 알기 원하는 사람은 하나님께서 주신 최선의 지혜와 재능 등을 선용하는 노력이 필요한 것이다.

40일 동안 하나님의 지시가 없다고 해도 하나님이 역사하시는 그 순간까지 참고 인내하며 기다리는 신앙이 있어야 한다. 그리고 경건한 마음의 감동으로 합법적인 수단을 사용해야 한다. 노아는 깊이 생각한 후에 까마귀와 비둘기를 내보냈다. 피조물중 흉조라는 까마귀까지도 때로는 교회를 위하여 쓰여질 수 있다. 까마귀가 엘리야에게 식물을 공급했던 것도 그 한 예가 된다. 그러므로 이 세상에 있는 모든 피조물은 하나님이 인간에게 필요하기 때문에 만드신 것이고 필요치 않은 피조물은 하나도 없다.

1. 노아는 까마귀를 밖으로 내보냈다.

까마귀는 교회 안에 있는 중생 못한 성도의 모형이다. 방주라는 교회 안에는 까마귀 신자와 비둘기 성도가 있다. 신자와 성도는 그 말부터가 다르다. "까마귀"란 색깔이 검다는 뜻이고, 부정한 새이며(레 11:15, 신 4:14), 맹금수로 고대인들은 "불길한 새"라고 생각했다.

그러면 노아는 왜 까마귀를 먼저 방주 밖으로 내어 보냈을까? 짐작컨대 까마귀는 가장 붙임성이 있고 우둔하고 약한 비둘기보다는 더 강하고 지혜로워 보였기 때문이라고 생각된다. 또한 이 새는 "육지에 사는 새"였기 때문일 것이다. 해상의 새들을 내보낸다면 방주로 돌아올 리가 없었다.

그러나 어떤 이들은 이 까마귀는 방주 안에 한 마리 뿐인 숫컷이었기 때문에 그것을 내보냈을 것이라고 생각하나 그것은 잘못된 생각인 것이다. 사람들은 가끔 외형을 보고 그가 어떤 일에 적임자라는 기대를 갖는 습성이 있다.

1년이나 되는 홍수심판의 비극 끝에 방주 밖에는 형언할 수 없는 처참한 현상들이 벌어져 있을텐데 비둘기같이 온유하고 약한 새를 내보내기 보다는 까마귀같이 강하고 지혜로워 보이는 것을 보내야겠다는 것은 당연할 것이다. 까마귀는 하나님의 소식을 전해오지 못했고 비둘기가 해내게 된다.

하나님의 교회 안에는 까마귀 신자와 비둘기 성도가 함께 있다. 까만 색깔의 중생 못한 신자와 중생한 은혜받은 비둘기와는 영원히 같을 수가 없는 것이다.

까마귀가 날아 왕래하였다. 까마귀는 밖으로 나가서 앞으로 나아갔다가 물이 땅에서 마르기까지 날아다니며 왕래하였다. 그러나 이 말은 방주 안으로 되돌아왔다는 것이 아니고 방주 주변을 배회하면서 앉을 곳을 찾아 날아다녔다는 뜻이다.

까마귀는 젖은 땅에도 앉고 썩은 고기를 잘먹는 새기 때문에 여기저기 떠 있는 죽은 짐승이나 사람의 시체를 뜯어 먹다가 피곤하여 휴식하기 위하여 돌아오긴 했으나 방주 안으로가 아니라 방주 지붕위한 곳에 앉은 것이었다.

까마귀의 습성으로는 방주로 돌아올 필요가 없었다. 자기가 좋아하는 것들이 방주 밖에는 널려 있었기 때문이다. 그러나 까마귀가 피곤하면 안식처가 없으니까 방주 지붕으로 날라와서 쉬는 것이었다.

오늘에도 세속의 정욕에 정신을 팔고 살면서 휴식을 얻으려고 방주라는 교회에 오는 인간들이 많이 있다. 자기의 사명을 위해 날아 왕래한 것이 아니고 자기 육욕을 만족시키기 위해 왕래하는 세속적 인간이지 교회의 성도는 아니다. 썩은 양식을 위해 돌아다니는 까마귀, 그는 노아의 손에 의해 방주에 들어가 살았는데 그 은혜를 노아라는 예수께 보답하지는 못할 망정 저버리는 배은망덕한 자였다. 썩은 양식은 날짐승 중에 까마귀같은 자가 좋아하나 예수는 "사람이 떡으로만 사는 것이 아니요 하나님의 말씀을 먹어야 산다"(마 4:4) 하셨고, "나의 양식은 나를 보내신 이의 뜻을 행하는 것…"(요 4:32-34)이라고 하셨다. 그리고 "썩은 양식을 위해 일하지 말고 영생하도록 있는 양식을 위하여 하라"(요 6:27) 하셨다.

까마귀는 율법시대의 모형이다. 까마귀는 홍수심판의 물이 줄었다는 기쁜 소식을 전해주지 못했다. 율법은 하나님의 진노에 있는 인간에게 복음의 희소식을 전해주지 못한다.

까마귀는 노아와 그 가족의 보살핌 속에 1년을 살았으나, 단 한 가지도 그 가족에게 유익을 주지 못하고 날라가 버리고 말았다. 노아는 까마귀에게 좋은 소식을 물고 오리라 기대하고 내어 보냈었다. 창공을 마음대로 날 수 있는 특전도 까마귀에게 맨 먼저 주었다. 그러나 그는 하나의 봉사도 없이 노아를 배신하고 날아가 버린 것이다. 까마귀는 다시는 노아에게 또는 방주로 돌아오지 않았다.

왜냐하면 이 세상의 썩은 송장이라는 육신의 정욕적 먹이감이 발만 붙이면 널려져 있었기 때문이다. 그런데 "까마귀를 생각하라 심지도 아니하고 거두지도 아니하며 골방도 없고 창고도 없으되 하나님이 기르시나니"(눅 12:24)라고 예수께서 하신 말씀처럼 까마귀를 기르시니 하나님은 까마귀도 사랑하시고 필요하게 쓰시는 것을 알 수 있다.

2. 노아는 비둘기를 밖으로 내보냈다.

노아가 비둘기를 내보낸 목적은 지면에 물이 얼마나 감수되어 있나 하는 것을 알아보기 위함이었다.

비둘기는 중생한 성도와 "하나님의 성령"으로 모형된다. 성령은 복음의 소식을 전하기 위해 세상에 오셨고 성령을 받은 중생한 성도는 비둘기같이 아름답고(시 68:14), 정결하여 제물이 되고(레 5:7, 12:6), 슬피 울며 회개하며(사 38:14, 59:11, 나 2:7), 나르는 힘이 있고(시 55:6), 순결하고(마 10:16), 신앙의 눈이 아름다우며(막 1:15, 2:14, 5:12), 사랑스러우며(아 5:2, 6:9), 정결하고(창 8:8-9), 희소식을 전하고(시 55:6, 창 8:8), 평화로우며(사 56:8), 깃을 황금으로 입으며(시 68:13), 골짜기 어구에 집을 지어(렘 48:28, 겔 7:16), 외로워 보이고 순하고 부드러워서 어리석은 새와 같다(호 7:11).

비둘기는 밖에 나가서 발붙일 곳을 찾지 못하여 방주로 돌아왔다. 비둘기는 까마귀와는 달리 습기와 진흙탕, 송장, 시체들이 있는 곳에 접촉할 수가 없었다.

비둘기는 마르고 건조한 곳을 찾아서 앉는 새이다.

높은 산은 너무 멀었을 것이고 골짜기나 평야지대에 잘 앉는 습성 때문에(겔 7:16) 즐비한 시체와 흙더미 위에 앉을 수가 없었던 것이다. 성령 하나님은 더럽고 추한 인간의 땅에는 접근하시지 않으시고 중생한 비둘기같은 성도 역시 죄악의 세상에 접촉하지 못한다.

노아는 돌아온 비둘기를 받아 방주 속으로 들어오게 하였다. 그가 돌아옴은 하나님의 교회로 온 것이고 영혼의 안식처는 예수안에 있음을 의미한다. 하나님은 세상에서 피곤하고 지쳐 교회로 나아오는 성도들을 손으로 받으시고 평안히 쉬게 하신다. 예수 안에만 평화와 안식이 있다.

노아는 1차로 비둘기를 내보냈다가 7일을 기다리고 있었다. 이것은 노아가 방주에서도 안식일을 거룩히 지킨 것을 암시한다. 노아는 성일을 지키며 예배드리고 기도만 하고 있지는 않았다. 한편으로 물이 말랐나를 확인하기 위하여 두 번째로 비둘기를 내보냈다. 비둘기가 저녁 때에 돌아왔다. 그런데 그때는 기쁜 소식을 가지고 온 것이다. 곧 감람잎새를 물고 온 것이다.

"새 잎사귀"란 홍수가 지난 뒤에 돋아난 새잎을 의미하는 것으로 하나님의 새 시대, 새 생명의 시대가 열렸다는 복음의 희소식이었다. 성령은 저녁이라는 말세에 기쁜 구원의 소식을 인간에게 전해주었다. 말세의 성도 역시 하나님의 교회로 찾아 들어오는데 희소식을 물고 올 것이다.

감람잎새는 평화의 상징인데 이제는 하나님과 인간 사이에 평화가 열리고 자연과 인간 사이에도 평화의 잎새가 돋아나고 신천신지의 세계가 도래했다는 것이다.

또한 우리는 하나님의 평화의 복음의 새 잎사귀를 물고 사람들에게 전하고 하나님의 교회 안에 들어갈 때에도 꼭 그것을 물고 갈 것이다.

노아는 세 번째로 비둘기를 내보냈다. 전번에 이어 이번에도 7일을 기다렸다가 내보냈다. 안식일에는 언제든지 예배드리고 선한 일에 힘써야 하며 평화와 소망과 희소식을 전해야 하는 것이다.

비둘기는 노아에게 좋은 봉사를 했고 기쁨을 주었다. 성일을 잘 지키는 사람은 참으로 유익한 축복을 받는다.

세 번째 나온 비둘기는 하나님의 구원사업에 봉사하고 예수라는 노아의 손에 의해 세상에 보내져서 그가 영원히 머물 수 있는 신천신지가 발견되었기 때문에 다시는 돌아오지 않았다고 하였다.

성도의 마음이 새로운 피조물이라는 새잎새가 될 때에 예수로부터 세상에 보냄받은 성령 비둘기는 그 새 세계가 된 성도의 마음에 자리 잡고 다시는 떠나지 않으신다.

3. 노아는 방주 뚜껑을 제치고 보았다.

육백 1년 정월 1일에 지면에 물이 걷혔다. 홍수가 점차로 줄어든 것에 대해서 11절에서 "땅에 물이 감했다"고 했으니 그것은 물이 감소되거나 줄어드는 것을 표현한 것이다. 13절에 "지면에 물이 걷힌지라"는 마른다는 뜻으로 물이 사라진 것을 나타낸다.

마지막으로 14절의 "땅이 말랐더라"라는 것은 건조하다는 뜻으로 땅이 건조되는 것을 의미한다. 노아는 오랜만에 감격한 땅을 볼 수가 있었다. 그것은 하나님의 은혜요 사랑이었다. 특별히 노아는 1월 1일에 지면에 물이 걷힌 것을 보고 더욱 감사했을 것이다.

이제는 그렇게 기다렸던 새 땅이 말랐으니 노아가 방주에서 나오면 그 마른 땅에 거주하기에 알맞았다. 참으로 새로운 땅이 아닐 수 없었다.

2월 27일에 땅이 말랐다. 홍수가 시작한 지 370일째요 방주가 아라랏산에 머문 지 220일째요 물이 걷힌 것을 확인한 지 57일째이다. 이때에 작열하는 태양과 바람에 의하여 땅이 완전히 말랐던 것이다.

노아가 땅이 마른 것을 본 때가 1월 1일인데, 57일간을 노아는 꼼짝 않고 하나님의 지시를 기다리고 있었다. 하나님의 지시없이 제 마음대로 나올 수는 없었다.

1년의 지루한 세월보다 새 세계가 전개된 것을 보고 57일 동안을 하나님의 지시가 있기를 기다리는 이 기다림이 더욱 지루했을 것이다. 땅이 마르기도 전에 밖으로 나가고 싶은 것이 인간의 심정이다.

그러나 노아는 일체 자기 마음내키는 대로의 행동을 하지 않았다. 그것 또한 노아의 신앙인 것이다. 하나님은 우리의 욕망보다는 우리들의 유익을 더 생각하신다.

방주에서 나와 드린 노아의 제사

(창 8:15-22)

노아는 방주의 뚜껑을 제치고 지상에서 물이 걷힌 것을 보고 얼마
나 기뻤는지 모른다. 당장이라는 뛰쳐나가고 싶었다. 1년 만에 보는
감격이었기 때문이다. 그러나 두 달이나 가까이 되도록 노아는 방주
안에 그대로 있었다. 방주는 아라랏산에 정박해 고정되어 있고 세상
은 조용하고 고요하기만 했다. 노아는 하나님께서 방주에서 나오라는
말씀이 있기를 기다리고 있는 것이다.

홍수심판이 시작될 때에도 노아는 하나님이 방주로 들어오라 하실
때 들어갔기 때문이다. 그러므로 노아는 한 걸음마저도 자기 마음대
로 행동하지 않았다. 하나님의 명령이 있기까지는 어떻게 할 수가 없
는 것이었다.

우리는 우리의 모든 행동 속에서 하나님을 인식하고 하나님을 앞
세우며 하나님의 말씀만 들어야 한다. 그럴 때 성도의 생애는 행복하
고 어떤 난관 앞에도 보호를 받는다. 하나님은 왜 두 달 가까이 동안
노아에게 방주에서 나오라고 말씀하지 않으셨는가?

그것은 노아로 하여금 인내와 침착을 가르치신 것이리라. 하나님께
서 "새 땅으로 나오라"고 하신다는 것은 장차 성도들에게 새 하늘과
새 땅을 주신다는 신적인 지시에 대한 상징인 것이다. 지금까지 교회
는 고난의 물위를 1년 간 떠돌아 다녔으나 이제 새 땅에 내리게 되면
그곳은 평화와 안식이 있다.

하나님은 노아에게서 완전한 인내와 순종을 보시고자 하셨다. 120
년을 인내하면서 방주를 짓고 전도했던 노아이다. 1년 동안을 방주에

있으면서 경건하게 성일을 지킨 노아이다. 마지막까지 인간의 충동을 억제하고 하나님의 말씀에 따라야 했다. 노아는 소망과 부단한 인내로써 하나님의 지시를 기다렸다. 그것은 언제 "나오라"는 명령이 있을지 모르는 상태에서나마 즉시 순종해서 나올 만전의 준비를 갖추고 기다리는 것이었다.

1. 노아가 방주에서 나왔다.

하나님께서 방주에서 나오라고 말씀하셨다. 하나님께서는 방주에 노아가 들어갈 때에 함께 들어가셨고 이제 "나가라"고 하시지 않으시고 "나오라"고 하시니 함께 들어가셨던 하나님께서 노아를 안전하게 내보내실 때에도 함께 하심을 보여주고 있는 것이다. 그동안 방주 안에서도 하나님은 그와 함께 하셨던 것이다.

하나님은 나그네 길에 있는 야곱에게 나타나시고 "내가 너와 함께 있어 네가 어디로 가든지 너를 지키며… 너를 떠나지 아니하리라"(28:15)고 약속하셨고, 모세가 죽은 직후에 여호수아에게 "내가 너와 함께 있을 것이라 내가 너를 떠나지 아니하고 버리지 아니하리라"(수 1:5)고 하나님이 약속하심으로 실망 중에 있던 이스라엘에게 위로가 되었다. 아브라함의 자손을 향하여 "두려워말라 내가 너와 함께 함이니라"(사 41:10)라고 하셨다. "하나님이 우리와 함께 하시겠다"는 말씀은 얼마나 많은지 모른다. 심지어는 애굽에서 종살이 한 요셉의 감옥에도 하나님은 찾아가셔서 요셉과 함께 계셨다(창 39:2, 23).

노아는 가족 식구들과 더불어 나왔다. 노아는 불평없이 꾸준히 하나님의 이 명령이 있기를 인내하며 기다렸다. 그런데 그에 못지않게 노아의 아내와 세 아들들과 세 자부가 조용히 같이 행동했음을 본다. 노아의 아내는 순종하는 아내요 노아의 자녀들은 효도하는 아들과 자부들이었다.

방주에 들어갈 때에도 아버지 노아의 말에 잘 순종했다. 그리고 방주 안에서 1년 간을 예배드리는 일과 생물들을 보살피는 일 등을 도우면서 지내다가 이제 아버지의 명령을 따라 방주에서 나오게 된 것이다. 아무리 생각해봐도 노아와 그 세 아들들은 의인의 조상이 되기에 합당한 사람인 것 같다.

여기서 우리는 명심할 것이 있는데 "방주로 들어가라", "방주에서 나오라" 등 하나님의 명령은 가장되는 노아에게만 주어진 것이라는 점이다. 그러므로 가장이 하나님의 명령을 받고 가족에게 지시를 하여 실시하는 순서를 통해서 하나님의 뜻을 이루었다. 그런 관계로 가족들이 가장의 말에 순종하는 것은 곧 하나님의 말씀을 순종함과 동시에 아버지께 효도함이 되는 것이다.

노아와 함께 한 생물을 이끌어냈다. 노아는 1년 동안을 생물들을 돌보며 먹이를 주며 온갖 수고를 아끼지 않았다. 왜냐하면 그것들은 하나님의 말씀대로 구별 선택되어 신천신지에서 생육하고 번성하여 땅에 충만케 되어야 했기 때문이다.

또한 노아가 직접 선별해서 방주로 들여 보냈었기 때문에 나오는 때에도 노아에 의해서 이끌려 나오게 된 것이다. 이것은 여러 생물들에게 노아가 존경을 얻게 하려는 것이다. 하나님은 사람도 생육 번성하게 하시고 동시에 하나님이 지으신 생물들도 땅에서 번성하시기를 원하셨다.

2. 노아가 단을 쌓고 번제를 드렸다.

노아가 단을 쌓았다. "단"은 죽이는 곳을 의미한다. 제물을 잡는 장소나 짐승을 잡는다거나 제물을 죽이는 곳이다. 짐승을 잡아서 제물로 바치는 제사는 이미 벌써 하나님께서 가르쳐주신 법이었다. 그것은 아담 하와에게 짐승의 옷을 입히신 때부터였고, 장차 오셔서 생축처럼 십자가에 제물로 죽으실 예수 그리스도의 예표였던 것이다. 노아는 이것을 내다보았다. 가인, 아벨 때에도 제물을 드렸다고 했으나 단을 쌓는 것에 대해서는 여기가 처음이다.

성경은 단에 대하여 말씀하시기를 "단을 쌓되 토단이나 돌로 쌓으라"(출 20:24-25)고 하셨다. 토단은 흙으로 단을 쌓는 것으로 창조 때의 순수성이 그대로 있고, 인간의 어떤 요소가 포함되어 있지 않다. 참된 제사는 천래적이어야 하고 인위적이어서는 안된다는 의미가 있는 것이다.

다듬은 돌은 안된다고 했는데 "진리의 돌"이신 예수를 인간들이 개성에 맞게 이리저리 다듬어서 사람들이 보기에 좋게 세상적인 것과 혼합해서 단을 쌓으면 안된다는 것이다. 단은 인간의 어떤 수고나 공적이나 노력을 관계시키지 아니하고 천연의 것 그대로여야 하는 것이다.

그 단에 제물을 드리고 여호와의 이름을 기념하면 여호와께서 강림하사 복을 주신다고 하셨다. 또한 단은 거룩하니 층계로 오르내려서 하체를 보이는 행동을 해서는 안된다.

노아가 여호와를 위하여 단을 쌓고 번제로 단에 드렸다. 단은 영역에서는 "높은 장소"를 의미하였다. 노아는 경건한 신앙으로 조심스럽게 단을 높이 쌓았을 것이고 그 단을 "하나님을 위하여"라고 한 것은 구원의 하나님께 단을 쌓고 번제를 드렸다는 것이다. 노아가 단을 쌓고 번제로 생축을 드려 제사한 것은 "구원의 하나님"께 감사해서 드린 것이 분명하다.

홍수심판에서 구원하시고 1년 동안의 방주 속에서의 안전을 주시고 이제 새 땅에 나오게 하신 하나님께 감사 제사를 드리지 않을 수 없었다. 감사는 믿음의 뿌리에서 나는 최상의 좋은 열매인 것이다(골 2:6-7). 구원의 은혜를 입은 자는 감사할 것밖에 없다.

노아가 번제물을 드렸다. 번제는 "올라가는 것, 올라간다"는 뜻의 말에서 온 것으로 번제의 연기가 하늘로 올라가는 것, 그러니까 하늘에 계신 하나님께 올려 바침을 의미한다(삿 20:40). 노아는 생축들을 죽여서 번제물로 하나님께 바쳐 그 제물의 향기가 하나님께 흠향되었다.

새 세계에서 향기가 하나님께 흠향되었다. 새 세계에서 인간이 처음으로 행한 일은 믿음의 예배 행위였다. 노아는 모든 정결한 짐승으로 드렸다. 그것은 하나님이 정해주신 것이고(7:2-3), 병든 것이나 눈먼 것이나 온전치 못한 것은 하나님이 받지 않으신다(말 1:7-8). 노아는 즐거운 마음으로 드렸다. 짐승은 많지 않았으나 방주 안에서 1년 동안 키운 것으로 전체의 칠분의 일을 드렸으니 인색하게 드린 것이라고 할 수 없다. "하나님은 인색함으로나 억지로 하는 것"을 받지 않으시며 "즐겨내는 자를 사랑하신다"(고후 9:7)고 하였다.

3. 노아가 드린 제사를 하나님이 흠향하셨다.

하나님이 그 향기를 흠향하셨다. "그 향기"는 만족의 향기, 안식의 향기, 안식한다는 말에서 왔는데 상쾌한 향기가 하나님께 열납되었다. 하나님이 만족한 향기로 받으셨다는 뜻이다. 흠향은 공기를 코로 들이마셨다가 내쉬는 것 같은 말이다.

인간은 자신의 죄를 인정하고 속죄의 제물을 바쳐 구원된다는 속죄의 원리를 깨닫고 하나님께 제사할 때에 하나님은 그것을 받으시고 기뻐하신다.

그외에 하나님이 기쁘게 받으시는 제사는 무엇인가? 빌립보서 4:18에 "하나님께 바치는 헌금"이 "받으실만한 향기로운 제물이요 하나님을 기쁘시게 한 것이라" 하였다. 히브리서 13:15-16에 "찬미의 제사와 선행과 서로 나누어 주는 제사"를 "하나님이 기뻐하시느니라" 하였다. 시편 51:7에 "하나님의 구하시는 제사는 상한 심령이라" 하였다. 베드로전서 2:5에 "예수 그리스도 말미암아 하나님이 기쁘시게 받으실 신령한 제사"를 드릴 거룩한 제사장이 될찌니라고 하였다. 시편 69:30-31에 "내가 노래로 하나님의 이름을 찬송하며 감사함으로 하나님을 광대하시다 하리니 이것이 소 곧 뿔과 굽이 있는 황소를 드림보다 여호와를 더욱 기쁘시게 함이 될 것이라"고 하였다.

이사야 56:5-7에 "안식일을 지키며 나의 언약을 굳게 지키는 자의 번제와 희생은 나의 단에서 기꺼이 받게 되리니…"라고 하였다.

하나님이 두 가지를 결심하셨다. "그 중심에 이르시되"라는 것은 하나님의 결심을 의미하는 것으로 내가 다시는 땅을 저주하지 않으리라는 것이고, 다음은 내가 모든 생물을 더 이상 멸하지 아니하리라는 것이다.

이와 같은 결심의 말씀은 홍수의 재난에만 관계되는 것이다. 전체적인 재난이 인류에게 일어나지 않으리라는 것이다. 그런데 하나님의 이와 같은 결심이 노아의 제사때문이 아니라 노아의 제사가 포함하고 있는 장차 오실 예수 그리스도의 속죄제 때문이라는 것이다.

인간의 죄악은 나면서부터 가지고 오는 성품이지만 하나님께서는 예수 그리스도의 속죄 향기를 받으시고 정죄하지 않으시며 심판을 내리지 않는다는 것이다.

바울은 "누가 능히 하나님의 택하신 자들을 송사하리요 의롭다 하신 이는 하나님이시니 누가 정죄하리요"(롬 8:33-34)라고 하였다.

하나님이 약속하셨다. 여기 하나님의 약속은 "자연운행"에 대한 약속으로써 경고와 약속과 영적 교훈이 있는 말씀이다. "땅은 언제까지나 있을 것은 아니라"는 경고를 하신다. 성경에는 "만물의 마지막이 가깝다"(벧전 4:7)고 하였고, "때가 단축하여졌다"(고전 7:29)고 했으며, "밤이 깊고 낮이 가까웠다"(롬 13:11-12)고 하였다. 베드로는 "하루가 천 년 같고 천 년이 하루같은… 주의 약속은 더딘 것이 아니라… 주의 날이 도적같이 오리니 그날에는 하늘이 큰 소리로 떠나가고 체질이 뜨거운 불에 풀어지고 땅과 그중에 있는 모든 일이 드러나리라"(벧후 3:8-13)고 하였으니 이 땅은 언젠가는 심판 때에 없어진다.

또한 여기에는 하나님의 약속이 있으니 심고, 거두고, 추위와 더위, 여름, 겨울, 밤과 낮이 쉬지 아니하리라는 것이다. 심는 것과 더위와 여름은 1년 중의 상반기이며 거둠과 추위, 겨울은 1년중 하반기에 속한다. 이것들이 쉬지 않고 질서있게 활동할 것이다(렘 33:20, 25). 진실로 수천년 전의 이 약속은 지금도 일점도 어김없이 보존되고 있다.

이 말씀에는 영적 세계에 주는 교훈이 있다. 영적 세계도 계절의 변화와 질서가 있는 것이고 영원히 변하지 않는 법칙이 있는 것이다. 봄은 파종 때요, 여름은 성장의 때며, 가을은 추수의 때요, 겨울은 시련의 때이다. 밤은 죄악, 낮은 빛되신 주님으로 유추되는데 밤과 낮이 질서있게 반복하므로 만물이 성장한다. 이처럼 성도는 이것이 있음으로써 오히려 신앙이 성장한다. 예수는 천국씨를 심으시려 오셨고(마 13:37) 그 열매를 추수하시기 위해 재림하신다(계 14:14-16).

새 인류를 축복

(창 9:1-7)

　하나님께서 노아와 그 아들들에게 복을 주셨다고 하였다. 옛 시대 인들은 홍수로 다 죽었고 하나님께 단을 쌓고 예배한 구원받은 여덟 식구가 앞으로 세계 인류의 조상이 될 것이다. 지금까지는 하나님께서 노아에게 나타나시고 계시하시며 말씀하셨으나 여기서부터는 공개적으로 그 가족들에게 말씀하시는 것을 볼 수 있다.

　본문에 나타나신 하나님은 여호와라는 명칭이 아니고 하나님(엘로힘)이시다. 이것은 하나님과 피조물과의 관계가 제시되고, 그 하나님은 인류의 새 조상이며 교회의 최초 성도인 그들에게 먼저 복을 주신 것이다.

　세계가 홍수심판으로 황폐상태에 있었기 때문에 필연적으로 축복들이 수반되는 것이 당연한 것이다. 새 세계의 주역이요 새 교회의 조상이 되는 그들에게 하나님은 생육하고 번성하는 복을 주셨다. 우리는 노아의 아들들의 후손으로써 감사할 뿐이다.

　우리 조상 노아와 그 세 아들들이 이렇게 새로운 세계에서 복을 받는 말씀으로 시작되는 것에 대해서 감사할 수밖에 없다. 새 땅에 나와서 단을 쌓았고 새로운 세계인류의 조상이 되는 그들에게 하나님은 복을 주심으로 역사의 첫 페이지를 시작하신다.

　창세기 1:1에 "창조"라는 말씀에도 복이라는 의미가 있는 말에서 비롯되었다. 최초의 세계를 창조하실 때에도 첫 말씀이 축복으로써 시작이 되었음을 알 수 있다. 그 때의 하나님의 명칭도 "엘로힘"이셨다. 그것은 "언약의 하나님"으로 인간은 인간의 어떤 것에 의하여 복을 받는 것이 아니라 하나님의 언약에 의하여 축복받음을 암시하는 것이다.

하나님께서 아담에게 주셨던 복음이 있다. 여인의 후손에 의한 축복이다(창 3:15) 그것을 기억하시고 아담에게 준 것과 같은 복을(창 1:28) 새 인류의 조상들에게 주신 것이다.

1. 생육하고 번성하여 땅에 충만하라고 하셨다.

생육 번성하여 땅에 충만하라는 것이다. 새 세계가 시작되는데 이 세상에는 여덟 식구밖에 없었다. 하나님께서 그들에게 생육하고 번성하여 땅에 충만하라는 축복을 주신 것은 그들에게 필요한 것이었다고 생각된다. 시편에 "여호와께서 너희 곧 너희와 또 너희 자손을 더욱 번창케 하시기를 원하노라 너희는 천지를 지으신 여호와께 복을 받는 자로다 하늘은 여호와의 하늘이라도 땅은 인생에게 주셨도다"(시 115:14-16)라고 노래하였다.

우리는 최초 무죄시대의 인간에게 주신 복을 살펴볼 필요가 있다. 그때의 복에는 "생육하고 번성하여 땅에 충만하라 땅을 정복하라"(창 1:28)고 하였다. 그러나 새 세계의 조상들에게 주신 복에서는 "정복하라"는 말씀이 없다. 그 이유는 무엇일까? 아담에게 주어진 것은 죄로 인해서 박탈당했고 여인의 후손 메시아에 의해서 정복될 수 있기 때문이라고 보는 것이다.

인간이 타락하여 만물이 고통하며 신음하고 있으며, 인간은 도저히 자연계를 온전히 회복시킬 수가 없는 것이다. 그러므로 세계를 정복하는 것은 여인의 후손이신 예수 그리스도에게 그 권한이 이양된 것이다.

바울은 "만물을 그 발 아래 복종하게 하시고 그를 만물 위에 교회의 머리로 주셨느니라. 교회는 그의 몸이니 만물 안에서 만물을 충만케 하시는 자의 충만이니라"(엡 1:22-23)고 하였다. 다윗도 시편에서 노래하고 있다(시 8:6-9). 그렇다 죄는 인간의 권한을 빼앗기게 했다. 인간의 지배권을 약하게 만들어서 그대로 더 지속된다면 짐승에게 지배를 당하게 될 수도 있는 것이다. 이러한 점이 아담에게 주어졌던 축복과 다른 것이라고 할 수 있다.

7절에 반복해서 생육 번성하라 하셨다. 이것은 하나님께서는 번성하기를 원한다는 것으로 인간이 형벌을 받아 감소되기보다는 말씀을 지켜 번성해지심을 원하시는 것이다. 바로 윗절에서 살인 행위에 대해서 말한 것도 사람이 번성하지 못하고 서로 죽이고 죽는다면 하나님의 창조의 도에서 반역하는 것임을 말씀하신 것이다.

인간이 "땅에서 생육 번성하라" 하셨으니 하나님은 온세계를 인간에게 주신 것이다. 이 또한 복이다. 세상이 있는 한 그것은 인간의 소유이고 후사가 되는 것이다. 낙원은 아니지만 얼마나 광대한가? 인간은 번성하여 우주개발, 지구연구 등 개발 발전시킬 책임이 있다. 지구는 무진장의 자원을 얻을 수 있고 한없이 넓기 때문에 산아제한이나 미개한 생활, 우상숭배, 자연의 노예가 되는 것을 원치 아니하며 번성, 번영, 충만, 발전시키는 인류가 되어야 한다.

2. 짐승, 새, 기는 것, 물고기를 너희 손에 붙였다는 것이다.

이것들이 사람을 두려워 할 것이라고 생각하는 것이다. 하나님께서 인간에게 허락하신 식물은 과일과 채소 뿐이었다. 그러므로 인간은 동물을 제사용으로 외에는 죽이는 일이 없었을 것이고 동물들도 역시 인간을 대하여 두려워 하는 마음이 없었으리라고 생각된다. 노아가 사나운 짐승들까지 방주에 끌어넣어 보존할 수 있었던 것도 그 때문일 것이다.

이제 하나님께서 인간에게 생육 번성의 복을 주시면서 동물들, 피조물 중의 위의 생물들을 지배하는 권리를 주신 것이다. 곧 이전 권리를 회복시키신 것인데 사람이 짐승을 다스리는 데는 사랑으로 다스리거나 두려움으로 다스릴 것이다. 유용한 동물은 길을 들여 필요에 따라 인간생활을 돕게 하고 식물을 삼기도 한다.

무릇 산 동물은 식물이 되리라고 하셨다. 이제부터는 땅의 소산, 즉 과일과 채소와 뿌리 등 모든 종류의 곡식을 먹을 뿐 아니라 산동물들을 식물로 하라고 하셨다. 그것은 홍수가 땅의 효력을 대부분이 쓸어 버렸기 때문에 그 땅에서 나는 소산물은 부족하고 자양분이 별로 없게 되어 하나님께서는 육식을 할 수 있도록 허락하신 것이다.

하나님은 모든 피조물의 주인이시고 인간을 사랑하시기 때문에 그것들을 우리에게 주셨고 모든 식물을 하나님이 거룩하게 하사 버릴 것이 없게 하신 것이다. 그러므로 인간은 그것을 감사함으로 먹어야 하는 것이다(딤전 4:4).

홍수 전보다 후에는 인간의 수명이 많이 단명했다. 그것은 그만큼 체질이 약해졌다는 증거일 것이다. 그러므로 하나님은 인간의 체력을 생각하시고 육식까지 주신 것이니 어찌 감사하지 않을 수 있을까?

고기는 먹되 피는 먹지 말라고 했다. 피는 영혼의 좌소나 생의 원리로 간주되었고(레 17:11), 때로는 영혼 그 자체로 간주되었다(레 17:14). 피가 영혼이라는 말이 아니고 영혼을 자존케 하는 방편이다. "짐승의 고기는 먹고 피는 먹지 말라"고 하신 것은 짐승에 대한 잔인한 행위를 방지하기 위함이며 동물의 생명까지도 하나님이 귀중하게 취급하심을 보여줌으로 인간 생명의 존엄함을 알게 하기 위한 것이며, 피는 사람의 죄를 속하는 방편으로 여호와 앞에 부어져야만 하는 (레 17:11) 것이기 때문이다.

사람에게 고기를 먹으라고 하신 것은 인간의 육체가 건강하게 하기 위한 것이나 피와 함께 먹음으로 자신을 멸망케 하는 일이 있어서는 안되는 것이다. 그리고 피를 먹지 말라는 말씀은 신약시대에도 그대로 지켜졌다(행 15:28-29).

3. 사람의 피를 흘리지 말라는 것이다.

사람은 전능하신 하나님이 흙으로 빚으시고 그속에 생기를 불어넣어서 하나님의 모양을 따라 하나님의 형상대로 만드셨다.

그러므로 이 세상에서는 인간이 하나님 다음으로 존귀한 존재이다.

그러므로 살인을 한다는 것은 하나님을 모독하는 것이요 하나님을 죽이려는 것과 같다. 유대 학자들은 노아와 그 아들들에게 일곱 가지

계율을 주셨다고 주장하는데 그중에 "살인하지 말라", "살아있는 고기를 먹지 말라"는 것이라고 하였다. 하나님은 짐승이 사람을 죽이면 그 짐승을 죽이라고 엄명하셨다(출 21:28).

모든 인류는 한 하나님의 만드신 조상의 피를 받아 세상에 출생한 관계이기 때문에 한 형제이다. 한 형제란 바로 한 핏줄을 받아났다는 것이다. 한 사람의 생명의 가치는 무엇으로도 비교할 수 없는 고귀한 것이다. 사람은 타인을 죽여서도 안되고 자살하는 것도 용납할 수 없는 것이다.

그러나 세상에는 야만적인 사람들이 많이 있어서 나라의 왕이 죽으면 그 아래 신하들이 생매장 당하여 죽는 일이 있었고, 식인종이 사람을 잡아 먹으며, 우상숭배 종교의식에서 자식을 죽여서 제물로 바치기도 했다.

카나다의 진네족, 브라질의 만족, 남미의 부시민족, 호주, 뉴-기니아, 뉴질랜드, 휘지 등 남양군도에서는 식인종들이 200여족이나 된다고 한다. 저들 중에는 부모가 죽으면 그 시체를 묻지 아니하고 먹는 것은 부모의 위대한 용기나 지혜 등을 계승하기 위함이며, 땅에 묻어 썩게 하기가 너무나 애석하여 유족의 따뜻한 뱃속에 안장하기 위함이라고 했다.

그러나 하나님의 복음의 말씀이 전파되는 곳마다 사람은 모두가 형제라는 사실을 알고 이런 악습이 폐지되는 것이다. 살인하면 그에게서 생명을 찾으리라는 것이다. 이것은 하나님께서 살인자를 벌하신다는 것이다. 짐승이 사람을 죽였거나 사람이 사람을 죽였을 때에는 그를 죽여서 피값을 지불하게 하셨다.

홍수 전에는 가인의 살인에 대하여 친히 자기의 손으로 심문하시고 다스려 벌을 주셨는데 여기서는 처음에는 한 가장에게, 다음에는 한 나라의 왕에게 맡기셨다. 그들은 맡겨진 임무에 충실한 것이다.

살인죄는 무서운 것이다. 살인죄는 하나님을 모욕하는 죄이다. 왜냐하면 하나님의 명령과 형상을 파괴하는 것이며 성령의 전을 파괴하는 죄가 되는 것이다.

살인죄는 악마의 짓이다. 왜냐하면 살인은 마귀의 첫 산물이요 작품이기 때문이다(창 3:4). 살인하는 죄는 저주받는 죄이며 진노를 사고 끝내 지옥불에 던져진다(계 22:14-15).

무지개의 언약

(창 9:8-17)

루불 박물관에 "체크 메이드"라는 제하의 그림이 있는데 악마가 인간과 서양 장기를 두고 있는 장면이 있다. 악마가 인간에게 장군을 부르고 있고 인간이 명군할 길을 몰라 절망상태에 있는 모습인 것이다.

유대의 체스의 명수가 이 그림을 보고 인간의 절망상태에 대하여 고함을 쳐서 수위에게 쫓겨나고 말았다. 청년은 다시 돌아와서 자세히 그림을 들여다 보고는 또다시 공포감에 고함을 질렀고 수위에게 또 쫓겨났다. 세 번째 되돌아와서 한번 더 그림을 보고 "한 수의 도망가는 길이 있음"을 보고 조용히 박물관을 나왔다.

유대인에게 있어서 어떤 경우라도 혹 절망의 경우라고 할지라도 무지개는 뜬다고 믿고 있는데 그것은 소망을 상징하는 것이다. 이 세상에 전쟁이나 질병같은 것은 인간으로서는 이길 수 없는 것이 많이 있으나 유대인은 무지개에 대한 이야기를 생각하면서 반드시 희망을 잃지 않는다는 것이다.

"무지개(케셋트)"는 활을 의미하기도 하는데 이것은 무기도 전쟁을 위한 지혜도 다 평화를 위해 쓸 수 있다는 뜻을 가지고 있기 때문이다. 유대인은 무지개를 보면 "희망을 버리지 말라"는 상징으로 받아들였다. 하나님은 노아와 그 자손들과 동물들에게 무지개 언약을 하셨다.

무지개는 언제부터 있었을까? 전에는 없다가 이제 생겼는지 그 이전부터 있었는지는 분명치 않다. 그러나 천지를 창조하실 때부터 무지개는 있었던 것으로 이해된다. 아브라함과 언약을 맺으실 때에 하늘에 떠있던 별들을 두고 하셨기 때문이다(창 15:5). 하나님은 언제나 천지와 만물을 이용하셔서 신령한 진리를 보이는 도구로 삼거나 언약의 증표로 삼으신다.

1. 언약의 주체와 범위를 말씀하셨다.

언약의 주체는 하나님이시다. "하나님"이라는 명칭이 사용되는 것은 자연계까지 관계된 능력의 하나님이심을 보여주는 것이다. "내가"라는 말씀은 역설체로 하나님 자신이 먼저 언약을 베푸시고 그대로 실행하실 것임을 보여준다.

하나님께서 인간들에게 주신 모든 언약은 그 본질에 있어서 불변하며, 인간편의 어떤 협력조건도 원치 않고 그 주어지는 형식과 증거는 시대에 따라 다른 것을 알 수 있다. 아담에게는 범죄 후에 여인의 후손(창 3:15)으로, 모세 때에는 모세같은 선지자로(신 18:15), 왕국시대에는 영원한 왕을(삼하 7:12), 이사야 시대에는 고난받는 종으로(사 53:), 여기서는 무지개로 언약을 주셨다.

무지개는 예수 그리스도의 모형이다. 무지개는 "내 무지개"라고 했는데 이것은 하나님의 구원의 인과 같다.

희랍인들은 무지개를 평화인으로, 스칸디나비아인들은 천지를 연결시키는 다리로, 유대인은 소망으로 해석했다.

언약의 범위는 노아와 그의 후손과 모든 생물들이다. 모든 생물은 살아있는 모든 숨쉬는 것들, 곧 인류와 생물계를 다 포함하는 말이다.

모든 새와 육축과 땅의 모든 짐승 등으로 언약을 세우신 것이다.

"세우리니"는 9, 11, 17절에서 타락한 세상을 회복시키며 유지하는 언약의 기능을, 12절의 언약은 하나님의 무조건적 은혜에 의해 주어짐을, 15절의 기억하다로 번역된 단어는 언약의 지속성을 강조하는 말이다.

그러므로 하나님께서 인간과 기타 생물들에게 하신 언약은 영원히 변하지 않으며 취소될 수도 없는 것이다. 하나님은 의인 노아와 교제하시기를 기뻐하시고 그의 후손과 영원히 교제하시기를 원하신다.

언약의 내용은 홍수로 멸하지 않겠다는 것이다. 하나님은 홍수로 인간이나 동물과 기타 생물들을 멸하지 않겠다고 언약하셨다. 사실 홍수심판이 있은 후 무지개 언약이 있었으나 세상에는 홍수심판 때와 같은 홍수는 없었다.

그러나 지역적인 홍수는 많이 있었다. 그렇다고 해서 인간이 범죄를 하지 않아서 홍수심판을 내리지 않는 것이 아니다. 그것은 무지개를 두고 하나님께서 홍수심판은 다시는 안하시겠다고 언약을 세우셨기 때문이다.

무지개는 인류의 소망 예수 그리스도이며, 그 안에서는 어떤 죄인이라도 정죄되지 않는 것이다. 그것이 하나님의 언약의 말씀인 것이다.

2. 언약의 증거는 무지개이다.

무지개를 구름 속에 두셨다. 무지개는 다시는 홍수로 심판하지 않겠다는 하나님의 언약의 증거로 죄인들에게 하늘 높이에 펼쳐지는 소망을 상징하는 것이다. 그 무지개를 구름 속에 두셨다는 것이다.

구름은 "그 발의 티끌이로다"(나 1:3)라고 하여 고통의 구름과 시험, 박해, 영적 어두움의 구름으로 해석할 수도 있을 것이다. 하나님은 가끔씩 우리에게 구름같은 고난과 시련과 어려움을 겪게 하신다. 그러나 그 속에서 소망의 무지개를 보게 하신다. 하늘에 구름이 없는 때는 없다. 항상 구름이라는 어려운 문제들이 우리 위에 덮여 있고 마음을 아프게 하며 처참한 절망의 늪에 빠져들게 한다. 그러나 그 절망의 구름 속에서 소망의 구름이 아름답게 비치는 것이다.

무지개가 하늘에 나타나기 위해서는 구름과 태양과 비가 있어야 한다. 구름은 그림의 화폭이고, 태양은 그림의 색깔이며 비는 그림의 연필이다. 영적 세계에서는 인간의 범죄, 슬픔, 시험의 구름이라는 화폭이 있고 의의 태양이신 예수 그리스도의 광채가 아름답게 색칠하며 하나님의 은총을 내리는 소낙비라는 붓이 있다.

무지개는 예수 그리스도시다. 요한은 성령에 감동되어 하늘로 올리워져서 하늘의 보좌를 보았는데 그 보좌 위에 앉으신 모양이 "벽옥과 홍보석 같고 또 무지개가 있어 보좌에 둘렸는데…"(계 4:3)라고 하였다.

예수는 언약의 무지개가 되어 심판의 정죄를 당치 않게 하신다. 여기서 우리는 삼위하나님을 볼 수 있다. 빛의 삼원색인 빨강, 초록, 파랑색이 있어 아름답게 활 모양으로 조화를 이루는 것은 삼위일체 교리를 암시한다. 아름다운 활 모양에는 하나 안에 셋이 있다. 그러므로 구원에 대한 증거는 성부, 성자, 성령 하나님이 함께 하시는 것이다.

무지개는 태양 광선의 반사인데(계 4:3, 10:1) 의의 태양되신 예수 그리스도로부터 온 것이다. 예수 그리스도를 보는 때에 있어서 우리에게는 심판의 정죄가 없으며, 소망의 광명한 빛을 구름 속에서 쳐다보게 된다.

구름이 짙을수록 무지개가 구름 속에서 밝고 아름다운 것처럼 험악한 환난과 시련의 구름이 짙게 깔릴 때 오히려 소망과 용기의 무지개는 밝아지는 것이다.

캄캄한 밤일수록 하늘의 별빛은 더욱 빛난다. 무지개는 하늘 한쪽이 맑을 때에 나타나는데 이것은 진노 중에서 긍휼을 기억하심이다(합 3:2-3).

무지개는 하늘로부터 펼쳐지는 것이고 구름을 땅으로부터 발생하게 하는 것이다. 우리의 어두운 마음으로부터 일어나는 구름을 아름답게 해주는 것은 의의 태양이다.

무지개는 하늘과 땅 사이에 놓여있는 문이 달려있지 않은 통로이다. 활 모양의 문은 항상 열려있다. 그러므로 예수는 우리와 교제하시려고 세상에 내려오셨고 영원한 구원의 새 길을 열어 놓으셨다.

무지개는 상징적인 의미가 있다. 무지개는 십자가 복음의 상징이다. 어디서나 볼 수 있듯이 십자가의 복음은 세계적이며 영원한 것이고 천지를 연결하고 있어 하나님과 사람을 연결시켜준다.

무지개는 평화와 안위의 상징이다. 활은 공포와 전쟁을 나타내는데 무지개는 활 모양으로 생겼으나 활줄이나 화살이 없다. 그것은 하나님이 인간을 향하여 공격하고자 함이 전혀 없는 평화인 것이다.

무지개는 불타는 듯한 빛깔이 있다. 지금은 하나님이 심판하시지 않으셔도 최후 끝날에는 세상이 불로 소멸될 것을 의미한다(벧후 3:8-12).

무지개는 예수의 은혜를 상징한다. 무지개의 색깔이 일곱 가지로 아름다운 것처럼 예수는 완전 숫자의 은혜의 빛깔이시다. 십자가상의 7언과 같이 예수라는 무지개는 일곱 가지 뿐 아니라 완전한 숫자의 거룩한 은혜를 주신다.

빨강색은 구속의 은혜, 주황색은 중생의 은혜, 노랑색은 기도의 은혜, 초록색은 성결의 은혜, 남색은 구원의 은혜, 보라색은 양자의 은혜로 볼 수 있다.

3. 언약의 기간은 영원한 것이다.

하나님께서 영원한 언약을 기억하신다. 15절에는 "내 언약을 기억하리니"라고 하였고, 16절에서는 "영원한 언약을 기억하리라"고 하였다. 이는 하나님이 세운 언약을 언제나 신실하게 준행하신다는 사실을 의미한다. 하나님은 영원토록 동일하시다(히 13:8). 한번 약속하신 것은 영원히 변치 않으신다. 수천년 전의 언약은 오늘 날에도 변함이 없다. 무지개가 홍수를 막고 있고 짙은 구름 중에도 무지개는 곧 개인다는 소망을 주는 것처럼 우리 인간이 영원히 멸망할 심판에서 예수의 구속으로 하나님의 심판을 면한 것이다. 그러므로 하나님께서 세우신 이 언약은 영원히 기억하시는 것이다.

무지개는 하나님과 땅의 모든 생물 사이의 영원한 언약이다. 인간 뿐 아니라 모든 땅의 생물들은 홍수와 같은 대사건이 일어나면 아주 예민한 반응을 일으킨다. 왜냐하면 한번 심판을 경험했기 때문이다. 홍수를 경험한 모든 사람과 생물들은 홍수에 대한 두려움과 공포가 마음 속에 도사리고 있었다. 그리고 그 두려움은 죽느냐 사느냐와 관계되기 때문에 더욱더 심한 것이다.

하나님은 무지개 언약을 영원히 기억하여 준행하시기 때문에 생물들은 불안할 이유가 없어진 것이다. 이것은 하나님의 사랑을 의미하는 것이다. 미물까지도 언약 속에 포함시키는 자상하신 하나님의 사랑을 볼 수 있다.

그 다음에 확실한 언약의 예수를 보내주셨다. 지금까지 우리는 무지개는 소망과 평화의 상징이신 예수 그리스도라는 것을 생각했다. 이제 우리는 "여인의 후손"이라든지, "처녀가 아이를 낳는다"든지, "한 별이 야곱에게서 나온다"든지 하는 모형으로서의 희미한 메시야로서가 아니라 확실하게 예수께서 우리에게 오셔서 우리 속에 무지개가 되사 하나님의 정죄를 막고 계셔서 우리의 구원은 확실한 것임을 알 수 있다.

성경에 "하나님은 인생이 아니시니 식언치 않으시고 인자가 아니시니 후회가 없으시도다. 어찌 그 말씀하신 바를 실행치 않으시랴"(민 23:19) 하셨듯이 아담 때 하신 언약을 기억하셔서 그 언약의 실체이신 예수를 우리에게 주신 것이다. 그러므로 우리는 예수 안에서 정죄가 없고 확실한 구원을 얻게 되는 사실에 대하여 엎드려 찬미하며 감사해야 한다.

노아의 실수

(창 9:18-21)

우리는 노아의 세 아들들의 이름이 여러 차례 기명되어 있음을 읽을 수 있었다(창 5:32, 6:10, 7:13, 10:1; 대상 1:4). 그들이 자주 성경에 기록되는 이유는 그들이 인류의 조상이 되었기 때문이다.

이제부터 인류는 발전하고 발달하면서 가정에서 일어난 사건을 다루고 있고 다음 장에는 많은 인종이 기명되고 있다.

노아의 아들들과 그의 후손들이 세계로 퍼져나가게 되었다. 하나님은 극히 적은 수의 사람을 가지고 하늘의 별과 같이 바다의 모래와 같이 창대하게 하신다.

노아의 첫째 아들은 셈인데 유명하다는 뜻으로 동양인의 조상이요 셈의 후손을 통하여 예수께서 탄생하셨다. 예수교는 서양종교가 아니고 동양 종교라고 할 수 있다. 노아의 둘째 아들은 함이다. 함은 검다, 뜨겁다는 뜻으로 흑인의 조상이 되었고 그의 아들 가나안은 낮다. 천하다는 뜻이다. 저희 후손이 가나안 땅에 거주했고 가나안은 낮은 해변에 거하는 거민처럼 영적으로 비굴한 자들로 나타나고 있다. 셈 자손인 이스라엘 백성이 애굽에서 나온 후 가나안 땅을 정복했다.

노아의 셋째 아들은 야벳이다. 확장한다는 뜻으로 서양인의 조상이 되었고 세계를 확장 발전시켜 나갔다. 그들은 셈의 장막이라는 예수 안에 거함으로써 문명을 기독교 문명으로 발전시키고 부강한 축복을 받았다(9:27). 노아는 농업을 시작하며 땅의 사람으로 흙을 지키고 땅을 소유하며 그 땅에서 생을 도모하였다. 부지런히 노동하며 당대의 의인이요 완전한 자요 가장 존경받는 조상이었다.

노아는 포도나무를 심었다. 탈무드에는 "악마가 노아의 포도심는 것을 보고 네 가지 짐승의 피를 거름으로 뿌렸다"고 하였다. 그것은 양, 사자, 돼지, 원숭이 피였다는 것이다.

그래서 술을 먹는 사람은 처음에는 양같이 온순하고, 조금더 마시면 사자처럼 사나워지고, 좀더 많이 마시면 돼지처럼 더럽게 행동하고, 만취하면 원숭이처럼 춤추고 노래한다고 한다. 아무튼 노아는 여기서 실수를 하였다. 의인이요 완전한 자라는 노아에게도 실수가 있었다는데 그것은 인간의 연약한 부분이 있음을 말해주는 것이다.

1. 노아는 구원의 큰 은혜를 받은 후에 실수했다.

노아는 경건한 신앙인이었으나 실수를 범했다. 성경은 진실한 하나님의 말씀이다. 성경에는 가장 경건한 의인 노아의 실수에 대해서도 숨김이 없이 그대로 기록하고 있다는 것을 알 수 있다.

노아는 당대의 완전한 자요 의인이요 하나님과 동행했다. 그래서 엄청난 홍수심판에 대해서도 120년 동안 방주를 지어 구원을 얻었다. 그러나 그것이 그가 죄가 없다는 완전을 뜻하는 것이 아니었다. 인간은 언제나 실수할 수 있는 연약성을 지니고 있다고 할 수 있다.

아브라함도 당대에 제일의 신앙인이었으나 애굽에 내려 가서 아내를 누이라고 거짓말하는 실수를 저질렀으며, 아내의 몸종이었던 하갈을 취첩하여 이스마엘을 낳는 실수를 했다. 이렇게 성경이 의인들의 연약성을 적나라하게 밝힌 것은 인간들이 항상 실수할까 조심하며 겸손해야 함을 교훈하시기 위함인 것이다.

노아는 은혜를 많이 받은 후에 실수했다. 노아는 홍수심판에서 큰 구원을 얻었다. 하나님의 은혜 가운데 자기의 정결을 지키고 당대에 의인이라는 인정까지 받았으나 부주의하고 방심하다가 죄악에 빠진 것이다.

바울은 "스스로 섰다고 생각하는 자는 넘어질까 조심하라"(고전 10:14)고 한 것은 은혜 후에 실수한 사람들이 많이 있음을 가르쳐준다. 아브라함이나 롯이 그랬다(창 12:7-20, 19:30-38).

아브라함은 흉년 중에 애굽에서 실수했고, 롯은 소돔성의 멸망에서 은혜로 구원받고서도 술을 마시고 딸들과 관계하는 죄를 지었고, 삼손은 나실인이요 장수였으나 들릴라로 인하여 망했다(삿 14:6, 15:14-17). 다윗은 왕위에 있으면서 전쟁 중에 밧세바를 범했고(삼하 11:1-27), 베드로는 위대한 신앙의 고백 후에 십자가로의 예수의 길을 가로 막았다(마 16:22-23). 우리 예수님조차도 세례받으시면서 하나님의 아들로 공포된 직후에 마귀에게 시험을 받으셨다. 그러나 예수는 시험을 이기셨다(마 3:17-4:1).

노아는 농업을 시작하고 실수하였다. 노아의 직업은 농업이었고 포도나무를 심었다. 부지런히 일한 것이다. 농업은 유혹을 가장 적게 받는 직업이기도 하다. 흙은 속이는 일이 없다. 그래서 농업은 천하지대본이라고 말한다.

노아가 포도나무를 재배한다는 것까지는 문제가 없었다. 지나치게 사용하여 마셨기 때문에 실수하게 된 것이다. 하나님이 주신 선한 것들을 지나치게 사용하게 되면 실수하기 쉽다는 것을 우리는 알아야 한다. 포도열매는 좋은 식물이고 약용과 제물이 될 수 있는 것이지만 지나치게 과음하여 마실 때에는 실수가 따르는 것이다.

2. 노아는 포도주를 마시고 취하여 실수했다.

노아는 포도주를 취하도록 마셨다. 여기 "취하여"라는 말은 많이 마신다는 의미인데(민 28:7), 술에 취한 것을 나타낼 때에 자주 사용되는 낱말이다. 아마 그가 많이 마신 탓도 있겠지만 노쇠와 부주의에서 되어진 것이라고 생각된다. 아니면 노아는 지금까지 포도주에 대해서는 마셔본 경험이 없다가 무턱대고 마셨다가 쉽게 취했는지도 알 수 없다. 저자는 노아가 술을 마신 때가 이때가 처음이라는 어떤 기록도 남기지 않아서 추측만 해볼 뿐이다.

아무튼간에 노아는 포도주를 마시되 취하도록 마셨다. 실수의 원인은 거기에 있는 것이다. 그러면 술을 취하도록 마시지 않고 적당히는 마실 수 있다는 것인가?

바울은 디모데에게 "네 비위와 자주 나는 병을 인하여 포도주를 조금씩 쓰라"(딤전 5:23)고 권면하였고, 잠언에서는 "포도주는 붉고 잔에서 번쩍이며 순하게 내려 가나니 너는 그것을 보지도 말찌니라"(잠 23:31)라고 경계하였다. 바울은 "술취하지 말라 이는 방탕한 것이니"(엡 5:18)라고 하고 오히려 성령에 취하라고 했다.

노아는 포도주의 해독을 몰랐다. 술은 어떤 경우에는 유익하다. 곧 제물로 쓰이고(레 23:13, 민 28:7), 향기가 있고(호 14:7), 육신을 즐겁게 하며(전 2:3, 삼하 13:28), 정신적 유익도 있고(잠 31:6-7), 약이 될 수도 있고(딤전 5:23, 눅 10:34, 약 5:14-16), 마음이 즐거울 수 있고(슥 10:7), 생명을 기쁘게 한다(전 10:19).

그러나 술을 많은 해독이 있다. 가난하게 하고(잠 21:7), 교만하게 하고(호 7:5, 잠 20:1), 재앙과 근심과 분쟁과 원망, 까닭없는 창상, 붉은 눈 등(잠 23:29-30)이 있다. 또한 방탕하게 하는 것이고(엡 5:18, 롬 13:11-14), 마음을 홀딱 빼앗기고(호 4:11), 더럽히며(단 1:8, 10:3), 떠들며(잠 20:1), 합당치 못하고(잠 31:4-5), 화가 미치고(사 28:1, 5:11, 22), 실수하게 하고(창 19:32-35, 삼하 13:28, 수 28:7-8), 나라를 망하게까지 한다(단 5:3-30).

노아는 술을 마시지 말아야 했다. 성경에 술을 마실 수 없는 사람들이 나와있다. 나실인(눅 1:15, 삿 13:3-5, 13)이다. 나실인은 거룩하게 구별해 놓으신 하나님을 위한 일꾼들이었기 때문이다. 그런데 삼손은 나실인이면서도 그 사명을 잃고 실패했고, 세례 요한은 나실인이 되어 성별하게 살았다. 레위인들이 술을 마시지 않았으니 그들은 그러한 구별된 생활 때문에 복을 받았다(렘 35:2-10, 14). 제사장들이 있어(겔 44:21-22) 성전에서 제사직분을 수행했기 때문이며 감독이나 집사들이 술을 금했다(딤전 3:3, 8, 딛 1:7). 따라서 술을 먹지 말라는 것은 영원한 규례이다(레 10:9, 삿 13:4, 7, 14). 술친구와 사귀지도 말고 술은 보지도 말 것이다(잠 23:20, 31, 고전 5:11).

3. 노아는 벌거벗는 실수를 했다.

노아는 벌거벗어 수치를 당함으로 실수했다. "그 자신이 벗은지라"라는 것은 노아 자신이 술에 취해서 옷을 벗었고 그것도 속옷까지 벗었다는 것이다. 그의 개인적인 죄를 더욱더 나타내는 것이다.

술취한다는 것은 호색에 빠지게 하고, 방탕하게 하며, 롯의 경우와 같은 실수나 아하수에로 임금이나 벨사살왕(창 19:33, 에 1:10-11, 단 5:1-6)같이 실수할 수밖에 없게 한다. 그가 벌거벗은 것은 아담이 선악과를 먹고 벌거벗어서 수치스럽게 된 것과 같다. 아담은 숲 사이로 가서 숨기라도 했지만 노아는 덮을 것마저 찾지못할 만큼 이성을 잃었다.

사람은 벌거벗은 적신으로 출생하고(전 5:15, 겔 16:22), 얼떨결에 벌거벗고 도망하기도 하여(암 2:16) 참상을 보고, 애통하며 애곡한다. 벌거벗은 몸으로 행하는 의인들도 있기는 하지만(미 1:8) 하나님은 죄인들에 대하여 벌거벗은 수치를 열방에 보이기도 하시고(나 3:5), 저희의 벌거벗은 몸을 가리울 양털과 삼을 빼앗기도 하시지만(호 2:9) 옷으로 덮어 벌거벗은 것을 가려 주시기도 하신다(겔 16:7-8).

에돔에 대하여 "네가 취하여 벌거벗으리라"(애 4:21)고 하셨고 "네가 벌거벗은 것을 알지 못하는도다 그러므로… 흰옷을 사서 입어 벌거벗은 수치를 보이지 않게 하라"(계 3:17-18)하시며, "보라 내가 도적같이 오리니 누구든지 깨어 자기 옷을 지켜 벌거벗고 다니지 아니하며 자기의 부끄러움을 보이지 않게 하는 자가 복이 있도다"(계 16:15)라고 하였다.

노아는 장막에서 실수했다. 노아가 과음했다는 실수도 없지는 않으나 그것을 마시고 추태를 드러냈다는 데 그 잘못이 있다고 생각된다. 성도는 항상 깨어 있어 벌거벗은 수치를 보이지 말아야 한다(벧전 5:8). 노아는 장막 안에서 이런 실수를 하였다. 취했다는 것은 잔뜩 마셨다는 것이다. 노아는 자식들이나 자부들이나 어린 손자 손녀들이 볼 수도 있는 장막 안에서도 분별력을 잃고 벗고 있었다. "장막 안"은 그의 거처일 것이고 하나의 가정이라는 성스러운 작은 사회이며 교회인 것이다.

노아는 자녀를 실족케 하는 실수를 했다. 술을 너무 많이 마시고 아무 정신이 없이 그 자신이 옷을 벗어 던지고 알몸으로 있음으로 하여 함에게 범죄하게 하였다. 또한 그의 아들에게 저주를 내리는 결과가 되었으며 셈이나 야벳에게도 부덕을 끼친 것이다.

노아는 구원의 방주로 인하여 가족을 구원했고, 세상에서 최고로 존경을 받는 의인이며 아버지였는데, 이렇게 벌거벗고 수치를 드러낸 모습을 보는 아들들이 얼마나 큰 충격을 받았을까?

예수께서는 "누구든지 나를 믿는 이 소자 중 하나를 실족케 하면… 실족케 하는 일들이 있음을 인하여 세상에 화가 있도다…"(마 18:6-9)라고 말씀하셨다.

물론 벌거벗은 수치를 밖에 나가서 다른 형제들에게 떠벌린 함에게 잘못이 있지만 함에게 그렇게 보인 노아도 잘못한 것이다. 그것은 다른 사람들에게와 자녀들에게 부끄러운 일이요 실족시키는 일이 되었다. 더욱이 안타까운 일은 함의 아들, 가나안에게 저주를 내려 지금까지도 종살이를 면치 못하게 했으니 그 또한 노아의 실수가 아닐지!

벌거벗은 노아를 본 세 아들

(창 9:22-29)

　노아의 향년은 950세였다. 홍수 후에 350년을 더 살았다. 아마도 바벨탑 건설과 인류의 흩어짐 등을 목격했을 것이다. 오래 사는 것은 믿음에 대한 좋은 보상이었고 세상에 오래 살면서 전도하고 예언하고 말씀을 가르치는 것은 큰 축복이다. 그러나 오래 살다보면 원치 않게 자기의 후손들이 먼저 죽는 슬픔을 보기도 하고 반면에 행복한 자녀들이나 행복한 일들도 많이 보았을 것이다.

　노아는 더 좋은 세계를 보기 위해서 이 세상을 미련없이 떠날 수 있었을 것이다.

　그가 벌거벗는 실수를 한 때가 언제인지는 알 수 없으나 함이 먼저 그것을 보고 형제들에게 고하였다. 그외에 함이 무엇을 행했는지에 대해서 성경은 기록하지 않았다. 그런데 술에서 깨어난 노아는 "가나안은 저주를 받는다"고 말했다. 유대 랍비들은 함이 말을 떠벌린 것뿐인데 왜 그아들까지 저주를 받아야 하나를 생각했다.

　그래서 랍비들은 함이 아버지 노아에게 동성애 행위를 한 것이 아닐까 하고 생각한다. 하체는 "벗게 하다, 발가 벗기다"라는 뜻을 가진 말에서 나온 것인데 넓은 의미로는 벌거벗은 것이고 좁은 의미에서는 성기를 가리킨다.

　함이 "그 아비의 하체를 보고"에서 "보고"라는 말은 단순히 힐끗 지나쳐 보았다는 것이 아니고 만족스럽게 응시했다는 것이다. 그러므로 그의 죄는 아비의 하체를 보았다는 데 있는 것이 아니고 그것을 보고 즐겼다는 데 있는 것이다.

이것은 너무나 무서운 사건이기 때문에 성경에는 기록하지 않고 있다고 보는 것이다. 성경에는 기록할 것이 있고 기록하지 않아야 할 것이 있는 것이다.

1. 함은 하체를 보고 두 형제에게 고했다.

함은 아비의 하체를 보았다. "보았다"는 말은 그것을 보고 악의적으로 즐겼다는 뜻이다. 이 말의 뜻이 함이 보고 아비와 동성애적 행위를 즐기고 만족스럽게 여겼다는 것으로 랍비들이 생각하는 것이다. 마치 롯이 술에 취해 있을 때에 두 딸이 아비와 동침해서 두 민족의 조상이 되었듯이 함은 이성간도 아니고 성스럽고 완전하여 존경받는 아버지와의 악한 행위를 행한 것으로 성에 대해서 염치가 없었다.

유대인은 너무 지독한 일이 생기면 그것을 말해서는 안된다는 것을 잘 알고 있었다. 창세기의 저자가 이런 일을 말할 수가 없었을 것이다. 성경에 "본다는 것이 죄"라고 하였다. 아담 하와가 "본즉(창 3:6)"하는 말로부터 범죄했다.

함은 밖으로 나갔다. "밖으로 나가서"란 "길거리에서"라는 말이다. 함이 아비의 하체를 보았으면 보는 즉시 덮어서 가려 드려야 옳았다. 그런데 함은 덮어주기는커녕 밖으로 길거리로 뛰어나간 것이다.

그것은 아버지의 권위를 무시한 것이고 덮어줄 줄 모르는 야비함이었다. 유대인은 지독한 일이 생기게 되면 그 사실을 누구에게도 말해서는 안되고 그것을 덮어두는 것이 좋다고 한다.

사랑은 허다한 죄를 덮어주는 것이다(벧전 4:8). 아버지 노아에 의하여 덮음을 받아 방주에서 구원받은 함이 이제 아버지의 부끄러운 부분을 가려주지 않은 것은 큰 불효요 배신이었다.

노아가 다스리는 가정은 교회의 모형이다. 노아는 교회의 권위있는 지도자였다. 그 교회 안에 함이라는 신자는 지도자의 허물을 덮어주지 않은 것이다.

함은 형제에게 고했다. "고하매"는 많은 사람이 왕래하는 길거리에 나가서 가고 오는 사람들에게 떠벌리면서 그들이 와서 아비의 수치를 보게 했다는 것이다.

우리 아버지 노아가, 하나님과 동행한다는 노아, 당대에 의인이요 완전한 자라는 노아, 방주로 인류를 구원한 저 노아가 장막 안에서 과음하고 옷을 벗고 정신이 없이 누워있으니 와서 그 수치를 구경하시오 하는 말이다. 함은 친아버지 당시 인류의 조상, 의인, 완전한 자라는 하나님의 동행자를 덮어주지 못하고 사방에 다니면서 부끄러움을 와보라고 떠들었으므로 그는 저주받아 마땅한 자식이었다.

교회 안에는 함과 같은 악한 식구가 있다. 족장시대의 가인(히 11:1-3), 모세시대의 고라, 사도시대의 디오드레베(요삼 9-12) 등이 있었다.

잠언에는 "두루 다니며 한담하는 자는 남의 비밀을 누설하나…(잠 11:13) 하였고 "두루 다니며 한담하는 자는 남의 비밀을 누설하나니 입술을 벌린 자를 사귀지 말찌니라"(잠 20:19)고 하였다. 또한 "입술을 지키는 자는 그 생명을 보전하나 입술을 크게 벌리는 자에게는 멸망이 오느니라"(잠 13:3)고 하였다.

2. 셈과 야벳은 하체를 보지 아니하였다.

옷을 취하여 어깨에 메었다. 함이 밖에   나가서 "아비를 보라"고 했던 것을 좋게 생각한다면 "아버지가 타락한 것으로 보이니 와 보시요"라고 말하지 않았다. 할 수도 있겠으나 셈과 야벳은 이 말을 듣고 즉시 아버지의 옷을 취하여 자기들의 어깨에 메고 들어갔다.

"옷"은 주로 겉옷이나 덮개나 보자기를 가리키기도 하나 본문의 옷은 노아가 아무렇게나 벗어던진 그 옷을 그들의 어깨에 메고 들어간 것이다. 아버지의 인격을 높이 생각하고 아버지의 권위를 중요시한 행동인 것이다. 적당히 손에 들고 들어간 것이 아니었다. 아버지의 옷을 조심스럽게 하여 어깨에 멘 것이다. 오늘 우리들 가정에서 자라는 자녀들은 아버지에게 어떻게 하는가? 참으로 셈과 야벳같은 자녀인가?

뒷걸음쳐 들어갔다. 함은 야비의 하체를 보고 염치 없이 행동하여 실수를 조롱거리로 삼았고 통탄하게 여겨야 할 일을 떠들며 선전했으나 셈과 야벳은 뒷걸음쳐 들어간 것은 아버지의 수치를 보지 아니하고 덮어드리려는 아주 조심스럽고도 사려깊은 행동인 것이다. 부모를 존중히 여기는 것은 자식의 기본 덕목인 것이다.

그들은 얼굴을 돌렸다. 그 아버지의 수치를 보지 않으려 한 것으로 그 또한 예의 바름이요 존경이요 귀히 여김이다. 우리는 부모의 허물만 아니라 다른 사람의 부끄러운 부분을 아예 얼굴을 돌려 보지도 말아야 하는 것이다.

아비의 하체를 가렸다. 이것은 셈과 야벳이 아버지의 수치를 보지 않으려는 것이고 따라서 다른 어떤 사람도 그것을 보지 못하게 하기 위한 것이다. 지극한 효행이 아닐 수 없다.

"사랑은 허다한 허물을 덮는다"(벧전 4:8)고 야보고(약 5:20)와 베드로 그리고 잠언에도(잠 10:12) 시편(시 32:1, 85:2)에서도 말씀하셨다. 우리는 모든 사람의 허물과 죄와 부끄러움이 노출될 때에 조심스럽게 다가가서 사랑의 옷을 펴 덮어주어야 한다. 왜냐하면 우리의 허물과 죄를 하나님께서 덮어주시고 가려주셨기 때문이다.

그러므로 타인의 부끄러운 점은 보려고도 말 것이고, 혹 결점이 보일지라도 그것을 나의 결점과 결부시켜 자신은 부끄러운 상태에 있지 않나를 반성해야 한다.

3. 노아는 함을 저주하고 셈과 야벳을 축복하였다.

노아는, 함의 아들에게 종의 종이 되라고 저주하였다. 노아는 술에 만취되어 자다가 깨어났다. 노아는 자신의 상태를 완전히 의식하게 되었다.

작은 아들 함이 자기에게 행한 일을 알고 저주하게 되었다. "함"에게가 아니라 "함의 아들"에게 세 번이나 거듭해서 저주하고 종이 될 것이라고 했다.

오리겐(Origen)의 말처럼 함의 아들 가나안이 노아의 수치를 처음으로 보았고 그것을 그의 아버지에게 말했다고 해서일까? 아니면

크리소스톰(Chrysostom)을 따라서 워즈워드(wordsworth)의 말대로 "가나안의 공범자"였었기 때문인가? 아니면 이미 함은 하나님이 축복을 하셨기 때문에 노아가 그것을 취소할 수가 없는 것이므로 그 아들에게 저주한 것일까? 아무튼 아들이 저주를 받았다 해도 그것은 함에게는 자기에게 저주하는 것 이상으로 불행한 것이었다. 하나님은 조상의 죄를 그 자식들에게 돌리신다(욥 21:19).

가나안에게 내린 저주는 당장 임하지 않은 것 같으나 8백년 후에 이스라엘이 가나안을 정복하고 그들을 종으로 삼음으로부터 저주가 시작된 것이다. "종들의 종"이라고 한 것은 종들 중에도 가장 천한 종이요, 속박과 부패에서 가장 천한 상태로 전락한 종이다.

노아는 셈의 하나님이라고 축복하였다. "셈의 하나님"이라고 한 것은 셈족의 영적인 우월성과 발전을 암시하는 것이라고 생각된다. 셈의 후손에서 예수가 탄생했으니 아버지에 대한 그의 효성은 충분한 보상을 받았고, 하나님이 친히 셈의 하나님이 되신다는 영광을 얻은 것이다. 셈의 하나님을 찬송한다. 그것은 셈의 선행과 영광을 하나님께 돌리는 것이다.

언제든지 사람들은 잘한 일에 대한 영광을 하나님께 돌려야 하는 것이고(마 5:16, 삼상 25:32-33), 사람이 그 영광을 가로채면 즉사하고 만다(행 12:20-23).

셈은 가나안을 종으로 부린다. 여호와를 자기 하나님으로 삼는 백성은 복을 받는다(시 33:12, 144:15). 그리고 셈의 장막에 야벳이 거함으로 확장된다는 것은 백인종이 기독교 안에서 예수 믿는 것으로 축복을 받아 세계를 확장시킨다는 것이다. 셈은 하나님의 백성이요 하나님을 찬송하며 가나안을 종으로 삼고 야벳을 부강하게 한다.

노아는 야벳을 창대케 하였다. 야벳은 창대케 되는 복을 받았는데 그것은 셈의 하나님 장막 안에 곧 예수교 안에서의 복이요, 가나안을 종으로 삼으리라고 하였다.

야벳은 세계 우위의 민족이 되는 것이다. 셈은 동양인의 조상이요 야벳은 서양인의 조상이다.

동양인은 종교적인 축복을 받고 서양인은 물질적이고 강대해지고 창대해지는 축복을 받은 것이다. 그러므로 셈은 천상의 축복을, 야벳은 지상의 축복을 받으면서 이 두 족속이 가나안을 종으로 부린다.

셈이 하나님 장막 안에 사는 족속으로 복이 있었다. 그러나 남을 욕보인 자는 하나님이 욕을 당케 하신다. 육친이요, 존경받을 부친을 조롱한 자는 저주가 당연한 보응이다.

가나안은 여호수아 시대에 멸절당하고 남은 자들은 종이 되어 부끄럽게 되었으며(수 9:23, 삿 1:28, 30, 33, 35), 나머지 자손들마저 솔로몬에 의하여 그렇게 되었다(왕상 9:20-21).

야벳의 후손들

(창 10:1-5)

하나님께서는 "생육하고 번성하라 땅에 충만하라"는 축복을 인류에게 하셨는데 그 말씀은 어김없이 실현되었다.

여기서부터 노아의 세 아들들의 후손들을 기록하고 있는데 이것은 인간의 족보로써 세계와 유대인의 역사를 담으면서 역사적인 동시에 신학적인 기록이 바로 성경이라고 할 수 있다. 야벳, 함, 셈의 후손들은 한 조상 노아에게서 발원하여 세계 인류는 한 가족, 한 형제이고 하나님은 유대인과 다른 모든 민족들의 하나님이시며 인간의 역사 역시 하나님의 손 안에 있음을 보여주고 있다.

그러나 분명히 알 수 있는 사실은 하나님은 모든 민족의 하나님이시지만 구속사적 섭리는 셈의 후손, 즉 아브라함의 선택으로 되어진다는 것이다.

10장에서 우리는 몇 가지 배울 것이 있다. 우선 인류는 한 아버지의 후손, 즉 단일성을 갖고 있다는 점이다. 같은 조상에서 태어났다는 점은 인간의 형제애를 느끼게 한다.

인류는 벨렉의 때에 가서 나뉘어졌다고 한다. 사람들이 흩어진 방법은 바벨탑 사건에서 찾을 수 있다. 이로 인해 인류는 세계적으로 분포되어졌다는 것이다. 그래서 셈, 함, 야벳 후손들이 각기 점령하고 사는 지역이 달랐던 것이다. 셈은 종교적인 진리를 보존하기 위해 티그리스와 유브라데스 계곡의 근처에, 함은 일기가 따뜻한 지역에, 야벳은 유키네, 카스피안, 지중해 해변에서 살았다.

이 지구상에 인간들이 각기 분산된 것은 그들에게 부여한 하나님의 일을 이루기 위함이다. 하나님은 사람이 한 곳에 모여서 하나님을 반역하는 것을 용납하시지 않으시고 땅에 사방으로 흩어져서 그들이 거처하는 곳에서 그 땅을 정복하기를 원하신다.

지금까지 노아의 아들은 셈, 함, 야벳의 순서로 기록되었는데 여기서는 야벳이 장자로 나오는 것을 보게 된다. 1절에서도 그렇게 차례가 되어 있으나 2절에 들어서면서 야벳이 첫번째로 기록된다.

1. 야벳의 후손들이 먼저 기록되었다.

야벳이 맨 먼저 나오는 이유는 무엇일까? 이것은 야벳이 노아의 아들들 중에 장자였기 때문이 아니라 모세가 이것을 기록할 당시에 신정정치의 중심에서 볼 때 야벳이 이스라엘의 가장 먼 곳에 있었기 때문이다. 함과 그 후손들은 야벳 족속에 비해서 셈과 가장 가깝고 밀접한 관계를 갖고 있었다. 그리고 야벳의 후손에 대해서 매우 간단하게 기록되는 것도 하나님나라 건설이라는 구속사업에 가장 미미한 역할밖에는 하지 않았기 때문이다. 성경에서 신정국가의 초점은 셈과 그 후손이었다. 야벳은 확장한다는 뜻으로써 철학, 과학, 법과 정치, 군사 등 이 세상 세력 확장을 과시하며 발전했다. 그들은 예언대로 (9:27) 흑해와 카스피해 연안으로부터 스페인에 이르는 넓은 지역으로 확장해 갔다.

그들이 영토와 지적 확장은 셈의 장막이라는 여호와 신앙과 무관한 채 팽창되어 갔던 것이다. 하나님은 세 족속의 족보를 쓰시면서 야벳과 그 후손을 맨처음으로 기록하심으로 노아시대부터 벌써 이방인의 구원을 계획하고 계셨음을 우리에게 알게 하셨다.

그들은 "셈의 장막 안"이라는 예수 그리스도 교회 울타리 안에 있으므로 오늘날 유럽 중심 민족들의 조상이 된 것이다. 이러한 하나님의 계획은 예수 안에서 구체적으로 완성된 것이다. 이방인이라 할지라도 셈의 장막 안에 있음으로 하나님의 백성이 되고 천국을 확장시키신 것이다.

예수께서 가나안 여자의 딸의 귀신들린 것을 고쳐주셨다. 그녀는 두로와 시돈 지방의 이방인이었다. 여호수아는 가나안 땅을 다 정복하지 못했으나 예수는 영적으로 이방인을 구원하셨다.

바울은 "그때에 너희는 그리스도 밖에 있었고 이스라엘 나라 밖의 사람이라 약속의 언약들에 대해 의인이요 세상에서 소망이 없고 하나님도 없는 자이더니 이제는 전에 멀리 있던 너희가 그리스도 예수 안에서 그리스도의 피로 가까워졌느니라"(엡 2:12-13)고 하였다.

영적 이스라엘이라는 셈에게서 가장 멀리 있던 야벳이 셈의 장막 안에서 구원을 받고 하나님 나라를 확장하게 되었다.

2. 야벳의 후손들 이름이 있다.

고멜이다. 고멜이란 "완성 열"이라는 뜻으로 게르만족의 조상인데 북구에 거주하며 살았다. 고멜의 아들은 아스그나스, 리밧, 도갈마 등이다.

아스그나스는 고멜의 장자인데 "번지는 불"이라는 뜻이고 풀러(poole)는 독일이 아스그나스인의 한 식민지였다고 하여 이 사람에게서 게르만족이 유래되었다. 리밧은 "원수들을 분쇄하는 자들"을 의미하고 켈트족 혹은 가율(Gauls)의 조상이다(대상 1:6). 도갈마는 "통뼈, 강건한"의 뜻으로 아메니안 족이다(겔 27:14, 38:6).

마곡과 마대이다. 마곡은 "가족의 팽창, 확대"라는 뜻인데 마곡에 거했던 잔인하고 호전적인 인종으로 흑해 동남쪽에 살던 스구디아족을 대표한다. 그런데 에스겔서에 예언된 것을 보면(겔 38-39장) 하나님의 교회에 연합하여 대적하는 다른 두 민족으로 나타났다.

마대는 "중앙"의 뜻으로 마게도냐의 메대족이며 구주 동남 카스피해의 서남쪽에 거주했다.

야완이다. 야완은 "온순한, 점토, 속이는 자"의 뜻으로 희랍인들의 조상이 아닌가 생각한다(사 66:19, 겔 27:13). 야완의 아들들은 넷인데 엘리사와 달시스와 깃딤과 도다님이다.

엘리사는 하나님은 구세주시다의 뜻으로 이태리 혹은 시실리에 살던 족속인 듯하다(겔 27:7, 대상 1:7).

달시스는 "단단한 명상"이란 뜻인데 스페인 족속이다. 성경에는 달시스가 서쪽을 향해서 위치한 부하고 번영하는 해변의 마을로 언급되었다(왕상 10:22, 겔 27:12, 렘 10:9). 깃딤은 "해치는 사람들"이라는 뜻으로(대상 1:7) 구브로의 기타 지중해 연안에 살던 족속이다(단 11:30, 사 23:1, 12). 도다님은 "지도자"라는 뜻으로 헬라 북쪽에 살던 족속이다.

두발라 메섹과 디라스이다. 두발은 "세속적인 재산, 솟아오르는"이라는 뜻이고 메섹은 "인출(引出)"이라는 뜻으로 둘은 마곡의 속국으로 취급하고 있다(겔 38:2-3, 39:1). 후에 이들은 러시아족을 형성한 것이 아닌가 싶다(겔 27:13, 32:26). 디라스는 "부모의 열망"이라는 뜻으로 에게(Aegean) 해안에 살던 펠라스 기안족이며 해적으로 유명하다.

3. 야벳 후손들의 정착지가 있다.

"바닷가의 땅에 머물렀다"고 한 것은 지중해 연안과 및 섬들 가운데 거주했다는 뜻으로 영국의 섬들도 그가운데 하나였을 것이다. 유대인들은 바다 저편의 모든 땅을 섬이라고 하는데(렘 25:22) 이것은 이방인들이 하나님께로 돌아와 신앙으로 개심케 된다는 약속을 보여주는 것이라고 할 수 있다.

그러므로 야벳의 후손들은 유럽-인도 인종을 이루고 있는데 크게 나눠서 지중해족속, 북서유럽족속, 북동유럽족속, 알프스족속, 흰두족속, 드라비다족속 등이다.

사실 그들은 복음 안에서 전체 유럽지역을 확장시키고 지식, 예술, 문화, 정치, 경제, 군사적인 면에 있어서 창대해졌고 축복을 받았다. 셈의 장막이라는 기독교의 복음은 인간의 거처와 인간의 심령을 변화시킨다.

함의 후손들

(창 10:6-20)

　노아의 세 아들의 후손에 대한 족보에서의 중심은 셈이다. 셈은 종교의 장막을 가진 족속으로 30명이나 되는 자손들을 기록하고 있다. 야벳은 14명이 나오는데 7명은 아들이고, 7명은 손자이며, 함은 직계 후손으로 네 명이 언급되어 있다.

　함은 뜨겁다는 뜻인데 그들이 차지한 곳의 이름과 관련시켜 지구의 남쪽 지대이므로 뜨거운 지역이다.

　가나안이 하나님의 저주를 받았으나 세계에서 가장 좋은 땅 가나안을 점령한 것을 보면 세상에서는 경건한 성도보다 불신자들이 물질적으로 훨씬 많은 축복을 받는 경우가 있다는 것을 알 수 있다. 함의 아들들은 에집트, 가나안, 남아라비아, 에디오피아 등지에 정착하여 아프리카를 중심한 흑인종의 조상이다. 애굽이라는 말도 검은 땅이라는 뜻이다.

　함의 자손 중에 니므롯이라는 영웅이 처음 나왔는데 그는 시날땅의 바벨과 에렉과 악갓과 갈레에서 나라를 시작하였고 큰 성을 건축한 무서운 통치자였다. 니므롯은 반항이라는 뜻으로 자기의 권력을 가지고 이웃을 압제하고 사냥하는 일에 몰두했다.

　우리는 함의 족보 마지막 부분으로 내려가면 가나안의 후손들과 그의 가족, 민족, 그리고 그들이 정착했던 땅에 대해서 다른 곳에서보다 뚜렷하게 있는 것을 알 수 있다. 시돈은 가나안의 남쪽 변경이요 그랄은 가사의 동남쪽으로 가데스와 술 사이(창 20:1), 가사는 사해 동쪽에 있고, 소돔과 고모라는 사해 남쪽 끝에 있으며, 아드마, 스보임은 소돔, 고모라가 멸망을 당할 때에 함께 망했다(창 14:2, 8, 신 29:23, 호 11:8).

그러나 이들은 장차 800년 후에 이스라엘의 여호수아 장군 앞에 땅을 정복당하고 굴복하게 될 것을 알지 못했던 것이다. 그들은 분명히 셈이나 야벳의 후손들이 차지한 땅보다 더 좋은 땅을 차지하고 살았으나, 그들은 셈과 야벳의 종의 종이 될 것이고, 셈과 야벳은 더 좋은 축복으로 누릴 것이었다. 그러므로 사람은 세상적인 영토나 물질로 족할 것이 아니다. 셈의 장막에서 얻는 종교적인 축복이 더 귀하고 지상의 복보다 하늘의 복이 더 값지고 귀한 것이다.

1. 구스와 그 아들들이 있다.

구스의 아들은 여섯이다.

스바는 "일곱번째, 맹세, 속박"의 뜻으로 에디오피아 북쪽 누비아에 있는 메로에 사는 족속이라고 한다. 하윌라는 "원형, 모래땅"의 뜻으로 아라비아 족속을 가리킨다고 하는데 10:29에 보면 하윌라는 셈족의 영토로 되어 있다(창 25:18, 삼상 15:7). 삽다는 "돌파하다"의 뜻으로 에디오피아에 속하는 한 나라로 아라비아 지역에 거주하였다. Kalisch(칼리쉬)는 그곳을 아라비아에서 페르샤만까지 미치는 같은 지역으로 간주하였다.

라아마는 "전율, 위대함"의 뜻으로 동남 아라비아 족속이다. 삽드가는 "행복"의 뜻으로 파사만 동쪽에 거주하는 족속이다. 니므롯은 "용감한, 강한, 통치자, 반역한다"의 뜻이다. 니므롯에 대해서 대체로 자세히 소개하고 있는 것은 니므롯이 하나님을 반역하는 세상주의의 대표적 인물이기 때문에 성도들에게 주의를 촉구하는 것이다. 성경에서 언제나 적그리스도에 대하여 자세히 기록해 주고 있는 것은 경계를 요하기 때문이다.

유대 역사가 요세푸스는 이 사람이 바벨탑을 쌓도록 선동한 인물로 믿고 있는데 그 생각은 희랍의 오리겐과 일치하는 것이다.

니므롯은 용사요 유명한 자여서(창 6:4) 홍수 이전의 용사, 유명한 자, 네피림이 그에게서 소생하게 된 것이다. 니므롯의 아버지 구스는 "검다"는 뜻으로(에집트) 에집트인들의 조상이 되었다.

구스의 여러 아들들에 대하여 이렇다 할 특종기사는 없고 8절에 "구스가 또 니므롯을 낳았으니"라고 한 것을 보아 직계 조상이 아닌지 모르겠다.

아무튼 니므롯은 강력한 세력을 가진 자요 폭력으로 사람들을 통치하는 유명한 자였다. 그러나 셈족과 같이 종교의 장막으로 유명한 것이 아니라 옛날 장막 속에 살면서 의롭게 지낸 셈 후손에 대해 가인이 성을 쌓고 폭력으로 유명해지듯 한 것이다. 지금에 와서 의인의 장막은 아름다운데 악인의 탑은 어디에 있는가?

니므롯에 대해 자세하게 썼다. 니므롯은 처음 영걸이라 한 것은 폭력으로 통치하는 자를 의미하는데 홍수 전의 장부들에게 있었던 악령이 그에게 있었던 것이 아닌가 생각된다.

악마는 "가장 높은 구름에 올라 지극히 높은 자와 비기리라"(사 14:14)고 하면서 교만하다. 니므롯은 여호와 앞에 특이한 사냥꾼이 되어 이웃의 권리와 재산을 약탈하는 횡포자요, 침략자며, 노략자, 핍박자였다는 뜻이다. 이 말은 전쟁에 쓰는 말이고 맹수가 사람을 침노하는 일에 사용된 말이다. "하나님 앞에"라고 하였는데 하나님과 대등한 듯이 교만해진 것을 의미하여 반기독자였던 것을 알 수 있다.

니므롯은 마귀의 모형인물이다. 마귀는 하나님께 도전하고 반역하며 영혼을 사냥하는 자이다(겔 13:18-21, 시 124:7, 잠 6:5). 들릴라가 삼손을 사냥하듯이(잠 6:23), 우는 사자가 삼킬 자를 찾아 사냥하러 다니듯이(벧전 5:8) 성도의 영혼을 사냥한다.

니므롯은 침략자였다. 그가 침략하여 정복한 땅은 시날땅의 바벨론과 에렉, 악갓, 갈레 등이라고 하였다. 시날 땅은 수메리안 민족이 살던 땅으로 앗수르와 구별된 바벨론(사 11:11), 메소포타미아나 갈대아의 하류지대이다. 바벨론은 유브라데스 강을 중심하고 있고, 에렉은 바벨론 동남쪽으로 120 마일에 있으며, 악갓은 바벨론 북쪽, 갈레는 그 근동에 있다고 한다.

니므롯은 건축가로 쉬임없이 성을 넷이나 건축했으면서도 만족할 수가 없었다. 앗수르까지 세력을 뻗쳐 도시를 건설하였다. 앗수르는 티그리스강 동쪽에 있고 수도는 니느웨이다(욘 3:3). 그리고 르호보딜, 갈라, 레센 등은 모두 니느웨 부근에 있었다. 저주받은 함의 자손이 세상주의자로 적그리스도의 길을 걸었음을 볼 수 있다.

라아마는 스바, 드단을 낳았다. 라아마는 함의 장자인 구스의 넷째 아들로 함의 손자이다. 그는 스바, 드단을 낳았는데 그들은 파사만 부근에 살던 두 족속으로 알려지고 있다. 스바는 아라비아 페릭스의 중심도시에 욕단의 아들로 다시 나오는데 함족과 셈족이 같이 사용한 이름이 아닐까 생각한다.

스바는 솔로몬에게 방문했던 스바여왕으로 인해 우리에게 익숙히 알려진 이름이다(왕상 10:1-10). 그러나 이들이 정확히 어느 지역에 거주했는가를 알 수 없다. 드단은 "낮은, 그들의 우정"이라는 뜻으로 구스의 손자이다(사 21:13, 렘 49:8, 겔 25:13, 27:12-15).

2. 미스라임과 그 아들들이 있다.

루딤과 아나밈이다. 함의 아들은 구스, 미스라임, 붓, 가나안인데 이 부분에서는 붓에 대한 기록이 없다. 붓은 "이마, 범위"라는 뜻으로 함의 셋째 아들이고(대상 1:8), 그의 거주지는 리비아였으며(겔 27:10), 그의 자손들은 수리아 사람들에게 고용된 종이 되었다(나 3:9). 미스라임은 애굽을 가리키는데 그의 아들은 여럿이 있었다.

루딤은 "구부림"의 뜻으로 나일강 삼각주의 서쪽에 있고 아나밈은 애굽 서쪽에 있는 사막 가운데 비옥한 곳에서 살았다.

르하빔과 납두힘이다. 르하빔은 "불꽃 같은 색깔의"라는 뜻으로 아프리카의 북쪽 해안 지방에 거주하며 살았고, 납두힘은 "열어놓음"의 뜻으로 애굽 북쪽에 거주하여 살았다.

바드루심, 가슬루힘, 갑도림이다. 바드루심은 "남쪽의 땅"이라는 뜻으로 상애굽에 살았다. 가슬루힘은 "해변사람"의 뜻으로 애굽에서 기원된 콜키안인(colchians)이다.

처음에는 애굽마을 켐니스에서 거주했는데 이들에게서 블레셋이
나온 것이다.

블레셋은 이주자, 이민자의 뜻으로(렘 47:4, 암 9:7) 가자, 아스돗,
아스글론, 가드, 애그론 등 다섯 고을로 되어 있다. 갑도림은 그레데
섬에 사는 자들이라는 설이 있다.

3. 가나안과 그 아들들이 있다.

장자 시돈과 헷이다. 시돈은 "강화시킨"의 뜻으로 시리아 해변에
있는 베니게의 옛 수도이다. 지명이 인명을 받은 것은 그 사람의 후
손이 그 지역에 거주하여 살았기 때문이다. 헷은 "무서운"이라는 뜻
으로 후에 헷족속의 조상이 되었다(창 23:3-5, 25:9, 민 13:29).

여부스, 아모리, 기르가스, 히위 족속의 조상이다. 여부스는 "평강의
집"이라는 뜻으로 예루살렘과 그 근방에 거주하여 살았다(수 15:8, 삿
19:10-11, 대상 11:4-5).

아모리는 "산중사람"이라는 뜻으로 주로 유대의 산지와 요단강 건
너편에 많이 살았다(창 15:16, 14:7, 수 10:5). 기르가스"는 어디에 거
주했는지 알 수 없다(수 24:11, 창 15:21, 신 7:1). 히위는 "시골 사람,
성읍에 거하는 자들"이라는 뜻으로 세겜과 기브온과 헤브론 산 밑에
살았다(창 34:2, 수 9:1, 7, 11:3, 삿 6:3).

알가, 신, 아르왓, 스말, 하맛이다. 알가는 레바논 산밑에 트리폴리
스(Tripolis) 북쪽에 있었다. 신은 "습지"라는 뜻으로 신의 거주자들이
알가족속 가까이 있었다. 아르왓은 트리폴리스의 북 56km, 현재의 레
바논의 루앗(Ruad)이라는 곳에 거주했다.

스말은 베니게 남방에 있는데(창 10:18, 대상 1:16) 애굽이 팔레스
틴과 수리아를 점령했을 대 여기에 총독이 있었다. 하맛은 "요해"라
는 뜻으로 팔레스틴 북쪽 국경에 있었다(민 13:21, 34:8).

함은 "뜨거운, 어두운, 색칠한, 거무스름한"이라는 뜻으로 저주받은
자들의 조상이 되었다. 그의 죄로 더럽혀진 후손들은 후에 아브라함
의 자손들에게 약속된 땅에 살았다.

따라서 그들은 가나안 땅을 정복한 이스라엘에게 정복당하고 노예가 되었다.

함은 "뜨거운"이라는 뜻으로 흑인의 색깔, 즉 기후에 의해서 그렇게 된 듯한 인상을 갖게 한다.

애굽은 함의 땅(시 105:23)이라고 했으며 그 의미 역시 검고 따뜻하다는 것이다. 우리는 함과 그 후손에게서 애굽 민족과 아프리카 민족, 바벨론 민족과 블레셋 민족, 그리고 가나안 민족이 나왔음을 볼 수 있다.

셈의 후손들

(창 10:21-32)

성경의 족보는 하나님의 구속사적인 성의를 이어 나아갈 족속을 중심으로 기록되었다. 유대인은 이스라엘과 깊은 연관이 있고 언약을 계승할 자들이면 여러 가계 중에 맨 마지막 부분에 기록하는 것이 통례였다. 따라서 셈 계통의 족보를 나중에 열거함으로 앞으로 이 계통의 후손을 중심으로 구원역사가 주도됨을 암시하고 있는 것이다.

이 부분에서 우리는 셈의 두 가지 명칭을 보게 되는데 먼저는 에벨 자손의 조상이요 다음은 야벳의 형이라는 것이다.

에벨은 "건너편"이라는 뜻인데 그가 유브라데강 건너편에서 이주해 온 자라는 데서 그렇게 불렀다는 것이다.

그는 아브라함의 조상이다. "히브리"라는 말이 에벨에서 나왔는데 그 뜻은 이주자, 이민자라는 것이다.

"히브리인"이란 말은 셈 계통의 가나안 이주자를 가리키는 것이다. 이것은 어떤 지역에서의 이주라기보다는 죄악세상 저편에서 강을 건너 구원의 땅으로 이주한 신령한 믿음의 히브리인을 의미하는 것이다 (창 14:13). 그러니까 신앙 혈통의 히브리인은 세상과 분리하여 건너온 이주자인 것이다.

셈을 야벳의 형이라고 했는데 사본에는 셈을 야벳의 동생이라고 했다. 그래서 노아의 세 아들 중에서 장자는 야벳이라는 것을 말해주고 있다. 언제나 삼형제의 이름이 적히는 곳에는 셈이 첫째로 기록되어 있지만 야벳이 연장자라는 것을 나타내는 것 같다.

사실은 히브리인들은 셈 계통에서 나왔으며 그 직계로는 아브라함이 있고 더 먼 후세에는 메시야 예수께서도 셈의 가계에서 탄생하셔서 하나님나라를 건설하셨다. 죄인의 모형이라고 할 수 있는 함도, 이 방인의 조상이라 할 수 있는 야벳도 장손이긴 했으나 셈의 장막이라는 하나님의 교회 안에서 더불어 구원에 참예하며 교회 안에 있는 모든 이는 한 형제라는 사실을 교훈하고 있다.

그러므로 혈통으로는 야벳이 장손이나 신령한 구원의 계통으로는 셈이 장손이 되는 것이다. 그를 나중에 기록한 것도 이런 의미가 있기 때문이다.

1. 셈의 아들은 엘람, 앗수르, 아르박삿, 룻, 아람이다.

엘람과 앗수르이다. 셈은 에벨 온 자손의 조상이요 야벳의 형으로 다섯 명의 아들이 있었는데 셈은 동양인의 조상이 되었다.

엘람은 "젊은, 고결한"이라는 뜻으로 파사반에서 카스피아해까지 거주한 족속이며 후에 셈 방언을 사용하지 않았다. 그들은 활로 유명한 족속이다(렘 49:35). 그들의 영토는 동쪽으로는 티그리스강이요 서쪽으로는 바벨론, 북쪽은 메대에 의해 경계되어 있었기 때문에 강력한 왕국이 될 수 있었다.

셈의 젊고 고결한 신앙적 인격을 반영하는 아들은 아니라고 생각된다. 왜냐하면 성경의 이름 뜻은 그 사람의 생애와 인격에 깊은 관계가 있기 때문이다.

셈이 하나님을 찬송하며 자기 하나님으로 삼는 종교의 장막 안에서 자녀들에게 건강한 믿음과 고결한 인격을 모범으로 보여주었을 수도 있었을 것이다.

앗수르는 "평원"이라는 뜻으로 티그리스강 동편 상류에 거주하다가 그후에는 소아시아로 퍼져 나간 앗시리아 족속이다. 그들은 B.C. 2천년경부터 독립된 왕국으로서 강력한 국가를 만들었고, 훗날 이스라엘은 B.C. 722년에 이들에게 망하고 만다.

그러나 앗수르는 수도 니느웨가 주전 612년에 외침에 의해 함락당하고 하란으로 옮겨 명맥을 겨우 보전하다가 610년에 멸망하였다.

이것은 예언자들의 예언이 그대로 성취된 것이다(사 10:5-19, 겔 31:3-17). 원주민은 문맹이 없을 만큼 교육이 보급되어 도서관이 성읍에 반드시 있었고, 아람 방언을 사용했으며, 상업이 발달하여 상권 쟁탈 전쟁을 많이 했다. 오랫 동안 외국에 예속되어 있다가 제1차 대전 후에 이라크가 건설되었다.

아르박삿, 룻, 그리고 아람이다. 아르박삿은 "풀어준 자"라는 뜻으로 앗수르의 북쪽 삽강 상류지역에 거주하였다(11:10-13, 대상 1:17, 24, 눅 3:36). 룻은 "구부림, 자손"이라는 뜻으로 소아시아에 거주했다. 아람은 "고원 고귀하다"라는 뜻으로 수리아와 메소보다미아의 아람족속의 조상이다. 이들은 이스라엘과 많은 접촉을 가졌고 전쟁도 많았다. 그들은 아람 방언을 사용했다.

평원지대에서 유목에 종사하다가 주전 1500년경에 하란에 정주하며 이스라엘과 깊은 인연이 있다(창 25:20, 28:2).

주전 13세기경에 헷족속을 제압하고 수리아에 침입하여 다메섹에다 수도를 정했으나 통일국가를 형성하는 데는 실패하고 분리됐다. 분리된 소국 중에 메소보다미아(창 24:10)는 유브라데강 중류지방에 있었다. 구산리사다임왕은 이스라엘을 8년 간 압제했으나 옷니엘 사사가 물리쳤으며(삿 3:8-10), 다른 소국은 다메섹을 수도로 한 아람 다메섹으로 유력한 국가를 형성하고 있었으나 다윗왕에게 복속되었다(삼하 8:5-6).

2. 아람의 아들들은 우스, 훌, 게델, 마스이다.

먼저 우스와 훌이다. 우스는 "견고"라는 뜻으로 팔레스틴 동쪽과 에돔 북쪽에 살았다. 이들로부터 "우스"라는 지명이 파생되었는데(렘 25:30, 애 4:21) 광활한 지역이었던 것 같고 동방의 의인 욥의 고향이다(욥 1:1). 에돔의 옛 이름인 듯 하다.

훌은 "원형"이라는 뜻으로 알메니아 지방에 있었다(대상 1:17). 모세의 기도의 손을 들어 도왔던 훌은 "고상한, 광채"라는 뜻이 있다. 발음은 같으나 글자는 다르다(Hul, Hur).

게델과 마스이다. 게델은 "시련의 계곡"이라는 뜻인데 그가 거처한 지역에 대해서는 알 수 없다.

마스는 "뽑아낸"이라는 뜻으로 알메니아의 몬스마시우스 (MonsMasius)에서 볼 수 있다고 한다.

3. 아르박삿의 아들과 후손들이 있다.

먼저 아르박삿의 아들은 셀라이다. 셀라는 "확대, 보낸다"는 뜻으로 식민지를 연상케 하는 말이다. 그로부터 셈의 자손들이 각처로 이동한 것이 아닌가 생각된다.

에벨은 셀라의 아들이고 아르박삿의 손자인데 "건너편, 건너온 자"라는 뜻으로 유브라데스강 건너편에서 가나안 땅으로 건너온 아브라함이 그의 직계 후손이다.

벨렉과 욕단은 에벨의 아들인데 벨렉이라는 이름은 "분리, 나뉨"의 뜻으로 바다가 갈라지는 것을 나타내는 말로 세상이 나뉘었다는 것이다. 히브리 민족이라고 하는 강 건너온 자들과 그렇지 않은 세상 사람들과 완전히 분리되었다는 것으로 교회는 세상과 분리된 자들의 공동체이다.

욕단은 "적은, 작은, 논쟁"의 뜻으로 아라비아의 모든 원시족의 조상으로 그 아들들은 많았으나 아무런 흔적도 남기지 않았다. 욕단은 열세 명의 아들을 낳았다. 벨렉과 욕단은 형제인데 여기서 혈통이 분리되어 벨렉은 아브라함 계통의 조상이 되고 욕단은 아라비아 계통의 조상이 되었다. 욕단은 열 세명의 아들을 낳았다.

알모닷은 남아랍 족속으로 이들에게서 예멘과 헤젯이 형성된 듯하다. 셀렙은 "끌어낸"이라는 뜻으로 예멘지방의 살리프족이라고 생각된다. 하살마웻은 "죽음의 법정"이라는 뜻으로 아라비아 동남쪽 인도양 연안에 위치한 아바리아 영토 하드라마웃(Hadramaut)에 거했는데 이곳은 향과 몰약으로 유명하다고 한다.

예라는 "달, 달의 아들"이라는 뜻인데 키울란 지방 남족에 거주했다.

하도람은 "하늘은 높으시다"는 뜻으로 아라비아의 남해안에 거주하여 살았다. 우살은 "방랑자"라는 뜻으로 예멘족이다. 예멘의 수도인 산아(Sana)에 주로 거주했는데 이곳의 철광석은 유명하다.

디글라는 "종려나무 숲"이라는 뜻으로 다칼라 지방에 거주했으며 그뜻으로 볼 때 종려나무가 풍부한 곳이었으리라고 생각된다. 오발은 "발가벗음, 노인의 불편함"이라는 뜻으로 예멘에 거주했다. 아비마엘은 "내 아버지는 하나님이시다"라는 뜻으로 어느 지역에 살았는지 알 수 없다. 스바는 "노인"이라는 뜻으로 아라비아 서남쪽에 살았다. 오빌은 "몰이꾼, 지도자, 곡하는 자"라는 뜻으로 금산지로 유명한 오빌(왕상 9:28, 대하 8:18)이란 지명이 여기서 파생된 것이다. 아라비아 남쪽 페르시아만의 오만 지역에 거주하지 않았나 생각한다.

하윌라는 "원형"의 뜻으로 예멘 북쪽 카울란에 거주했다. "요밥"은 "황량한, 트럼펫 소리가 난다"는 뜻으로 인도양 근처에 위치했다. 요밥을 "광야"란 뜻의 아라비아어 "예밥"과 동의어로 보는 사람들은 아라비아 광야에 거주한 족속으로 단정한다. 여기서 우리는 셈족의 계보가 끝나는 것을 볼 수 있다.

셈족은 북부 셈족과 남부 셈족으로 크게 나뉘는데 북부족은 앗수르인, 아랍인, 이스라엘인, 에돔인 등이며 남부족으로는 아랍인들을 들 수 있다. 셈족은 대체로 황색인종인 것을 짐작할 수 있다.

시날의 바벨탑

(창 11:1-9)

성서의 지혜와 철학에 보면 바벨이란 말은 혼란을 의미한다. 이것은 세계의 문학 중에서 최초의 풍자 문학이 된다. 세월이 지남에 따라 사람들은 하나님에 대한 약속을 잊고 지식을 늘리고 벽돌 만드는 법을 배웠다. 그래서 큰 건물이나 탑을 짓게 되었다.

왕이나 권력자들은 자기들의 위세를 나타내려고 큰 건축물을 만들었다. 이런 큰 건축물을 만들기 위해서는 몇십만이라고 하는 노예의 노동을 필요로 했다. 많은 노예들이 벽돌을 높은 곳으로 쌓아 올리면서 떨어져 죽었다. 사람들은 높은 탑을 만들어서 하나님에게 도달하고자 했다. 나중에 랍비들에 의하면 가장 높은 탑은 걸어서 꼭대기까지 올라가려면 일 년이나 걸리지 않으면 안되었다고 말하고 있다.

하나님은 사람들이 그런 탑을 쌓는 것을 보고 이것은 내게 있어서는 매우 얕고 보잘것없는 일이라고 하셨다. "만일 인간이 내게 도달할 일을 하면 내가 지상으로 내려와서 사람이 무엇을 하고 있는가 하는 것을 볼 것이다"라고 말했다. 여기서 하나님은 인간이 하고 있는 일에 비상한 관심을 가지고 있다는 것을 강조하고 있다.

인간이 하나님에게 가까이 가려고 할 때는 물질적인 수단이 아니다. 정신적인 방법이 아니고서는 안된다는 것을 가르치고 있다. 사람들은 이렇게 높은 탑을 만들고 있는 사이에 여러 가지 싸움을 했다. 하나님은 그 벌로써 사람들에게 각각 다른 언어를 사용하도록 한 것이다. 다음 세계에서도 재물이라는 것은 사람을 혼란스럽게 만들고 또 싸움의 씨가 된다는 것을 나타내고 있다고 하였다.

인간이 안정된 생활에 익숙해졌을 때 큰 힘을 발휘하여 하나의 큰 국가를 건설하고자 하는 야망이 생겼다. 야망이 없는 생은 진전이 없다. 그리하여 인간의 사고의 힘과 노동의 힘을 동원하여 그들의 이름을 내고 하나님보다 현명하다는 것을 뽐내기 위하여 바벨탑을 쌓아올렸다. 그러나 그것은 무너지고 폐허가 되었다. 왜냐하면 인간의 삶 속에 함께 하시는 하나님을 제외시키고 교만하게 했기 때문이다.

1. 바벨탑 건축의 유리점이 있었다.

우선 땅의 구음이 하나였다는 점이다. 온 땅은 시날땅만을 제한적으로 말하는 것이 아니라 지구 위에 사는 모든 인간들을 말하는 것이고, 구음은 "한 입술로 형성된 언어"로 그들의 발음이 한결같이 동일했다는 것이다. 세계 인류의 언어가 하나였다는 것과 인류가 한 조상에게서 비롯되었음을 알 수 있게 한다. 그런데 언어가 통일되었다는 것은 여러 가지의 힘을 하나의 목적에 집중시키기가 좋은 것이다. 천국에서는 언어가 같을 것이다.

"하늘에 닿게 하자"고 한 것을 보면 엄청나게 높이 쌓아올렸다는 것이다. 그렇게 하는 데는 위에 있는 사람과 밑에 있는 사람간에 말이 통하지 않고서는 할 수 없는 대역사인 것이다.

시날 평지를 만나 거기 거했다는 점이다. 노아의 후손들은 아라랏산 근처에 거주하였는데 바벨은 거기서 정확하게 남동쪽이나 기본 방향만을 나타내서 동방으로 옮겼다고 한 것 같다.

"옮기다가"라는 말은 유목민들이 거처를 옮길 때마다 장막의 말뚝을 뽑는 것처럼 "잡아 뽑다"라는 뜻이다. 그들이 옮기다가 시날평지를 만나 거기서 많은 이들이 옮기려 하지를 않았다. 시날평지는 두 강의 땅, 또는 나누인 사이를 의미한다. 넓게 펼쳐진 평지를 말하는 것이다. 장소가 상당히 넓고 시야와 전망이 좋았기 때문에 그들은 너도나도 여기에 모여들었던 모양이다. 여기서 그들은 미래를 소중히 여겨야 할 때에 현실적으로 유명해지고 싶은 유혹과 충동에 사로잡혔다.

서로 말하여 상의할 수 있었다는 점이다. "서로 말하되"는 "각자 그 이웃에게 얘기하다"인데 하나님을 의지하지 않고 도리어 하나님을 배척하며 자기들끼리의 뜻을 모아 일을 결정하되 반역하는 일을 결의했다. "자"라는 말을 공동번역에서는 "어서"라고 했는데 서로 격려하거나 무슨 일을 권면할 때 쓰는 허사로 준비하자, 시작하자는 뜻이다. 이렇게 서로 말했다는 것은 그들의 교만이다. 자기들을 과신하고 하나님은 관심에도 없는 인본주의의 "자"이다.

하나님을 반역하고 인본주의의 탑을 높이 쌓자고 마음이 서로 맞은 사람이 많아져서 그들은 얼마 동안 힘을 결집시켰다.

2. 바벨탑 건축의 재료가 있다.

벽돌을 만들어 견고히 굽는 인력이 있었다. "견고히 굽자"는 말은 "굽고 또 굽자"는 것이다. 햇볕으로 벽돌을 건조시키는 것이 일반적인 방법인데 불에다 굽자고 한 것을 보면 당시 그들의 문명이 상당한 단계에 있었음을 알 수 있다. 그들은 돌을 대신하여 벽돌을 만들고 진흙을 대신하여 역청으로 하는 일에 얼마나 많은 사람들의 노동력을 들였을까? 에집트에 있는 30여개의 피라밋 중에 한 개의 피라밋을 1톤의 큰 돌 이상-20톤까지 그만한 높이로 쌓아올리는 데는 하루에 노동자 10만명으로 30년 이상 걸렸다고 한다.

시날 평지에 쌓는 바벨탑은 어찌나 높은지 랍비들은 걸어올라갈 때 1년이 걸렸다고 했고, 성경의 표현으로는 "하늘에 닿게"라고 하였다. 학자들에 의하면 그 탑의 모양은 직사각형으로 된 바닥에 위로 올라가면서 점점 좁아졌다고 한다. 수많은 노동자의 땀과 피와 눈물이라는 재료로 건축된 것이 아닌가? 그러나 그것으로는 하늘에 오를 수 없다. 인간의 잘못된 이상과 창의력과 말할 수 없는 희생이 어우러져 만들어진 것이다.

돌대신 벽돌로 하였다. 시날, 즉 바벨론 지역에서 자연적인 돌들이 그렇게 많았을 리가 없다. 그들은 벽돌을 굽는 방법을 연구했다. 그것은 문명의 개가이며 발전이었다.

사실 돌보다는 불에 군 벽돌이 내화성이 강하다고 한다. 시날 평지에는 돌이 없고 돌대신 불에 구어서 벽돌을 만든 것은 목적달성을 위한 인간의 수단 방법도 보여주는 것이다.

  "벽돌을 만들어"라는 것은 벽돌을 만드는 흙이 희다는 것이고, "견고히 굽고"는 불로 굽는 것으로 벽돌이 돌보다 불에 잘 견디기 때문이라고 믿은 것으로 이것은 죄악이다. 왜냐하면 세상이 두 번째 멸망당하는 것은 물이 아니라 불이라는 견해를 반영하기 때문이다.

  여기 돌은 산돌되시고 교회의 머리되시며 신령한 생수를 주는 반석, 예수 그리스도를 모형하는 것이고, 벽돌은 인간의 고도의 기술과 수단방법을 믿는 불신앙을 의미하는 것이다.

  인간이 하늘 꼭대기 세계에 올라갈 수 있는 것은 야곱이 베개했던 돌 되신 예수 그리스도를 믿는 믿음으로 되는 것이다. 그런데 인간들은 그들의 수단과 방법, 공력과 노력 등으로 하늘에 오르려 하니 참으로 지독한 불신앙이다. 인간의 수고, 노력, 공력, 수단 방법으로 구원에 이를 수는 없다.

  진흙 대신 역청으로 하였다. 벽돌을 견고하게 접착시키기 위해서 그들은 진흙이나 회반죽대신 역청을 사용했다. 이 또한 건축자들의 기술 수준이 고도에 있었음을 알게 한다.

  역청은 "끓인다, 끓다"는 말에서 왔다. 사해부근이나 바벨론 부근의 지하 분수지에서 끓어오르는 아스팔로스를 말한다. 이것도 그들이 죄악의 재료로 하늘에 오르려 했다는 것이다. 왜냐하면 진흙은 어떤 인공이 가해지지 아니한 진리를 의미하고, 역청은 인위적인 수단의 비진리를 의미하는 것이기 때문이다.

  하나님이 높이 쌓으신 성은 청옥으로 기초를 쌓고 그 성의 성곽 기초석은 각색 보석으로 하셨다(계 21:19, 사 54:11-12). 그러나 시날 평지의 인본주의자들은 하나님이 만드신 자연 흙 그대로의 진리위에 탑을 쌓은 것이 아니고 비진리의 인간의 수단, 인간의 기술, 인간의 노력에 의하여 만들어진 재료를 가지고 탑을 쌓았다. 그러므로 그들은 하나님의 심판을 받았다.

3. 바벨탑 건축의 목적이 있다.

대꼭대기를 하늘에 닿게 하려는 것이다. "성"은 도시이며 "대"는 담인데 가인이 처음으로 성을 쌓아서 하나님의 백성들의 장막에 비하여 거창하게 보이려 했다. 그런 도시에 탑을 높이 쌓아 올리되 하늘 꼭대기까지 닿게 하려 했다. 그들은 대제국을 만들고 보호의 울타리를 치고 그것을 기념하기 위하여 탑을 쌓아 올린 것이다.

그들이 쌓는 "대"가 하늘에 닿게 하자는 것은 하늘에 보좌를 펴시고 인류를 내려다 보시며 섭리하시는 하나님께 도전하는 반역이요 높이 계신 하나님께 모독하는 것일뿐 아니라 교만이었다.

마귀는 "내가 하늘에 올라 하나님의 뭇별 위에 나의 보좌를 높이리라… 가장 높은 구름에 올라 지극히 높으신 자와 비기리라(사 14:13-14)" 하였으니 그들은 마귀의 앞잡이 역사를 한 것이다. 그들은 인간인데 자신들의 위치도 망각한 채 구원의 문을 통해서가 아닌 다른 인간의 방법으로 하늘에 올라가려 했다.

하나님은 "네가 하늘에까지 높아지겠느냐 음부에까지 낮아지리라"(마 11:23) 하셨고 "그러나 이제 내가 음부, 곧 구덩이의 밑에 빠치우리로다"(사 14:15)라고 말씀하셨다. 인간의 반역, 인간의 교만, 인간의 수단, 그 어떤 것에도 하나님은 용납하시지 않으신다.

우리 이름을 유명하게 하려는 것이다. "우리 이름을 내고"는 "우리 스스로를 위하여 이름을 새기고"이다. 곧 바벨탑을 건축한 목적이 자기들의 이름을 세계 만방에 높이 알리려는 것이다. 이것은 무신론 사상이요, 인본주의요, 허망한 인간의 명예욕인 것이다. 인간은 자기 이름을 위하여 일하며 사는 것이 아니다. 하나님의 거룩하신 이름을 높이기 위해서 사는 것이다.

그런데 시날 평지의 사람들은 자기들의 이름을 유명하게 하기 위해서 탑을 쌓았다(삼하 8:13, 사 63:12, 14, 렘 32:20, 단 9:15). 그들은 벽돌에다가 자기들의 이름을 새겨서 쌓았을 것이다. 필로(philo)의 말대로 "각자가 벽돌을 쌓기 전에 그곳에 자기 이름을 기록"했으나 하나님께서는 죄악으로 이루어진 명성을 흙 속에 파묻어 버리셨다.

지금까지도 우리는 바벨탑 건축자들의 이름이라는 것은 흔적도 볼 수가 없는 것이다.

그들은 후대에 이름을 남기고 싶은 명예욕과 교만과 야심과 우둔의 유적이라도 남기고 싶어서 엄청나게 어리석은 희생을 치렀다. 그러나 그들의 이름은 어디에도 찾아볼 수 없다. 하지만 자기들의 이름을 드러냄없이 하나님을 바라보면서 장막 속에서 살았던 성도들은 성경 속에 길이 남아 그 이름이 빛나고 있다.

온 지면에 흩어짐을 면하려는 것이다. 이것은 하나님의 말씀을 거역하는 죄악이다. 왜냐하면 하나님은 "땅에 충만하여 흩어져 살라"고 하셨기 때문이다. 하나님은 아담에게 "땅에 충만하라" 하셨고(창 1:28), 홍수심판 후에도 노아에게 "생육하고 번성하여 땅에 충만하라"(창 9:1)고 축복하셨다. 그러므로 그들은 세계로 퍼져서 생육 번성하는 것이 하나님의 명을 순종하는 것이다. 그런데 그들은 가인의 후손들이 가인이 받은 땅에서 방황하는 저주를 인간적인 수단으로 극복해 보려 했으니 하나님의 말씀을 정면으로 거역한 죄악이 아닐 수 없다.

또한 이것은 하나님의 약속의 말씀을 불신하는 죄악이다. 하나님은 무지개 언약을 세우시고 다시는 홍수로 심판하지 않겠다고 약속하셨으나, 그들은 하늘에까지 닿도록 대를 쌓아올려 홍수가 범람할지라도 거기에서 안전하게 피하리라고 믿었던 것이다.

홍수가 내리면 그들은 사방으로 흩어질 것이라고 생각한 것이다. 그것은 그들이 하나님의 언약의 말씀을 믿지 않은 것이다. 이것은 하나님과 경쟁하고자 하는 죄악이다. 하나님이 홍수로 심판한다 해도 그들은 탑의 대 위에 올라가 흩어지지 않을 것이라고 생각하고 단일 제국으로 뭉친 것이다.

하나님이 이기나 우리가 이기나 보라는 것이다. 참으로 인간의 교만과 어리석음은 하나님과 경쟁할 수 있다고 하는 데까지 이르렀음을 볼 수 있다.

4. 바벨탑 건축의 심판이 있다.

여호와께서 강림하셨다. 하나님께서는 "토단을 쌓고… 번제와 화목제를 드리며 하나님의 이름을 기념하게 하는 곳에서 네게 강림하여 복을 주리라…"(출 20:24)고 하셨다. 하나님의 성도들은 바벨탑같은 탑이 아니고 "토단을 쌓고 돌단을 쌓고 제물을 드리며 여호와의 이름을 기념하므로" 하나님이 그곳에 강림하여 복을 주셨다. 그러나 이제 바벨탑을 쌓는 그곳에도 하나님은 강림하셨으니 그것은 그들이 자기들의 이름을 기념하고 하나님의 보좌에 비기리라고 교만했기 때문에 복이 아니고 벌을 가지고 강림하신 것이다(출 19:20, 민 12:5).

이것을 유대 랍비는 "하나님이 자비의 보좌에서 심판의 보좌로 내려 오셨다"라고 하였다. 여호와께서는 "인생들의 쌓는 성과 대를 보시려고" 강림하신 것이다. 하나님은 심판하시기 전에 먼저 알아보셨다. 하나님은 영이시다. 가보시고 나서야 아는 것처럼 아시는 하나님이 아니시다. 어디서든지 완전하게 아신다.

그리고 높이 계신 지존 막대하신 하나님께서 낮게 세상에 내려오셨다. 하나님은 낮고 천한 곳에서 아담의 자손이라는 불순종의 자식들의 하찮은 일까지 보시려고 스스로를 낮추신 것이다.

이 무리들 중에는 "경건한 에벨과 그 자손은 찾을 수 없었다"고 한다. 이것은 인생(아담)들이 탑을 쌓았기 때문에 의인들은 죄인과 함께하지 않음에서 알 수 있는 것이다(시 1:1).

여호와께서 결심을 하셨다. 6절의 말씀은 하나님이 그들을 심판하시겠다는 결심을 나타낸다. "여호와께서 가라사대"는 혼자 속으로 하나님의 결심이 서 있음을 의미한다(창 6:7). 그들을 "무리"라고 한 것은 "같이 동여매… 같이 흐른다"는 뜻으로 동질성이 강조되는 단체, 동일한 목적 아래 힘을 규합하는 집단을 의미한다. 그것은 그들의 노력이 통일되어 있음을 말하는 것이다.

그리고 "한 족속이요 언어도 하나"라는 사실은 그들의 범죄가 가능한 힘이 되게 했다.

하나님이 한 족속, 한 언어를 주심은 서로 협력하여 한 마음으로 하나님의 뜻을 이루게 하려 하신 것인데 그들은 그것을 악용했다.

그들의 불순한 생각과 동맹과 역사가 절정에 달하여 돌이킬 수 없는 지경에 이르렀다. 하나님은 오랫동안 기다리셨던 것이다. 회개할 여지를 그들에게 주셨지만 더 이상 기다릴 수 없는 최악의 상황까지가 있었기 때문에 심판을 결심하시게 되었다.

여호와께서 언어를 혼잡케 하셨다. "자 우리가 내려가서"는 한 분 단일한 신성가운데 동일한 삼위신으로 존재하시는 하나님을 의미하고 "자"는 그들이 4절에서 "자…"라고 한 말에 대조되는 것이다. 삼위 하나님이 내려오셔서 "언어를 혼잡케 하여…"라고 하니 삼위 하나님은 서로 "자"하시며 교제하시고 동일한 목적을 가지시고 세상에 내려오셨다.

인간은 높은 곳에 이르려고 탑을 올렸으나 하나님은 내려오셔야 그 탑을 보실 수 있었으므로 하늘에 이르는 인간의 어떠한 수단과 노력도 허사라는 것을 알 수 있다.

내려오셔서 하나님은 그들을 벌하시는 대신에 언어를 혼잡하게 하셨다. 뒤섞었다는 뜻이다. 큰 역사를 진행시킬 수 있었던 것은 그들의 언어가 하나여서 의논할 수 있었기 때문이다.

그러므로 이 세상에 1천 6백 종류의 방언이 있다는 것은 하나님의 형벌의 유산인 것이다. 언어가 시대와 장소에 따라 변화하는 문화유산이지만 그것은 죄의 소산인 것이다. 오순절에 한 가지 방언으로 여러 나라 사람들이 같이 들을 수 있었던 것은 천국에서의 같은 한 가지 언어로 말하는 시대가 도래할 것을 보이며 동시에 오순절의 방언은 그리스도 안에 성도를 하나로 모으는 귀한 은사였다.

그들이 서로 말을 알아들을 수 없게 되자 그들이 성쌓기를 중단하게 되고 온 지면으로 흩어져 갔다. 흩어지기 싫어서 탑을 쌓았던 그들이 결국 흩어졌으니 무서운 심판이었으며 언어소통이 가능했던 그들에게 혼잡케 된 것은 치명적인 형벌이다.

그러나 예수께서 한데 모으시는 최후의 날에는 다같이 모이게 될 것이다(마 25:31-32).

이 부분을 마치면서 우리는 언어 혼란이라는 형벌이 하나님의 징계요 심판이지만 그 속에 하나님이 인간을 사랑하시는 배려를 볼 수 있다. 그것은 그들의 죄를 미연에 방지시켜서 영원한 형벌에 들어가지 않게 하시려는 것이고 땅에 생육 번성 충만하라는 약속의 말씀대로 그들이 세계에 흩어져서 충만해질 것이다. 그들의 흩어짐은 결국 축복이 되었다. 그러므로 여러 가지 시험을 만날 때는 온전히 기쁘게 여길 것이다.

셈부터 아브람까지

(창 11:10-32)

성경의 역사는 하나의 분명한 목적을 가지고 있다. 그 분명한 목적은 여인의 후손의 출현과 그의 건설할 하나님 나라이다. 하나님은 바벨탑 사건이 있은 후에 곧 이어서 셈에서부터 아브람까지의 족보를 기록하셨다. 그러므로 우리는 어리둥절하고 바벨탑 사건과는 전혀 관계가 없는 것 같은 족보가 왜 나타나는가 의아해 할 수 있다. 그러나 이것은 위의 사건과 아주 관계가 깊은 기사이다.

왜냐하면 이제부터 셈이라는 여호와의 종교 장막에서부터 믿음의 조상 아브람의 기사를 등장시킴으로써 그를 중심으로 하여 이루어질 인류 구속의 미래를 제시하기 때문이다.

함 계통의 니므롯이 대표적인 인물이 되어 시날평지에 바벨탑을 쌓아 하나님께 도전하고 무신론 인본주의의 도성에서 수많은 사람을 사냥해다가 노예로 부려먹다가 망하여 흩어지고 말았다는 기사에 이어지는 기사는 믿음으로 건축물을 모르고 장막을 옮기며 살아갈 셈계통의 의인들, 아브람 등에 대한 이야기이다.

하나님의 보좌가 있는 하늘에 오르는 길은 함의 후손들이 세운 바벨탑의 대가 아니고, 셈 계통의 후손 예수 그리스도에 의해서만 되어진다는 구속의 밝은 진리를 여기서 조명하는 것이다.

하나님은 아담의 가정에서 셋이라는 아들을 선택·구별하셨고, 멸망의 홍수를 몰고 온 세계 사람들 중에서 의인 노아를 통해서 구원사를 이루셨고, 하나님께 반역하는 함이나 이방인의 세계로 하나님에게서 멀리 떨어져 간 야벳이 아닌 셈을 선택하여 바벨탑의 박해 중에도 장막에 거하며 믿음으로 살게 하시고, 그의 후손 아브람을 부르시고 믿음의 조상을 삼으사 마침내는 예수 그리스도의 구원세계를 맞게 된다.

마태는 "아브라함과 다윗의 자손 예수 그리스도의 세계"(마 1:1)라고 첫절에 소개하고 있다. 그러므로 여기 셈에서 아브람까지의 족보는 예수 그리스도의 세계를 조명해주는 아름다운 구속사라 할 것이다.

1. 셈부터 아브람까지의 족보이다.

택한 자손의 족보이다. 하나님께서는 인류를 죄에서 구원하시기 위해서 셈의 자손을 선택하셨다. 아브라함은 셈의 후손으로 10대손인데 그 아브라함 가계에서 메시야가 탄생하셨다(마 1:1). 이 족보는 끝없이 허탄한 것이 아니며 귀중한 구원의 족보인 것이다. 아브라함은 그리스도에게까지 이르게 되며 신약에서의 그리스도의 족보는 아브라함으로부터 헤아리게 된다(마 1:1-18). 따라서 창세기 5장의 족보와 11장에 나오는 족보, 그리고 마태복음 1장의 족보를 한데 묶어 놓으면 완전한 예수 그리스도의 족보를 얻을 수 있다. 이렇게 멀리까지 이어지는 족보에서 우리는 그리스도는 아브라함의 자손이요 여인의 후손이며 사람으로 탄생하셨음을 알 수 있다.

간단하게 기록한 족보이다. 여기에 나오는 사람들은 그들의 이름과 산 나이외에는 아무것도 기록되어 있지가 않다. 그들의 사생활이나 사회생활이나 가정생활, 직업, 종적 등에 대한 기록이 없는 것이다. 우리는 우리시대의 일에 관심을 기울이고 이후에 하나님께서 우리의 생애에 대한 기록을 어찌하시든지 미래의 문제는 하나님께 맡기며 지나간 시대에 대해서는 아는 바가 적다는 것을 알게 된다. 다만 하나님께서만이 지나간 것을 다시 찾으신다(전 3:15).

그들은 많은 자녀들을 낳았지만 그 출생된 자녀들의 이름을 모두 다 기록하지 않았다. 이름없는 사람들이 이 세상에 왔다가 갔으니 그 수는 얼마일까? 그리고 이름도 없이 세상에 살다가 갔는데 어디서 무엇을 하며 살았을까?

아무튼 이세상에는 우리가 모르는 이들이 무수히 왔다가 간다. 그것이 인간 역사이다. 그러나 예수께서 말씀하신 대로 "너희 이름이 하늘에 기록된 것으로 기뻐하라"(눅 10:17-20)고 말하고 싶다.

이 세상에 와서 어디서 살았고 무엇을 했는가보다 우리의 이름이 바벨탑의 벽돌에가 아니고 하늘나라 생명책에 기록된 것으로 기뻐할 것이다.

수명이 감소된 족보이다. 5장에서는 "…낳고…죽었더라"고 하고 마태복음 1장의 족보는 "낳았다"는 말씀뿐이었는데 여기서 또한 "조상의 대수와 자녀를 낳았다"는 말씀이 있을 뿐이다. 그러니까 "자녀를 낳았다"는 사실을 강조하고 죽음에 대해서는 말하지 않는 것이다. 그것은 죽은 나이가 몇살인가가 중요한 것이 아니고 누가 누굴 낳고… 그래서 아브람이 낳게 되고… 거기서 메시야 여인의 후손이 낳게된 족보의 연대를 밝히려 한 것이다.

여기에 보면 바벨탑 심판 이후 족속들이 흩어지는 때부터 사람들의 수명은 현저하게 줄어들고 있음을 알 수 있다. 셈이 600세, 에벨이 464세, 벨렉은 239세, 그리고 그 다음의 세 사람은 삼백 세도 미치지 못하였으며 그 이후 데라를 제외하고는 이백 세를 살지 못했다(시 90:9-10).

사람이 이땅에 많이 번성해지면서 인간의 수명이 짧아졌다. 자연적인 쇠퇴보다는 심리적 원인이 있는 것일까? 세월이 그만큼 험악해짐에 따라 사람의 수명은 단명해졌다(창 47:9),

또한편 홍수로 말미암아 기후가 변동되었기 때문이요 족속들이 다 흩어져 살게된 때문이기도 하겠으나 그것보다는 죄악 때문일 것이다 (창 10:25, 11:18, 잠 17:22).

여기 히브리인이라는 명칭이 붙게 된 것은 에벨로부터 비롯되었는데 에벨의 뜻이 "나뉨, 분리, 구별"이다. 에벨이 죄악 세상에서 구별되어 의로운 신앙생활을 함으로 인하여 가장 장수한 것이라고 생각된다.

잠언에 "여호와를 경외하면 장수하느니라"(잠 10:27), "내 아들아 내 말을 받으라 그리하면 네 생명의 해가 길리라"(잠 4:10), "나 지혜로 말미암아 네 날이 많아질 것이요 네 생명의 해가 더하리라"(잠 9:11), "백발은 영화의 면류관이라 의로운 길에서 얻으리라"(잠 16:31)", "겸손과 여호와를 경외함의 보응은 생명이니라"(잠 22:4), "탐욕을 미워하는 자는 장수하느니라"(잠 28:16)라고 하셨다. 에벨이 장수한 것은 그의 의로운 신앙에 대한 하나님의 보답이었다.

2. 셈부터 10대에 이르는 족보이다.

먼저 셈-아르박삿-셀라-에벨을 낳았다. 셈이 아르박삿을 낳고, 아르박삿이 셀라를 낳고, 셀라가 에벨을 낳았다고 하였다. 홍수 후 이년에라고 홍수를 언급한 것은 생명의 단축을 가져오게 된 영향이 홍수와 인류의 분산 때문이라는 것을 암시하는 것 같다.

생명의 수한은 감소되었으나 자녀는 일찍 낳았으니 셈은 100세에, 아르박삿은 35세에, 셀라는 30세에, 70세까지 아이를 낳지 못한 데라까지 계속된다.

셈은 아르박삿을 낳았는데 그 뜻은 "풀어준 자"이다. 아르박삿은 홍수후 이 년에 났고 35세에 셀라를 낳았다. 그 뜻은 "불확실한 의미, 형편에 따라서는 안정된"이라는 것이고 "출발, 보낸다"는 뜻도 있다. 홍수를 회상하거나 활이나 단창을 던지는 것을 회상하는 말인 것 같다(창 10:24).

홍수후 인간 생명에 첫 번째 변화가 나타난 것이다. 홍수 이전의 평균 자녀 출생 연령은 117세이고 최초 65세, 가장 늦은 것이 187세였다. 셀라는 에벨을 낳았으니 그 뜻은 "사격, 다른 쪽에 있는 지역, 건너간다"는 뜻이다. 히브리인의 조상이 유브라데강을 건너와서 남쪽으로 이주했거나 그의 후손 중 다른 사람이 거주했는지 알 수 없으나 아무튼 이민자이다. 세상을 떠나 하나님께로의 이민자이다.

에벨-벨렉-르우-스룩을 낳았다. 에벨은 벨렉을 낳았으니 "나눈다. 분리"라는 뜻이다(10:25). 벨렉 당시에 세상이 나뉘었다고 생각된다.

세상에서 떠나 하나님께로 이주해온 에벨이 "분리"의 뜻을 가진 아들을 낳았으니 영적 이민자의 분리된 성스러운 생활을 연상할 수 있게 한다.

벨렉은 르우를 낳았는데 "친구, 우정"이라는 뜻이다. 이 말은 "방목한다, 친절하게 한다, 보살핀다"는 뜻에서 온 말이며, 그의 인격이 친절한 친구같이 하나님과 벗한 것 같다.

르우는 스룩을 낳았으니 그 뜻은 "포도나무, 감는다"에서 온 말로 "힘과 단단함"을 나타내는 것으로 보는 이들도 있다. 르우나 스룩은 말메니아와 메데에서 살았다. 스룩은 30세에 나홀을 낳았고 이백년을 살면서 자녀를 낳았다.

나홀-데라-아브람을 낳았다. 나홀은 스룩의 아들이다. 나홀이라는 이름은 "헐떡거림, 숨이 차다, 씩씩거린다"는 뜻인데 이것은 "꿰뚫는 사람, 살인자, 철저하게 구멍을 판다"는 어근에서 온 것이다. 데라는 "전환, 지체, 지체한다"는 뜻으로 그의 인격을 말해준다. 생활에 적당한 말이 아닌가 생각한다. 데라는 70세에 아브람과 나홀과 하란을 낳았다.

창세기 12:4와 11:29을 보아 데라의 맏아들은 하란인 듯 한데 아브람을 먼저 기록하는 것은 그의 영적 장자권을 강조하는 것 같다. 여기서 은혜의 서정을 볼 수 있다. 구원의 은혜는 인간에 의해서가 아니라 하나님에 의해서이며 육에 따라 되는 것이 아니고 영에 따라서이다. 구원의 선택권은 하나님에게 있고 인간에게 있는 것이 아니다. 아브람은 "고귀한 아버지"라는 뜻으로 하나님의 부르심을 받고 구원사의 조상으로 하나님의 말씀을 좇아 살게 된다.

3. 데라의 후손과 이주가 있다.

데라의 후손들이다. 데라는 아브람과 나홀과 하란을 낳았다고 하였다. 성경에는 데라의 아들들중에 아브람은 말째 같은데(행 7:4, 창 11:32, 12:4) 첫째로 기록한 것은 구속사의 신정 가계가 아브람으로부터 시작되겠기 때문이다. 나중된 자가 먼저 되는 경우는 많다(마 19:

30, 20:16). 에서와 야곱이 그랬다. 여기서 믿음의 원조로 선택하신 것은 하나님의 권한이라는 것이고 구원의 족보에 참예할 수 있음은 오로지 하나님의 선택에 있다는 것을 알 수 있다.

다음에는 나홀인데 같은 이름을 가진 그의 조부(11:25)와 혼동하지 말아야 한다. 그 다음에는 하란으로 "지체"라는 뜻이다. 롯과 밀가와 하란과의 관계를 설명하기 위하여 아브람과 나홀에 이어서 다시 소개되었다.

하란은 롯을 낳았다고 하니 아브람의 조카가 된다. 롯이라는 이름은 "숨겨진, 애매한 자, 짙은 색을 가진 자"라는 말에서 온 것이라고 생각한다. 하란은 데라보다 먼저 죽었다. 아버지보다 자식이 자연사로 먼저 죽는 첫 번째 사람이 되었다. 하란은 부모에게 불효한 것이고 데라는 큰 비극이 아닐 수 없었다. 그러나 죽음이란 나이 순서대로 오는 것이 아니니 어찌할 수 없는 것이다(욥 10:22).

하란은 본토 갈대아 우르에서 죽었다고 하였다. 갈대아 우르는 용광로와 관계를 가진 불을 의미하는데 태양신을 섬기는 우상 지역이었음을 짐작케 한다. "우르"은 해가 떠오르는 땅, 빛의 나라, 불을 의미하기 때문이다.

"하란에서 죽었더라"고 한 것은 자신의 생애를 우상숭배와 무지 속에서 헛되이 살다가 늦게 약속의 땅으로 가려는 때에 죽었다는 것이다. 약속의 땅에 미처 도달하지 못하고 있는 인생이 얼마나 많은가? 그러므로 인간은 죽음이 불시에 찾아오기 전에 지체없이 세상을 떠나 천성으로 가지 않으면 안된다.

데라 후손들의 결혼이다. 아브람은 사래와 나홀이 밀가와 결혼하였다. 사래는 "나의 공주"로 다스린다는 말에서 왔는데 그녀는 아름다웠다. 그들 사이는 남매였으나(창 12:11, 13, 14) 부부가 되었다. 모세의 율법이 주어질 때에는 사촌이나 질녀와의 혼인은 금지되었다(레 18:9, 14). 아브람과 사래는 열 살 차이였고 무자하여 악인이 번성하는 시대에 의인으로서 더욱 부끄럽고 괴로움을 겪었다.

밀가는 "여왕, 고운"이라는 뜻으로 하란의 딸이다. 하란은 밀가와 이스가의 아버지였다. 이스가는 "선견자"라는 뜻으로(4:22) 가족에서 유명했던 것 같다. 나홀은 "호흡이 곤란한 살인자"라는 뜻이다.

여기서 우리는 두 가지의 결혼을 보게 된다. 두 사람의 신랑과 신부를 볼 때 신랑들은 갈대아 우르에서 소문난 청년들이고 데라 가정의 아들들이며 하나님 교회에서도 알려졌다. 사라와 밀가는 남편이 근친간이고 예뻤으며 거룩한 계통의 후손이었다.

그런데 한 가정은 아이를 생산못했고 하나는 출산을 했다. 나홀과 밀가 부부는 하란으로 이주했고, 아브람과 사래 부부는 가나안에서 장막을 치고 가정을 이루었다.

데라의 가족이 이주하였다. 데라는 "…데리고 갈대아 우르에서 떠나 가나안 땅으로 가고자 하더니…"라고 하였다. 여기서 우리는 이민 정신을 본다. 하란에서 그가 떠난 것은 분산된 이후 세계적 분산에 관계된 것이라고 생각된다. 그리고 함족의 압제를 짐작할 수 있을 것이다. 니므롯을 중심한 우상 숭배자들에게 우상 숭배의 강요를 받거나 협박도 있었을 것이다.

그가 갈대아 우르를 떠났다는 것은 신앙의 결단과 모험이 아닐 수 없다. 그들은 그땅에서 떠났다. 미지의 길을 떠난 것이다. 그 길에서 무슨 일을 만날지 모른다. 그러나 감동주시는 하나님의 보호가 있음을 믿고 떠났다. 그들은 가나안 땅으로 가고자 했다.

그것은 하나님을 섬길 수 있고 셈의 후손들이 그곳에 가서 살았기 때문에 더 좋은 곳으로 믿고 간 것이다. 그들은 가나안까지 가지 못하고 하란에다 거처를 정했다. 왜 그랬을까? 세 가지로 추측할 수 있을 것이다.

우선, 우유 부단함때문일 것이다. 데라는 지치고 위험스럽고 자신과 가축이 정착하기에 적당한 곳을 찾다가 여기에 머물렀을 것이다. 좋은 일도 도중에 작은 난제를 못이겨 포기하는 수가 있고 결심이 약해서 신앙노정에서 포기하는 성도가 있다. 확신이 없는 인간은 중도에 하차하기를 잘한다.

그리고 그의 불신앙 때문에 여기 머문 것이라고 본다. 데라는 아들 아브람의 소명에 감동되어 길을 떠났으나 믿음이 식어지자 여기에 짐을 풀고 말았다. 천국으로 향하여 가는 노정에 걷는 성도들에게 큰 교훈이 된다.

끝으로 생각할 수 있는 이유는 아마 그가 노쇠한 때문일 것이다. 지금도 가나안 천국으로 향하는 나그네 인생의 진로에는 방해받는 것들이 많이 있다. 뒤엣 것을 사랑하는 것, 현실의 어려움을 못견디는 것, 미래의 것에 불확실한 것 등이 그것이다.

여기서 우리에게 주는 교훈은 크다고 할 수 있다. 천국을 바라보고 길을 떠난 자는 인내가 아직 세상에 앉아 있는 이들에게 "떠나라"고, 지치고 쓰러지려는 때에 있는 이에게 "하나님의 말씀을 순종"하라는 것이다.

아브람은 아버지를 그곳에 장사하고 뒤돌아 보지 않고 하나님의 말씀을 좇아 갔다(창 12:4). 그것이 그의 위대한 믿음인 것이다.

부르심을 받은 아브람

(창 12:1-3)

아브람은 갈대아 우르에서 나서 거기서 자랐다. 갈대아 우르는 유브라데스강을 넘어서 팔레스타인의 북동쪽에 자리잡고 있는데 당시에는 니므롯의 영향을 직간접으로 받고 태양신을 섬기는 우상지역이었다.

여호수아는 "이스라엘 하나님 여호와의 말씀에 옛적에 너희 조상들 곧 아브라함의 아비, 나홀의 아비 데라가 강 저편에 거하여 다른 신들을 섬겼으나…"(수 24:2)라고 하였으니 아브람의 가족들도 우상숭배에 젖어 있었음이 분명하다.

그런데 하나님께서는 데라의 아들 아브람을 부르셨다. 아브람과 그의 후손을 성별하여 장차 이스라엘이라는 신정국가를 세우고 원대한 구원설계를 따라 신앙의 조상을 삼으려 하시는 것이었다.

여기 "여호와께서 아브람에게 이르시되"라고 하신 말씀을 보면 그 방식이 어떤 것인지는 알 수 없으나 분명한 것은 말씀으로 하셨다는 것이다. 꿈에 되어지거나 어떤 형상으로 되어진 것이 아니라 여호와의 말씀으로 이르신 것이다.

여호와는 선택된 후손에게 특별한 관심을 가지시고 속죄의 하나님으로서 자신을 나타내시는 하나님이시다.

스데반은 여호와께서 아브람에게 "영광의 하나님이 그에게 보여"(행 7:2)라고 하여 하나님의 권위를 나타냈다. 그러므로 아브람은 하나님의 영광과 주시는 말씀을 보고들었다. 그러면 여호와께서 아브람을 부르신 시기는 언제인가?

어떤 이들은 하란에 있을 때라고 하기도 하는데 스데반은 "우리 조상 아브라함이 하란에 있기전 메소보다미아에 있을 때…"(행 7:2)라고 하였다. 아브람이 갈대아 우르에서 우상숭배하는 중에 있을 때에 하나님이 부르신 것이다.

"여호와께서 사람의 걸음을 정하신다"(시 37:23)고 하였다. 데라는 아브람과 함께 우상의 고향을 떠나 약속의 땅으로 향하여 가다가 하란에서 그만 지체하고 자리잡고 살려고 했으나 거기서 죽고 말았다.

아브람은 하란에서 아버지를 장사지내고 지체없이 하나님의 영광의 소명을 받들어 길을 떠났다. 이제 믿음의 조상의 행보는 하나님의 말씀 따라 옮겨졌으니 구원의 서정은 인간의 어떤 수단이나 노력에 있는 것이 아니고 온전히 하나님의 예정과 선택에 있다는 것을 알 수 있다.

1. 너의 본토, 친척, 아비집을 떠나라고 하셨다.

본토는 물질주의를 의미하는 것이다. 떠나라는 말씀은 "너를 위하여 떠나"라는 표현으로 "너는 네 뒤에 누가 남든지 상관말고 가라"는 뜻이 있다.

하나님께서 아브람에게 세 가지를 떠나라고 명령하셨다. 그것은 아브람의 굳은 결심을 요하는 것이었다. 신앙은 떠나는 모험, 결단, 용기라고 할 수 있다.

"본토를 떠나라" 하신 것은 물질주의를 버리라는 것이다.

사람이 평생 잊지 못하는 곳이 있다면 그것은 자기의 고향이고, 포기하기 어려운 것이 있다면 그것은 물질에 대한 애착이다.

하나님은 아브람에게 맨처음으로 떠나야 될 것을 본토라고 명령하셨던 것이다. 고향과 물질, 그러나 아브람은 미련없이 뒤돌아 봄 없이 툭툭 자리를 털고 본토를 떠났다.

히브리서 저자는 "믿음으로 저가 외방에 있는 것같이 약속하신 땅에 우거하여… 장막에 거하였으니 이는 하나님의 경영하시고 지으실 터가 있는 성을 바랐음이니라"(히 11:9-10) 하였고, "저희가 나온 바

본향을 생각하였더면 돌아갈 기회가 있었으려니와 저희가 이제는 더나은 본향을 사모하니 곧 하늘에 있는 것이라… 하나님이 한 성을 예비하셨느니라"(히 11:16)고 하였다.

아브람이 본토를 떠남과 동시에 그의 모든 물질적인 소유를 포기했다. 그것은 영원한 보화가 하늘 나라에 있음을 발견했기 때문이다 (마 13:44).

부자 청년 관원은 영생의 주님 앞에까지 왔다가 "네 소유를 다 팔아 가난한 자들을 주고 나를 따르라"는 예수의 요청에 소유에 대한 애착 때문에 영생을 포기하고 물질을 선택하여 근심하여 갔다(마 19:21-22).

그러므로 예수께서는 "너희 중에 누구든지 자기의 모든 소유를 버리지 아니하면 능히 내 제자가 되지 못하리라"(눅 14:33)고 말씀하셨다. 그리고 예수께서는 "내 이름을 위하여 집이나 전토를 버린 자마다 여러 배를 받고 또 영생을 상속하리라"(마 19:29)고 약속하셨다.

친척은 인본주의를 의미하는 것이다. 떠난다는 것은 세상과 완전히 분리되어 멀어지는 것이다. 갈대아 우르에는 아브람의 친척들이 많이 있었다. 그들 역시 우상숭배에 빠져 세속적으로 살고 있었다. 믿음의 조상이 될 아브람은 마땅히 그러한 친척들에게서 구별되이 부르심을 받았기 때문에 떠나야 했다. 그것은 인간의 애정을 끊는 것으로 곧 인본주의를 버리는 것이다. 진정한 친척 부모 형제는 하나님의 뜻대로 하는 사람들이다. 세속에 빠져 있는 친척은 구별되고 분리된 신앙 생활을 하는 사람들에게는 오히려 장애가 되고 시험거리가 될 수 있다. 그러므로 성도는 신본주의로 살아야지, 인본주의로 살면 안된다.

예수께서 어부들에게 "나를 따라오너라"고 부르실 때에 그들은 "곧 그물을 버려두고 배와 부친을 버려두고 예수를 좇았다"(마 4:20-22)고 했다. 그물과 배는 재산 소유요, 부친은 인정, 애정이다.

예수께서 "너는 나를 따르라"고 말씀하셨다. 그 부름을 받은 사람은 "주여 나로 먼저 가서 내 부친을 장사하게 허락하옵소서"라고 대답했다.

그것은 영생의 주님을 따르기보다 육신의 부모를 먼저 생각한 인본주의이다. 예수는 "아비나 어미를 나보다 더 사랑하는 자는 내게 합당치 아니하고 아들이나 딸을 나보다 더 사랑하는 자도 내게 합당치 아니하다"(마 10:37) 하시고 "내 이름을 위하여 형제나 자매나 부모나 자식이나… 버린 자마다 여러 배를 받고 또 영생을 상속하리라"(마 19:29)고 약속하셨다. 예수의 제자는 "부모와 처자와 형제와 자매와 및 자기 목숨까지 미워하지 아니하면"(눅 14:26) 안되는 것이다.

아비집은 우상주의를 의미하는 것이다. 위에서 상고하였거니와 아브람의 아비집은 갈대아 우르에서 우상숭배를 하였었다. 그러므로 그곳을 "떠나야" 한다는 것이다.

바울은 "너희는 믿지 않는 자와 멍에를 같이 하지 말라 의와 불법이 어찌 함께 하며 빛과 어두움이 어찌 사귀며 그리스도와 벨리알이 어지 조화되며 믿는 자와 믿지 않는 자가 어찌 상관하며 하나님의 성전과 우상이 어찌 일치가 되리요 우리는 살아계신 하나님의 성전이라… 그러므로 주께서 말씀하시기를 저희 중에서 나와서 따로 있고 부정한 것을 만지지 말라"(고후 6:14-17)고 하였다.

본토, 친척, 아비집은 세상의 안전한 생활보장이지만 그것을 여호와께서는 떠나라고 명령하셨다. 아브람의 가정이 우상숭배로 변모해 있었고 그 친척과 아비가 끊임없이 우상숭배의 유혹의 대상이 되었기 때문에 우상주의를 버리고 그 우상숭배의 아비집에서 나오라는 것이다.

인도에는 힌두교의 잡신과 불교의 잡신이 있는데 힌두교 잡신의 수는 3만 3천만이나 되고, 일본의 잡신은 800만, 애굽의 잡신은 1200개의 잡된 것을 우상으로 섬기고, 바벨론에는 700개 등 참으로 세계는 우상으로 가득하다고 해도 과언은 아니다. 그러나 성경은 유일신론을 가르치고 있다(신 4:35, 왕상 8:60, 고전 8:6, 딤전 2:5 등). 우상숭배는 하나님께 큰 범죄행위가 되는 것이다.

2. 내가 네게 지시할 땅으로 가라고 하셨다.

내가 네게 지시할 땅으로 가라는 것이다. 이 말씀은 히브리서에 있는 "믿음으로 아브라함은 부르심을 받았을 때에 순종하여 장래 기업으로 받을 땅에 나갈쌔 갈 바를 알지 못하고 나갔으며"(히 11:8)라고 하였는데, 곧 아브라함은 하나님의 말씀에 귀를 기울여 그 말씀의 지시를 따랐다는 것이다. 하나님의 부름받은 백성들에게 있어서 가장 중요한 것은 하나님이 지시하시는 대로 순종하는 일이다. 그는 "갈 바를 알지 못하고 갔다"고 하였기에 더욱 하나님의 말씀에 귀를 기울이고 그 하나님의 음성에만 의지하여 갔던 것이다.

하나님은 우리 인생행로에서 쉼없이 말씀으로 지시하신다. 그러므로 하나님의 지시는 항해하는 배에게 있어서 나침반과 같은 것이다.

하나님의 지시하실 땅은 가나안이었다. 하나님께서는 아브람의 믿음을 시험하시고 겸손케 하시기 위해서 그가 가야할 목적지 땅을 일체 말씀하시지 않으셨다. 그가 가야할 땅이 어떤 땅인지, 어디에 있는 것인지, 그 주민들은 어떤 민족인지 하는 것에 대하여 말씀을 아니하셨다. 그것은 아브람의 신앙을 시험하는 것이었다.

그는 갈 바를 알지 못하니 하나님과 교제하면서 하나님의 지시하시는 방향을 알아야 했다. 하나님과 교제하는 자들은 항상 하나님과 동행해야 하고 신뢰를 가지고 행동하지 않으면 안된다.

보이지 않는 목적지를 위해서 보이는 현실의 것들을 포기해야 하고 현재의 고난은 무수하지만 장차 맞게 될 영광의 목적지에 대한 소망으로 인내하면서 가야 했다.

우리는 우리의 영원한 가나안 천국에 대해서 잘 알지 못한다. 그러나 오늘도 우리는 그 나라를 목적하고 소망 중에 걷는다. 이것은 우리의 믿음이 연단을 받아 참으로 거룩한 경지에 이르는 믿음으로 승화시켜 주는 것이다.

네게 지시할 땅으로 가라는 것이다. "가라"는 것은 계속되는 행보이고 뒤돌아보는 일이 없이 앞으로만 걸어가는 것이다. 히브리서 저자는 "뒤로 물러가면 내 마음이 저를 기뻐하지 아니하리라… 우리는 뒤로 물러가 침륜에 빠질 자가 아니요 오직 영혼을 구원함에 이르는 믿음을 가진 자라"(히 10:38-39) 하였다.

그는 계속하여 말하기를 "인내로써 우리 앞에 당한 경주를 경주하며 믿음의 주요 또 온전케 하시는 이인 예수를 바라보자"(히 12:1-2)고 하였다.

바울은 말하기를 "뒤에 있는 것은 잊어버리고 앞에 있는 것을 잡으려고 푯대를 향하여 그리스도 예수 안에서 하나님이 위에서 부르신 부름의 상을 위하여 좇아가노라… 우리가 어디까지 이르렀든지 그대로 행할 것이라"(빌 3:13-14, 16) 하였다.

누가는 "롯의 아내를 생각하라"(눅 17:32)고 하였는데 바로 앞절에 "이와 같이 뒤로 돌이키지 말 것이니라"고 했다. 곧 롯의 아내가 되돌아보다가 소금기둥이 된 것을 생각하라는 것이라고 볼 수 있다.

이제 부름받은 아브람은 "가라"는 말씀을 붙잡고 앞으로만 전진해야 했다. 이것이 믿음의 전진이기 때문이다. 믿음의 전진이 있을 때 목적지에 도착할 것이다.

3.. 너는 복의 근원이 될지라고 하셨다.

내가 너로 큰 민족을 이루게 하겠다고 하셨다. 아브람은 본토 친척 아비집을 떠날 때에 소수의 친척 몇 사람을 거느리고 떠났다. 그는 미지의 땅으로의 행로라는 것 자체가 생명을 건 모험이 아닐 수 없다.

하나님께서는 몇 사람밖에 안되는 친척과 함께 길을 떠날 때 큰 보상을 약속하셨다. 곧 "너로 큰 민족을 이루게 하시겠다"는 약속이다.

참으로 감격스러운 축복이 아닐 수 없다. 지금 아브람은 자신의 친자식 하나도 낳지 못하고 있었고 조카 롯을 양자 삼을까, 아니면 가장 신임할 종을 그리할까 하였다. 아내는 불임증으로 자식을 낳지 못하는데 "아브람으로 큰 민족을 이루게 한다"고 하시니 벅찬 은혜가 아닐 수 없었다.

"민족"은 "나의 민족"이라는 뜻으로 아브람의 후손이 하나님의 민족, 곧 하나님의 백성 성도라는 것이다.

하나님에 의하여 민족이 나고 민족이 건설되고 심어진다(렘 18:9). 그러므로 아브람의 민족이라는 그의 후손은 명예로운 민족인 것이다.

큰 민족이 되리라는 약속은 아브람에게는 시험이 되는 것이기도 했다. 지금 소생 하나도 낳지 못하는데… 그는 믿음으로 하나님의 말씀을 의지했다.

네게 복을 주리라고 하셨다. 본문에 "복"이라는 말씀이 다섯 번이나 기록되고 있다. 아브람에게 복이 넘침인데 여기의 복은 개인적인 복이다. 그에게 개인적인 복을 먼저 주심은 그가 낙심하지 않게 하심이며 고향과 친척을 포기함으로 인하여 잃은 상실에 대한 보상으로 이렇게 복을 쏟아부어 주신 것이다.

언제든지 성경은 하나님의 말씀에 순종하고 믿고 따르는 자에게는 축복을 받는다고 가르친다. 이 복은 후손과 관계된 복이다. 왜냐하면 큰 민족을 이루는 약속이 있기 때문이다.

하나님을 사랑하고 계명을 지키는 자는 천대까지 은혜를 받는다 (출 20:6). 이 복은 모든 종류의 복이요 믿음으로 의롭게 된 영적인 축복이며 진정으로의 안식을 얻는 복이다.

아브람은 고향의 좋은 집을 버렸고 그가 가진 집은 장막 뿐이요 자기의 땅이라고 이름붙일 땅은 한 평 없었으나 믿음의 복을 받아 하나님의 장막 안에서 평안과 안식을 얻었고 하나님의 임재 속에 살았다. 고향땅을 포기한 보상은 약속의 땅 젖과 꿀이 흐르는 가나안 복지였다.

네 이름을 창대케 하리라는 것이다. 아브람은 자기 고향과 본토를 떠났다. 그가 그곳을 떠남으로 이제 그는 그 땅에서는 그의 이름을 상실했다. 자식이 없었기 때문에 하나님께서 말씀하신 명예를 어떻게 얻을 수 있을까 염려하여 실망했을 것이다. 하나님은 본토, 친척, 아비집을 떠나 말씀을 따라 걷는 그에게 보상으로 이름을 창대케 하시겠다고 축복하셨다.

아브람의 이름이 창대케 되었으니 많은 무리의 아버지(창 17:5), 하나님의 벗(약 2:23, 대하 20:7, 사 41:8), 하나님의 종(시 105:6), 선민의 조상(롬 4:16-17)이 되었다. 메시야가 탄생하여(갈 3:16) 신약성경 첫 절에 "아브라함과 다윗의 자손 예수 그리스도의 세계"(마 1:1)라고 하였고, 동서로부터 많은 사람이 이르러(믿음의 사람) "아브라함과 함께 천국에 앉으며"(마 8:11), 거지 나사로는 "아브라함의 품에 들어갔으니"(눅 16:22) 진실로 하나님이 아브라함을 창대케 하신 증거라고 할 수 있다.

끝으로 "너는 복의 근원이 될찌라"고 하셨다. 하나님께서 "너는 복이 되라"고 명령하셨으니 그가 복의 근원이 되는 것이다. 복이 된다는 것은 아브람의 자손 중에 오실 메시야가 구원해주시는 구원의 복인데 그것이 만민에게 미친다. 아브람을 축복하는 자에게는 하나님이 축복하신다. 반면에 아브람을 저주하는 자에게는 저주하신다. 이것은 하나님께서 아브람과 함께 하시며 그를 직접 사용하시기 때문이라는 것이다.

땅의 모든 족속이 복을 얻을 것이므로 유대인만 아니고 유대인을 중심으로 하여 세계인류를 구원하시는 것이다. 하나님은 혈통따라 차별하지 않으신다. 그러나 유대인을 먼저 선택하신 것은 구원의 못자리를 만드시는 것이다.

아브람의 신앙생활

(창 12:4-9)

　　하나님은 우상숭배 속에 살던 아브람을 선택하사 구별하여 세우시면서 고향, 친척, 본토, 아비집을 떠나라고 명령하셨다. 떠나게 하심에 영육간의 축복을 약속하심으로 아브람을 감격하게 하셨다. 여기서부터 창세기 25:11까지 아주 길게 그의 생애를 기록하므로 구속사의 단면을 보이고 어떻게 구체적으로 성취되어 가는가를 보여주고 있다.

　　지금까지 의인 아벨, 셋, 에녹, 노아, 에벨 등의 사적에 대한 성경의 분량은 불과 몇 절, 아니면 한두 장에 불과한 것이었으나 아브람은 15장에 걸쳐 구속사의 그림자를 남기면서 기록된다. 이사야는 "너희 조상 아브라함과 너희를 생산한 사라를 생각하여 보라 아브라함이 혈혈단신으로 있을 때에 내가 부르고 그에게 복을 주어 창대케 하였느니라"(시 51:2)고 하였다.

　　하나님과의 신령한 교통은 영혼이 홀로 있을 때에 이루어진다. 하나님은 언제나 세속의 사람들과 얽혀 있는 사람은 만나시지 않으신다. 이제 아브람은 가라는 하나님이 말씀을 따라 갔다.

　　가나안에 도착할 때까지도 그곳이 가나안인지 몰랐다. 그만큼 아브람은 하나님의 음성에 귀를 기울이고 움직였던 것이다.

　　바울은 아브람의 신앙에 대하여 "그의 믿은바 하나님은 죽은 자를 살리시며 없는 것을 있는 것같이 부르시는 이시니라. 아브라함이 바랄 수 없는 중에 바라고 믿었으니 이는 네 후손이 이같으리라 하신 말씀대로 많은 민족의 조상이 되게 하려 하심을 인함이라… 사라의 태의 죽은 것 같음을 알고도 믿음이 약하여지지 아니하고 믿음이 없어 하나님의 약속을 의심치 않고 믿음에 견고하여져서 하나님께 영광을 돌리며 약속하신 것을 또한 능히 이루실 줄을 확신하였으니 이것을 저에게 의로 여기셨느니라"(롬 4:16-22)고 하였다. 신앙은 곧 생활이다. 왜냐하면 행함이 따르기 때문이다. 아브람은 어떻게 신앙생활을 했던가?

1. 여호와의 말씀을 좇아가는 신앙생활이다.

신속하게 순종했다는 것이다. "이에"는 "그리고"라는 말인데 아브람이 하나님의 부르심을 받을 때에 그 즉시로 그 말씀에 순종했다는 뜻이다. 하나님께 대하여 불만하거나 주저하는 시간을 갖지 않았다. 아무런 준비 기간도 없이 "가라"고 하시면 어떻게 하느냐 하는 식의 질문도 없었다. 목적지가 분명한 것도 아닌데 아브람은 하나님의 말씀이 있자마자 망설이지 않고 즉각 그 말씀을 따라서 좇아갔던 것이다.

예수께서 갈릴리 어부들을 제자로 부르신 때에 "저희가 곧 그물을 버려두고 예수를 좇으니라"(마 4:20)고 하였다. 마가복음에는 "곧"(막 1:18)이라는 말이 41회나 나오는데, "즉시, 바르게, 직접, 곧 바로 지체없이"라는 뜻이다. 즉 순종의 신속성이다.

아브람은 훗날에 독자 이삭을 모리아산에 바치라고 하시는 하나님의 말씀을 듣고 아침 일찍이 일어나서(창 22:1-) 실행에 옮겼다. 그는 하나님의 말씀에 대하여 언제나 즉각적으로 순종하는 신앙인이었다. 신앙은 순종이다. 그것은 복된 성도의 생활이다.

여호와의 걸음을 바로 따랐다는 것이다(욥 23:11). 여호와 하나님은 말씀이시다. 말씀이신 여호와께서 가시는 길을 아브람은 따라 갔다. 멀리서 따라간 것이 아니고 여호와의 걸음에 맞추어서 바로 바싹 따라갔다는 것이다. 욥이라는 동방의 의인도 바로 그런 사람이었다. 신앙이란 하나님의 걸음을 바싹 따르는 것이다.

아브람은 그의 길을 치우치지 않았고 하나님과 교제하면서 하나님과 함께 걸었다. 우리의 한걸음까지도 인도하시고 주장하시는 이는 하나님이시다. 그래서 우리가 하나님과 동행하기를 원하여 순종한다고 하면 하나님은 우리를 친구 삼으시고 하나님의 뜻을 말씀해 주신다.

아브람은 길고도 험악한 나그네의 길을 떠났다. 무수한 고난과 위험과 시련들이 도처에 도사리고 있었다. 언제 어디서 슬픔이나 사망을 맞게 될지 모르는 모험의 길이었다. 그러나 그는 하나님과 발걸음을 맞추어 동행했기 때문에 안전하고 행복한 노정이었다.

베드로는 "이를 위하여 너희가 부르심을 입었으니… 그리스도… 너희에게 본을 끼쳐 그 자취를 따라 오게 하려 하셨다"(벧전 2:21)고 하였다. 여호와의 말씀을 순종했다는 것이다. 여호와의 말씀은 귀로 들리고 눈에 보이지 않았다. 아브람은 보이지 않는 말씀을 보는 것같이 그 말씀을 순종하여 따랐다. 이사야는 "무릇 마음이 가난하고 심령에 통회하며 나의 말을 인하여 떠는 자 그 사람은 내가 권고하리라"(사 66:2)고 하였다.

가버나움의 백부장은 "…다만 말씀으로만 하옵소서 그러면 내 하인이 낫겠삽나이다"라고 하였다. 예수께서는 이스라엘에서 이만한 믿음을 만나보지 못하였노라. 칭찬하시면서 "많은 사람이 이르러 아브라함과 이삭과 야곱과 함께 천국에 앉으리라"(마 8:5-13)고 축복하셨다. 그러니까 백부장의 믿음은 아브라함의 믿음을 본받은 것이니 곧 "하나님의 말씀에 순종"하는 믿음이다. "말씀에 순종"하는 믿음은 천국에 올라가 앉는 영광을 얻게 되는 것이다. 마태는 "아브라함과 다윗의 자손 예수 그리스도의 세계"(마 1:1)라고 첫 글을 쓰고 있다.

예수는 영원 전부터 계신 말씀이시니 믿음의 근원이시다. 아브라함이 그 말씀을 순종해서 믿음을 입증했으며 다윗은 "옳소이다"하여 그 믿음을 인정했다.

신앙의 계열은 예수께서 근원이시고, 아브라함 계통의 신앙은 말씀을 순종하는 것이고, 다윗 계통의 신앙은 옳소이다 하는 것이다. 말씀에 의하여 순종하여 믿음의 진가를 나타난 사람들이 많고, 옳소이다 하여 하나님을 기쁘시게 한 사람들이 많다.

가나안 여자는 "다윗의 자손 예수여… 옳소이다…"(마 15:22-28)하여 축복을 받았다. 다윗이 7계를 범한 후 나단 선지의 책망을 받은 때에 "내가 여호와께 죄를 범하였노라"(삼하 12:13) 하였으니 그것은 "옳소이다"의 신앙이었다. 그러기에 가나안 여자는 "다윗의 자손 예수여…" 하고 부르짖었던 것이다.

아브라함의 믿음을 백부장이 이어나갔다고 하면 다윗의 믿음은 가나안 여자가 이은 것이라고 할 수 있을 것이다. 그런데 아브라함, 다윗, 예수 모두 다 택한 유대인이었으나 백부장과 가나안 여자는 모두 이방인이었다.

2. 단을 쌓고 여호와의 이름을 부르는 신앙생활이다.

아브람은 아내와 조카와 얻은 사람들을 데리고 여호와의 이름을 불렀다.

아브람이 하란을 떠날 때 75세였다. 성경은 확실한 역사성을 띠고 있다. 그가 하란을 떠난 것을 보니 가나안으로 가던 도중에 하란에 살다가 재출발함을 알 수 있다.

아브람은 가족을 거느리고 떠났다. 가족을 돌보지 아니하면 믿음을 배반한 자요 불신자보다 더 악한 자이다(딤전 5:8). 가족을 책임진 장로나 집사의 자격은 "자기 집을 잘 다스려 자녀들로 모든 단정함으로 복종케 하는 자라야 할찌며 사람이 자기 집을 다스릴 줄 알지 못하면 어찌 하나님의 교회를 돌아보리요"(딤전 3:4-5, 12)라고 하여 가족을 보살피는 일에 큰 비중을 두고 있음을 알 수 있다.

천국은 많은 사람을 데리고 들어가야 한다(단 12:3). 그리고 아브람은 하란에서 모은 모든 소유를 가지고 갔다. 이스라엘이 애굽에서 나올 때에 가축 한 마리도 남겨두지 않고 떠났다. 그것은 그 땅에 대한 미련을 갖지 않기 위해서였던 것이다.

아브람은 본토, 고향에 재산을 두면 그것에 대한 애착이나 미련 때문에 뒤돌아 보게 되리라 생각해서 모두 다 가지고 떠났다. 그것은 식생활은 물론이거니와 하나님께 가는 곳마다 제단을 쌓고 제물을 바치기 위함이었다. 아브람이 가정 제단을 쌓듯이 고넬료가 가정예배를 통하여 놀라운 은혜를 받았다.

가나안 사람이 거하는 곳에서 그리했다. 아브람은 마침내 가나안 땅에 들어갔다. 하란에서 3백마일 되는 곳으로 목적지까지 전진한 나그네 인생이었다.

그런데 그에게는 두 가지의 문제가 있었다. 하나는 그 땅에 정착할 곳이 없는 것이고 또 하나는 그 땅에 가나안인들이 있었다는 것이다.

"그 땅을 통과하여" 세겜 땅으로 갔다. "통과하여"란 "지나서, 순례자와 같이 이곳 저곳을 여행하여"(히 11:9)라는 말이다. 방랑하는 인생이라는 것이다. 아브람은 하나님이 같이하시는 나그네였다. 아브람은 평지에 있었으나 8절에 가서는 산으로 옮겼다. 하나님은 언제나 서로 대립되는 것을 나란히 놓아 두신다. 평지거나 산상이거나 성도는 이 세상에서 나그네이다.

가나안에는 본토인이 있었다. 그것은 피할 수 없는 시련이었다. 세겜은 "어깨"라는 뜻으로 세상의 무력만 믿고 사는 원주민이었다. 상수리나무는 강해진다는 뜻에서 온 말로 강하고 단단한 나무요 마므레는 선생으로 그곳에 세운 신전, 그러니까 그 신전을 세운 사람의 이름일지 모른다. 즉 신전에서 가르치고 예언하는 제사장인지도 알 수 없다. 그 땅에 "가나안 사람이 있었으니" 함의 후예로(10:6) 우상을 숭배하는 그들의 신전 등 아브람이 그곳에서 여호와의 이름을 부르며 예배하기가 어려웠을 것이다. 어떤 경우에는 그들 본토인들의 허락없이는 장막 치는 것조차 어려웠을 것이다. 저주받은 함과 가나안의 족속들이 축복받은 아브람보다 훨씬 좋은 땅과 환경에서 어깨에 힘을 주고 살았다.

자기에게 나타나신 여호와께 그리했다. 윗 절의 "마므레 상수리나무"란 신탁 상수리나무이다. 그때 그 지역 사람들은 이 나무 아래에서 점을 치고 가르치는 고대 종교 행사의 중심지였다. 이 나무는 신의 지시를 전달하는 고대의 성목이었다고 하는 사람들이 있다.

더구나 가나안은 저주받은 자의 사악함과 우상숭배가 만연하여 아브람은 신변마저 위험했다. 그때에 "여호와께서 아브람에게 나타나사 내가 이 땅을 네 자손에게 주리라" 하셨으니 그에게 큰 위로가 아닐 수 없다. 전에는 "여호와께서 가라사대"라는 말로만 표현되었으나 여기서는 직접 하나님이 나타나사 약속의 말씀을 하셨으니 기뻐할 수밖에 없었다.

이 세상의 땅은 가나안 족속이 거하는 이 땅까지라도 하나님이 주인이시다. 그들의 것이 아니다. 스데반은 "발붙일 만큼도 유업을 주지 아니하셨다"(행 7:5)고 했는데 가나안인의 땅을 그 후손에게 주시겠다고 하신 말씀을 신앙이 아니고서는 믿을 수 없는 것이었다. 왜냐하면 아브람은 그때까지도 무자했기 때문이다.

나그네 방랑자같은 성도가 이 세상의 우상숭배와 폭력주의자들 땅에 잠시 통과해 가는 생을 살지라도 두려워하지 않을 것은 거기 여호와께서 나타나시고 거기의 그 땅을 그들에게 주겠다고 약속하셨기 때문이다.

아브람은 "여호와를 위하여 단을 쌓았다"고 하였다. 단을 쌓아가는 것은 자신의 신앙을 고백하기 위함이고, "여호와의 이름을 부름"은 살아계신 하나님으로 모시는 것이다. 믿음으로 그 땅을 소유했다는 표시이며, 하나님께 대한 감사의 표시로 그렇게 한 것이다.

3. 장막을 치고 옮겨가는 신앙생활이다.

벧엘 동편 산으로 옮겨 장막을 쳤다. 벧엘은 "하나님의 집"(루스-창 28:19)이라는 뜻이고 아이는 "황폐한 작은 산"이라는 뜻으로 벧엘 동남쪽 3Km지점에 있는 가나안의 요새화된 성읍이다(수 7:1-26). 아이는 쓰레기가 쌓인 것을 의미하며 그 주위에 사람들이 살고 있었음을 알게 한다.

"장막을 옮겨"라는 것은 그의 집이라고 할 수 있는 천막을 뜯어서 옮겨 다니는 것이다. 그가 장막을 쳤다는 것은 그의 생활이 한 곳에 정착하지 못하고 방랑객처럼 유리하는 나그네 신세였다는 것이다.

성도들은 이 세상에 발붙일 만한 곳이 없기 때문에 장막을 옮긴다.

어디에 장막을 치든지 하나님의 임재하심이 있다. 그것이 큰 위안이요 용기이다.

아브람은 "벧엘 동편 산으로 옮겼다"고 하였다. 앞절에는 평지에 원주민들과 함께 있었다. 평지와 산지를 볼 수 있다. 믿음은 영혼을 이 세상의 장막에 살게 하지만 하늘나라라는 높은 성산에 올라 영원한 장막을 치게 한다.

평지에서 옮겨 벧엘 동편산으로 옮긴 아브람을 보라. 성도는 사악하고 우상숭배에 빠진 저주받은 세상의 무리들과 같은 평지에 살지만 여호와의 이름을 부르며, 신앙을 고백하고, 살아계신 하나님을 예배하여 하나님의 영광을 나타내며 나중에는 하나님의 집이라는 벧엘의 성산에 높이 올려서 주의 장막에 영원히 살게 된다는 영적 교훈이 있다.

아브람은 가나안땅에 들어갔다. 그곳이 장차 자손들에게 주어진다는 하나님의 약속의 말씀을 믿지만 결코 거기에다 좋은 집을 짓거나 성을 쌓지 않고 장막에서 불편하게 생활했다. 그것은 이 세상에의 삶은 나그네요 영원한 도성이 있음을 소망한 것이다.

단을 쌓고 여호와의 이름을 불렀다는 것이다. 제단은 "죽임의 장소"라는 뜻으로 짐승을 죽여 제물로 바치는 곳이다. 이것은 장차 오실 그리스도의 속죄 제물을 암시한다. 아브람이 여기서 뿐만 아니고 가는 곳마다 먼저 제단을 쌓았으니 하나님의 인도와 임재 보호에 대한 감사와 살아계신 하나님의 영광과 자신을 완전히 하나님께 바침과 약속의 성취에 대한 믿음을 표현한 것이다.

그가 사는 곳은 험한 곳에 천막을 친 곳이지만 참으로 그는 살아계신 하나님께 제단 쌓고 예배하는 경건한 생활을 쉬지 아니했다.

셋과 그의 후손들은 언제나 그렇게 신앙생활 했다(창 4:26). 찬송과 기도를 포함한 예배는 아브람 혼자가 아니라 온 가족 식구들의 공중 예배였다.

그것은 나그네의 빛이요 약한 자의 힘이요 생명의 호흡이다. 다니엘이 이방의 바벨론에서 하나님의 영광을 높이 드러냈듯이 아브람이 가나안 저주받은 악한 자들의 도시에서 하나님께 기도·찬송·예배를 드림으로 참 여호와 하나님을 증거했다.

점점 남방으로 옮겨갔다. "남방으로"는 "마르다"는 뜻의 말에서 나온 것으로 마른 지대 곧 팔레스틴의 남부지역을 의미한다. 참으로 아브람은 하나님의 지시를 따라 장막을 치고 걷어내고 또다른 곳으로 가고 하면서 낯선 곳을 돌고 돌았다.

아브람은 "점점 남방으로 옮겨갔다"고 하였다. 해바라기는 어느 곳에 있든지 그 머리는 태양을 향하고 있다. 마찬가지로 아브람의 관심사는 남쪽으로 옮겨가는 일이었다. 그것은 의로운 태양 예수 그리스도를 향하는 신앙생활이고(말 4:2), 간절히 하나님 태양 진리를 찾아 아침 일찍이 일어나 떠나는 것이며(잠 8:17), 진리의 빛 생명의 태양을 향함이라 할 것이다.

우리 성도는 이 세상에 정처없이 장막을 쳤다가 옮긴다. 어느 곳에 장막을 치든지 "남방으로 옮겨가는" 신앙생활이 있어야 할 것이다. 의의 태양이 밝게 비취는 예수 그리스도에게로 말이다.

아브람의 실수

(창 12:10-20)

아브람은 경건한 나그네였다. 그는 언제나 하나님의 임재와 보호 속에 오늘은 이곳, 내일은 저곳으로 옮겨가서 장막을 쳤다. 그리고 온 가족 식구들과 함께 하나님께 단을 쌓고 예배하면서 기도와 찬송과 감사와 믿음, 그리고 영광을 올렸다.

진실로 가인이 하나님을 떠난 나그네라면 아브람은 하나님과 함께 하는 나그네였던 것이다. 가인이 저주 아래 도피하는 나그네였다면 아브람은 하나님의 은혜를 받고 약속의 가나안 땅을 지향하는 나그네였다. 나그네는 그 노정에 있어서 안식과 평안을 얻을 수 없다. 오히려 가는 곳마다의 주민들을 두려워하게 되고 마음이 불안 초조한 법이다.

아브람은 세상에서 안식을 얻으려 하지 아니하여 임시로 장막을 쳤다가는 다시 다른 곳으로 옮긴 것은 천국에서의 안식을 얻고자 하여 본향을 찾아가는 것이었다.

가나안 땅에는 여러 족속들이 살고 있었고 세겜은 팔레스타인의 한 가운데 자리잡고 있어서 나라의 중앙이었으며 그 지역 모든 족속들이 모여 총회를 개최하는 땅이었다. 성격이 거친 아모리인 혹은 고지인은 가나안 본토로부터 가장 멀리 떨어져 있었고, 헷족속은 아모리족속의 이웃으로 골짜기에서 살았다. 요단 강변지대와 지중해 연안 지역은 가나안인들이 차지하고 있었다.

히위족속은 중부지방을 차지하고 있으면서 가나안인들과 마찬가지로 상업에 힘썼다. 이 땅을 아브람의 자손에게 주시겠다고 하나님께서 약속하신 것이다. 그리하여 아브람은 그들의 신전 옆에다가 제단을 쌓고 감사했던 것이다.

그들은 우상숭배의 신전을, 아브람은 여호와의 제단을 쌓음으로 그들로부터의 오해와 박해가 예상되었다. 두려워 할 수밖에 없었다. 그러나 하나님의 임재가 있었기 때문에 힘과 위로를 얻을 수 있었다.

아브람은 애굽으로 가게 되었다. 이후부터 애굽은 선민들과 역사적으로 깊은 연관이 맺어지게 된다. 요셉이 총리대신이 되고, 모세가 거기서 나서 애굽의 학문을 배우고, 이스라엘 백성이 애굽에서 종살이하게 된다. 그러나 고대 문명의 발상지인 애굽에서 그들이 얻은 것 또한 없지 않다고 할 것이다. 아브람이 애굽으로 내려갔다는 것은 약속의 가나안을 떠나는 것으로 그의 최초의 실수였다.

1. 가나안을 떠난 것이 실수였다.

하나님께 묻지 아니했다(사 30:1-2). 이사야는 "그들이 계교를 베푸나 나로 말미암아 하지 아니하며… 애굽의 그늘에 피하려 하여 애굽으로 내려갔으되 나의 입에 묻지 아니하였으니 죄에 죄를 더하도다"(사 30:1-2)라고 책망하였다.

아브람이 가나안 땅에 거하는 때에 기근이 심하게 들었다. 한 절속에 기근을 두 번씩이나 말한 것을 보아서 대단히 큰 기근이었음을 알 수 있다.

아브람은 애굽으로 내려간 것이다. 성경을 읽어보면 그는 한 번도 기근이라는 문제에 부닥친 때에 하나님의 입의 말씀을 기다렸다는 내용이 없다. 아브람은 자기 본분에서 벗어나 있음을 알 수 있다. 하나님은 "가나안 땅을 너와 네 후손에게 주리라고 약속하셨고 내가 네게 이르는 땅으로 가라"고 명령하셨다. 아브람은 하나님의 말씀을 좇아 여기까지 온 것이었다.

이곳에서 기근과 흉년이 심해진 것이다. 그런고로 마땅히 이때에 수많은 식솔들을 거느린 아브람은 이곳으로 가라고 명령하신 여호와에게 물었어야 옳은 것이다. "여호와여 이 땅에 기근이 심하오니 내가 어떻게 해야 하옵니까?" 여기 있어야 하는 것인지 아니면 어디로 가야 하는 것인지를 하나님께 묻는 기도가 있어야 했음에도 불구하고 애굽은 기름지고 흉년을 모르는 나라라는 지식 하나만 가지고 애굽으로 내려간 것이다.

사사시대에 가나안 땅에 흉년이 들어 베들레헴의 엘리멜렉이 그 아내와 두 아들을 데리고 모압으로 내려갔다가 그곳에서 본인과 두 아들이 죽고 나오미가 룻이라는 자부와 함께 빈 손으로 베들레헴에 돌아왔다.

나오미는 "즐겁다"는 뜻으로 모압에 내려가 "즐겁게" 살아보려고 했으나 실패하고 돌아온 때에 그가 말하기를 "나를 나오미(희락)라 칭하지 말고 마라(쓰다, 괴롭다)라 칭하라"(룻 1:20)고 하였다.

베들레헴은 "떡집"이라는 뜻이다. 생명의 떡이 약속의 땅에 있건만 그 땅에 잠시 흉년이 있다 하여 그 땅을 떠나 모압으로 갔을 때 그의 결과는 이렇게 불행한 것이었다. 엘리멜렉이나 나오미도 흉년 때에 하나님께 묻지 않고 모압으로 가서 우거한 것이다.

심한 기근을 참고 인내하지 못했다. 가나안 땅은 천연적으로 비옥한 땅이었다. 그러나 하나님의 섭리의 말씀에 의해서 황무지가 될 수도 있다. 애굽이라는 세상은 풍년인데 가나안이라는 택한 자의 거처에는 심한 흉년이 있었다. 기근과 흉년은 죄값이다. 심한 기근은 가나안 본토족들의 죄악을 벌하시는 것이고 반면에 믿는 아브람에게는 믿음을 연단하는 것이 되었다.

시련과 고통은 다 하나님께서 성도들을 위해서 계획하신 것이다. 풍요롭고 천국같이 아름다운 땅이라도 하나님이 말씀 한 마디만 하시면 심한 기근의 땅이 될 수 있다.

이렇게 심한 기근과 흉년 중에도 하나님은 성도들을 연단 훈련 교육시키고 나중에는 피할 길을 주신다.

그리고 성도가 머물러 있는 곳에 심한 시련의 기근을 내리는 것은 성도들을 다른 곳으로 보내기 위한 하나님의 섭리의 부름이기도 하다.

우리는 고난을 받기 전까지는 하나님에 대해서 잘 모른다. 심한 고난 속에서만이 하나님의 사랑과 구원하심을 체험할 수 있다. 그러기에 야고보는 "시험을 참는 자는 복이 있도다 이것에 옳다 인정하심을 받은 후에 주께서 자기를 사랑하는 자들에게 약속하신 생명의 면류관을 얻을 것임이니라"(약 1:12)고 했다.

다시 그는 "보라 인내하는 자를 우리가 복되다 하나니 너희가 욥의 인내를 들었고 주께서 주신 결말을 보았다"(약 5:11)고 했다. 아브람은 처음에 기근을 맞으면서 의아해 했을 것이다.

하나님이 가라 하셔서 온 땅이고 우리 후손에게 축복으로 주신다고 약속하신 이땅인데 여기에 원주민들은 악하고 우상이, 신전이 위협하고 있으며 거기에다 심한 기근까지 생겼으니 심한 갈등도 있었을 것이다. 그러나 하나님은 젖과 꿀이 흐르는 가나안에도, 떡집이라는 베들레헴도 심한 고난을 보내서서 그곳에 있는 하나님의 백성들을 연단시키신다. 그것을 아브람은 깨달았어야 했다. 그리고 심한 기근을 참고 인내하며 하나님의 인내의 신적 성품을 닮아야 했다.

하나님의 약속의 말씀을 의심하였다. 아브람은 이상할 수밖에 없었다. 왜냐하면 하나님께서 아브람에게 축복을 약속한 땅에 지금 거처하고 있는데 "그 땅에 기근이 심하였다"고 하니 그럴 수밖에 없었다. 갈대아 우르보다 더 좋은 땅, 하란을 떠난 대가로 받을 수 있는 이 가나안 땅, 그리하여 무수한 고난과 많은 희생을 하면서 찾아온 이 땅! 이 땅에 이렇게 심한 기근이 있으니 사람들은 물론이거니와 소와 양과 가축들은 어떻게 할까 암담하였다.

더구나 가나안 본토인들은 아브람의 가족이 여기 와서 여호와의 이름을 부르기 시작하면서 심한 기근이 생겼다고 수근거리며 협박과 위협을 했을 것이다.

모든 것을 버리고 포기하고 좇아온 곳이 이러한 곳인가? 아브람은 하나님의 약속의 말씀을 의심하지 않을 수 없었다. 성도가 믿음이 약해지면 자연히 하나님의 말씀을 의심한다. 하나님의 말씀을 믿으려 하지 않는다.

그러나 하나님께서 약속의 땅에 내린 기근은 합력해서 유익한 것이었다. 죄인들에게는 심판의 경고요 의인에게는 더욱 하나님을 의지하게 하시는 것이기 때문이다.

기근은 굶주림을 의미하는데 성경에 보면 모두 인간의 죄 때문에 내려진 하나님의 형벌의 한 방법이었다. 그러나 죄인을 향하여 내리시는 그 기근의 형벌이 의인들에게는 굳건한 믿음을 가지게 하는 축복이 되는 것이다. 아브람은 이것을 몰랐다. 하나님의 말씀은 고난 중에 성취되고 축복은 연단 후에 우리 손에 와닿는 것이다.

2. 애굽으로 내려간 것이 실수였다.

아브람은 애굽으로 갔다. 애굽은 검은 땅이요 일명 라합(시 87:4)이며, 함 자손의 거주지며(시 105:23), 동은 홍해, 북은 지중해, 서는 리비아, 남은 수단이며, 동북 모퉁이에는 수에즈 운하를 사이에 두고 시내반도를 대하고, 나일강이 지중해에 들어가는 흉년을 모르는 곳이다. 하나님은 한 곳에는 기근을, 한 곳에는 풍부를 주셨으니 그것이 하나님의 사랑인 것이다.

하나님의 심판은 동시에 임하지 않았다. 애굽은 언제나 죄악 세상의 모형이라고 가르치고 있다. 애굽의 바로왕은 제왕의 칭호로 "큰 집 태양"이라는 뜻으로 곧 사단 마귀의 모형이다. 애굽에는 무수히 많은 우상으로 가득차 있었다. 심지어는 나일강이나 개구리·이·파리·메뚜기·태양 등을 숭배하였다. 우리가 오늘 이 본문을 읽어볼 때 아브람은 애굽에 내려가서 여호와의 제단을 쌓거나 여호와의 이름을 부르는 예배 생활을 했다는 근거가 도무지 없다.

아브람이 애굽으로 갈 아무런 이유가 없었다. 애굽은 하나님을 알지 못하는 세상의 모형으로 하나님께서 오히려 그곳에서 하나님의 백성을 불러내사 구원하셨다. 아브람이 이때에 애굽으로 내려간 것 때문에 훗날에 그 후손이 애굽으로 내려가서 430년간 종살이 하게 된 것이 아닐까?

우리가 피난처라고 생각하는 곳이 고난과 위험의 장소가 될 수 있는 것이다. 우리는 어디에서 기근을 당하나 지역에 관심 갖지 말고 하나님 안에만이 안전이 있음을 보고 그 하나님께 달려가는 신앙 태도가 더 중요하다는 것을 알아야 한다.

아브람은 내려갔다. "내려갔다"는 것은 높은 지대에서 낮은 곳으로 내려갔다는 지형상의 말이지만 그것을 하나님의 제단이 있는 가나안 땅, 하나님의 언약과 축복이 주어져 있는 복지에서 죄악의 세상, 우상의 세계로 내려가는 신앙의 하향을 암시하는 말이다. 신앙은 위로 올라가야 한다. 언제나 높이 있는 세계로 향상하는 것이어야 한다. 그런데 "아브람은 애굽으로 내려갔다"고 하였으니 하나님의 교회에서 세상으로의 하향인 것이다.

어떤 사람이 예루살렘에서 여리고로 내려가다가 강도를 만나 매를 맞고 가진 것을 다 빼앗기고 의복까지 벗김을 당하여 거반 죽어가고 있었다. 그것은 예루살렘이라는 하나님의 품을 떠나서 세상으로 내려가면 마귀라는 강도에게 영혼이 거반 죽을 만큼 매를 맞고 믿음·소망·사랑·기쁨·영생 등 그가 가지고 있는 값진 것들을 강탈 당하는 것의 모형이다(눅 10:30–37).

나오미의 가족이 흉년을 피하여 모압으로 내려갔다가 남편과 두 아들 그 땅에 장례 지내고 마라라는 이름을 가지고 베들레헴에 돌아왔다(룻 1:20). 베들레헴이라는 영생의 떡집 교회를 떠나 세상 모습으로 내려간 결과는 죽음과 슬픔 뿐이었다.

삼손이 "딤나에 내려가서" 블레셋의 들릴라에게 반했을 때에 그는 두 눈이 뽑히고 연자 맷돌을 돌리는 짐승의 자리까지 내려가고 말았고, 탕자가 아버지 집을 떠나 타국으로 내려갔다가 재산을 모두 탕진하고 그 나라에 기근이 극심하여 주려 죽게 되어 돌아왔다.

요나가 "욥바로 내려가"(욘 1:3) 하나님의 낮을 피하여 배 아래층까지 내려갔으나 광풍을 일으키고 많은 사람을 고생시키고, 손해를 보게 하고, 끝내 자신이 바다물 아래로 내려가고, 큰 물고기 뱃속으로 깊이 내려가고 말았다.

아브람은 애굽에 우거하려고 했다. 아브람이 애굽으로 내려간 것은 나그네로서 체류하기 위함이었다. 그곳에 아주 살기 위한 것은 아니었다. 나애굽은 가나안보다 낮은 지대이고 부요하고 곡창지대였다. 그것은 나일강 때문이라고 한다. 그런데 여기서 문제가 되는 것은 아브람이 애굽으로 잠시 나그네로 체류하러 내려간 것이 하나님의 허락인가? 아니면 자의적 행동인가? 하는 것이다.

어느 것이든지 간에 아브람이 약속의 가나안 땅을 떠나서 애굽에 가서 거류했다는 것은 그의 신앙이 흔들리고 있다는 것을 보여주는 것이다.

히브리서 저자는 흉년이 극심한 이 때에 아브람이 하란이나 갈대아 우르로 돌아가지 않은 것을 믿음의 행위로 간주했거니와(히 11:15-16) 그가 애굽으로 내려가서 거주한 것은 가나안 족속에 대한 두려움이나 기근에 대한 염려 때문에 부요한 지역으로 가려한 것이므로 불신앙에 가까운 것이다. 왜냐하면 그곳에 있는 동안 그는 단 한 번도 여호와께 단을 쌓고 예배하지 못했기 때문이다. 가나안에는 기근으로 심했으나 애굽으로 가는 길은 자신과 아내의 순결을 빼앗기는 중대한 위기가 기다리고 있었다.

3. 거짓말로 실수했다.

먼저, 자기의 아내를 누이라고 속였다. 사래는 그의 이복 누이 동생(창 20:12)이기 때문에 누이라고 할 수도 있겠으나 그것은 정확하게 말하면 거짓말이다. 아브람은 모호하게 말하고 아내와 수하의 많은 종들과 조카에게도 그렇게 말하라고 일렀을 것이다.

진실을 속임으로써 결과적으로는 진실을 부정하게 되었다. 부분적인 진실은 언제나 위험을 안고 있는 거짓말이다. 아브람은 자기 생명만 생각했다. 하나님이 지켜주시면 어디서나 안전하다는 진리를 잊어버렸다. 아내의 정절은 깊이 생각을 못했던 것이다.

종교는 자신의 이익보다는 타인의 이익을 위하는 것이다. 자기는 희생할지라도 타인이 잘 되기를 원하는 것이다. 그런데 아브라함은 아내의 순결이 바로 궁에 던져 더렵혀질지라도 자기 생명을 보존해야

겠다고 생각했다. 아브람은 애굽에 가까이 이를 때에 아내에게 말하기를 누이라고 하자고 거짓말을 맞추어 놓았으니 위험을 당하기도 전에 미리 도덕적 나약성을 보였다.

아브람은 하나님의 나타나심과 말씀을 직접 들었던 사람이다. 그는 하나님을 전적으로 의지했어야 했다. 그럼에도 불구하고 아브람은 불신자와 같이 인간적인 처세방법을 택했다.

여기서 우리는 믿음의 조상 아브람에게는 결점들이 있었다는 것을 본다. 성경은 조상의 비행까지도 숨기지 않고 그대로 기록했다. 그것은 인간이 완전 무결함으로 구원되는 것이 아니라 하나님의 은혜로 구원되는 것을 말해주는 것이다.

애굽의 사람들을 두려워 했다. "그들이 나를 죽이리라"고 속단했던 것이다. 사래는 그 나이에도 아름다웠던 모양이다. 아리땁다는 것은 외견상 보기에 아름다운 용모와 자태를 의미한다.

127세를 향수했으니 65세를 웃도는 나이이긴 해도 원숙미를 자랑할 중년기였다. 아직까지 아이를 출산해 보지 못했기 때문에 더욱 젊어보였을 것이다. 애굽인들의 피부는 약간 거무스름한데 사래는 그렇지 않아서 그들이 그를 더 예쁘게 보았는지 모른다.

시대를 막론하고 이방인이 타지에서 무시당하는 것은 보편적이다. 애굽인들도 자기의 목적 달성을 위해서는 살인같은 것은 예사였다. 아브람이 사래를 빼앗기 위해 자기를 죽일 것이라고 생각해서 이런 처신을 했던 것이다. 그러나 예수께서 하신 말씀을 기억해야할 것이니 "육체만 죽이는 사람을 두려워 말고 영혼과 육체를 함께 죽이는 하나님을 두려워 하라"(마 10:28)는 것이다.

함께 하시는 하나님을 믿지 못했다. 아브람의 거짓말은 마침내 바로왕과 그 집사람들에게 범죄케 하는 결과가 되었다. 하나님께서 그들에게 재앙을 내려서 사래의 정절을 지킬 수 있도록 하셨다.

만일 이때 아브람의 아내 사래가 바로와의 관계를 맺어 바로왕의 왕후가 되었다면 약속의 씨 성별된 언약의 후손을 얻을 수 없는 것이었다. 사래의 몸을 정결하게 지킬 때 이 언약은 이루어지는 것이었다.

그리하여 하나님은 아브람과 같이 애굽에 내려오셨고 바로의 집에서 사래를 보호하셨으며 궁중에까지 가셔서 아브람을 건지셨다. 아브람은 하나님을 불신하여 하나님을 근심케 했고, 자신의 명성을 유지하기 위하여 아내의 미모와 교환했고, 자신의 생명 보존을 위하여 거짓말을 계획적으로 하였다. 그리하여 이방인 발에게 책망을 받았다. 성도가 정직하지 못하다는 비난을 들었다는 것은 얼마나 부끄럽고 하나님의 영광을 가리는 일인가?

그러나 감사할 것은 이러한 사건을 경험하면서 이 세상 애굽이 아무리 비옥하고 풍년이고 고대 문명의 꽃이 핀 곳이라고 해도 성도의 영원한 거처가 되지 못하는 곳이므로 곧 떠나야 한다는 사실이다.

애굽에서 벧엘로

(창 13:1-4)

아브람은 애굽으로 내려가서 그야말로 죽을 뻔하고 사랑하는 아내를 바로왕에게 빼앗길 뻔한 쓰라린 경험을 하게 되었다. 애굽으로 올 때에 하나님의 뜻을 묻는 기도 한 마디 없이 떠났으나 하나님은 아브람을 따라 동행하셨고, 이방 나라 궁궐이나 바로왕의 침실에까지 들어가시고 간섭하시면서 여인의 후손을 낳게 될 아브람과 사래의 순결성을 보호하셨다.

아브람은 지금까지 몰랐던 귀중한 교훈들을 이방 나라에 있을 때에 배우게 되었다. 성도는 세상으로 가까이 하여 내려가면 영적인 손실을 입는다. 아브람은 아내에게와 바로왕에게 죄를 지었고 동행하신 하나님을 근심케 하고 수고롭게 하였다. 참으로 언약의 씨를 영원히 상실할 수도 있는 아찔한 순간이었다.

하나님은 이러한 인간 아브람의 도덕적 잘못을 통하여 하나님의 하시는 일을 애굽 땅에 보이시고 아브람에게는 후대함을 받게 하셨으니 인간의 실수를 오히려 선하게 역사하신 것이다.

아브람에게 이런 일이 생기지 않았다면 오랫동안 머물면서 이방인의 풍습에 깊이 젖어들었을지도 모른다. 성도는 불의한 지역에 발을 옮기는 경우가 있을 수 있으나 거기에 오래 있으면 신앙의 감정이 무디어지면서 죄의 자리를 넓혀 나가게 된다.

예수께서도 애기로 잠깐동안 애굽에 피난하셨다. 이것은 장차 죄악 세상에 포로되어 있는 죄인들을 구원해 내실 것의 신령한 예표였던 것이다.

아브람은 애굽에서의 짧은 기간에 주어진 산 교훈들을 살려서 어려움을 극복하는 지혜를 모으게 되었고 하나님이 언제나 함께 동행하시면서 보호해 주심을 깨닫게 되었다.

애굽의 바로왕은 아브람과 사래와 종들과 모든 종들을 애굽나라 밖으로 보내주었다. 만일에 하나님이 이 때에 간섭하지 않고 그들에게 재앙을 내려 치시지 않았으면 그들은 바로왕의 권력과 위협으로 꼼짝 못하고 하수인이 되고 말았을 것이다.

1. 아브람이 애굽에서 나왔다.

하나님의 지시를 따라 나왔다. 본문에는 그런 말씀이 없으나 애굽 왕 바로의 침실에까지 오셔서 간섭하시사 아브람을 보호하신 하나님이시기 때문에 곧 애굽에서 나가라는 명령을 아브람에게 감동으로 하셨을 것이다. 하나님이 범죄를 막으시고 아브람을 보호하사 빨리 여기서 나가게 하셨기 때문이다. 동방의 박사들은 "헤롯에게로 가지 말라"(마 2:10-11)는 하나님의 지시를 받고 다른 길로 하여 고국으로 돌아갔다.

성도들의 노정에는 여기저기 무서운 함정들이 성도를 빠지게 하려 한다. 그러므로 언제나 하나님의 말씀의 빛과 등불이 비춰주는 곳으로 순종하여 나아가지 않으면 안된다.

베드로는 "우리에게 더 확실한 예언이 있어 어두운 데 비취는 등불과 같으니"(벧후 1:19)라고 하였다. 지금은 밤이 깊은 어두운 시대이다. 그러므로 실족하기 쉽고 함정의 구덩이에 빠지기 쉽다. 하나님은 어두운 데 비취는 등불이시므로 우리의 길을 안전한 데로 나오게 하신다.

하나님의 백성들도 유혹의 자리에 내려갈 수 있다. 그러나 거기서 깨닫고 빨리 나와야 하는 것이다. 나오미는 모압으로 내려갔으나 남편과 두 아들이 죽어서 무덤에 잡초가 무성하도록 거기 머물러 있다가 나오미(즐겁다, 희락)가 아니라 마라(쓰다, 불행)의 슬픔이 가득한 과부가 되어 베들레헴으로 돌아왔다.

아브람의 조카 롯은 소돔성이 멸망되는 때에 주저하며 머뭇거리면서 망설였다. 천사가 그의 손을 잡아 강권하여 끌어냄으로 부끄러운 구원을 받았다.

동방의 박사들은 헤롯이 궁궐이라는 마귀의 궁에서 속히 빠져나왔을 때 하늘의 별이 다시 나타나서 그들을 인도하였고 그들은 한없이 기뻐했다(마 2:1-11).

아브람은 모든 소유를 가지고 남방으로 올라갔다. 사실 아브람이 애굽에서 큰 해를 받은 것 없이 다시 가나안 땅으로 올라올 수 있었다는 것은 순전히 하나님의 은혜이다.

아브람의 잔꾀, 거짓말, 비진실한 처세술로는 애굽에서 당당하게 살아나올 수 없었다. 바로왕과 그 신하들이 아브람을 두려워하며 해코저 하는 마음도 갖지 못하게 하고 모든 소유를 챙겨 가지고 나올 수 있었던 것은 하나님의 특별한 은혜인 것이다. 모든 소유는 주로 사람에 관계된 것을 의미한다. 당시 종들은 주인의 소유였다.

아브람은 머리털 하나 손해본 것이 없이 애굽에서 나와서 "남방으로 올라갔다"고 하였다. 가나안에 기근이 심한 때에 그는 "애굽으로 내려갔다"(12:10)고 했으나 이제는 애굽에서 나와서 남방 즉 가나안으로 올라갔다. 내려감이 신앙의 쇠퇴라면 올라감은 신앙의 회복인 것이다.

2. 아브람이 육축은금이 풍부했다.

육축과 은금이 풍부하다는 것은 매우 무거웠다는 뜻이다. 육축은 값을 주고 사고 은금은 성경에서는 여기에서 처음 나오는데 애굽에서 취득한 재산이었다. 부자는 무거운 짐이 된다. 부요함에는 여러 짐이 있으니 재산을 모으려는 염려의 짐, 재산을 지키려는 두려움의 짐, 재산을 쓰는 데의 유혹의 짐, 남용에서 오는 죄책의 짐, 재산을 잃을 때의 슬픔의 짐, 재산을 남의 손에 넘겨야 할 계산의 짐 등이 있다(합 2:6).

잠언 15:16에 "가산이 적어도 여호와를 경외하는 것이 크게 부하고 번뇌하는 것보다 나으니라"고 하였다. "크게 부한 것"은 하나님의 축복이기는 하지만 잘못하면 영혼에게 매우 무거운 짐이 될 수 있는 것이다.

바울은 "부하려 하는 자들은 시험과 올무와 여러 가지 어리석고 해로운 정욕에 떨어지나니 곧 사람으로 침륜과 멸망에 빠지게 하는 것이라"(딤전 6:9)라고 하였다. 부자와 거지 나사로의 비유의 말씀에도 부자가 그 영혼이 지옥에까지 떨어진 것은 그의 부요함의 짐에 눌린 것이다.

부자 청년 관원의 경우 "네 소유 재산을 다 팔아 가난한 자에게 주고 너는 나를 따르라"는 예수님의 말씀을 듣고 그의 마음이 얼마나 무거웠는지 모른다. 많은 것을 소유한 자는 그만큼 그것을 가지고 선한 사업에 힘써야 하는 무거운 책임이 따르는 법이다. 그것을 구제선행하여 가볍게 하지 못하면, 그의 무거운 중량을 따라 지옥에 빠질 수밖에 없는 것이다. 그러므로 예수께서는 "부자가 천국에 들어가기가 약대가 바늘 귀로 들어가기보다 어렵다"고 하신 것이라고 생각한다.

바울은 "비천에 처할 줄도 알고 풍부에 처할 줄도 알아 모든 일에 배부르며 배고픔과 풍부와 궁핍에도 일체의 비결을 배웠노라"(빌:11-12)고 고백한 적이 있다.

신앙생활에 있어서 재산이 풍부하다는 것이 나쁜 것은 아니다. 다만 재물을 사랑하면 일만 악의 뿌리가 되지만(딤전 6:10) 하나님이 주신 재물을 청지기적 책임을 가지고 선용한다면 그것은 참으로 귀한 일이다.

하나님은 나그네 생활 중에도 하나님이 주시는 부요함에 처하는 방법도 가르쳐 주셨다. 애굽에서 그가 나올 때 많은 재물을 가지고 나오듯이 이스라엘이 애굽에서 종살이 후에 해방되어 그 땅에서 나올 때에 그 종살이 품값 이상의 많은 은금 보화를 가지고 나왔다.

또한 아브람은 애굽에서 사람은 언제 어디서나 정직해야 하며 하나님의 임재하심을 믿고 겸손할 것을 배웠다. 하나님을 두려워 하는 사람은 결코 인간을 두려워하지 않으며 하나님은 참새 한 마리까지도 지키시기 때문에 하나님의 허락이 없이는 사람은 죽지 않는다는 사실을 알았다.

육, 축, 은, 금이 풍부해지는 것은 하나님의 축복이다. 하나님께서 아브람에게 "내가 네게 복을 내리리라" 하셨다. "여호와께서 복을 주시므로 사람으로 부하게 하시고 근심을 겸하여 주지 아니 하시느니라"(잠 10:22)고 하셨다.

참된 경건은 풍요함과 조화될 수 있다. 부자라도 믿음으로 사는 부자는 복된 사람이다(딤전 4:8). 부요함에는 영적인 면과 물적인 면의 양면이 있을 것이다. 아브람만큼 욥만큼 영적으로나 물질적으로 부자가 되기는 쉽지 않을 것이다. 그것도 하나님이 주신 복이다.

성경에 물질적으로 부자되는 비결의 말씀이 여러 곳에 있다.

첫째로, 재물과 처음 익은 소산물로 하나님을 공경하면 창고가 가득히 차고 포도즙이 넘친다(잠 3:9-10).

둘째로, 십일조와 헌물을 바치면 하늘문을 열고 복을 쌓을 곳이 없도록 부어주시고 황충을 금하여 토지 소산을 멸하지 않게 하며 밭에 포도나무의 과실로 기한 전에 떨어지지 않게 하시고 땅이 아름다워지므로 열방이 복되다고 한다(말 3:8-12).

셋째로, 의인의 집에는 많은 보물이 있다(잠 15:6).

아브람의 집이나 욥의 집이 그러했다. 그러나 악인의 소득은 고통이 된다. 의인의 집은 지혜로 말미암아 건축되고 명철로 견고히 되며 방들은 지식으로 말미암아 귀하고 아름다운 보배로 채우게 된다(잠 24:3-4).

넷째로, 부지런한 사람이 부자가 된다(잠 13:4).

게으른 자는 마음으로 원하여도 얻지 못하나 부지런한 자의 마음은 풍족함을 얻는다. 손을 게을리 늘리는 자는 가난하게 되고 손이 부지런한 자는 부하게 된다(잠 10:4). 게으른 자는 빈궁이 강도같이 오고 곤핍이 군사같이 이르며(잠 6:6-11), 근면한 자는 재물을 얻고(잠 11:16), 게으른 자는 그 잡을 것도 사냥하지 아니하나니 사람의 부귀는 부지런한 것이다(잠 12:27).

다섯째로, 흩어 구제할 때 부자가 된다(잠 11:24-25).

과도히 아끼는 것도 가난하게 될 뿐이다. 구제를 좋아하는 자는 풍족하여 질 것이요 남을 윤택하게 하는 자는 윤택하여진다.

여섯째로, 겸손하게 하나님을 경외하면 부자가 된다(잠 22:4).

부자만 되는 것이 아니고 장수와 영예까지 겸하여 얻는 것이니 하나님을 경외하는 것이 지식의 근본이다. 재물만 있고 단명하거나 명예롭지 못하게 산다면 그것은 복이 아니다. 오래 살고 부요하고 명예롭게 사는 것 그것이야말로 진정한 복이다.

일곱째, 하나님을 사랑하면 부자가 된다(잠 8:17-21). 하나님에게 부귀가 있고 장구한 재물과 의도 있다. 그러므로 하나님은 하나님을 사랑하는 자로 재물을 얻어서 그 곳간에 채우게 하시고 천은 보다 나은 소득을 갖게 하신다. 하나님을 사랑하면 천대까지 은혜를 받고(출 20:60 또한 재물도 장구하게 누린다.

3. 아브람이 벧엘로 옮겼다.

벧엘과 아이 사이로 옮긴 것이다. 아브람이 남방에서부터 발행하여 벧엘에 이르며 벧엘과 아이사이에 장막을 친 것이다(12:8). 벧엘은 "하나님의 집"이라는 뜻이고 아이는 "쓰레기가 쌓인 것"을 의미하고 있다. 벧엘이라는 곳이 영적으로 교회라면 아이는 더러운 쓰레기더미 같은 세상을 모형한다고 할 것이다.

아브람이 그 두 지역 사이에 장막을 치고 종교생활을 했다는 것은 성도의 위치는 교회와 세상 사이에 있는 것이고 그러므로 쓰레기같은 더러운 죄악 세상을 거룩하신 하나님의 집으로 변화시켜야 한다는 암시가 있는 것이라고 할 수 있다.

예수는 지존막대하신 거룩하신 하나님의 아들로 이 세상에 탄생하신 곳은 외양간이었다. 외양간은 추하고 더러우며 짐승의 거처인 것이다. 그것은 세상의 모형이다. 썰렁하고 더럽고 냄새나며 짐승의 소리가 요란한 세상에 주님이 탄생하시고 구유에 누인 바 되사 인류의 영생하는 양식이 되셨다.

전에 단을 쌓았던 곳으로 옮긴 것이다. "전에"는 "처음으로"이니 아브람이 처음으로 가나안 땅에서 이곳에 단을 쌓고 여호와의 이름을 불렀다. 그런데 아브람이 벧엘을 지나 애굽으로 내려가서 아내와 거짓말을 모의하여 큰 손해를 입음으로 신앙의 위치에서 아주 멀리 떨어져 있었다. 신앙의 자리를 떠날 때에 그들은 세상 사람이 두려워졌고 거짓말을 할 수밖에 없었다. 그리하여 아브람은 애굽을 떠나 전에 하나님께 단을 쌓고 예배했던 곳으로 다시 돌아온 것이다.

다윗은 예루살렘에서 멀리 떨어진 요단 땅과 헤르몬과 미살산에서 "사슴이 시냇물을 찾기에 갈급함같이 내 영혼이 주를 찾기에 갈급하나이다"(시 42:1, 6)라고 하면서 하나님을 사모했다.

요한은 "그러므로 어디서 떨어진 것을 생각하고 회개하여 처음 행위를 가지라"(계 2:5)고 하였다. 신앙부흥이 있었던 은혜의 장소를 사모하는 것은 더 큰 은혜가 아닐 수 없다.

여호와의 이름을 불렀다. 아브람이 전에 제단을 쌓았던 곳에 다시 왔는데 모르긴 해도 본토의 우상 숭배자들이 그의 제단을 없애거나 더럽힐 것을 예상하여 아브람이 애굽으로 내려갈 때에 그 제단을 없애버렸을 수도 있다. 아무튼 이제 그가 제단을 쌓았던 장소로 돌아왔으니 그것은 그의 신앙 회복인 것이다.

하나님 제일주의로 예배, 교제, 기도, 찬송, 감사를 드렸다. 그가 다시 단을 쌓았는지는 알 수 없으나 하나님의 사람들은 제단이 없을지라도 어디라도 여호와의 이름을 불러야 하는 것이다. 오랜 세월이 지난 후에 하나님께서는 야곱에게 말씀하시기를 "일어나 벧엘로 올라가서 단을 쌓으라"(창 35:1-2)고 하셨다. 하나님은 여호와의 이름을 부르는 제단에 강림하시고 교제하시며 제물을 흠향하시며 축복하시는 것이다.

롯의 분가

(창 13:5-9)

우리는 믿음의 사람 아브람에게서 중요한 모습 두 가지를 볼 수 있다. 하나는 하나님께 대한 경건한 예배요, 다른 하나는 조카 롯에 대한 대한 사랑이다. 아브람은 우상숭배자들이 세력을 잡고 있는 가나안 땅에 살았다. 그런데 아브람은 그들의 우상과는 전혀 같지 아니한 여호와를 섬겼던 것은 그의 용기가 아니면 그리할 수 없는 일이었다. 언제든지 종교상의 핍박과 박해는 다른 종교행위 때문에 일어나는 것이었다.

어느날 갑자기 낯모르는 부자가 자기들 땅에 와서 목축업을 하고 자기들과는 다른 신을 경배하되 공공연히 하는 것을 볼 때, 그리고 자기들과는 같이 어울리지도 않고 상대하려고 하지 않으니 아브람은 불편한 대상이 되었을 것이다. 아브람은 애굽에서 여호와를 섬길 수가 없었던 것을 생각하여 이제 과거보다 더 열심히 단을 쌓고 여호와의 이름을 불렀다.

아브람은 이곳을 항상 사모했다. 애굽에서 여러 곳을 다녔으나 이러한 곳이 없었다. 그는 부자가 되어 돌아왔으나 그동안 마음은 괴롭고 아팠다. 세월이 흐르면 은혜는 잊고 신앙을 버리기 쉽다. 그는 뼈저리게 회개하면서 신앙으로 가일층 진력하고 있었다.

그런데 가정 내부로부터 문제가 생기기 시작했으니 롯의 종들과 자신의 종들이 재산문제로 시끄러워진 것이다. 아브람은 조카 롯에게 공평했고 무척이나 사랑했다. 친아들이 없이 나그네 생활을 하면서 조카 아들을 친아들처럼 사랑하고 위했다. 언제나 하나님을 잘 예배하는 사람은 사람에게 사랑을 베푸는 것이다.

바울은 "누구든지 자기 친족 특히 자기 가족을 돌아보지 아니하면 믿음을 배반한 자요 불신한 자보다 더 악한 자니라"(딤전 5:8)고 하였거니와 아브람은 하나님에 대한 관계와 사람에 대한 관계에 있어서 신앙으로 대했던 것을 이 본문에서 자세히 볼 수 있다. 믿음의 선택을 했던 아브람이 서서히 가나안 땅의 주인공으로 등장해 지는 것을 보게 되는 것이다.

1. 필연적 동기는 재산 때문이다.

아브람의 일행 롯도 양과 소가 있었다. "아브람의 일행 롯도 양과 소와 장막이 있으므로 그 땅이 그들의 동거함을 용납지 못하였으니…"라고 하였다.

장소를 따라 옮기면서 목축업을 하는 사람들은 거처할 장막이 필요했고 가축들을 우리 속에 넣어서 맹수로부터 보호할 가축사도 아울러 준비하지 않으면 안되었다.

지금까지는 롯의 장막에 대해서는 언급이 없었으나 여기 그의 장막이 있었다는 것과 양과 소가 있다는 것을 보면 롯에게도 많은 딸린 가족과 종들이 있었고 가축도 아브라함 다음 가는 만큼 있었던 것 같다. 그리하여 그들의 목장은 좁고 그들의 가축은 급속히 늘어나고 목초가 부족해지다 보니 싸움이 생기게 된 것이다.

그들에게 있어서 재산이 많아졌다는 것이 싸움의 동기가 된 것이다. 물질적으로 부요해지는 반면 그들 상호간에는 간격이 벌어진 것이다. 그 땅은 이제 그들에게 너무나 좁아서 자기들의 재산을 어디에고 저장할 수가 없었기 때문에 헤어질 수밖에 없었다.

롯의 부요함은 아브람 때문이다. 롯은 아브람의 조카 아들인데 빈손 들고 아브람과 같이 동행하였다. 그런데 이제는 분가하지 않을 수 없을 큰 부자가 된 것이다. 롯에게도 양과 소, 가족과 많은 노예들이 딸려있었음을 알 수 있다. 롯의 부자됨은 아브람을 인해서 였다. 이것으로 세상에 속한 사람일지라도 성도와 동업하면 복을 받는다는 진리를 생각할 수 있다.

아브람은 중생하여 새사람이 된 성도이고, 롯은 중생하지 못한 형식적인 신자이다. 그러므로 아브람은 신앙인, 롯은 세속인이다. 그러나 세속인이라 할지라도 하나님의 성도와 동업하여 성도를 협동하면 복을 받고 즐거움을 함께 누릴 수 있다는 것이다.

요셉이 보디발의 집에 있을 때 요셉으로 인하여 그 집이 축복을 받았고, 요셉이 옥중에 있을 때 죄수들이 요셉으로 인하여 은혜를 받았다. 그러므로 스가랴는 말하기를 "그날에는 방언이 다른 열국 백성 열 명이 유다 사람 하나의 옷자락을 잡을 것이라… 곧 붙잡고 말하기를 하나님이 너희와 함께 하심을 들었나니 우리가 너희와 함께 가려 하노라 하리라"(슥 8:23)고 하였다.

지상의 재산은 뜬 구름과 같고 분뇨와 같아서 그것이 축적되어 있을 때에는 악취를 발하고, 흩어서 구제하며 뿌릴 때에는 토양을 기름지게 하는 것이다. 재산은 생활을 위한 하나의 방편이지 그 재산 자체가 목적이 될 수는 없다.

재산은 절대로 행복을 줄 수 없다. 왜냐하면 "네가 어찌 허무한 것에 주목하겠느냐 정녕히 재물은 날개를 내어 하늘에 나는 독수리처럼 날아가리라"(잠 23:4-5)고 한 때문이다. 그러므로 우리에게 있는 재산은 하나님이 맡기신 것이니 그것들을 사랑의 법칙을 따라 선용해야 할 것이다. 내것인 양 욕심을 내어 축적하면 그 사람은 그 재산과 함께 멸망할 것이다.

솔로몬은 전무후무한 부귀영화를 누렸으나 "헛되고 헛되며 헛되고 헛되니 모든 것이 헛되도다"(전 1:2, 2:4-11)라고 한탄하였다. 재산은 진정으로 중생하지 못한 자의 손에 있을 때 친족과 형제간과 이웃과 피흘리며 싸우는 분쟁의 원인이 되는 것이다.

2. 직접적 동기는 종들 때문이다.

옛날에는 종들이 많이 있었다. 로마는 부귀와 함께 노예의 수를 증가하였는데 씨저는 갈리아에서 돌아와 6만 5천명의 노예를 팔았다. 파울루스는 15만의 노예를 팔았다. 유대의 멸망시는 9만 7천의 노예가 팔렸고, 어떤 부자는 노예를 4116명이나 부리고 있었다.

프리어는 말하기를 클라우디우스때에 로마의 시민권을 가진 자는 694만 4천 명이었는데 노예는 2083만 2천명이었다는 하였으니 한 명의 자유인에 대해 3명의 노예가 있었다는 것을 알 수 있다.

노예는 전쟁에서 포로되거나 아니면 부채로 팔려가거나 또는 노예의 몸에서 출생되거나 세 가지 이유 중 하나로 되어졌다. 카토는 로마의 대지주에게 권하여 "늙은 숫소와 늙은 노예와 병자는 버리는 것이 좋다"고 말하였다. 노예는 팔든지 죽이든지 버리든지 마음대로 할 수 있는 악한 시대가 있었다. 그러나 그것은 하나님의 창조 섭리에 반역하는 악이다.

아브람과 롯의 두 가정에 분쟁이 생기기 전에 먼저 종들이 서로 분쟁했다. 그것은 보다 좋은 목장이나 맑은 시냇가를 찾아 다니며 양과 소를 목양하기 위해서였고, 자기들의 주인에게 충성을 보이기 위해서 더욱 그리했을 것이다. 그러므로 아브람과 롯 사이에서 악한 일을 행하고 불화의 씨를 뿌린 것은 두 사람의 수하에 있는 종들이었다.

이러한 분쟁, 불화를 일삼는 종들은 마귀의 하수인이다. 마귀는 싸움 대장이기 때문이다.

야고보는 "마귀는 시기와 다툼… 요란과 모든 악한 일이 있다"(약 3:15-16) 하였고, 이어서 "너희 중에 싸움이 어디로 다툼이 어디로 좇아 나느뇨 너희 지체 중에서 싸우는 정욕으로 좇아난 것이 아니냐"(약 4:1-2)라고 하였다.

요셉을 죽이려했던 형들 중에는 대체로 몸종의 몸에서 낳은 형들이었다. 종들은 못된 근성이 있어서 수레와 양식과 함께 보내면서 "당신들은 노중에서 다투지 말라"(창 45:24)고 당부하기까지 했다. 마귀는 시기와 다툼의 악령이기 때문에 교회 안에도 다툼과 분쟁을 일으킨다.

목자들은 아브람과 롯 사이에 이간을 붙였다. 마귀는 에덴동산에서 하와를 유혹하면서 하나님과 인간 사이에 이간을 붙였으니 얼마나 간교한 놈인지 모른다. 여기 양쪽의 종들은 서로 제 주인에게 상대방을 비방하면서 두 주인 사이를 이간붙여 서로 멀어지게 했다.

여호와께서 미워하시고 그 마음에 싫어하시는 것이 육칠 가지가 있으니 "교만한 눈, 거짓된 혀, 무죄자의 피를 흘리는 손, 악한 궤교를 꾀하는 마음, 빨리 악으로 달려가는 발, 거짓을 말하는 망령된 증인 및 형제 사이를 이간하는 자"(잠 6:16-19)이다.

패려한 자는 다툼을 일으키고, 말장이는 친한 벗을 이간하며(잠 16:28), 허물을 덮어주는 자는 사랑을 구하는 자요, 그것을 거듭 말하는 자는 친한 벗을 이간하는 자라(잠 17:9)고 하였다. 바울은 갈라디아 교회 안에 다른 복음을 전하는 자들이 바울과 그 교회 성도 사이를 이간붙였다고 하였다(갈 4:17).

3. 간접적 동기는 원주민들 때문이다.

아브람과 롯이 다투면 원주민들에게 조롱을 받는다. 여기 가나안 사람은 저지대 사람이고, 브리스 사람은 고지대 사람으로 들판과 촌에 사는 사람들을 의미한다. 언덕이나 수풀 속에 거하는 자들로 유목민의 일종이었으며 그 땅의 세력있는 주민들이었다. 그들은 아브람과 롯이 여호와를 섬기는 것에 반하여 우상 종교에 열심있는 사람들이었다.

그들은 외방에서 흘러들어온 아브람과 그 가족들과 그 목축업에 대해서 못마땅한 눈으로 보고 있었다. 자기들의 땅에 들어와서 목장을 넓히는 것에 대해 몹시 불쾌하고 불만으로 여겨왔다.

종교가 다르다는 것으로 물과 기름처럼 동화되지도 않았다. 아브람 가정에서 재산 싸움이 났다는 것을 그들이 안다면 틀림없이 외방 땅으로 강제로 퇴거시킬 것이다. 그뿐만 아니라 하나님의 선민이라고 자부하는 자들이 남의 땅에 들어와 살면서 재산 가지고 싸운다고 하니 얼마나 비웃고 조롱하며 무시할 것인가? 아브람과 롯이 그들에게 약점을 보인다면 온전할 수 없는 상황이었다.

하나님의 영광을 가리우고 비난을 받게 된다. 그곳 원주민들은 우상승배자들이고 아브람은 여호와 하나님을 믿는 사람이었다.

하나님은 복을 주시는 신이요 어디에나 동행하시는 여호와라고 주장하면서 재산분쟁을 한다면 그들의 싸움 때문에 하나님의 영광이 가리워지고 여호와의 이름을 욕되게 하는 것이다.

예수께서는 "너희는 세상의 빛이라 너희 빛을 사람 앞에 비춰게 하여 저희로 너희 착한 행실을 보고 하늘에 계신 너희 아버지께 영광을 돌리게 하라"(마 5:15-16)고 하셨다. 바울은 "너희 몸은 너희가 하나님께로부터 받은 바 너희 가운데 계신 성령의 전인 줄을 알지 못하느냐. 너희는 너희의 것이 아니라 값으로 산 것이 되었으니 그런즉 너희 몸으로 하나님께 영광을 돌리라"(고전 6:20)고 하였다. 그러므로 성도의 지체는 불의의 병기가 아니라 의의 병기로 하나님께 드려서 (롬 6:13) 우리의 몸의 행실을 통하여 우리의 생활을 통해서 하나님을 영화롭게 해야 하는 것이다.

한 골육이기 때문에 화평해야 하는 것이다. "한 골육"이란 "한 형제의 사람들"로 두 사람의 관계는 본질상 친척이지만 믿음으로 한 가족된 성도들의 관계가 성립되는 말이다. 우리는 한 형제이기 때문에 화평할 것이고 다툴 이유가 없는 것이다.

아브람은 분가의 방법을 제시함에 있어서 선택권을 조카에게 양보하였다. 화평을 위하여 양보하고자 하는 일은 숭고한 승리이다. 그것은 우리 자신과 우리 속의 정욕을 정복하는 것이다.

"나를 떠나라"한 것은 명령이 아니고 사랑과 화평을 위해 간청하는 것이다. 맺지 못할 관계는 빨리 헤어지는 편이 지혜롭다.

아브람은 최대의 양보를 했다. 그것은 지상의 것을 애착하지 않고 자신의 기업은 이 땅 좌우편 어디가 아니라 하나님 나라인 줄 믿는 소망이 있었기 때문이다. 화평케 하는 자는 하나님의 아들이 되는 것이다(마 5:9, 롬 12:18).

소돔을 선택한 롯

(창 13:10-13)

아브람의 양보는 예수의 정신으로(마 5:38-42) 신앙으로써만 할 수 있는 것이다. 이것은 원주민들의 공격을 막는 것이 되었고, 신앙적으로 하나님의 영광을 가리지 않았으며, 친족과의 관계가 평화롭게 해결되었다. 아브람은 이 땅의 분깃이 아닌 천국의 기업에 소망을 두고 산 것을 보여주었다. 이처럼 인간에게 있어서 선택은 중요한 것이다.

그리심산이냐 에발산이냐? 축복이냐 저주냐? 생명의 길이냐 사망의 길이냐? 넓은 길을 갈 것이냐 좁은 길을 갈 것이냐? 모세가 애굽의 권세 부귀영화냐? 선민과의 고난이냐? 하는 기로에서 후자를 선택하였다. 이제 롯은 아브람의 양보와 자기에게 주어진 우선권을 가지고 요단 온들을 택하게 되었다.

하나님은 "보라 내가 오늘날 생명과 복과 사망과 화를 네 앞에 두었나니… 내가 오늘날 천지를 불러서 너희에게 증거를 삼노라 내가 생명과 사망과 복과 저주를 네 앞에 두었은즉 너와 네 자손이 살기 위하여 생명을 택하고…"(신 30:15, 19)라 하였는데 롯은 사망과 화를 택하고 말았다.

세상적인 선택은 어리석은 것이다. 아브람은 여호와를 기업으로 삼고 앙망하였으나 롯은 땅만 쳐다보았다. 이것은 육욕적인 선택이었다. 아브람은 숙부요 연장자요 가장으로서의 우선권을 포기하고 선택의 권리도 포기했으나 롯은 염치없이 자기 욕심대로 선택했다.

하나님을 떠나거나 하나님의 우리에 대한 목적에 벗어나는 선택은 현명한 것이 아니다.

우리는 이렇게 극적이고 날카로운 선택을 좀처럼 경험하지 못했다. 이러한 인생이 잘 되느냐 안되느냐 하는 선택이 우리의 앞에 다가오는 때가 있다.

롯이 코 앞의 미래를 선택했고 아브람은 먼 미래를 기대하였다. 그리하여 롯은 점차적으로 악에 물들었고 단 한번도 제단을 쌓은 적이 없으며 악인의 꾀를 좇더니 죄인의 길에 서고 오만한 자의 자리에 앉아 버리고 말았다.

어떤 신앙인도 신앙생활을 소홀히 하면 악에 물들게 된다. 롯은 세상적으로 선택했다.

1. 롯은 안목의 정욕으로 선택하였다.

욕심과 탐욕의 눈으로 보았다는 것이다. "롯이 눈을 들어 요단을 바라본즉"이라고 하였는데 이것은 "욕심과 탐욕의 눈을 들어서 보았다"는 뜻이다. 하와가 "선악과를 본즉"(창 3:6)한 것과 똑같은 것이다.

단순히 좌우를 둘러 보았다는 뜻이 아니다. 이것 저것 세속적인 여러 조건을 따져가면서 보았다는 것이다. 탐욕의 눈과 마음으로 자기에게 주어진 기회를 최대한으로 이용하려 했던 것이다. 이스라엘이 요단강을 건너기 직전에 르우벤과 갓지파 사람들은 가축이 많아서 야셀과 길르앗 땅을 보고 가축에 적당한 땅이라고 하면서 요단을 건너지 않고 여기 머물게 해달라고 모세에게 요청했다(민 32:1-5).

그러나 모세는 이스라엘이 가나안을 향하여 총공격을 가할 중대한 시기에 너희만 여기 남으면 다른 지파 사람들의 사기가 떨어지는 것이라면서 가나안 정복이 끝나고 난 후에 그렇게 하라고 하였다.

이스라엘의 열두 지파 정탐꾼이 돌아와서 보고하는 때에 열 명은 불신앙으로 비관적 보고를 하므로 온 이스라엘이 밤새도록 모세를 원망하고 애굽으로 돌아가자고 아우성을 쳤다. 그러나 여호수아와 갈렙은 "우리가 두루 다니며 탐지한 땅은 심히 아름다운 땅이요 그 원주민은 우리의 밥이라"(민 14:1-10)고 역설하였다.

그들의 보는 눈이 달랐음을 알 수 있는 것이다. 열 명은 "그 땅 거민은 강하고 성읍은 견고하고 심히 클 뿐 아니라… 아낙 자손을 보았는데 우리보다 강하니 우리가 이기지 못하리라 우리가 탐지한 땅은 그 거민을 삼키는 땅이요 모든 백성은 신장이 장대한 자들이며… 거기서 네피림 후손 아낙 자손 대장부를 보았나니 우리는 스스로 보기에 메뚜기 같다"(민 13:25-32)고 하였다.

신앙의 눈으로 본 것과 불신앙의 눈으로 본 것의 차이점이다. 롯은 탐욕과 욕심의 눈을 들어 택했으니 안목의 정욕, 그것은 멸망을 보지 못한 눈이었다. 여호와의 동산 같은 곳으로 보았다. 물이 넉넉하여 목축업을 하는 롯에게는 조건이 좋았다. 지극히 즐거운 전망을 주는 곳이었다. 요단강에서 흘러내리는 물에 의하여 요단강 양편의 계곡은 매우 비옥했다. 요단들은 요단강을 중심하고 사해까지 이르는 평야이나 소알은 소돔과 고모라 근처에 있는 도시였다.

여호와의 동산 같다는 것은 애굽 땅이 나일강 때문에 비옥한 것을 생각한 것이다. 그러나 그 땅이 멸망을 받을 줄 누가 상상했을 까? 하나님은 아무리 여호와의 동산같이 아름다운 곳이라 할지라도 그가운데 악인들이 땅을 더럽히면 가차없이 멸하여 인간의 죄 때문에 비참해짐을 보여주신다. 롯의 안목이 정욕적이고 불신앙적일 때 아름다워 보였으나 그곳은 이미 심판이 내려지기로 작정된 곳이었다. 신앙의 눈이 아니면 그것을 볼 수 없는 것이다.

애굽 땅과 같이 보았다. 위의 "여호와의 동산"은 에덴동산인데 요단강이 롯의 눈에는 에덴동산에서 발원한 네 개의 강처럼 연상되었고 "애굽 땅과 같았더라"하니 애굽은 나일강이 있었으니 이 강은 천혜의 보고요 관개 수로시설이 잘 되어 있어서 다른 지방에서 기근에 고생할 때도 애굽만은 비옥했던 것이다.

정욕적인 안목으로 보면 세상 것은 이렇게 기름지고 윤택하여 유혹을 받기에 충분한 것이다.

하나님의 제단이 있는 아브람의 장막을 떠나 애굽땅과 같은 소돔 고모라로 가기만 하면 목축업에 대성공할 것이라고 믿었으니 롯은 가짜 신자임에 틀림없다.

예루살렘의 제단을 떠나지 말라고 했는데 제자들은 그곳을 떠나 고기잡이의 어장이라는 유명한 갈릴리로 내려 갔으나 한 마리의 고기도 잡지 못하고 실패했다. 그러므로 죄인들의 눈으로 애굽땅과 같이 보이는 것은 그곳으로 가까이 빨려가도록 유혹하는 것이고 거기서 결국 망하게 된다.

2. 롯은 아브람을 떠나 요단들을 택하고 동으로 옮겼다.

롯은 아브람을 떠났다. 롯은 아브람과 함께 하면서 물질적으로 큰 축복을 받았다. 제단을 쌓으며 하나님께 경배하는 아브람에게서 많은 신앙의 감화도 받았다. 그러나 이제 그들은 서로 떨어졌다. 롯이 그렇게 선택한 것이었다. 그의 선택은 하나님과 상의하거나 하나님께 묻고 허락권 안에서 한 것이 아니다. 의인 아브람에게 같이 있음으로 그가 얻을 수 있는 영육간의 많은 유익을 이제는 더 이상 받을 수 없도록 멀어져 갔다. 나중에 나타나는 결과지만 롯은 자녀들도 도덕적으로나 종교적으로 교육을 제대로 시키지 못했다.

롯이 아브람에게서 떠났다는 이 말씀이 롯의 장래를 예견케 하는 것이다. 의인은 한 사람만 있어도 예루살렘이 망하지 않겠다고 했고, 의인 열 사람만 있으면 소돔성이 망하지 않으리라고 하였다. 의인 아브람의 장막에서 살았으면 참으로 의로운 자가 되었을 것이다. 함은 의인이 아니었으나 의인 아버지와 함께 살다가 구원을 받앗다.

의인은 악인과 함께 멸하지 않는다. 의인의 길은 여호와께서 인정하신다(시 1:6). 하나님은 의인에게 복을 주신다(시 5:12). 의인을 감찰하신다(시 11:5). 의인의 세대에 계신다(시 14:5). 여호와의 눈은 의인을 향하신다(시 34:19). 의인은 절대로 버림을 당하지 않는다(시 37:25). 의인이 땅을 차지한다(시 37:29). 의인은 영원히 요동치 않는다(시 55:22). 의인은 흥왕하여 평강의 풍성함이 달이 다할 때까지 이른다(시 72:7). 의인은 종려나무같이 번성하고(시 92:12-14)

의인의 장막에는 기쁜 소리, 구원의 소리가 있다(시 118:15). 여호와께서 의인을 사랑하시고(시 146:8), 의인의 길을 지키시며(잠 2:20),

의인의 집에는 복이 있고(잠 3:33), 많은 보물이 있다(잠 15:6). 의인의 기도는 들으신다(잠 15:29).

그러나 롯은 의인의 곁을 떠나고 말았다. 그들이 서로 떠났다. 사실 그 두 사람이 서로 떠난 것은 두 사람의 불화 때문이지만 그 이면에는 사람의 눈에 보이지 않는 하나님의 계획과 섭리가 작용했던 것을 우리는 알아야 한다. 하나님은 아브람을 부르시고 본토 친척 아비집을 떠나라고 하셨다. 따라서 아브람이 그의 조카 롯과 함께 있는 한 그는 여전히 그의 친척을 떠나지 못하고 아비집과 밀접한 관계를 가진 상태인 것이었다. 롯은 아브람의 신앙생활에 방해가 될 뿐 육신적으로는 조카지만 영적으로는 장애자였다. 그러므로 하나님은 아브람에게서 롯을 분리하여 멀리 떨어지게 역사하신 것이다. 하나님은 인간의 실수를 통하여 하나님의 뜻을 이루시는 것을 볼 수 있다.

예수께서는 "사람의 원수가 자기 집안 식구리라"(마 10:36)고 하셨다. 롯은 물욕에 눈이 어두워 아브람은 안중에 없었고 매정하게 아브람을 배반하고 떠났다. 그것은 아브람에게는 잘된 일이었다. 믿음이 없는 친척이나 친구는 우리의 신앙생활에 퇴보를 주기 때문이다.

롯이 요단 온들을 택하고 동으로 옮겼다. 요단은 내려감을 의미하는데 팔레스틴에서 가장 큰 강이다. 안틸리바누스(Antilibanus)에서 발원해서 200마일을 경유, 27개처의 여울을 지나가고 처음에는 메롬(Merom)에 흘러가고, 그 다음에 653피트의 갈릴리 바다에, 마지막에는 지중해 해면보다 1316피트가 낮은 라쿠스아스 팔티테스(Lacus Asphaltites)에 들어간다.

롯은 요단강과 그 주위의 아름다움과 비옥한 토지에 매력을 느끼고 그외의 어떤 다른 문제나 고차원적인 문제는 생각지 아니했다.

아브람은 롯에게 있어서 보호자요 아버지였다. 그러나 롯은 선택에 있어서 아브람에게 먼저 드리는 예의도 없이 세속적 이해관계에 눈이 멀어 이기적 선택을 한 것이다.

아무리 눈을 들어 볼 때 에덴동산 같고 애굽과 같은 입지적 조건이 좋다고 해도 하나님이 그곳에 함께 하시지 않으면 그것이 오히려 화가 된다는 진리를 그는 몰랐다. 그의 정욕적 선택은 미구에 멸망을 끌고 왔다.

3. 롯은 장막을 옮겨 소돔까지 이르렀다.

아브람은 가나안 땅에 거하였다. 아브람은 가나안 땅에 그대로 거하여 있었다. 그 땅은 하나님이 그와 그 후손에게 주기로 약속한 땅이기 때문이다.

그는 얼마전에 하나님께 묻지 아니하고 기근이 심하다 해서 애굽으로 내려갔던 일을 크게 뉘우치고 회개한 바 있다. 하나님께서 다른 곳으로 가라고 지시하시기 전에는 절대로 가나안을 떠날 수가 없다고 생각하고 있었다. 왜냐하면 그 땅은 약속의 땅이요 제단을 쌓는 곳이기 때문이다.

야곱이 처가살이를 마치고 하나님께서 벧엘로 올라 가라고 지시하신 때에(창 31:3, 11-13) 하나님이 함께 하시겠다는 보장 속에 고향으로 가고 있었다. 하나님의 군대들에 의하여 라반이나 에서의 난을 해결했는데 그는 벧엘로 올라가지 아니하고 세겜으로 갔다. 그리고 그곳에다 축사를 짓고 여러 해 동안 살다가 디나사건으로 해서 불행한 일을 당하고 허둥지둥 벧엘로 올라갔다. 언제든지 성도는 하나님께 거하라고 지시하시는 자리에 있어야 한다.

부활하실 것을 예언하신 예수님은 "갈릴리로 가리라"고 하시면서 그곳에서 만나자고 하셨고 제자들은 그 말씀이 생각나서 갈릴리에 모였다(마 28:10, 26:32).

롯은 그 장막을 소돔까지 옮겼다. 롯은 세속에 빠지고 물욕에 눈이 어두워 동으로 점점 옮기다가 죄악의 도성 소돔성까지 들어가 앉았다. 롯이 금방 소돔성으로 들어간 것이 아니다. 서서히 들어간 것이다.

베드로는 롯을 의인(벧후 2:7-8)이라고 했다. 그러나 그는 죄에 깊이 빠져들어가는 세속적인 인간이 되고 말았다. 아브람과 함께 살 때는 제단을 쌓고 예배를 드렸으나 소돔성에 와서는 그런 흔적도 찾을 수 없고 딸들과 사위들도 도덕적으로 타락되어 있었다.

백노가 까마귀 노는 곳에 오래 머물러 있으면 까맣게 변한다. 롯은 악한 도성에서 약해졌다. 그는 많은 손해를 보았다. 침략군에게 생포 되기도 했고, 소돔성이 멸망될 때 겨우 구원을 받고, 아내는 소금 기 둥이 되고, 두 딸과는 추잡하고 부끄러운 죄를 범하고, 두 사위는 죽 고 말았다. 그가 소돔에다 장막을 쳤다는 것은 멸망받으려고 장망성 에 찾아들어간 것이다.

롯은 핍박과 괴로움을 당하였다. 악한 이웃과 산다는 것은 의인들 에게는 괴로운 일이 아닐 수 없다. 롯이 소돔성의 의인이라고 해도 이웃 사람들이 천사를 향하여 악행하려는 일에 대해서마저 저지시키 지 못하는 힘없는 사람이었다. 자기 두 딸을 그런 음탕한 남자들에게 주겠다고 할 만큼 나약하고 큰 죄인으로 타락해 있었다. 지혜자와 동 행하면 지혜를 얻고 미련한 자와 사귀면 해를 받는다(잠 13:20, 시 1:1).

언제나 하나님은 멸망시키기 전에 전도자를 보내사 회개할 기회를 주시는데 소돔성 사람들은 롯의 전도를 듣지 않았다. 그들은 여호와 앞에 큰 죄인이었다. 그들의 죄악의 정도가 그 양과 질에 있어서 상 식선을 넘어선 심각한 단계임을 의미하는 것이다. 롯은 소돔성에 살 면서 그들에게 핍박과 괴로움을 당했고 불행하게도 한 사람도 구원해 내지 못하는 부끄러운 의인이었다. 자신의 아내까지도 구원하지 못했 다.

확인된 하나님의 약속

(창 1314-18)

예수께서는 "온유한 자는 복이 있나니 저희가 땅을 기업으로 받을 것이라"(마 5:5)고 하셨고, 다윗은 "오직 온유한 자는 땅을 차지하며 풍부한 화평으로 즐기리로다"(시 37:11)라고 하였다.

예수는 온유하고 겸손하였으나 온 세계를 복음으로 정복하여 땅을 기업으로 얻으셨는데 아브람은 온유하여 조카 롯에게 선택의 권리마저 양보하였다.

롯은 그 권리를 한번도 양보하지 않았고 사양하지 않았으며 당연한 것처럼 선택의 권리를 행하여 소돔성으로 갔다가 망하고 말았고 아브람은 그가 양보한 것으로 오히려 큰 축복을 받았다.

그것은 이땅에서의 땅을 차지함과 동시에 하늘나라의 땅을 얻는 것이다. 하나님은 어제나 오늘이나 영원토록 동일하시다. 그 하나님이 아브람에게 주신 약속도 변할 수 없었다. 하나님은 영원히 변하지 않음과 같이 그 입으로 하신 약속도 변하시지 않으신다. 언제나 하나님은 약속을 지키신다.

하나님께서는 자신과 약속한 아브람의 선함을 보시고 그에게 약속을 더하여 이땅에서 그의 자손이 번성하게 되었다. 그리고 하나님의 약속은 지금 없는 일들에 관해서 마치 있는 것처럼 말씀하시니 즉 아직은 없는 상태로 주어졌다. 자손 번성을 약속하셨으나 현재 아브람은 자식 하나도 얻지 못했었다.

하나님의 약속을 절대로 파기 할 수 없는 것은 하나님은 신실하시기 때문이다.

하나님은 사래의 죽은 몸과 같은 몸을 일으켜 땅의 티끌처럼 바닷가의 모래처럼 하늘의 별들처럼 셀 수 없을 만큼 많은 자손들을 얻게 하셨다.

아브람은 그의 이성의 한계로는 하나님의 약속이 이루어지는 것을 이해하는 데 많은 시간이 걸렸다. 혹시나 아내의 불임을 생각할 때 조카 롯이 양자가 되는 것인가 하고 생각했을지도 모른다.

왜냐하면 15장에서 다메섹사람 엘리에셀이 나의 상속자라고(창 15:2) 하나님께 아뢰었던 경우를 보아서 그렇다. 그런데 이제 그렇게까지 생각했던 조카는 자신의 이익을 충족시키기 위해 소돔으로 갔고 홀로 쓸쓸히 남아 하나님의 약속이 어떻게 성취되는가를 궁구하고 있었다.

그때에 하나님께서는 아브람에게 약속하신 약속을 확인하셨다. 아브람은 사랑하는 조카가 떠난 자리에 사랑하시는 하나님이 오심에 감격했다.

1. 롯이 아브람을 떠난 후에 약속하셨다.

다툼이 끝난 후에 약속의 확인이 있었다. 아브람은 롯을 소돔으로 떠나 보내고 조용한 시간을 가졌다. 이제는 롯의 재산과 자신의 재산 때문에 싸우고 불화하며 다투는 치사한 일은 끝나 있었다. 사람의 정신이 고요하게 안정되어 어떤 경우에도 흔들리지 아니하는 때가 곧 하나님의 은혜를 받는 시기이다.

분쟁하고 다투는 곳에는 하나님은 오시지 않으신다. 야고보는 "시기와 다툼이 있는 곳에는 요란과 모든 악한 일이 있음이니라"(약 3:16) 하면서 이것은 세상적, 정욕적, 마귀적이라고 했다. 그러나 "하나님은 어지러움의 하나님이 아니시요 오직 화평의 하나님이시니라"(고전 14:33)고 하였다. 아브람은 다투지 아니하고 골육간에 화평을 유지하기 위하여 겸손하게 자기를 부정했다. 하나님께서 겸손한 자에게 찾아 내려오셔서 자기의 권리를 양보한 아브람에게 그 권리를 재확인 하신 것이다.

위로부터 난 지혜는 "성결하고 화평하고, 관용하고, 양순하며 긍휼과 선한 열매가 가득하고 편벽과 거짓이 없나니 화평케 하는 자들은 화평으로 심어 의의 열매를 거두느니라"(약 3:17-18)고 하였다.

롯이 떠난 직후에 약속의 확인이 있었다. 아브람에게는 아들이 없었고 여기까지 동행한 사람들 중에는 또 하나의 혈연이었다. 롯을 형식적 신자였다고 해도 외방에 나와서 참으로 헤어지기 싫은 형제의 아들이었다. 롯은 매정하리만큼 뒤도 돌아보지 아니하고 장망성을 찾아 떠나가고 말았다.

인간적으로 허전하고 울적했을 것이다. 동시에 배신감같은 괴로움이 꿈틀거렸을 것이다. 장차 어떻게 할까? 여러 가지 착잡한 생각으로 몰두하고 있었다. 그리고 본토인들에 대해서 생각할 때 두려운 생각도 들었다. 그때에 여호와께서 아브람에게 찾아오신 것이다.

사랑하는 친척을 떠나보내고 잃어버린 허전한 마음의 아브람에게 보상이나 하는 듯이 하늘의 영원한 친구가 나타나신 것이다. 조카를 잃고 멀리서 실망과 비탄과 고독에 잠겨 있을 때 하늘의 벗 하나님이 위로와 소망의 말씀으로 낮게 내려 오셨다. 롯은 멀리 떠났고 하나님은 가까이 찾아오셨다. 인간은 언젠가는 우리 곁을 떠나도 하나님은 떠나지 않으신다.

아브람이 홀로 있을 때 약속의 확인이 있었다. 롯은 좋은 곳, 에덴동산과 같고 애굽과 같은 좋은 곳으로 떠났다. 그는 야망을 가지고 그곳을 차지하려고 떠났던 것이다. 아브람은 홀로 남아 고독하게 있었다. 그때에 하나님께서 아브람에게 내려오셨다.

아브람이 좋은 곳을 선택하고 떠난 데 대해서 롯을 부러워 하거나 롯에게 우선권을 준 것에 대해서 후회하지 않게 하시기 위해서 인간 친척은 멀어졌으나 하늘의 친구는 가까이 있다는 것을 확인시켜 외롭지 않게 하려고 오셨다.

롯은 세상의 아름다운 곳을 택했으나 아브람은 위에 계시는 보이지 않는 하나님을 선택하였다. 그러므로 그 하나님께서 그것을 확인시켜 주시기 위해서 오신 것이다.

롯은 낙원같은 땅을 가졌다면 아브람은 하나님을 소유했다. 아브람이 좋은 편을 택했다고 가르쳐 주시기 위해서 오셨다. 적절한 때에 하늘의 위로와 보호가 오신 것이다. 예수께서도 산으로 들어가 홀로 계셨고(요 6:15) 모세, 엘리야, 바울 등도 홀로 하나님을 만나 영력을 얻었다.

2. 하나님의 약속 확인의 내용이 있다.

보이는 땅을 너와 네 자손에게 주리라는 것이다. 아브람은 조카를 잃은 슬픔과 아들 하나 없는 한심함, 원주민들의 사이에 사는 고독함이 깊어져서 하나님의 방문과 위로와 소망과 도움과 보호가 필요했었다. 그때에 하나님께서 높은 영광의 하늘나라에서 낮고 천한 아브람의 처소까지 찾아오셔서 과거에 약속하셨던 것을 재확신하셨다. 이것은 아브람에게 큰 은혜가 아닐 수 없었다.

아브람은 요단들은 롯에게 양보하여 사실상 상실감이 컸다. 그러나 가나안의 전 지역을 얻게 되리라는 약속을 받았다.

예수께서는 "내 이름을 위하여 집이나 형제나 자매나 부모나 자식이나 전도를 버린 자마다 여러 배를 받고 또 영생을 상속하리라"(마 19:29)고 약속하셨다.

"보이는 땅" 그리고 "동서남북을 바라보라, 보이는 땅을 너와 네 후손에게 주리라"고 하셨다. 야곱에게는 "너 누운 땅을 너에게 주마"(창 28:10-22) 하셨다. 여호수아에게는 "너 밟는 곳을 너에게 주마"(수 1:2-7)라고 약속하셨다. 하늘나라의 땅에 대한 지상의 모형은 가나안 땅(히 11:8-10)인데 하나님은 아브람에게 보다좋은 가나안 땅과 하늘나라 땅을 주시겠다고 약속하신 것이다. 그리고 그것을 주시되 영원히 주리라는 것이다. 아브람의 영적 후손이 된 성도들도 천국의 가나안 땅을 영원히 차지하게 되는 것이다.

롯은 "눈을 들어 요단들을 바라보았다"고 했는데 그것은 감각의 눈으로 본 것이지만 아브람이 "동서남북을 바라보는 것"은 믿음의 눈으로 본 것이다 "너는 일어나서 그땅을 행하여 보라 그것을 네게 주리라" 하셨다(시 48:12). 장차 향유할 땅이지만 벌써 밟고 있는 것이다.

네 자손으로 땅의 티끌 같게 하리라는 것이다. 아브람은 고립되어 있고 아내는 불임이기 때문에 이것이 어떻게 되어질까 궁금했으리라 생각된다. 본토 족속들은 세력이 강하고 자신은 무자한 상황이다. 성도는 하늘의 기업에 대하여 의심할 때가 있다. 그러나 하나님께서 확인시켜 주시는 것이다. 아브람의 후손은 많을 것이라고 하셨다. 상속할 재산을 주시는 하나님은 상속할 후손도 주신다. 거룩한 성지를 마련하신 분이 거룩한 씨도 주신다.

이것은 영적인 축복이다. 혈통에 의해서가 아니라 은혜에 의해서 아브람과 관계를 맺은 후손을 의미한다. 그것은 믿는 자들인 것이다. 롯은 세상적인 부와 명성으로 유명했다면 아브람의 후손은 교회와 세상을 위해서 구원의 귀중한 진리를 인하여 구원의 후손이 많아지므로 유명해진다.

3. 약속을 확인받은 아브람은 장막을 옮겼다.

이에 아브람이 장막을 옮겼다. "이에"라는 말은 "그리고"인데 "하늘의 음성이 지시한 즉시"라는 뜻이다. 하나님께서 명령하신 즉시 행동에 옮긴 신속성을 나타낸 말이다. 하나님의 말씀이 떨어지자마자 신속하게 장막을 옮겼다는 것이다.

장막은 임시로 치는 것으로 그의 지상에서의 나그네 생활 모습을 엿볼 수 있는 것이다. 롯이 장막을 소돔으로 옮길 때 하나님의 음성을 듣고 행동했을까? 그는 안목의 정욕을 갖고 피상적으로 좋아 보여서 그곳으로 옮겼다.

아브람은 두렵고 허전하고 외롭고 고독했으나 하나님께서 친히 오셔서 명령하실 때까지 움직이지 않았다.

이것이 나그네 성도의 생활 원리인 것이다. 하나님의 말씀 따라 신속하게 움직이는 것이 신앙이고 장막생활에 만족하는 것이 나그네 인생의 원리인 것이다.

헤브론 마므레 상수리 수풀에 거했다. 아브람은 남쪽으로 가다가 헤브론에 머물게 되었는데, 이곳은 벧엘 남방 예루살렘 남쪽 약 30km 지점으로 기럇 아르바(창 23:2)라는 곳이다. 유다의 산지로 해발 3040 피트라고 한다(수 15:48-60). 헤브론은 팔레스타인의 성읍 중 가장 오래된 성읍으로 초기에는 이방 국왕이 거했고 후에 도피성을 두었으며 그 지역을 레위인에게 주었다.

다윗이 유다의 왕위에 올라 7년 간은 헤브론에서 다스렸고, 아브람과 이삭과 야곱, 사라, 레아 등이 여기에 묻혔다. 마므레는 아모리 족속에 속하는 사람의 이름이고 상수리 수풀은 마므레가 우호관계에 의하여 아브람에게 준 듯하다. 헤브론은 "하나님의 친구"라는 뜻으로 아브람은 여기에서 하나님이라는 친구와 교제했다. 성도는 수풀 근처에 살지라도 하나님이 친구가 되셔서 함께 계시므로 언제나 어디서나 행복한 자이다.

여호와를 위하여 단을 쌓았다. 아브람은 어디를 가나 장막을 치고 여호와를 위하여 단을 쌓는 신앙생활에 정진했다. 이것이 그를 믿음의 조상되게 한 것이다.

하나님은 신령과 진정으로 예배하는 자를 찾으시고(요 4:24), 경건하여 온 집으로 더불어 하나님을 경외하며 백성을 많이 구제하고 하나님께 항상 기도하는 사람을 기억하시고 들으시고 축복하신다(행 10:2, 4, 31, 44-47).

"예배(Worship)"는 "가치를 돌린다"는 뜻이다. 인간이 마땅히 하나님께 돌려야할 영광을 돌리는 것이며 경외와 감사로 찬양하여 높여드리는 것이다.

최초의 국제 전쟁

(창 14:1-12)

인류 역사 이후 성경에 기록되고 있는 전쟁기사는 이것이 처음이다. 아브람과 롯이 최초의 전쟁에 관계되고 있어서 이 기사는 우리에게 많은 교훈을 주고 있다.

"당시에"라고 한 것은 아브람과 롯이 헤어진 후에 롯이 소돔의 시민이 되어 있는 때라고 생각된다. 소돔성으로 이주한 롯에게 있어서 이 전쟁은 큰 시련이 아닐 수 없었다. 롯의 출발은 당당했으나 여지없이 실패로 끝나고 만다. 많은 재산을 벌려고 왔으나 포로가 되어 끌려가는 신세가 된 것이다. 전쟁은 참으로 무섭고 비참한 것이다.

세계2차대전 때 사망한 사람의 수는 미국이 29만, 영국이 30만, 소련이 750만, 프랑스가 20만, 중국이 220만, 이태리 30만, 일본이 150만, 독일 300만이었다고 한다.

1955년 12월호 <센트루이스, 포스트지>에는 주전 3600년부터 지금에 이르기까지 세계적으로 평화가 유지되었던 것은 292년에 불과하였고, 기록상 있는 전쟁수만 대소 14513회나 되고, 죽은 사람은 36억 4천만이며, 재산 손해는 두께 30척 넓이 100마일의 순금 띠로써 지구를 한번 둘러쌀 수 있는 약수였다(미화로 500,000,000억불)고 하였다.

기원전 650년부터 세계인들은 1656회의 군비경쟁을 했으나 군비경쟁이 직접 원인이 된 전쟁 수는 1640회가 되고, 16회만이 전쟁을 회피할 수 있었으며, 과거 3200년 간에 평화에 관한 조약이 4711개 있었는데, 그중에서 4692개는 파기되거나 실패, 겨우 14건만 강화되었다.

지금까지 764회의 조정 시도가 있었는데 성공한 경우는 하나도 없었다고 하였다.

　성경에도 이스라엘이 얼마나 많은 전쟁을 치렀는지 나타나고 있다. 전쟁사라고 할만큼 구약시대에는 전쟁기록이 많다. 전쟁은 동기나 뜻이 정당할 때 있을 수 있는 것이다. 민족적 독립을 쟁취하거나 유지하려고 할 때, 자유를 옹호하고 인권을 보존하려 하며, 폭군에게 도전할 때에 전쟁은 피할 수 없는 것이다.

　그러나 싯딤 계곡에서의 역사상 첫 전쟁은 전쟁의 명분을 찾아 볼 수가 없다고 할 것이다. 여기 다섯 왕들은 자유쟁취를 위해 싸웠으나 그들의 입장에서 보면 권리행사라고 할 수 있을 것이다. 그들 자신도 본래에 셈 족속에게 주어진 땅을 침략한 자들이었다.

1. 전쟁의 당사자들이 있다.

　침략한 자는 네 나라 왕이다. 침략한 왕들은 시날왕, 엘라살왕, 엘람왕, 고임왕이다. 여러 나라 왕들은 직접 큰 왕국을 다스리는 군주나 왕이 아니고 어떤 지방의 영주거나 수령을 의미하는 것이다.

　시날은 바벨론을 의미하는데 그 왕이 아므라벨이었고 그 뜻은 "신들의 수위"라는 것이다. 엘라살은 유브라데강 동쪽에 있는 나라이고, 아리옥이 그 나라의 왕이었으며 "존경하다"는 뜻이다. 그 이름의 어근은 "사자"라는 것에서 기원된 듯하여 이 말에서 "용맹스런"이라는 말이 나왔다(단 2:14).

　엘람은 바벨론의 동쪽, 페르샤만의 북쪽에 위치하였는데(10:22) 파사에 해당하는 지역으로 그 왕 그돌과 오멜은 "한 웅큼의 곡식단"이라는 뜻이다. 고임은 "열국 또는 백성들(열방 나라들)"이라는 뜻인데 그 왕 디달이 "두려움, 경외, 공포, 광채, 유명함"이라는 뜻이지만 셈 족 계통이 아닌 듯 싶다. 이 왕은 가나안과 메소포타미아 지역을 돌아다니면서 여러 부족과 그들의 영토를 약탈하던 자가 아닌가 생각한다.

　침략을 받은 자는 다섯 나라 왕이다. 침략을 당한 나라의 왕들은 베라, 비르사, 시납, 세메벨, 벨라 등 다섯 왕이었다. "소돔"은 역청이 있는 땅 위에 세워진 도시인데 "불탐, 큰 화재"라는 뜻이다. 탄다는 의미의 말에서 왔고 둘러싸다라는 뜻의 말에서 왔다고 하면서 석회지대, 포위된 지대라고 해석도 한다. 소돔의 왕은 베라이다. 그 뜻은 "은사"라는 것이다. 소돔같은 심판의 큰 화재에서 구원을 받는다는 것은 하나님의 은혜밖에 없다. 그리고 베라는 "정복자, 파괴, 파멸"이라는 뜻이 있다. 그가 하나님의 은혜로 구원되기를 거절하고 정치적, 군사적인 힘으로 이겨보려고 하다가 파멸되고 만 것이다.

고모라는 "문화, 거주, 틈, 갈라진 곳" 등이라는 뜻이고 그 나라 왕 비르사는 "큰 자, 강한, 길고 두꺼운, 악의 아들, 두꺼운" 등의 뜻이다. 아드마는 과일지대, 농사짓는 성읍이라는 뜻이고, 그 왕 시납은 신은 아버지, 아버지의 이, 압의 광채, 시원함의 뜻이다.

"스보임"은 작은 영양들이라는 뜻이며 그 왕 세메벨은 "높이 솟은, 그의 이름이 위대하시다"라는 뜻이다. 소알은 "작다"는 뜻인데 이 이름이 후에는 성읍의 이름으로 주어졌으며(창 19:22) 벨라는 "삼켜진, 삼킴"이라는 뜻이다.

전쟁 당사자들의 이름이 정확하게 기록되어 있다. 아마드, 스보임, 소알 등은 요단 평지 근처에 모여있던 다섯 지방의 왕들이다. 그런데 네 왕의 이름은 나와 있으나 소알 곧 벨라 왕의 이름은 적혀있지 않았다. 그가 다른 왕들보다 대단치 않아서였던가 아니면 악하고 수치스러운 인물로 잊어버리고 싶은 인물이었기 때문인가? 아무튼 이 부분에서 여러 왕들의 이름이 아주 정확하게 기록되어 지금도 발굴되는 조각문에 나오는 것과 일치한다는 것이다.

우리는 여기서 여러 군주들의 이름을 읽을 때 여호와 하나님을 믿는 신앙과는 무관한 채 자기들이 다스리는 백성들 사이에서 신적 존재로 군림하고 있었음을 알 수 있다.

우리는 역사의 페이지에 우리 이름이 남기를 기대한다. 그러나 여호와 하나님을 공경하는 신앙인으로서 영원히 남기를 기도해야 하는 것이다.

2. 전쟁의 동기가 있다.

싯딤골짜기(염해)에서 싸웠다. 염해는 싯딤 골짜기가 변하여 된듯 하다. 아마 소돔 고모라에 유황불이 내릴 때에 골짜기가 변하여 바닷가 되어는지도 모른다. 사해는 염해에 해당하는데 그 바다에는 염분이 많다. 보통 염분이 6%인데 사해의 염분은 24배나 된다고 한다.

"싯딤 골짜기"는 이 세상 모형이다(3, 10절).

싯딤은 골짜기인데 그들이 싸운 전쟁터가 싯딤이었다. 이 세상은 전쟁터이고 죽이고 죽는 곳이며, 포로되는 곳이며, 불행의 골짜기, 사망의 음침한 골짜기, 아간이 죽은 곳과 같은 아골 골짜기, 강도 나타나는 여리고 골짜기, 해골만 즐비한 에스겔의 환상에 본 골짜기이다. 이 세상은 전쟁터이다.

국가와 국가간의 전쟁, 사상과 이념의 전쟁, 종교의 진리와 거짓과의 전쟁, 미가엘과 악마와의 전쟁, 선과 악의 전쟁, 신 불신의 전쟁이었다. 그러므로 전쟁터에 있는 인간은 어느 쪽 군대든지 소속되어 싸우는 전사이다.

싯딤은 염해라고 하였다. 소금계곡, 숲이 우거진 계곡, 바위 골짜기로 싸여진 들(10절)인데 그곳에 도시가 멸망당한 후에 염해가 생긴 것이다(19:24-25). 사해는 지중 해면 보다 400m나 낮아서 세상에 가장 낮은 곳이다. 염분이 많고 해면은 황폐하며 사해 북쪽 1마일 지대 안에 있는 요단강 계곡의 초목들은 시들어 버려 있다. 남서쪽 구석에는 소금 바위가 있는데 원추형의 조각으로 되어 있다.

염해는 요단강물을 받기만 하고 흘러내려가지 못하고 고여있어서 생물이 살지 못하고 죽는다. 폭이 30리, 길이 50리의 큰 호수이다. 세상은 영원한 생명이 살 수 없는 염해와 같다.

싯딤은 역청 구덩이가 많은 곳이다. 역청이나 아스팔트 때문에 도망하기에는 적당치 않다. 사해 근처에 있는 어떤 구덩이는 116피트나 되고 길이가 15피트가 되는 역청층으로 되어 있고 칠흙과 같이 검다.

이 세상은 빠지기 쉬운 구덩이와 함정, 그것도 한번 빠지면 헤어나올 수 없는 구덩이가 얼마나 많은지 모른다.

이방 여인은 좁은 함정이고(잠 23:27), 음녀의 입은 깊은 함정이다(잠 22:14). 사람의 생명을 해하려고 함정을 파는 자들이 있으나(시 34:7), 그들은 자신이 만든 함정에 빠진다(시 7:15). 그들은 정직한 자를 악한 길로 유인하여 함정에 빠뜨리려 꾀하나 그들 스스로가 자기 함정에 빠지고 만다(잠 28:10).

사람의 피를 흘린 자는 함정으로 달려가고(잠 28:17, 애 4:20). 범죄하면 이방이 듣고 함정으로 잡아간다(겔 19:4). 악인에게는 함정의 길이 베풀어져 있다(욥 18:10). 그리고 내 식물을 먹는 자들이 내 아래 함정을 베푼다(욥 1:7). 그러므로 땅의 거민에게 성경은 "두려움과 함정과 올무가 임한다"(사 24:17, 렘 48:43, 44)고 경고하고 있다.

소돔왕 베라, 고모라 왕 베르사, 아드마 왕 시납, 소보임왕 세메벨, 벨라 곧 소알왕 등이 12년 동안 엘람왕 그돌라오멜을 섬기다가 제 13년에 배반하였다. 이것이 역사상 처음으로 전쟁을 하게 된 동기가 된 것이다.

그돌라오멜의 엘람족이 셈족 계통(10:22)이라는 사실을 가나안 족이 장차 셈족의 지배를 받게 되리라는 예언이(9:26) 역사적으로 성취됨을 보인다. 그들은 조공을 바쳐야 했기 때문에 농산물도 남는 것이 없었다. 언제나 강대국에게 있어서 약소민족은 먹이와 같은 것이었다.

소돔인들도 셈의 종이 되리라고 예언했던 가나안의 후손들이었다.

교만과 탐욕과 야심 등이 전쟁을 일으킨 것이다. 롯이 이 싸움에서 포로가 된 것이다.

하늘의 시민권자가 높고 거룩한 지위를 버리고 세상의 물질과 명성을 추구하면 필연적으로 이세상의 싸움에 말려들고 부끄럽게도 무신론자들의 포로가 된다. 마귀의 포로가 되는 것이다.

소돔 고모라의 악하고 음탕한 곳에 하나님의 심판의 군대는 무섭게 침략해오는 것이다.

하나님의 말씀은 그대로 성취된다는 것이다. 앞에서는 말하였거니와 소돔인들이 가나안의 후예이고, 엘람왕이 셈족이라고 했을 때 노아의 예언과 같이 그들은 셈의 종이 되어 주인을 잘 섬기는 것이 옳은 것이었다.

그런데도 그들은 12년을 섬기다가 배역하였다고 한다. 그러므로 이 전쟁은 "셈족과 가나안족"의 싸움인 셈이다. 하나님의 말씀은 어김이 없다. 일점일획도 성취되지 않는 것이 없다.

우리는 셈의 후예로서 예수 그리스도의 장막 안에서 산다. 그러나 우리 장막 안에서 종노릇할 가나안이라는 배신자들 때문에 영적인 전쟁을 하지 않을 수 없다. 교회 안에는 두 종족이 있어 싸우고 있다. 아브람의 가정에도 이삭과 이스마엘이 싸웠다. 리브가의 복중에서도 야곱과 에서가 싸웠다. 우리의 마음 속에도 선과 악이 끊임없이 싸운다., 세상에도 하나님의 군대와 악마의 군대들이 싸우고 있는 것이다.

3. 전쟁의 결과가 있다.

소돔의 동맹국들이 패했다. 그돌라오멜과 동맹한 왕들은 소돔의 동맹국들을 쳐서 승리하였다. 반역하여 일어났다가 패하고 만 것이다.

첫째로, 아스드롯 가르나임에서 르바 족속을 쳤다. 아스드롯 가르나임은 "두 뿔의 아스드롯"이라는 뜻이다. 아스드롯은 가나안 족속이 섬기던 풍요의 여신 아스다롯을 의미한다(삿 2:13). 추측컨대 사해 동쪽 45km 지점에 있는 가르나임 성읍 부근이 아닌가 생각된다.

르바족속은 "크다"는 뜻으로 이름 그대로 그들은 거인족이었다. 이 족속은 가나안 땅에 거주하던 초기 원주민으로 르바임 족속이라 불렸다(신 2:11).

바산왕 옥이 이 족속의 마지막 왕이었는데 길이 4.1m, 넓이 1.8m의 침상에서 잘 정도로 거대한 인종들이었다(신 3:11).

이 족속은 가나안 평지 다섯 족속과는 상관이 없었으나 공략한 것을 보면 엘람의 명에 대항하여 일어난 반란은 가나안 주변의 많은 족속들에게 호응과 도움을 받았던 것 같다.

둘째로, 함에서 수스족속을 쳤다. 함은 암몬족속 랍바의 고대 명칭인 듯한데(신 3:11) 랍비는 암몬의 수도이다(삼하 12:26).

수스족속은 삼숨밈(신 2:20)이라고도 하는데 아르논강과 얍복강 사이 르바족속 지경에 살았다고 생각된다.

셋째로, 사웨기랴다임에서 엠족속을 쳤다. 사웨기랴다임이란 "기랴다임의 평원" 또는 "두 도시의 평야"라는 뜻으로 후에 르우벤 지파에게 주어진 지역이다(민 32:37). 엠족속은 모압 땅의 거주자들로 아낙족속, 르바임 족속과 함께 거인족이다.

넷째로, 세일산에서 호리족속을 쳐서 엘바란까지 이르렀다. 세일산은 사해 남쪽, 아바라 평지 동쪽에 위치한 산맥으로 후에 에서의 후손인 에돔의 소유지가 되었다. 나무가 있는 털이 많은, 울퉁불퉁한 짙은 수풀이나 그 주변에서 자라는 수풀에 관련된 뜻이 있다(신 2:12, 렘 49:16). 광야 근방 엘바란은 에돔과 애굽의 비옥한 땅 사이에 위치한 곳으로 이곳을 지나서 이스라엘은 시내산으로 행군을 했다. 엘바란은 아카바만에 있는 항구이다. 호리족속은 에돔족속의 이전 이름이다. 그 이름은 세일과 동의어이다.

다섯째로, 가데스에 이르러 아말렉 족속을 쳤다. 엔미스밧은 "심판의 우물"이라는 뜻이고, 가데스는 "거룩한 샘"의 뜻으로 본명은 덴미스밧이며 가데스 바네아(민 32:8, 신 1:2)라고도 불려지고 현재는 아덴가데스이다. 아말렉은 에서의 손자이자 엘리바스의 아들인 아말렉(36:12)에게서 비롯된 족속이다.

여섯째로, 하사손 다말에 사는 아모리 족속을 쳤다. 하사손 다말은 "종려나무의 전지"라는 뜻인데 후에는 엔게디(들염소의 샘)라고 명칭했다. 사해 서쪽 해변의 중간 지점에 위치하여 주위의 종려나무와 포도원, 고벨화로 유명하며(약 1:14) 다윗의 피난처이기도 했다(삼상 23:29).

아모리족속은 함계통의 족속으로(10:16) 팔레스틴 수리아 바벨론 등지에서 살았다. 이와 같이 엘람의 연합군이 아말렉 지경과 사해서안 지대까지 초토화시켰다.

다음에, 소돔의 동맹국 도성이 약탈을 당했다. 엘람의 강력한 연합군이 쳐들어가는 곳마다 모든 재물과 저축해 두었던 양식들을 빼앗아갔다.

하나님께서 주신 축복을 남용하거나 정욕적인 목적에 쓰는 자들을 하나님이 심판하시되 여러 가지 방법으로 하신다(호 2:8-9). 기근으로 하고 도적으로 도적맞게 하며 전쟁으로 약탈당하게 하신다.

롯은 물질적으로 풍요한 도시를 선택했으나 그것을 적들에게 하루 아침에 약탈당하여 비참한 실패자가 되고 만 것이다. 소돔의 롯이 생포되어 끌려갔다. "소돔에 거하는 아브람의 조카 롯도 사로잡고 그 재물까지 노략하여 갔더라"고 하였다. 하나님을 가까이 하지 아니하고 세상 쾌락과 재물만을 따라 살던 자의 결국은 비참함이라는 교훈이 여기 있다.

침략자들은 악인들과 함께 의인이라는 롯도 잡아갔다. 모든 것이 모든 사람에게 같이 임한다(전 9:2). 의인이라 할지라도 악한 이웃들로 인하여 악한 결과를 당하게 되는 것이다.

그러므로 롯은 아브람의 장막에 같이 살았어야 했다.

아니면 소돔성의 악한 자들과는 아주 먼 곳에서 살아야 했다(고후 6:17, 계 18:4). 이제 하나님은 롯에게 징계의 채찍을 든 것이다. 잘못된 종을 전쟁으로, 재산의 상실이라는 것으로 징계하셨다. 그러나 그의 생명을 안전하게 하시는 사랑을 베푸셨다.

아브람의 출전

(창 14:13-16)

아브람은 처음이자 마지막인 군사행동을 여기서 하게 된다. 그가 자기 가속을 거느리고 출전한 것은 그 자신의 허욕이나 야심 때문이 아니고 순수한 사랑의 발로였다. 아브람 개인으로서는 전쟁을 수행할 수 있는 힘이 없었고 당시의 상황으로 보아 그가 승전할 수 있는 확률은 희박한 것이었다. 그러나 그는 소돔성에 조카와 많은 사람들이 포로되어 잡혀갈 때에 분연히 자리에서 일어났다.

그때 아브람은 사람들의 싸움을 피하여 장막 속에 조용히 있었고 하나님과 교통하는 가운데 예배했으며 평화롭게 있었다. 그런데 그때에 이 급박한 소식이 그에게 전해진 것이다. "내가 내 조카를 지키는 자요?", "내 조카는 나를 제치고 그곳을 선택하여 나를 떠난 자요!", "나는 이 땅의 나그네일 뿐이고 목축업을 위해서는 자신이 있을지 모르나 전쟁에는 무기 하나도 없고 경험도 없다"고 말하면서 전언한 사람을 돌려보냈을 수도 있다.

아브람은 구령심에 불타는 마음으로 주저않고 출전했다. 이것은 아브람의 새로운 모습인 것이다. 그는 신앙인이요 평화의 사람으로 그 모습을 보여왔는데 여기에서 전사의 모습을 드러내고 있다. 아모리 연합세력의 선두에 서서 엘람과 아시아의 통치세력에 대항하여 싸웠다.

그리스도인의 책임은 시대와 상황에 따라 다르다. 어떤 때는 집에 조용히 앉아 기도하고 있어도 되지만 어떤 때는 목숨을 걸고 싸움터에 나아가지 않으면 안된다.

바울은 "우리의 씨름은 혈과 육에 대한 것이 아니요 정사와 권세와 이 어두움의 세상 주관자들과 하늘에 있는 악의 영들에게 대함이라" (엡 6:10-12)고 하였다. 소돔성의 재산과 사람들을 약탈 생포하여 끌고가는 것은 마귀의 소행이기 때문에 성도는 그 영혼들을 살려오기 위해서 마귀와 싸우지 않으면 안된다는 것이다.

베드로도 "근신하라 깨어라 너희 대적 마귀가 우는 사자같이 두루 다니며 삼킬 자를 찾나니 너희는 믿음을 굳게 하여 저를 대적하라 이는 세상에 있는 너희 형제들도 동일한 고난을 당하는 줄을 앎이니라"(벧전 5:8-9)고 하였다.

1. 아브람이 급보를 받게 되었다.

도망한 자가 와서 고하였다. 도망한 자는 엘람 연합군이 소돔성을 칠 때에 간신히 목숨을 부지하여 도망했거나 포로가 되어 잡혀가다가 탈출하여 아브람에게 이 사실을 고했던 것이다. 그는 소돔의 시민이요 따라서 소돔의 세속에 물든 악한 사람이었음에 틀림없다. 그는 아브람과 롯과의 관계를 알고 있었고 아브람에 대한 이야기를 많이 들었었다.

가장 악한 자도 환난에 처하면 현명하고 독실한 하나님의 사람과 친해지고 싶어하고 도움을 요청하려 한다. 지옥에 내려간 부자가 아브라함에게 "아버지 아브라함이여"(눅 16:19-28)라고 불렀고, 미련한 다섯 처녀는 지혜있는 다섯 처녀에게 아첨하는 말을 하였다(마 25:1-13). 하나님의 사람들은 비록 배신을 당했으나 악인이 도움을 요청해 올 수 있는 만큼 인정을 받고 진실해야 한다.

히브리 사람 아브람에게 고하였다. "히브리 사람"은 성경에서 처음으로 언급된 명칭인데 셈 계통의 에벨의 후손(10:21)을 의미했고 후에 이 명칭은 하나님의 선민인 아브라함의 모든 후손을 가리키는 민족적 의미로 쓰였다.

유브라데스강을 건너온 이주자로 아모리 족속 마므레에서 아브람을 구별하기 위해서 에벨의 후손으로 그 뒤를 잇는 자라는 뜻이다.

히브리 사람이라는 명칭은 아브람은 "이주한 나그네", "유브라데스 강을 건너온 세상을 완전히 등진 구별된 사람", "약속의 나라를 소망하여 건너온 세상을 뒤돌아 보지 않는 전진하는 자"라는 것이다. 아브람은 당시 불신 사회 사람들에게도 히브리 사람으로 공인받고 있었다.

마므레의 상수리 수풀 근처에 거할 때이다. 롯이 소돔 고모라의 도성에서 악하게 오염되고 있을 때에도 아브람은 수풀 근처 상수리나무 근처에 거하면서 조용히 경건하게 제단에 엎드려 하나님과 신령한 교제를 나누고 있었다. 그는 세상과 멀리 떨어져 제단에 가까이 있었고 세상과의 인연을 끊고 하나님과만 교제를 계속하고 있었다.

아브람은 마므레라는 사람과 유대관계도 원만했다. 마므레는 에스골의 형제요 아넬의 형제인데 아브람과 이들은 동행했다. 에스골은 "포도송이"의 뜻이며 이들은 가나안족 중요인물로 아브람과 동맹관계에 있었다.

아브람은 위로 여호와 하나님과 사귀면서 이 땅에 신실한 사람과의 관계도 원만하게 이어나갔다. 참으로 위로 하나님을 사랑하고 아래로는 사람을 사랑해야 하는 것이다. 그리하면 그것이 나를 사랑하는 것이다. 보호를 받는 길이다. 힘을 모을 수 있는 것이다.

2. 아브람이 적을 추격하였다.

조카의 포로소식을 듣고 추격했다. 아브람은 관대하고 마음이 넓은 사람이었다. 조카 롯이 우선권을 행사함으로 두 사람이 갈라섰고, 이것이 웃어른을 배신한 것이므로 섭섭했겠지만은 내색하지 아니하고 조카가 잘되기를 기도해 왔었다. 그런데 갑자기 이런 급보를 접하게 되었다. 아브람은 네가 선택한 길이니 나 몰라라 하지 않았고 조카를 원망하지 않고 그와 인민들을 구출하는 일에만 전심을 기울였다.

여기서 아브람은 무엇보다도 사람의 생명을 가장 귀하게 여겼다는 사실을 알 수 있다. 다른 사람의 생명을 구원하기 위하여 그는 자기의 생명을 돌보지 않았다.

구령심에 불타는 사람이었다. 예수께서 타락한 죄인을 구원하시기 위하여 낮고 천한 이 세상 전쟁터까지 내려오셨고 십자가에 죽으심으로 구속사업을 완성하셨다.

바울은 "나의 형제 곧 골육의 친척을 위하여 내 자신이 저주를 받아 그리스도에게서 끊어질지라도 원하는 바로라"(롬 9:1-3)고 고백하면서 이스라엘이 구원받기를 원했다.

집에서 기르고 연습한 자를 거느리고 추격했다. 아브람이 거느린 군대는 집으로는 대 가족이고 기드온의 삼백 용사에 비하면 소규모의 숫자였다(삿 7:7). 아브람의 집은 교회이고 그가 거느린 318명의 가속은 한 가족 식구인 교회의 성도들이다.

아브람은 가정교회 성도들을 적과 싸우는 군사들로 기르고 연습시킨 것 같다. 선한 일꾼은 "선한 교훈으로 양육을 받고, 경건에 이르기를 연습한다"(딤전 6:6-8)라고 하였고, "성도는 그리스도의 좋은 군사"(딤후 2:3-4)라고 하였다.

연습한 자는 무장시킨 자, 훈련을 받은 자, 교육을 받은 자라는 뜻이지만 무장훈련을 반드시 받았다는 뜻은 아니다.

그러므로 이것은 "아브람의 가정교회의 연습한 자"는 군사훈련이 아니라 신앙의 훈련, 경건의 연습을 시켜서 항상 닥칠 수 있는 환난과 위험에 대비해 왔음을 알 수 있다.

영적 세계의 악마와의 싸움은 휴전이 없다. 예수를 시험한 마귀는 잠시 떠났다가 또 공격하곤 했다. 그런고로 예수의 좋은 군사들은 항상 깨어서 근신하고 복음의 신, 진리의 띠, 의의 흉배, 믿음의 방패, 구원의 투구, 성령의 검 곧 하나님의 말씀, 무시로의 기도로 무장하고 있어야 한다(엡 6:14-18).

아브라함은 가신을 나누고 밤을 타서 추격했다. 아브람의 가신은 농부나 목동이었기 때문에 무기도 없었고 혹 있다고 해도 변변치 못했으며 정예부대의 적병에 비하면 오합지졸에 불과했다. 그러나 생명을 구출하기 위한 거룩한 사명을 가지고 담대하게 막대기들을 들고 일어섰다.

기드온의 3백 용사의 무기, 다윗이 골리앗을 공격할 때의 막대기 무기같은 것들이었다.

아브람은 기드온 용사가 3대로 나뉘었듯이(삿 5:16) 가신을 나누어 여러 방면에서 불시에 적을 기습공격했고, 밤시간을 이용하여 공격하는 작전을 썼다. 그것은 세밀한 작전 계획 하에 추격했음을 보여주는 것이다. 기드온의 용사들에게와 같이 이 싸움에도 하나님께서 친히 싸워 주셔서 이길 수 있었다. 전쟁은 하나님의 손에 있다.

3. 아브람이 인민과 재물을 찾아왔다.

아브람의 신앙으로 승리한 것이다. 우리는 이 부분에서 몇 가지를 생각할 필요가 있다고 본다.

첫째로, 아브람은 경건했다는 것이다. 자신을 돌보지 아니하는 희생정신, 관용성, 형제애, 동정심, 적극적인 박애심이 그의 경건 속에 있었다.

둘째로, 아브람은 군사적인 두뇌를 가졌다는 것이다. 신앙생활은 영적 전쟁이기 때문에 영적 군사적 재능이나 작전이나 무기와 훈련, 교육은 필수적이다.

셋째로, 아브람은 신앙적으로 행동했다는 것이다. 신앙은 영혼 구원이라는 대명 앞에 결단을 행한다. 318명의 오합지졸이지만 하나님이 함께 하셔서 이기게 하실 것을 믿고 담대히 나아갔다.

넷째로, 아브람은 모형적 인물이라는 것이다. 예수 그리스도의 모형으로 예수 그리스도는 아브람과 같이 자기가 구원하신 자들의 인척이 되시고, 아브람과 같이 주님이 수행하신 사역은 자기 형제들을 해방시켰고 악마의 나라와 권세를 멸하셨다.

아브람이 사랑에 불타셨듯이 예수께서 자기 백성을 사랑하시고 아브람이 롯을 구원하는데 민첩했듯이 예수께서 자기 사람들을 구원하시는 데 민첩하셨다. 아브람이 모든 희생을 각오했듯이 예수도 죽음의 희생까지 수행하셨다. 아브람의 승리는 예수의 대 승리의 그림자이다(엡 4:8-10).

롯과 부녀와 인민을 다 찾아왔다. 여기 보면 "인명적 손해"에 대해서 일체 언급한 말씀이 없음을 보아서 믿음으로의 헌신과 수고에는 절대 하나님의 보호하심이 따른다는 것을 알 수 있다. 아브람은 자기의 친척을 구원했다. 기회있는 대로 모든 이에게 착한 일을 하되 더욱 믿음의 가정들에게 하라(갈 6:10)고 권했다. 형제는 위급한 때를 위해서 난 것이라(잠 17:7)고 했다.

아브람은 자기 조카 롯을 구하다가 구해줄 의무가 없는 소돔성의 모르는 다른 포로들까지 구해주었다. 그들은 모두 악인들이었다. 하나님께서는 악인이나 의인에게 햇빛을 내리시고 비를 주시듯이 한결같이 긍휼과 선을 베푸시는 분이시다. 우리는 아브람같이 나와 직접 관계되지 않는 악인이라 할지라도 도와주고 선행해야 한다.

빼앗겼던 모든 재물들을 다 찾아왔다. 언제나 구원은 하나님께서 함께하시는 은혜로 되는 것이다. 군대의 수가 많다거나 무기의 좋고 나쁨에 있는 것이 아니다.

하나님은 아브람의 거느린 가속들과 함께 하셔서 소돔성의 거민들이 적에게 빼앗겼던 모든 소유를 다 도로 찾아올 수 있도록 아브람을 도우셨다. 어느 시대나 그 시대의 주역은 의인이다. 그러나 의인은 그렇게 많지 않다. 하나님은 한 사람의 의인을 보시고도 그 시대 사람들에게 은혜를 베푸신다. 세속에 빠져 사는 죄인들이라도 이러한 진리를 깨달아야 한다. 소돔 고모라 거민들은 아브람을 우러러 존경했을 것이다.

멜기세덱의 축복

(창 14:17-20)

아브람이 집에서 훈련시킨 318명을 거느리고 단까지 적을 쫓아가 롯과 인민들과 빼앗긴 재물을 다 찾아왔다. 그는 조카를 구하기 위해 가나안 사람들과 소돔왕과 합세하여 싸웠다. 이방 우상을 섬기는 자들과 잠시 손을 잡은 것이라고 할 수 있다. 그러나 아브람은 살렘왕 멜기세덱이 나왔을 때에 그를 통하여 여호와 하나님의 영광을 나타냈다.

비록 그는 이방의 객이었고 이방의 우상으로 가득한 지역에 있기는 했지만 우상에 젖어있는 가나안 족속에게나 무신론의 소돔왕이 보는 가운데서 하나님께 영광을 돌렸던 것이다.

하나님을 믿는 자들은 자기 자신의 신앙을 부끄러워 하거나 두려워해서는 안된다. 아브람의 싸움은 우리의 싸움이다. 바울은 "내가 선한 싸움을 싸웠다"(딤후 4:6-8)고 하였고, 그 싸움에서 이겨서 의의 면류관을 얻게 될 것이라고 말하였다. 교회는 아브람의 가정에서 잘 묘사되었다. 지상의 교회는 전투하는 교회이고, 천상의 교회는 승리한 교회임을 알 수 있다. 아브람은 자신의 가정 교회 식구들을 단합시켜서 사람의 생명을 구원하기 위하여 싸웠다. 그리하여 롯과 인민과 부녀자들을 구출하였다. 그리고 돌아오는데 살렘왕 멜기세덱이 아브람에게 나아와 아브람을 환영하고 축복하였다.

우리가 세상에서 하나님의 교회 일원이 되어 훈련과 교육을 잘받아 마귀와 싸워 승리하게 될 때에 저 높이 하늘나라 새예루살렘의 왕 평강의 왕 멜기세덱 예수 그리스도께서 친히 마중나오셔서 잘 싸웠다고 수고했다고 칭찬하시며 축복하시며 위로해 주실 것이다.

그러므로 성도는 믿음의 훈련을 잘 받아 양육되어야 하며 믿음의 선한 싸움을 잘 싸워 자기와 죄와 세상과 마귀를 이겨야 하고 내 영혼을 사랑하듯이 타인의 영혼을 마귀에게 잡혀 사망의 나라로 끌려가는 영혼들을 사랑하여 구원하는 책임과 사명이 있다는 것을 알아야 한다.

하나님은 아브람과 함께 하시고 승리하게 하시며 하나님의 아들 예루살렘의 왕 예수로 하여금 위로와 상급과 축복을 받게 하신다.

1. 멜기세덱은 살렘왕이었다.

멜기세덱은 살렘의 왕이었다. 멜기세덱이란 "의로움, 심판의 왕"이라는 뜻으로 살렘의 왕이었다. 살렘은 "평화"라는 뜻으로 예루살렘을 고대에는 살렘(시 76:2)이라고 불렀다. 예루살렘이란 "평화의 도시"라는 뜻이다. 멜기세덱의 전기는 간략하나 신비에 싸인 매우 중요한 인물이다.

창세기 14:17-20에서의 그의 역사 시편 110편에의 예언 히브리서 7장의 교리 속에 나타난 그의 모습에서 우리는 참으로 위대한 평화의 왕이심을 발견할 수 있다.

멜기세덱은 처음이자 마지막이신 의의 왕이요, 평강의 왕이요, 의롭게 심판하시는 왕이시다(시 32:16-18). 평화의 나라를 건설하고 의로움으로 다스렸던 왕이다. 예수 그리스도는 새 예루살렘의 평화의 왕, 의의 왕이시다. 지극히 높으신 하나님의 제사장이었다(시 110:4).

"지극히 높으신 하나님"은 멜기세덱이 경배했던 지고하신 신성의 칭호로 곧 성부 하나님이시다.

제사장은 타인을 위해서 제사 임무를 수행하는 하나님과 사람 사이에 중재자로서의 역할을 맡은 성직자이다. 인간은 죄 때문에 거룩하신 하나님과 직접적인 관계를 가질 수 없었기 때문에 제사장이 필요했는데 성경에서 처음으로 제사장을 언급함으로써 벌써 제사 예배가 조직화되어 있었음을 알게 한다.

예수는 "우리의 큰 대제사장"(히 4:14)으로 승천하셨다. 그는 "우리 연약함을 체휼하지 아니하는 자가 아니요 모든 일에 우리와 한결같이 시험을 받은 자로되 죄는 없으시니라"고 하셨다(히 4:15).

하나님의 아들과 방불했다(히 7:1-17). 멜기세덱은 의의 왕, 평강의 왕이요, 지극히 높으신 하나님의 제사장이었다. 아비도 없고 어미도 없고 족보도 없고 시작한 날도 없고 생명의 끝도 없어 하나님의 아들과 방불하여 항상 제사장으로 있다.

예수는 지상에서 그의 인성에 관한 한 아버지가 없었고, 그의 신성에 관한 한 어머니가 없었다. 예수는 하나님의 독생자로 그의 제사장 직분에 관한 보계는 어느 곳에서도 찾아볼 수 없다.

그의 위대함은 아브람에게서 십의 일이라는 공물을 받으신 것이다. 예수는 우리의 모든 것을 바치기에 합당하신 분이시고 또한 그는 우리의 모든 것을 요구하신다. 예수는 영원히 변함이 없으신 제사장이시다.

2.. 멜기세덱은 아브람에게 축복하였다.

아브람이 승리하고 돌아올 때 축복했다. 아브람이 그돌라오멜과 그와 함께 한 왕들을 파하고 돌아올 때에 소돔 왕이 왕곡에 나와 그를 영접하였다.

소돔왕은 사단의 모형이다. 사단이 성도의 승리를 환영하는 것은 교만한 마음과 자긍하는 마음을 갖게 해서 밖에서의 싸움에는 이겼으나 자기와의 싸움에서는 스스로 패하기를 바라는 것이다.

그러나 아브람에게 멜기세덱이 맞아 나아올 때에 아브람은 소돔 왕 에게로 가지 아니하고 살렘왕에게로 간 것은 참으로 잘한 행동이었다. 왜냐하면 그리스도라는 살렘왕에게로 가는 것이 축복이기 때문이다.

우리는 여기서 영적 싸움에서 이기는 것도 중요하지만 이기고 돌아올 때 세상 마귀 왕에게로 갈 것이냐? 아니면 살렘 왕에게로 갈것이냐? 하는 것이 더 중요하다.

소돔왕은 세상의 왕이지만 살렘왕은 높은 하늘의 왕이시다. 그런 까닭에 성도는 어느 왕에게 무릎을 꿇을까 하는 것이 얼마나 중요한 일인가?

그리스도인의 생애는 전쟁하는 것이다(엡 6:11-18, 딤후 2:3, 창 32:24, 벧후 5:8, 계 2:-3:, 딤전 6:12, 딤후 4:6-8, 요일 5:4-5, 고후 10:5 등). 전쟁에서 이긴 후에 어디로 가서 엎드릴 것인가 하는 것이 중요한 일이다.

아브람은 멜기세덱 앞에 무릎을 꿇었다. 떡과 포도주를 가지고 나아왔다. 떡과 포도주는 그 지역의 주산물이었는데 밤새도록 전쟁에 지쳐서 피곤해 있는 아브람과 훈련받은 하속들에게 그것을 받음으로 생기를 불어넣을 수 있었을 것이다.

이것은 가나안인의 탈취물을 멜기세덱이 아브람에게 양도할 수 없다는 것을 보여주는 것이고, 아브람이 싸워서 그 땅에 평화와 자유와 재산을 도로 찾아온 것에 대해서 감사의 표시로 가지고 나온 것이라고 생각한다.

아브람과 그 가속들이 떡과 포도주를 받아 먹음으로 싸운 것에 대한 보상이었다. 힘과 용기와 영적 피곤에서 회복이 되었을 것이다. 이는 곧 예수 그리스도의 만찬을 모형한다고 할 수 있다.

예수께서는 "내가 진실로 너희에게 이르노니 인자의 살을 먹지 아니하고 인자의 피를 마시지 아니하면 너희 속에 생명이 없느니라… 내 살을 먹고 내 피를 마시는 자는 영생을 가졌고 마지막 날에 내가 그를 살리리니 내 살은 참된 양식이요 내 피는 참된 음료로다 내 살을 먹고 내 피를 마시는 자는 내 안에 거하고 나도 그 안에 거하나니… 나를 먹는 그 사람도 나로 인하여 살리라"(요 6:52-58)고 하셨다.

성만찬 때에 "떡을 내몸이라 잔을 내 피라"(마 26:26-28) 하시면서 먹고 마시라고 하시고 내가 올 때까지 나를 기념하라(고전 11:23-26)고 분부하셨다.

천지의 주재 지극히 높으신 하나님의 이름으로 했다. 이것은 하나님을 높이, 지극히 높이, 지고하신 절대 안전하셔서 모든 피조물을 다스리시는 통치권을 가지신 하나님의 이름으로 축복하는 것인데, 예수께서는 제사장적 성격을 띠고 계시기 때문에 제자들을 축복하시고 승천하셨다(눅 24:51). 그리고 언제나 축복의 통로가 되셔서 성도들을 축복하시는 것이다.

하나님은 축복의 근원이시고 예수는 축복의 통로시다. 멜기세덱은 "너의 대적을 네 손에 붙이신 하나님을 찬송할찌로다"라고 하였으니, 아브람이 승리할 수 있었음은 지극히 높으신 하나님께서 그렇게 하심을 알 수 있다.

여기에 "지극히 높으신 하나님"이라는 말씀이 거듭해서 세 번씩이나 불려지고 있다. 하나님은 인간보다, 우리의 적이라는 사단보다, 온 세계 천지만물보다 지극히 높으셔서 모든 피조물의 영광, 모든 승리자들의 영광을 받으시기에 합당하시다는 것이다.

3. 멜기세덱은 아브람에게서 십분 일을 받았다.

멜기세덱의 제사 직분을 인정한 것이다. 히브리서 저자는 "이 사람의 어떻게 높은 것을 생각하라 조상 아브람이 노략물 중 좋은 것으로 십분의 일을 저에게 주었느니라"(히 7:4)고 하였다. 그것은 멜기세덱의 제사장 직분의 높음을 말씀하고 있는 것이다. 멜기세덱은 높은 제사장이었고 아브람은 십일을 바침으로 그의 제사직분을 인정한 것이다. 멜기세덱의 제사장적 직분은 레위족보에 들지 않았다. 그러나 그는 아브람에게 십분일을 받고 축복했던 것이다. 복을 비는 것은 높은 자가 낮은 자에게 하는 것이다.

십분일의 재물을 바치는 것은 레위인이 생기기도 전부터 태고때부터의 제도로(레 27:30-33, 민 18:21-32) 하나님께서 세우신 것이다.

아브람의 손자 야곱도 레위지파가 나기도 전에 외가로 가는 노중에 하나님의 임재하심에 대하여 감사하면서 "하나님이 나와 함께 계시사 내가 가는 이 길에서 나를 지키시고 먹을 양식과 입을 옷을 주사 나로 평안히 아비집으로 돌아가게 하시오면 여호와께서 나의 하나님이 되실 것이요 내가 기둥으로 세운 돌이 하나님의 전이 될 것이요 하나님께서 내게 주신 모든 것에서 십분 일을 내가 반드시 하나님께 드리겠나이다"(창 28:20-22)라고 하였다.

십분의 일을 바치는 것은 하나님의 명령을 따르는 것이다. 십의 일은 십계명을 주시기 훨씬 전에 믿음의 조상 아브람 때부터 실천했던 것이다. 십분의 일을 바치는 것은 하나님을 믿는 믿음의 표현이요 하나님이 주신 모든 것을 하나님께 돌려 드린다는 표시이다. 또한 그것은 십의 하나를 요구하시는 것으로 곧 하나님의 인간을 향한 사랑인 것이다. 모든 것이 하나님의 것이고 재물을 얻을 능력도 하나님이 주시는 것이다(신 8:17-18). 하나님께서 인간의 소득 전체를 다 요구하신다고 해도 순종해야 마땅하다.

하나님은 옆에서 하나를 신앙의 기본으로 정하시고 명령하셨다. 예수께서는 51가지의 비유를 말씀하셨다. 그것 중에서 돈, 노동, 재물에 관한 것이 30가지이다. 금전문제가 얼마나 인간에게 중요한가를 알 수 있다. 하나님을 향한 열의를 갖고 바칠 수 있어야 하나님을 믿는다고 할 수 있다.

모세오경에는 세 곳에서 십일조에 대해 말씀하고 있다. 레위기 27:30-33에 나오는 "농산물의 십일조"는 곡식, 과일, 기름, 짐승 등으로 바치는 것이다.

민수기 18:21-32에는 "레위족을 위해서 십의 일을 바치라"고 하였다(느 10:39). 레위지파는 성막 봉사하는 것을 전무하고 땅의 다른 기업을 주지 않았기 때문이라고 하였다. 레위인들은 그들이 받은 십의 일 중에서 제사장에게 십의 일을 바쳤다. 오늘날 성직자들은 영원한 제사장 예수 그리스도에게 십분일을 바치는 것은 당연한 것이다.

신명기 12:5-6, 11, 18, 아모스 4:4에는 "회식의 십일을 바치라"는 것은 짐승 십일은 없고 식사를 지어서 예루살렘으로 가지고 가거나 갈 수 없으면 돈으로 바꾸어 가지고 가서 권속과 레위 지파가 함께 먹는 것이다.

3년 만에는 십일을 두었다가 고아와 과부와 함께 먹는다. 이상의 세가지 십일조를 "첫 십일조-레위 십일조", "둘째 십일조-회식 십일조" "셋째 십일조-가난한 자를 위한 십일조"라고 불렀다.

십의 일을 바치면 복을 받는다는 것이다(말 3:8-10). 이스라엘은 십일조 바치는 생활을 등한히 하여 책망을 받았고(느 10:34-39, 13:2) 말라기 선지는 십일조를 바치지 않는 것은 하나님의 것을 도적질하는 죄악이라고 했다. "도적했다"는 뜻은(잠 22:23) "야곱과 같이 발꿈치를 잡는다"는 식으로 "속인다"는 뜻이다.

국가의 세금을 속이고 바치지 않으면 벌을 받는 것처럼 천국 시민권자가 천국의 세금을 속이고 도적질하면 하나님은 저주하신다(학 1:10-11, 말 1:13, 3:9 등).

그러나 십의 일을 바치는 자에게는 하늘문을 여시고 쌓을 곳이 없도록 부어 축복하시며 토지의 소산을 많게 하시며 포도나무의 과실이 잘 맺히고 땅이 아름다워 열방이 복되다고 부러워 하게 하시겠다고 하셨다. 예수께서는 "너희가 박하와 회향과 근채의 십일조를 드리되 율법의 더 중한바 의와 인과 신은 버렸도다 그러나 이것도 행하고 저것도 버리지 말아야 할찌니라"(마 23:23)고 말씀하셨다.

유대인은 십일조를 엄격히 바쳤다. "무엇이든지 먹을 수 있고 땅에서 성장하는 것은 십일조를 바쳐야 한다"고 했고 "작은 것을 지키면 땅 위에서 보응을 받고 큰 것을 지키면 하늘에서 보응을 받는다"고 말하는 사람들이었다.

아브람의 맹세

(창 14:21-24)

사람이 노쇠한 때에 무슨 일에 성공한다는 것은 그리 쉬운 일이 아니다. 더구나 그 성공이 평생의 전업이 아닐 때는 더더욱 그러하다. 아브람은 83세의 고령인데도 한번도 경험한 적이 없는 사상 최초의 전쟁에 뛰어들어 역사에 빛나는 승리의 기록을 남기게 되었다. 그것은 하나님께서 싸워 주신 은혜였다. 또한 아브람의 후손들이 장차 이보다 더 치열한 영적 전쟁에서 승리하게 된다는 소망적인 예시를 이 사건에서 받을 수 있는 것이다.

아브람이 전쟁을 해서 롯과 인민과 재물을 다 찾아가지고 돌아오는데 소돔왕이 사웨 골짜기 곧 왕곡에 나아와서 아브람을 기쁨으로 영접하였다. 그리고 그는 "사람은 내게 보내고 물품은 네가 취하라"고 하였다. 소돔왕의 이 제안에서 우리는 몇 가지 생각할 것이 있다.

우선 그의 예의 바른 처신을 볼 수 있다는 것이다. 소돔왕이 아브람을 만나려고 나왔을 때에 아브람은 살렘왕 멜기세덱과 대화하고 있었다. 그리하여 그는 조용히 뒤로 물러서 있다가 그들의 대화가 끝난 다음에 그에게 나아가서 제안한 것이다.

지성인은 사람을 만날 때 예의 바르게 대하고 대화할 때에 예의가 있어야 한다. 불신사회에서 왕노릇하는 사회인이라고 할지라도 하나님의 교회를 대할 때는 예의가 있어야 한다.

그리고 그의 감사가 넘치는 심정을 볼 수 있다. 소돔의 인민이나 약탈당했던 노략물이 모두 소돔왕에게 속해 있는 것이다. 그런데 그것을 모두 잃었을 때에 아브람이 싸워서 그것을 다 회복할 수 있었기 때문에 아브람에게 감사한 마음이 컸던 것이다. 세상에 속해 사는 사람들도 감사할 줄 아는 것은 인지상정이다.

또한 관대한 정신의 제의를 볼 수 있다. 소돔왕으로서는 자기 군대도 파병했었거니와 자기 땅, 자기 백성이 돌아온 이상 그것은 자기것임을 주장할 수 있었다. 그는 패자로서 아브람에게 관대한 정신으로 사람은 내게 보내고 재물은 네가 취하라고 제안했던 것이다.

아브람은 한 마디로 그의 제안을 맹세하여 거절했다. 그것은 우선, 세상 사람에게 은혜를 입으려 하지 않았기 때문이다. 그리고 의롭지 않은 사람과 지나치게 친밀한 교제를 나누고 싶지가 않았기 때문이다. 또, 하나님의 종들은 세상적인 어떤 대가를 바라고 선한 싸움에 출전하지 않는다는 것을 보이기 위함일 것이다. 또한 하나님만이 선한 자의 재산이라는 것을 보여주기 위함인 것이다.

1. 하나님께 손을 들어 맹세했다.

하나님은 천지의 주재시다. "천지의 주재"라는 하나님의 명칭은 멜기세덱에 의해서 불리워졌는데 이 호칭은 아브람에게 깊은 인상을 주었다. 멜기세덱이 사용한 그대로 불렀다는 것은 멜기세덱의 하나님이 자신의 하나님이심을 인정한 것이다.

아브람이 손을 들어 맹세한 것은 신적인 엄숙함을 표현할 때 취하던 히브리인들의 일반적인 형식으로 진실과 성실을 표현하는 것이다(신 32:40, 겔 20:5-6, 단 12:7, 계 10:5-6). 천지의 주재란 "창조하다, 소유하다"라는 말에서 온 것으로 하나님께서 천지의 창조자시며 만물의 소유자이심을 고백하는 말이다(마 11:25, 행 17:24).

하나님의 명칭을 이렇게 분명하게 고백할 수 있다는 것은 신앙의 가장 위대한 고백이다. 우리가 믿고 의지하는 하나님을 바로 알지 못하면 그 하나님을 부를 수가 없고 우리의 일생을 믿고 맡길 수가 없기 때문이다.

아는 것은 신앙의 출발인 것이다. 알지도 못하는 신이라면 어떻게 믿을 수 있겠는가? 소돔왕은 소돔의 사람은 자기 것, 물질은 아브람에게라고 말했으나 사람의 영혼이나 사람이 소유하는 물질까지도 천지의 주재되신 하나님의 것이다. 아브람은 여기서 이것을 분명히 말하는 것이다.

지극히 높으신 하나님이시라는 것은 하나님의 강한 능력과 초월성, 거룩성, 완전성을 강조하는 명칭이다. 모든 축복과 승리는 하나님께로부터 연유한다는 사실을 고백하는 것이다(출 17:5, 잠 10:22).

소돔왕이 "사람은 내게 보내라"고 한 것을 영해하면 소돔왕은 사단마귀이다. 그는 사람을 자기 종으로 끌고 가려 한다. "사람"은 원어로 "영혼"을 의미하고 있다. 마귀는 사람의 영혼을 끌고 가서 자기의 종으로 부리다가 영원한 불못에 같이 들어가려는 것이다. 그런고로 아브람은 여기서 "전능하신 하나님", "강한 능력과 승리케 하시는 하나님"을 호칭하여 맹세한 것이다. 하나님의 사람은 마귀와 타협할 수 없다. 왜냐하면 하나님이 어떤 분이신가를 아는 지식이 있기 때문이다.

"여호와"(출 3:14)는 "스스로 있는 자, 영원 자존자"라는 뜻이다. "여호와"라는 호칭은 인간의 타락 이후부터 나오는 것으로 구속과 관계시키고 "존재케 하는 자, 완수자"(출 6:3)라는 뜻이다. 자신을 인간에게 나타내시고 특히 자신의 구속사역을 위한 계약관계를 맺으신 분이시다.

여호와의 별칭이 성경에 많이 나오는데 우선 "여호와 이레"-여호와께서 예비하신다는 뜻이다(창 22:14). 그리고 "여호와-누비"-여호와께서 치료하신다(출 15:26). 또한 "여호와 닛시"-여호와께서 인도하신다(출 17:15). 또 "여호와 살롬"-여호와는 평안을 주신다(삿 6:24). 그리고 "여호와 절의"-여호와는 우리의 의가 되신다(렘 23:6) 그외에 "여호와 삼마"-여호와는 저희중 거하시는 이시다(겔 48:35)라는 뜻이 있다.

2. 신들메라도 취하지 않겠다고 맹세했다.

아브람으로 치부케 하였다 할까 해서였다. 아브람이 치욕적인 말을 두려워했음을 알게 한다. 곧 "내가 아브람으로 치부케 했다"고 소돔 왕이 말하고 다니면 위험한 가운데 가속을 거느리고 가서 전쟁한 것이 물질을 탐해서인 것처럼 오해될 수 있고 그것은 큰 치욕인 것이다. 이방인 군주에게서 예물 받는 것을 싫어하는 것은 아니지만 아브람은 타인의 불행으로 실리를 추구하는 것을 원치 않았다. 더구나 아브람이 재물을 다 취했다고 해도 그것은 정당한 권리 행사였으나 그것으로 인하여 하나님 없는 좋지 못한 사람의 입에서 하나님의 종을 비난할 소지가 있기에 받지 않으려는 것이었다.

아브람은 하나님의 종이요 하나님과 함께 싸운 사람이기 때문에 하나님께서 큰 상급이 되시는 것으로 만족했다(창 15:1). 그러므로 성도는 세상 사람들이 명분있는 일에 치부할 수 있는 기회가 있다 해도 그것이 하나님에게 치욕적인 비방이 돌아갈 소지가 있다면 절대로 거절해야 한다.

네게 속한 것은 무론 한 실이나 신들메라도 내가 취하지 아니하리라고 하였다. 아브람은 자신의 명성, 곧 하나님의 종이라는 명성이 소돔의 재물을 취하므로 더러워질까하여 단호하게 반대했다. 완전히 아브람은 세상적이 아닌 그의 인격을 볼 수 있다. 자기를 희생하는 관용성을 또다시 보여주며 주변의 땅을 롯에게 양보했던 그런 정신이 여기서 나타난다.

여기서 "한 실이나 신들메라도 남김없이 다 돌려 주는" 아브람의 신앙자세를 볼 수 있다. 아브람이 실오라기 하나 신들메 하나까지 소돔성의 재물에 대하여 깨끗했던 것은 자신의 삶을 지배하시는 살아계신 하나님을 믿었기 때문이다.

그 하나님의 천지의 주재신데 무엇이 부족하겠는가? 하나님의 사람은 소돔의 전리품이라는 재물의 유혹이 있을 때에 실이나 신들메까지도 하찮은 것으로 볼 수 있어야 청렴결백할 수 있다.

예수 그리스도는 머리 둘 곳도 없으셨다(마 8:20). 예수께서는 남의 집 외양간을 빌려서 탄생하셨고 처녀 마리아의 몸을 빌려 오셨으며 주머니에 돈을 넣고 다니신 적이 없다.

돌아가신 때에도 아리마대 요셉의 새 무덤을 빌려 장사되셨고 마지막으로 예루살렘에 입성하시는 때에도 무명인의 나귀새끼를 빌려 타시고 들어가셨다. 그리하여 이 세상에 예수님의 소유라고 하는 것은 하나도 없었다.

히브리서 기자는 "돈을 사랑치 말고 있는 바를 족한 줄로 알라. 그가 친히 말씀하시기를 내가 과연 너희를 버리지 아니하고 과연 너희를 떠나지 아니하리라 하셨느니라"(히 13:5)고 하였다.

3. 동행자들의 분깃을 제하라고 했다.

소년들의 먹은 양식을 제하라고 했다. 여기 소년들은 갓난아이에게(출 2:26, 삼상 4:21), 그리고 20세쯤 되는 청년들에게(창 34:19, 41:12), 종에게(창 37:2, 왕하 5:20), 또한 일반 군사에게(왕상 20:15, 17, 19, 왕하 19:6) 적용되는 말이다. 이것은 아브람의 집에서 "나에게 줄 것은 아무것도 없다. 그러나 내 수하에 있어서 생명을 걸고 싸운 종들에게는 양식을 주는 것이 마땅하다"고 말한 것이다.

곡식을 타작하는 소에게 망을 씌우지 않는다(고전 9:9). "누가 자비량하여 병정을 다니겠느냐"(고전 9:7)고 하였는데 병정으로 출전해서 싸운 군사들에게 먹을 양식의 보수는 당연하다는 것이다.

나와 동행한 아넬과 에스골과 마므레의 분깃을 제하라고 했다. 아브람과 동행한 사람중에 아넬이 있는데 이는 "폭포, 고통"을 뜻하고 아모리 족속인 마므레의 형제이다. 에스골은 "포도송이"라는 뜻으로 아브람을 도왔다. 마므레는 "비만함, 정력"이라는 뜻으로 아모리 족속의 족장이었다.

아브람은 자기와 동행하여 싸운 이 사람들에게는 분깃을 주라고 하였다. 그것은 자신들의 권리를 포기할 이유가 없었던 그들의 몫을 보장해 주기 위함이었던 것이다. 그것은 남의 자유를 구속하지 않기 위함이다. 자기를 표준해서 타인을 판단하거나 측정해서는 안되는 것이다. 아브람에게는 이 권리를 포기할 만한 이유가 분명히 있어서 거절했으나 아넬, 에스골, 마므레 등을 자기들의 권리를 포기할 똑같은 이유가 없었다.

아브람이 받을 수 없다고 동행한 자들도 받지 말라는 법은 없다. 성도가 흔히 범하기 쉬운 죄는 자기의 신앙양심을 기준으로 타인을 판단하는 것이다.

아브람은 하나님이 상급이 되시되 큰 상급이 되셔서(창 15:1) 천국의 분깃을 바라는 소망이 있었으나 그들 동행자들은 그것이 없었던 것이다. 이 세상의 분깃이라도 취할 수 있게 해주는 것이 얼마나 아름다운 일인가?

아브람아 두려워 말라

(창 15:1)

하나님은 아브람에게 두려워하지 말라고 하셨다. 아브람은 무슨 이유에서인지 모르나 두려워하고 있었던 것이 분명하다.

아브람은 75세에 갈대아 우르에서 하나님의 부름을 받고 하나님이 지시하시는 땅으로 장막을 옮겨 다녔다. 하나님은 아브람을 부르시면서 가나안의 소유와 후손을 창대케 하리라는 약속을 하셨고(창 12:1-4), 그 다음에 롯이 분가하여 소돔으로 가고 고독 속에 수심에 잠겨 있을 때에 두 번째 하나님이 나타나셔서 자녀의 축복을 약속하셨다(창 13:14-17). 그런데 아브람은 늘어가고 있고 아내 사라는 계속 불임중이어서 심각한 회의에 빠져 있었다. 그러므로 "아브람이 두려워 하고 있었다"는 것은 영적으로 깊은 회의에 빠져 있었다는 것을 보여주는 것이다.

성경에는 "두려워하지 말라"는 말씀이 365회 이상 나오고 있다. 이사야는 "나의 종, 너 이스라엘아 나의 택한 야곱아, 나의 벗 아브라함의 자손아 내가 땅 끝에서부터 너를 붙들며 땅 모퉁이에서부터 너를 부르고… 두려워 말라 내가 너와 함께 함이니라… 내가 너를 굳세게 하리라 참으로 너를 도와 주리라… 너를 붙들리라"(사 41:8-10)고 하였다.

모세가 죽은 후 여호수아에게 임하신 하나님의 말씀은 "마음을 강하게 하고 담대히 하라 두려워 말며 놀라지 말라 네가 어디로 가든지 네 하나님 여호와가 너와 함께 하느니라"(수 1:9)고 하는 것이었다. 예수께서는 "적은 무리여 무서워 말라 너희 아버지께서 그 나라를 너희에게 주시기를 기뻐하시느니라"(눅 12: 32)고 하시고, "몸은 죽여도 영혼은 능히 죽이지 못하는 자들을 두려워 하지 말고 오직 몸과 영혼을 능히 지옥에 멸하시는 자를 두려워 하라"(마 10:28)고 하셨다.

사람들은 대개 사람을 두려워하고 하나님은 두려워 하지 않는다. 사람은 눈에 보여서 두려워 하나 하나님은 눈에 보이지 않기 때문에 두려워 하지 않는 것이다.

그러나 사람을 두려워 하는 자는 하나님을 두려워 하지 않고 진정 하나님을 두려워 하는 자는 사람을 두려워 하지 않는다. 아브람은 두려워 하며 떨었다. 그때에 하나님은 찾아오셔서 "두려워 말라"고 말씀하셨다.

1. 나는 여호와의 말씀이니 두려워 말라는 것이다.

아브람이 소돔의 롯과 인민과 재물이 적에게 약탈당했다고 했을 때에 318명의 가속을 거느리고 가서 롯과 그외의 사람들을 구출하고 빼앗겼던 물품들을 다 찾아왔다. 멜기세덱이 나아와서 축복하고 소돔 왕이 와서 감사를 표했다. 이러한 일이 있은 직후에 여호와 하나님께서 아브람에게 찾아오신 것이다. 그리고 "아브람아 두려워 말라"고 하신 것은 하나님의 크신 사랑과 은혜가 아닐 수 없다.

하나님은 사람들에게 선행을 베풀고 수고하는 사람에게 은혜를 주신다. 한 사람의 영혼이라도 사단 마귀에게서 구원해 내는 봉사는 하나님의 은혜를 받는 것이다.

"이후"에 아브람은 두려워하고 있었던 것이 사실이다. 그가 두려워 한 것은 가나안 전쟁에서 승리하긴 했으나, 언제 다시 그 적들이 복수하기 위하여 아브람에게 도전해올지 모를 일이었기 때문이다. 승리한 후에 실패할 수도 있다. 예수를 시험한 마귀는 예수에게 져서 도망하여 "얼마 동안 떠났다"(눅 4:13)가 또다시 도전했었다. 그리고 아브람이 두려워하는 것은 가나안 땅과 많은 자손을 약속하신 하나님께서 아무런 확증도 없이 침묵하심에 대하여 불안할 수밖에 없었다. 사방에는 적들이 포진해 있고 우상숭배자들 뿐인데 자신의 혈육 하나

없다는 것이 그를 두려워하게 했다. 그러나 하나님께서 "이후에" 그에게 나타나서 아브람으로 승리에 대한 교만을 막아주고 두려움에 대한 용기를 주려고 하신 것이다.

하나님은 어두운 밤에 임하셨다. 아브람은 승리의 영광 뒤에 오는 허탈감에 빠져있었다. 육신적으로는 지치고 조카 롯의 포로의 초라한 모습을 보고 자신의 상속자 하나 없음에 형언할 수 없는 만감이 밀려왔다. 소돔 왕에 대한 것이나 인근 주위의 반여호와인들의 불의와 죄악, 그것들이 더욱 아브람의 마음을 슬프게 하였다.

지금은 "밤중"이었다. 하나님께서 오셔서 아브람을 불러 밖으로 나오게 하시고 하늘의 뭇별을 보라 하신 것을 보면 아브람은 밤중에 깨어 있었음을 알 수 있다.

밤에는 놀램과 염병과 두려움이 있는 때이다(시 91:5-6). 사단 마귀는 밤에 활동하고 작회하면서 가라지를 뿌리고(마 13:25), 가룟 유다의 마음을 밤중이 되게 했다(요 13:30). 밤은 고난과 시련의 시기이다. 답답하고 곤고하며 무섭고 불안한 때이다. 그러나 영롱한 별들은 캄캄한 밤중에 보이는 것이다.

루스 광야에 돌을 베개하고 잠자던 야곱에게 하나님은 사닥다리의 이상을 보여주시고 위로와 축복의 말씀으로 야곱을 감동시켰다. 이상 중에 여호와가 말씀으로 임하셨다(시 107:20).

하나님께서 아브람을 부르실 때에 "말씀"으로 하시고 여기서 다시 "말씀"으로 오셔서 아브람에게 세 번째 약속을 계약하셨다.

하나님의 말씀은 두려워 하는 자들에게 큰 위로와 용기와 힘이 되는 것이다.

시편 119편은 176절로 되어 있어서 성경 중에서 제일 긴 장으로 되어 있다. 여기에는 하나님의 말씀에 대해서 히브리어 알파벳 글자를 가지고 8절씩 노래로 부른 것이다. 49절에 보면 "주의 종에게 하신 말씀을 기억하소서 주께서 나로 소망이 있게 하셨나이다"라고 하였고, 107절에는 "나의 고난이 막심하오니 여호와여 주의 말씀대로 나를 소성케 하소서"라고 하였다.

여기 "이상중에…임하여"라고 한 것은 하나님의 영광의 임재가 어떤 감각적인 표현으로 나타남을 의미하는 것이다. "이상"은 묵상이나 환상이다. 인간의 자연영역을 초월한 하나님의 계시 전달 방법인데 꿈이나 어떤 감각을 느낄 수 있는 실제 현상이나 무아지경을 의미할 수 있는 것이다. 그때에는 성문화된 하나님의 말씀이 없는 시대였기 때문에 이러한 방법으로 하나님의 말씀이 인간에게 전달된 것이다.

2. 나는 너의 방패니 두려워 말라는 것이다.

하나님은 보호의 방패다. 여기 "나는"이 강조되고 있는 것은 하나님 자신만이 아브람에게 안전을 보장할 수 있는 보호자이심을 강력하게 말씀하신 것이다. 두려워 하고 있는 아브람에게 내려오셔서 "나는 너의 방패"라고 하셨다. 하나님이 방패가 되셔서 그돌라 오멜의 군대의 보복 전의 화살을 막아 주시고 소돔왕에게서 오는 온갖 유혹의 화살은 막아주셨다. 또한 가나안 땅에서 겪는 우상숭배의 영적 도전에서 막아주시겠다는 것이다.

예수께서는 "보라 내가 너희를 보냄이 양을 이리 가운데 보냄과 같도다"(마 10:16)라고 말씀하셨다. 아브람과 그의 믿음의 후손된 자들은 세상에 보냄을 받았다. 세상은 "이리"라는 노략질하는 적들이 판치고 그 가운데 성도는 "양"과 같다. 참으로 양이 어떻게 이리를 이길 수 있겠는가? 두렵고 무거운 지대에 놓여있는 것이다.

하나님께서 친히 말씀으로 낮은 곳에 찾아오시고 우리의 방패가 되사 보호하시는 사실을 감사해야 한다.

하나님은 그를 의지하는 자의 방패시니(잠 30:5) 영혼을 지켜주시는 방패요 육신을 지켜주시는 방패요 물질과 가정을 지켜주시는 방패시다.

하나님은 의인의 방패시다(시 5:12). "여호와 하나님은 의인에게 복을 주시고 방패가 되어주셔서 은혜로 저를 호위하시리이다"라고 하였다. 하나님은 의인의 방패시다. 하나님은 행실이 온전한 자에게 방패가 되시고(잠 2:7) 자기에게 피하는 모든 자에게 방패가 되신다(삼하

22:31, 시 18:30).

그리고 하나님은 그를 의지하는 자의 방패가 되신다(잠 30:5, 시 115:9). 그리하여 "나의 방패는 마음이 정직한 자를 구원하시는 하나님께 있다"(시 7:10)고 고백한다. 그의 진실하심은 의인들에게 방패와 손 방패가 되시기 때문에 밤에 놀램과 낮에 흐르는 살과 흑암중에 행하는 염병과 백주에 황폐케 하는 파멸을 두려워 아니한다(시 91:4-6).

하나님은 우리의 방패(시 59:11, 84:9)되셔서 방패와 손방패를 잡으시고 도우신다(시 35:1). 세상의 모든 방패는 여호와의 것이기에(시 47:9), 우리 방패 또한 여호와께 속했기에(시 89:18) 하나님은 나의 방패시고(삼하 22:3, 시 3:3, 18:2, 144:2, 28:7) 나의 은신처가 되신다(시 119:114). 그러므로 하나님의 사람들은 믿음의 방패를 가지고(엡 6:16) 이로써 능히 악한 자의 모든 화전을 소멸해야 하는 것이다.

하나님은 구원의 방패시다(삼하 22:36). 하나님께서 다윗을 모든 대적의 손과 사울의 손에서 구원하신 그날에 다윗이 노래의 말씀으로 아뢰면서 "주께서 또 주의 구원의 방패를 내게 주셨다"(삼하 22:1, 36)고 하였다.

모세는 "이스라엘이여 너는 행복자로다 여호와의 구원을 너같이 얻은 백성이 누구뇨 그는 너를 돕는 방패시요 너의 영광의 칼이시로다 네 대적이 네게 복종하리니…"(신 33:29)라고 하였고 다윗은 "저는 우리의 도움과 방패시로다"(시 33:20)라고 하였다. 하나님은 우리를 돕는 방패시고, 구원의 방패시다. 여호와 하나님은 가장 완벽하신 방패시기 때문에 구원에 실수가 있을 수 없다. 여호와의 구원의 방패는 크기 때문에 안전한 것이다.

여호와의 방패는 안전한 방패이다. 그러므로 만연된 죄악의 도성에서 어느 방향에서 어떤 독소의 화살이 날아온다 할지라도 철저하게 막는 방패인 것이다.

골리앗 장군은 신장이 거구였고 방패 또한 대단한 것이었으나 다윗의 물매 하나를 막지 못해서 죽고 말았다.

구원의 방패되신 하나님은 언제나 우리 곁에 계시면서 보호하시기 때문에 마음이 든든한 것이다.

우리는 자연의 파괴력을 막을 필요가 있고, 인간의 해악을 막고 인간의 재난을 막아 주는 방패가 필요하다. 하나님은 우리를 지켜주시는 영원한 구원의 방패시다.

하나님이 우리를 위하시면 누가 우리를 대적하겠는가? "여호와의 사자가 주를 경외하는 자를 둘러진치고 건지시니 무엇을 두려워 하리요. 여호와께서 우리를 지켜 모든 환난을 면하게 하시며 영혼을 지키시고 출입을 지금부터 영원까지 지키시리니 무엇을 무서워하리요."

3. 나는 너의 큰 상급이니 두려워 말라는 것이다.

하나님은 자식의 상급을 주신다(시 127:3). "자식은 여호와의 주신 기업이요 태의 열매는 그의 상급이로다"라고 솔로몬의 시에 있다. 아브람은 수백 명의 부리는 종들이 있었다. 그들이 목축업에서나 장막을 옮길 때나 전쟁을 하는 때에 큰 도움이 되었다.

그러나 아직까지 자식이 없었다. 그는 불안 초조하고 두려워했는지 모른다. 하나님께서 "나는 너의 큰 상급이라"고 말씀하셨을 때 아브람은 "무엇을 내게 주시려나이까 나는 무자하오니 나의 상속자는 이 다메섹 엘리에셀이니이다"하고 말한 것을 보아서 하나님의 큰 상급은 자식을 의미하는 것이라고 그는 받아들였던 것이다.

자식은 여호와의 주신 상급이라고 하였다. 아브람이 두려워하는 이유 중에 하나는 자식이 없다는 것이었음을 아신 하나님께서 아브람에게 네 친자식을 상급으로 주는데 하늘의 별과 같이 많이 주시겠다고 약속하심으로 아브람에게 소망을 주셨다. 야곱이 얍복나루를 건너 형에서를 만났을 때에 에서가 눈을 들어 여인과 자식들을 보고 "너와 함께 한 이들은 누구냐?"라고 물었다.

야곱이 대답하기를 "하나님이 주의 종에게 은혜로 주신 자식이니이다"(창 33:5)라고 하였으니 자식은 여호와의 큰 상급이요 은혜로 주신 선물인 것이다.

요셉도 그 아버지 야곱에게 "이는 하나님이 여기서 내게 주신 아들이니이다"(창 48:9)라고 하면서 자기의 두 아들에 대해 하나님의 은혜임을 말했다.

하나님은 물질의 상급을 주신다. 아브람은 소돔왕의 제의 곧 "재물은 네가 가지라"는 것에 대하여 실 하나 신들메까지라도 깨끗이 거절하고 아무것도 받지 않았다. 사실 그것은 전리품이기 때문에 아브람이 가질 수 있는 것이었다.

그러나 그것을 받음으로 하나님과 하나님의 종에게 욕스러운 비난을 받을까 하여 맹세하면서 포기했던 것이다.

하나님은 이것을 보시고 들으시고 아셨다. 하나님 마음에 만족하셨다. 전리품 하나 취하지 못하고 빈손으로 돌아가지만 아브람에게 하나님은 무심하지 않으셨다. 하나님이 오셔서 "큰 상급"을 말씀하셨다. 소돔왕에게 포기한 전리품이라는 상급을 하나님이 주신다는 것이다. 세속적인 보수를 포기할 때 하나님의 상급이 주어진다.

나오미의 며느리 룻은 효부로서 보아스를 만났다. 보아스는 "이스라엘의 하나님 여호와께서 그 날개 아래 보호를 받으러 온 네게 온전한 상 주시기를 원하노라"(룻 2:12)고 하였다. 룻은 모압의 모든 것들을 포기하고 이스라엘의 하나님 날개 아래 보호를 받기 위해 나오미를 따라 베들레헴에 올라왔다. 그리하여 그는 "큰 상급"을 받았으니 다윗의 조모가 되었고 예수 그리스도의 족보상 할머니가 되었다.

하나님은 자신을 큰 상급으로 주신다(히 11:24-27). 모세는 바로 공주의 아들이라 칭함을 거절하고 하나님의 백성과 함께 고난받기를 잠시 죄악의 낙을 누리는 것보다 더 좋아했다. 그리스도를 위하여 받는 능욕을 애굽의 모든 보화보다 더 큰 재물로 여겼으니 이는 상 주심을 바라본 것이었다.

모세에게 있어서 큰 상을 주시는 이는 하나님이셨다는 알 수 있다. 그러므로 "너희 담대함을 버리지 말라 이것이 큰 상을 얻느니라"(히 10:35)고 한 것이다.

아브람이 소돔왕이 가져가라고 한 재물을 지푸라기 만큼도 취급지 아니했던 것은 큰 상을 바라봄이었기 때문이다.

그 큰 상은 곧 하나님 자신이었다. 믿음의 사람들은 하나님 자신이 큰 상이 되시는 것을 최상의 기쁨으로 알았다.

하나님은 전능하셔서 하나님 안에 모든 것이 있다. 하나님의 무궁한 사랑, 보배로운 믿음, 하늘의 산 소망이 그에게서부터 우리에게 오는 큰 상급이다. 경주를 잘한 자에게 상을 주듯이 믿음의 경주를 잘한 자에게 영광의 면류관, 의의 면류관, 생명의 면류관, 영생의 큰 상급을 주시는 것이다.

*
창세기 강해 (상)
*
초 판 1쇄 ― 1999년 5월 15일
개정판 1쇄 ― 2024년 11월 10일

*
지은이 ― 박 종 안
펴낸이 ― 이 규 종
펴낸곳 ― 엘맨출판사
*
서울시 마포구 토정로 222
출판등록 ― 제10-1562호(1985. 10. 29.)
*
TEL. ― (02) 323-4060
FAX. ― (02) 223-6416
*
잘못된 책은 바꾸어 드립니다.
*

값 35,000원